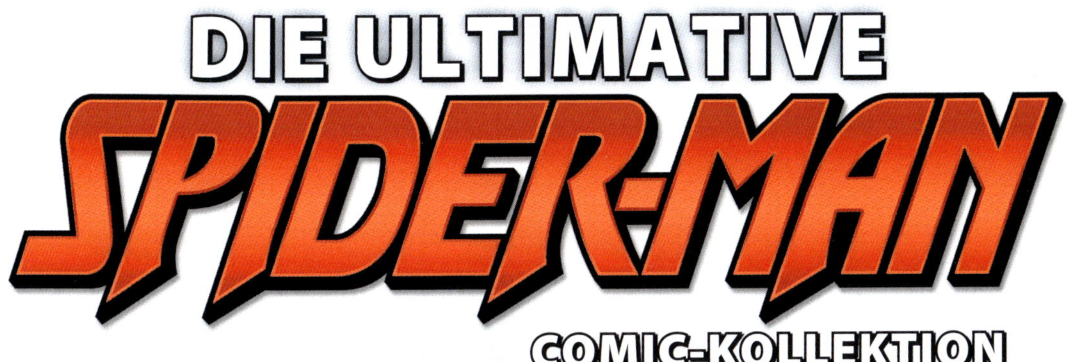

2. KINGPIN

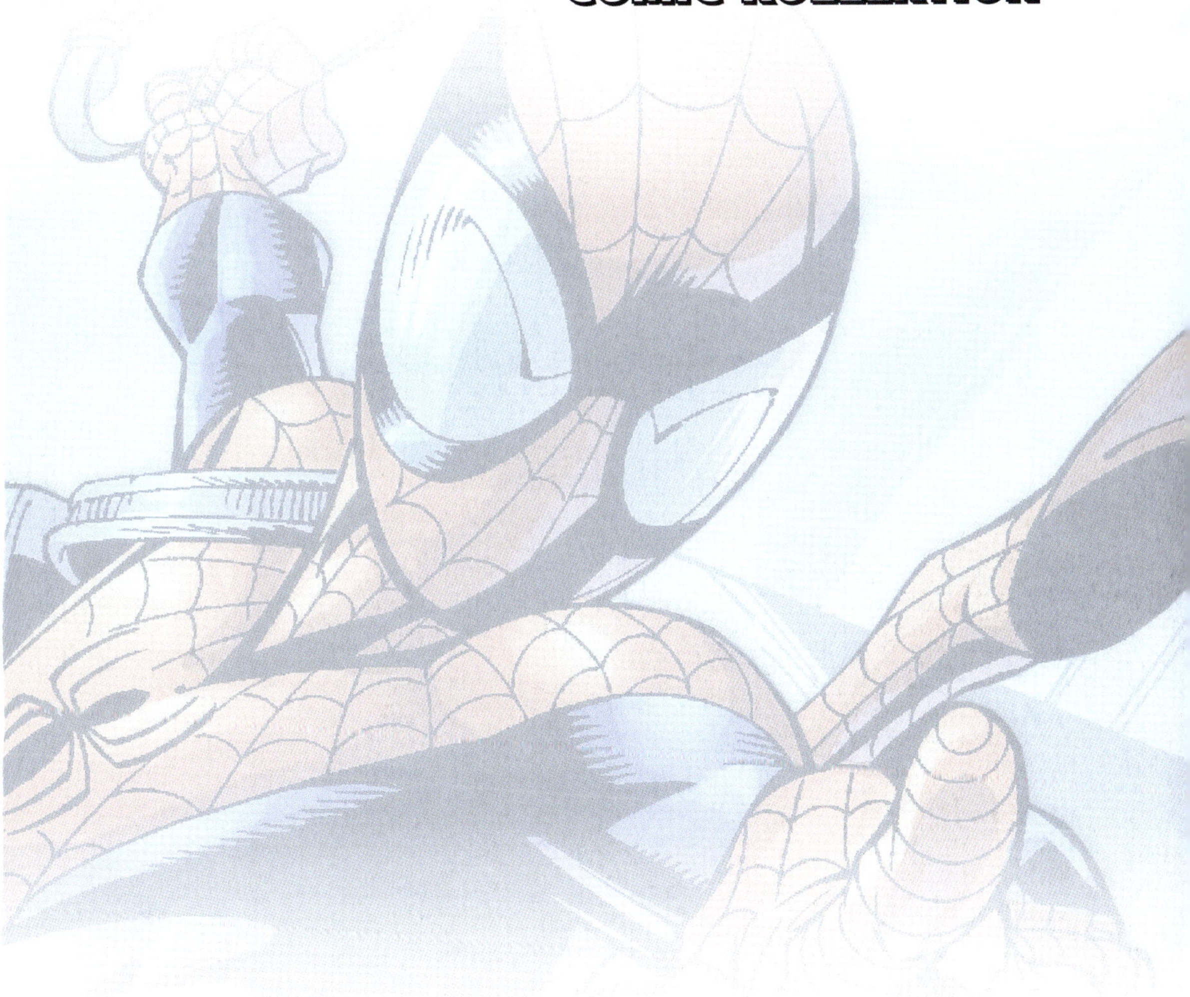

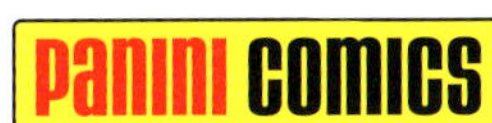

DIE ULTIMATIVE SPIDER-MAN-COMIC-KOLLEKTION 2: KINGPIN

BRIAN MICHAEL BENDIS
Geschichte

MARK BAGLEY
Zeichnungen

ART THIBERT
Tusche

JC
Farben

BRIAN SMITH, RALPH MACCHIO
Redaktion USA

AXEL ALONSO, JOE QUESADA, DAN BUCKLEY, ALAN FINE
MARVEL USA

Impressum: Die ultimative Spider-Man-Comic-Kollektion 2 – Kingpin wird von der Panini Verlags GmbH herausgegeben, Schloßstraße 76, 70176 Stuttgart. Geschäftsleitung: Hermann Paul; Head of Editorial: Jo Löffler (v.i.S.d.P.); Redaktion: Benjamin Feuer, Gunther Nickel; Übersetzung: Michael Strittmatter (Comic); Head of Marketing: Holger Wiest; Marketing: Jette Götz (E-Mail: marketing@panini.de); Lettering & Grafik: Brightstar Studio, Ludwigsburg; Produktion: Sanja Ancic; Druck: Mohn Media, Gütersloh.

Anzeigen: BLAUFEUER VERLAGSVERTRETUNGEN GmbH, info@blaufeuer.de
Es gilt die Anzeigenpreisliste Nr. 19 vom 1.10.2021.
Vertriebsservice: stella distribution, Hamburg, Fax: 040/808053050
Presse & PR: Steffen Volkmer
Panini-Nachbestell-Service: Bezugsmöglichkeiten für ältere Ausgaben unter www.spider-man-comic-kollektion.de

Die ultimative Spider-Man-Comic-Kollektion Abonnenten-Service: PrimaNeo GmbH & Co. KG, Postfach 10 40 40, D-20027 Hamburg, Tel.: 040/23670-3990, Fax: 040/23670-301, E-Mail: SMCK@primaneo.de

Hinweise zu unseren Datenschutzrichtlinien finden Sie im Internet unter: https://www.paninishop.de/datenschutz

HDESPC002
ISBN 978-3-7416-3117-7

Findet uns im Netz:
www.paninicomics.de

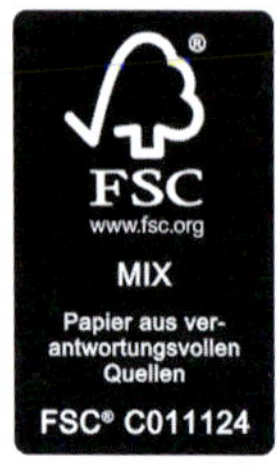

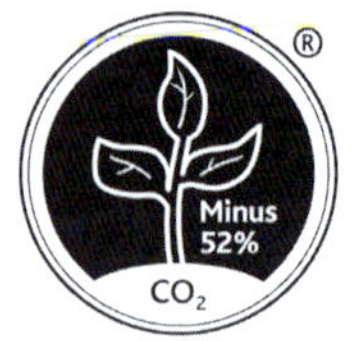

Beim Druck dieses Produkts wurde durch den innovativen Einsatz der Kraft-Wärme-Kopplung im Vergleich zum herkömmlichen Energieeinsatz bis zu 52% weniger CO_2 emittiert.

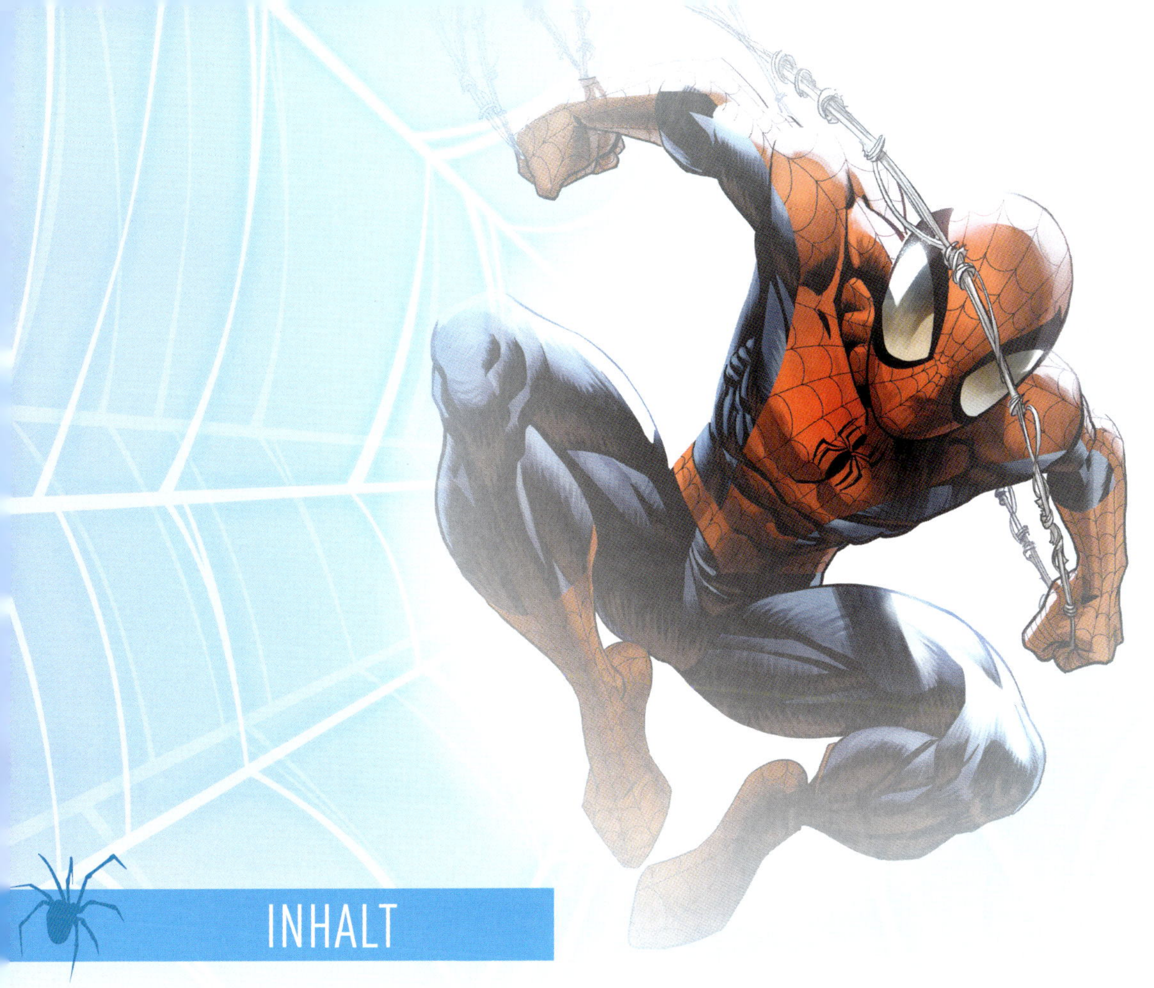

INHALT

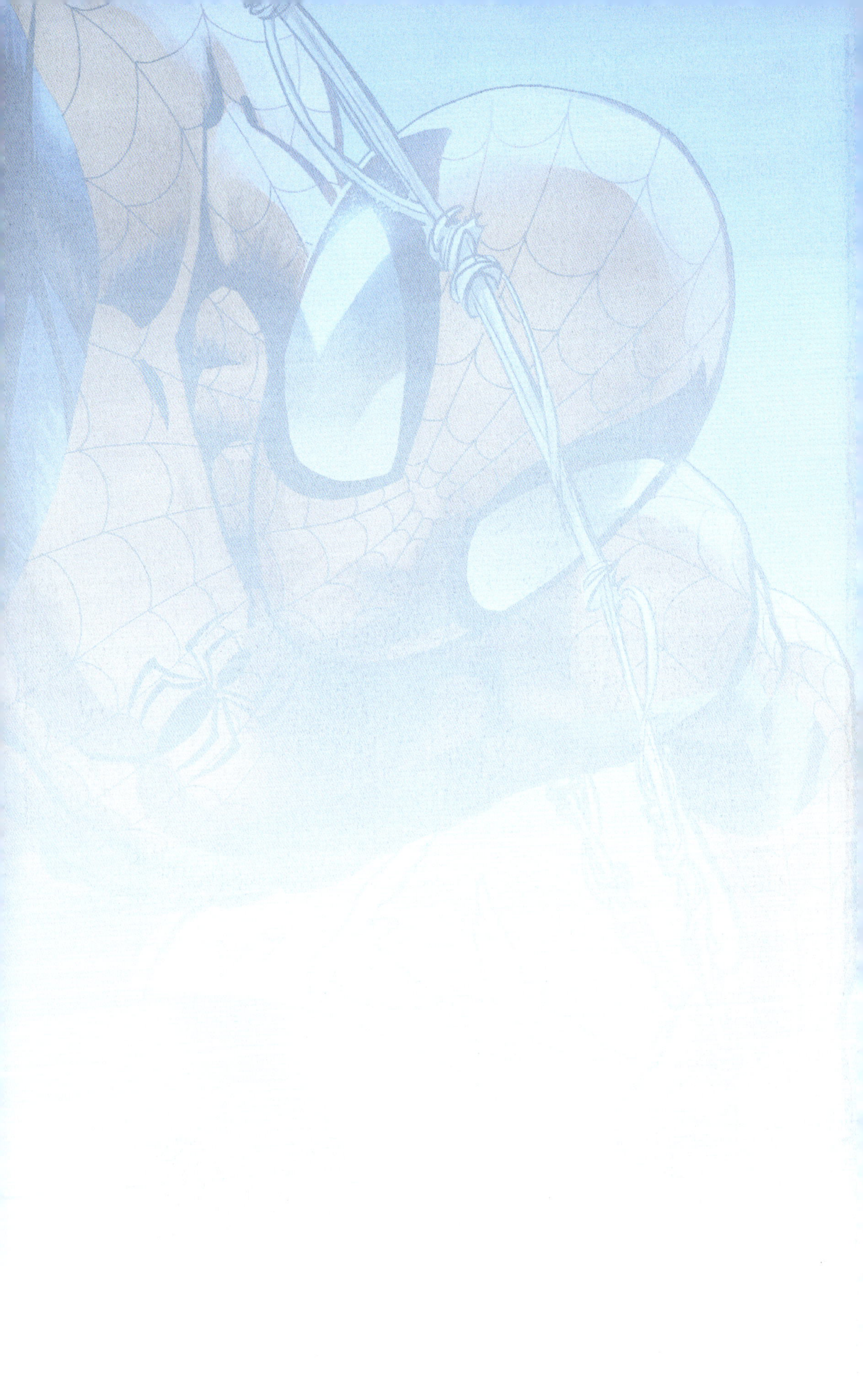

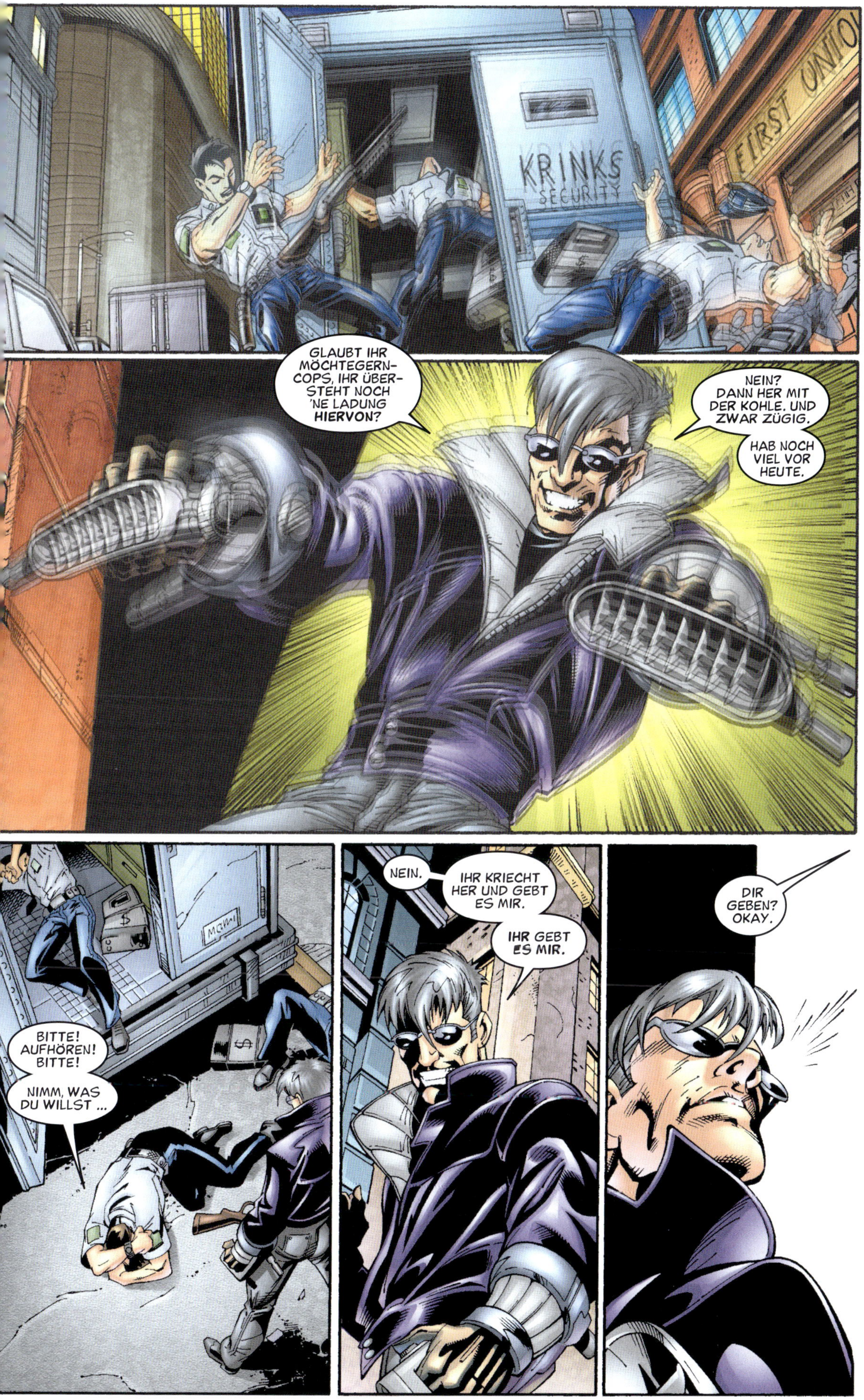

KRINKS SECURITY

FIRST UNIO

GLAUBT IHR MÖCHTEGERN-COPS, IHR ÜBERSTEHT NOCH 'NE LADUNG **HIERVON**?

NEIN? DANN HER MIT DER KOHLE. UND ZWAR ZÜGIG.

HAB NOCH VIEL VOR HEUTE.

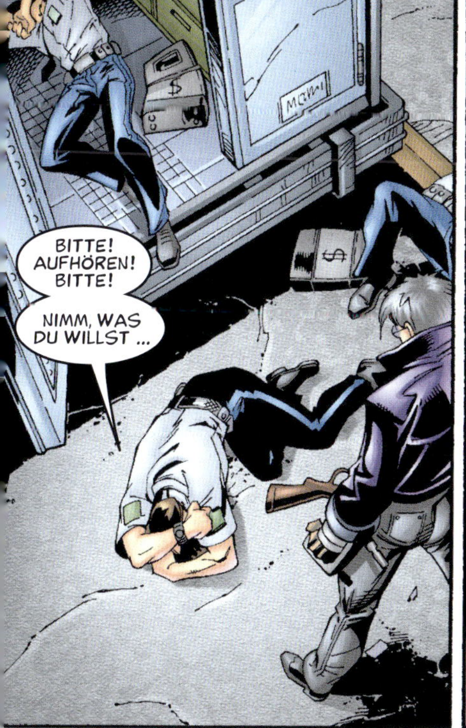

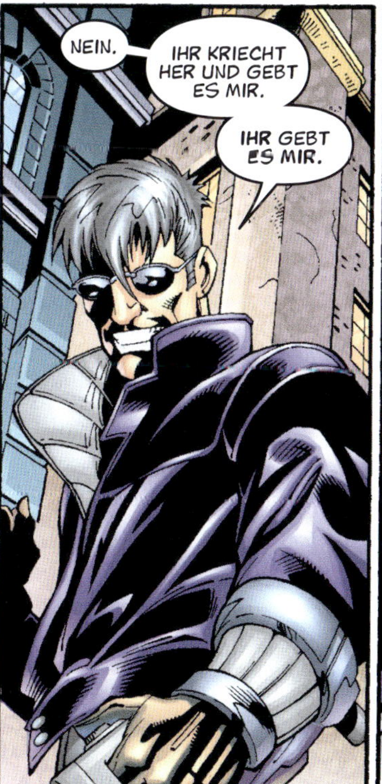

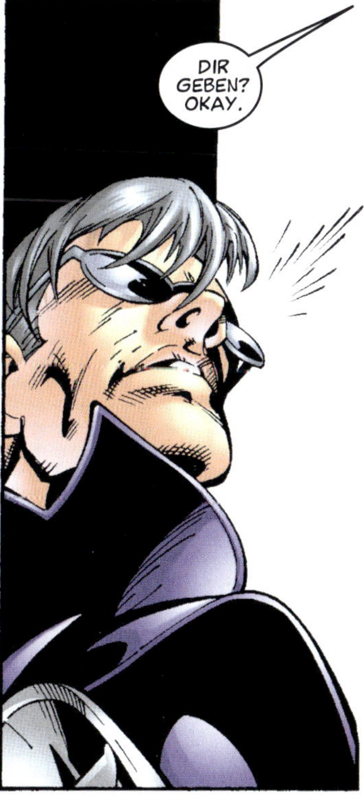

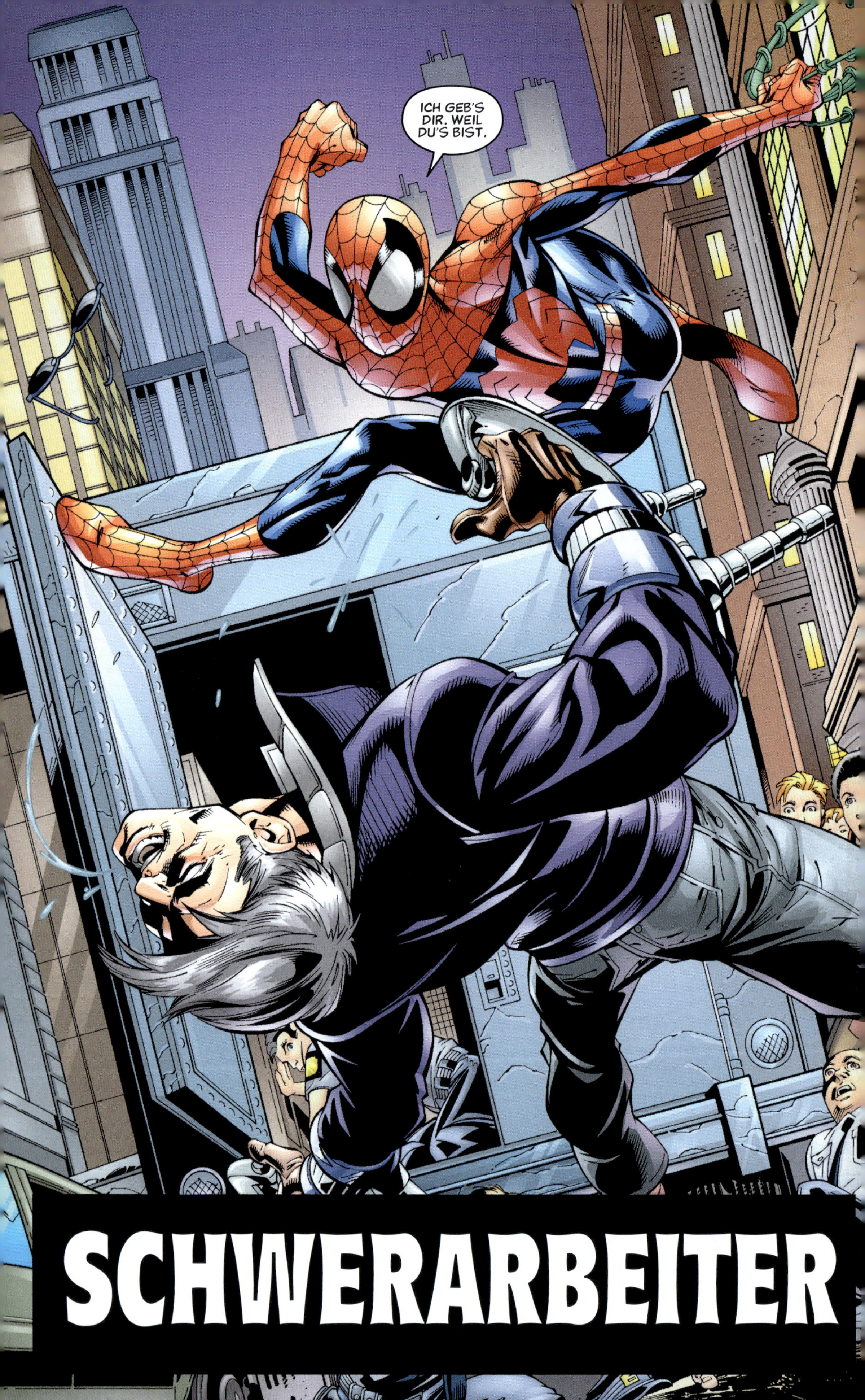
ICH GEB'S DIR. WEIL DU'S BIST.
SCHWERARBEITER

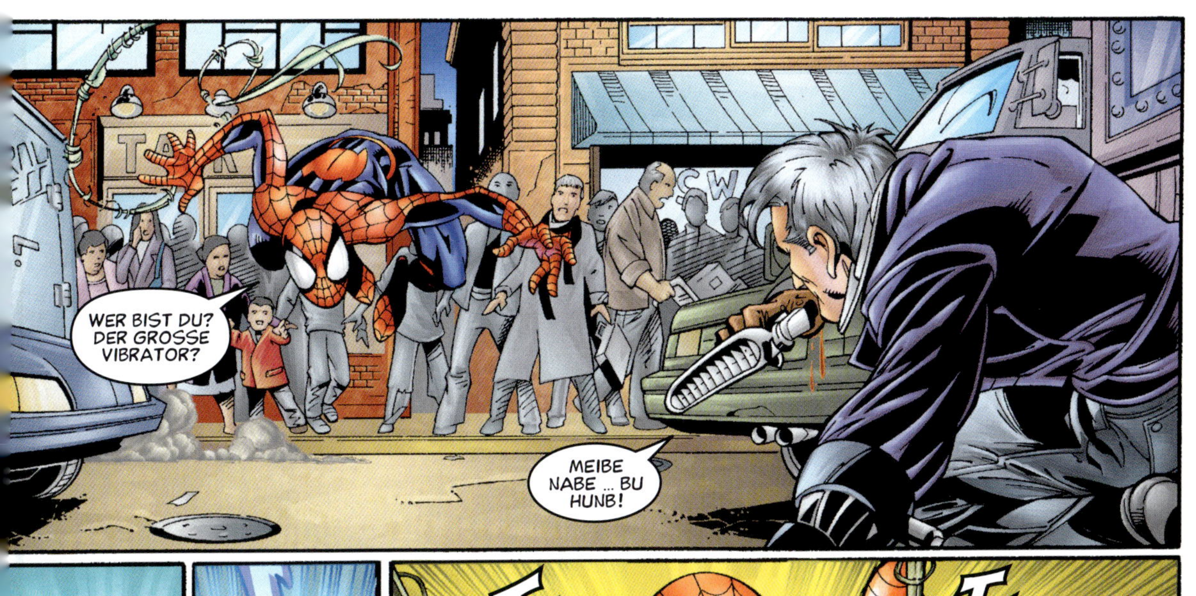
WER BIST DU? DER GROSSE VIBRATOR?
MEIBE NABE ... BU HUNB!

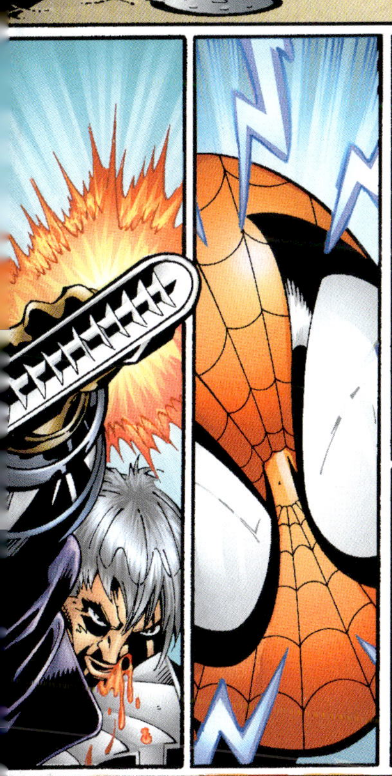

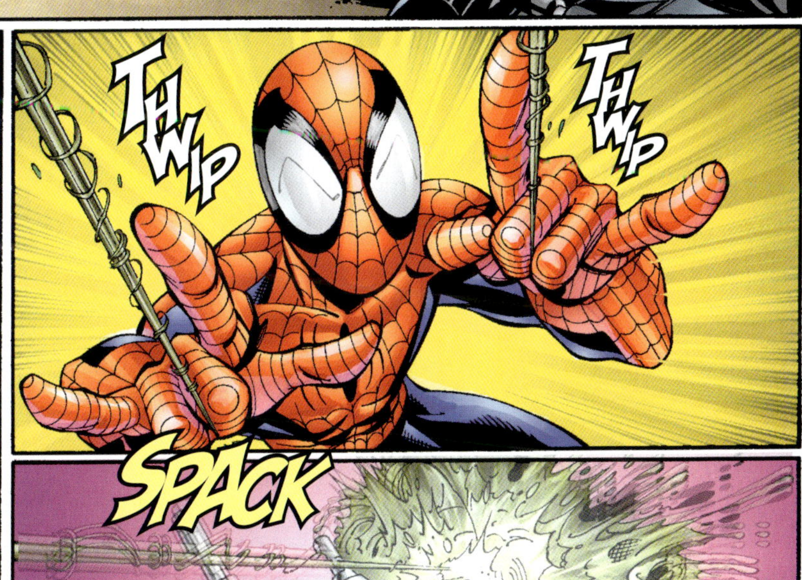
THWIP
THWIP
SPACK

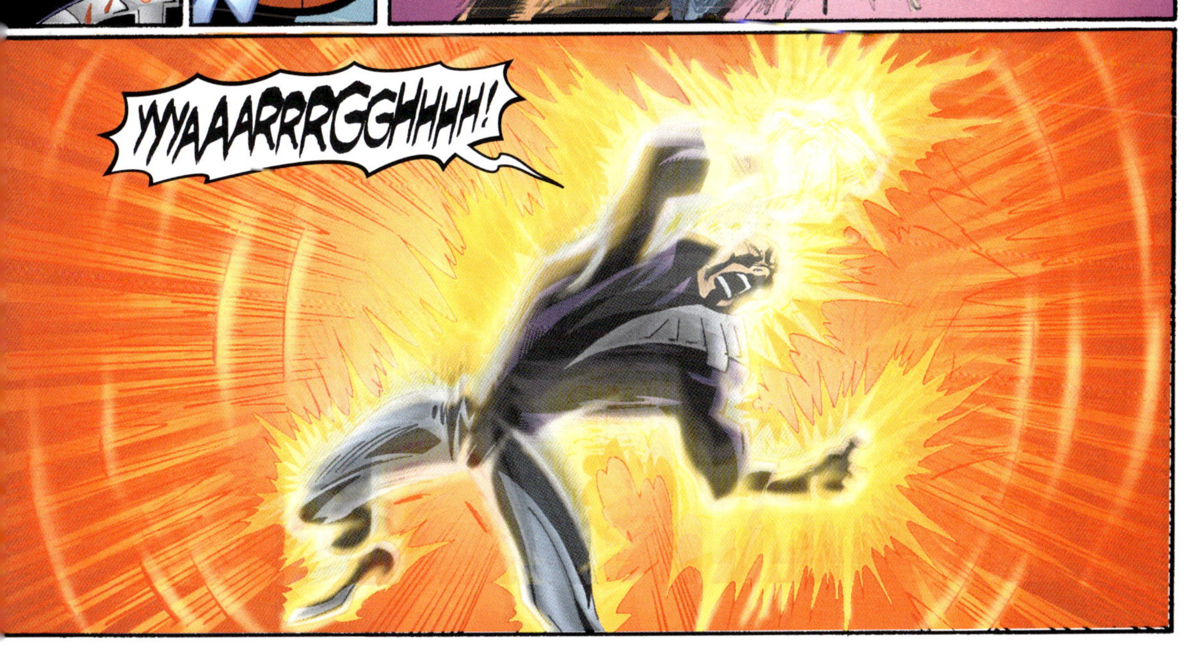
YYYAAARRRGGHHHH!

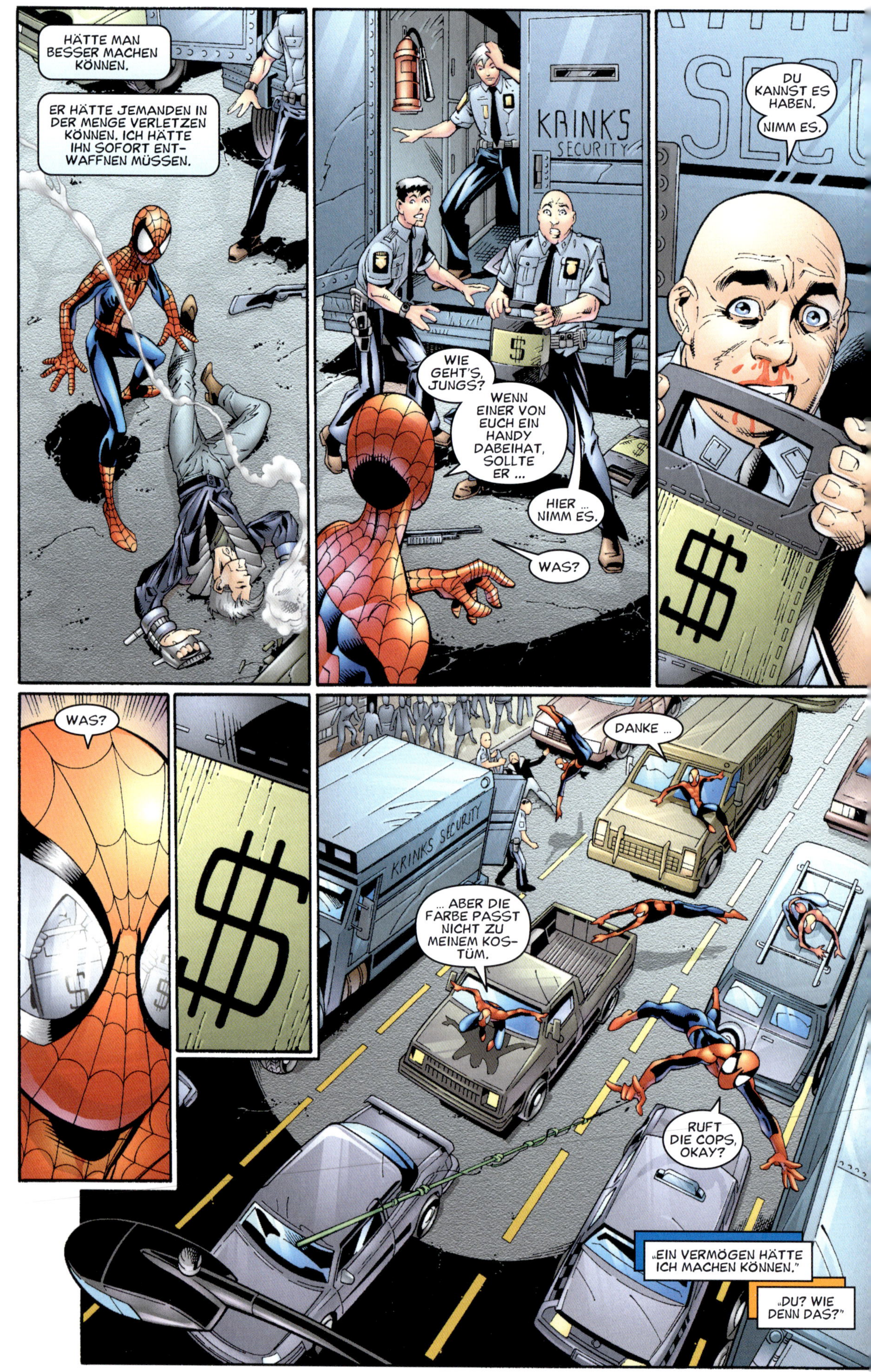
HÄTTE MAN BESSER MACHEN KÖNNEN.
ER HÄTTE JEMANDEN IN DER MENGE VERLETZEN KÖNNEN. ICH HÄTTE IHN SOFORT ENT-WAFFNEN MÜSSEN.
KRINKS SECURITY
WIE GEHT'S, JUNGS?
WENN EINER VON EUCH EIN HANDY DABEIHAT, SOLLTE ER ...
HIER ... NIMM ES.
WAS?
DU KANNST ES HABEN.
NIMM ES.
WAS?
DANKE ...
KRINKS SECURITY
... ABER DIE FARBE PASST NICHT ZU MEINEM KOS-TÜM.
RUFT DIE COPS, OKAY?
„EIN VERMÖGEN HÄTTE ICH MACHEN KÖNNEN."
„DU? WIE DENN DAS?"

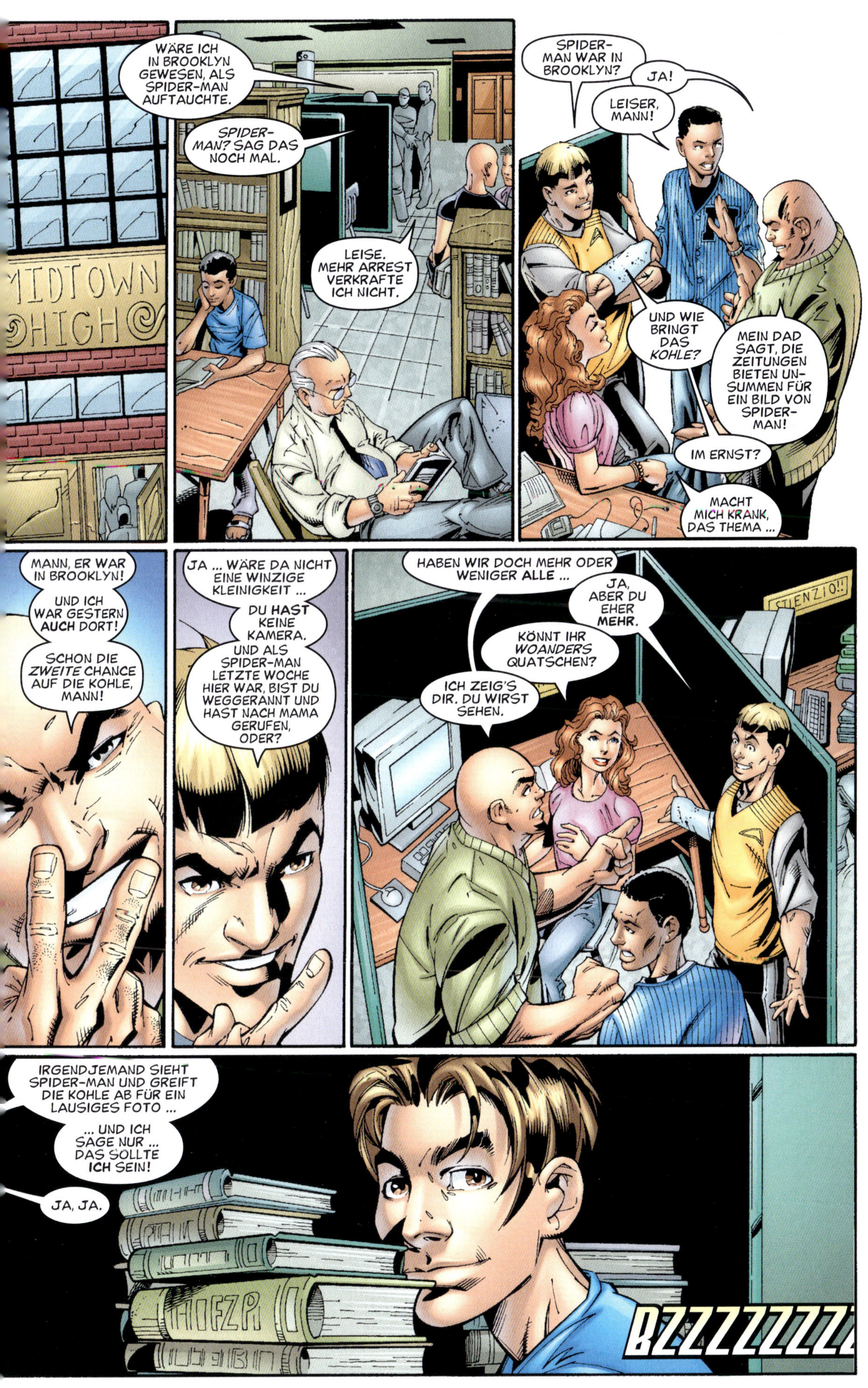
WÄRE ICH IN BROOKLYN GEWESEN, ALS SPIDER-MAN AUFTAUCHTE.
SPIDER-MAN? SAG DAS NOCH MAL.
LEISE. MEHR ARREST VERKRAFTE ICH NICHT.
SPIDER-MAN WAR IN BROOKLYN?
JA!
LEISER, MANN!
UND WIE BRINGT DAS KOHLE?
MEIN DAD SAGT, DIE ZEITUNGEN BIETEN UN-SUMMEN FÜR EIN BILD VON SPIDER-MAN!
IM ERNST?
MACHT MICH KRANK, DAS THEMA ...
MIDTOWN HIGH
MANN, ER WAR IN BROOKLYN!
UND ICH WAR GESTERN AUCH DORT!
SCHON DIE ZWEITE CHANCE AUF DIE KOHLE, MANN!
JA ... WÄRE DA NICHT EINE WINZIGE KLEINIGKEIT ...
DU HAST KEINE KAMERA.
UND ALS SPIDER-MAN LETZTE WOCHE HIER WAR, BIST DU WEGGERANNT UND HAST NACH MAMA GERUFEN, ODER?
HABEN WIR DOCH MEHR ODER WENIGER ALLE ...
JA, ABER DU EHER MEHR.
KÖNNT IHR WOANDERS QUATSCHEN?
ICH ZEIG'S DIR. DU WIRST SEHEN.
SILENZIO!!
IRGENDJEMAND SIEHT SPIDER-MAN UND GREIFT DIE KOHLE AB FÜR EIN LAUSIGES FOTO ...
... UND ICH SAGE NUR ... DAS SOLLTE ICH SEIN!
JA, JA.
BZZZZZZZZ

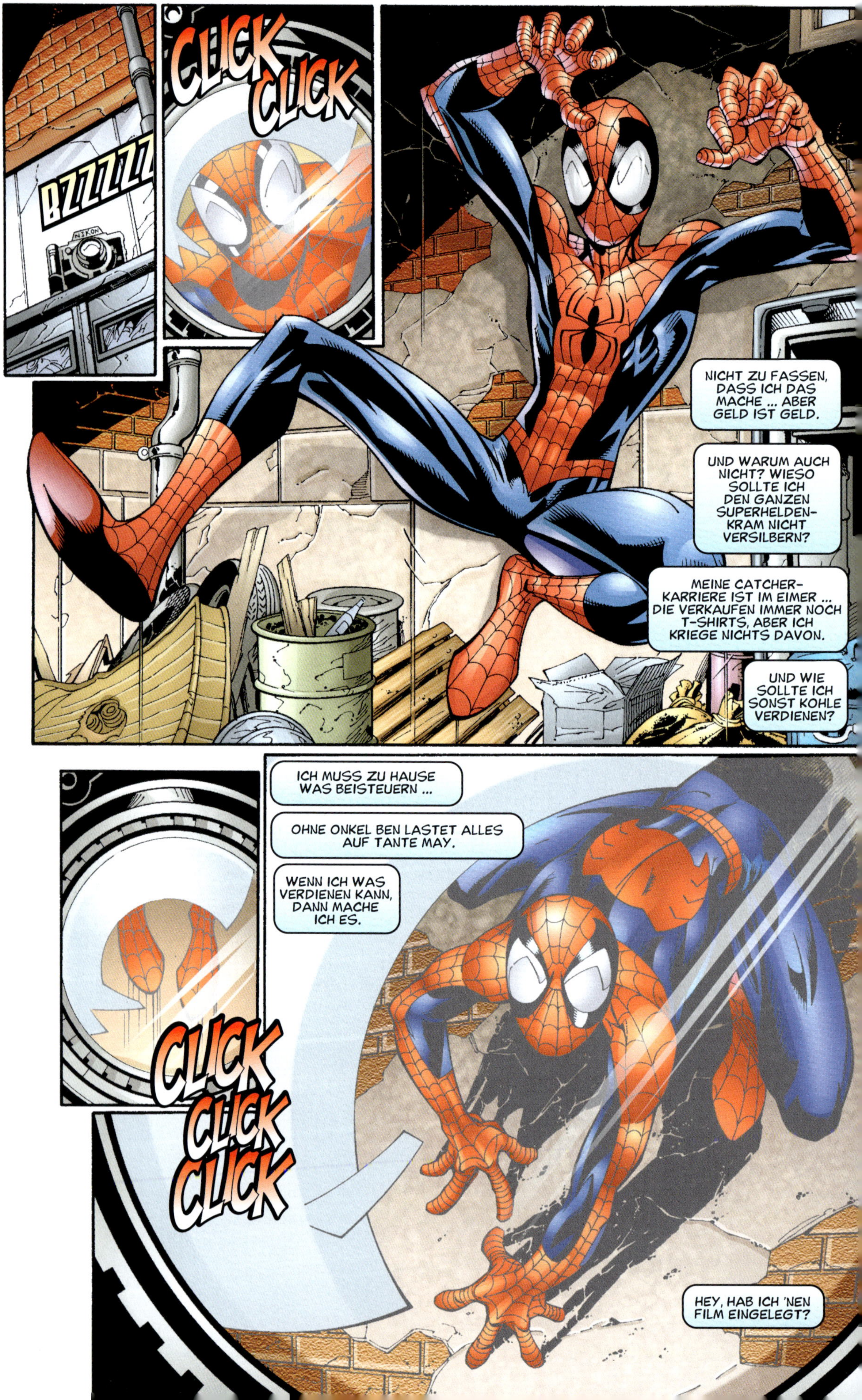

BZZZZZ

CLICK CLICK

NICHT ZU FASSEN, DASS ICH DAS MACHE ... ABER GELD IST GELD.

UND WARUM AUCH NICHT? WIESO SOLLTE ICH DEN GANZEN SUPERHELDEN-KRAM NICHT VERSILBERN?

MEINE CATCHER-KARRIERE IST IM EIMER ... DIE VERKAUFEN IMMER NOCH T-SHIRTS, ABER ICH KRIEGE NICHTS DAVON.

UND WIE SOLLTE ICH SONST KOHLE VERDIENEN?

ICH MUSS ZU HAUSE WAS BEISTEUERN ...

OHNE ONKEL BEN LASTET ALLES AUF TANTE MAY.

WENN ICH WAS VERDIENEN KANN, DANN MACHE ICH ES.

CLICK CLICK CLICK

HEY, HAB ICH 'NEN FILM EINGELEGT?

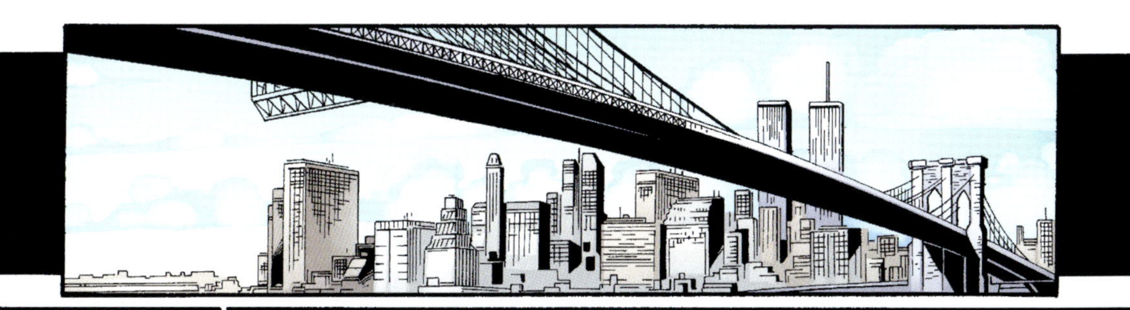

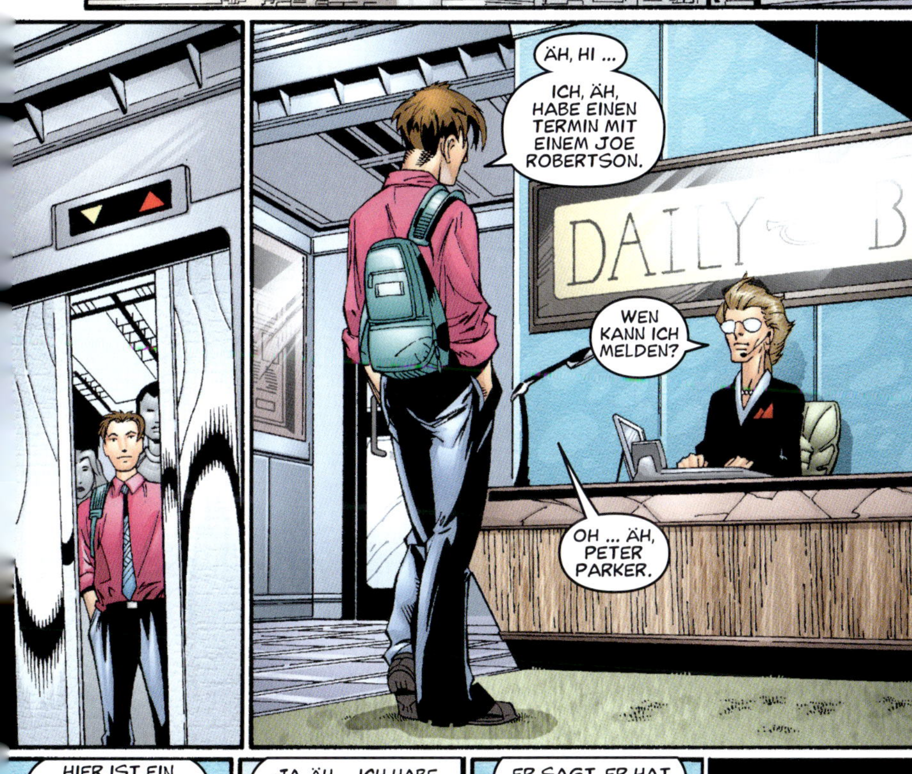
ÄH, HI ...
ICH, ÄH, HABE EINEN TERMIN MIT EINEM JOE ROBERTSON.
DAILY BUGLE
WEN KANN ICH MELDEN?
OH ... ÄH, PETER PARKER.

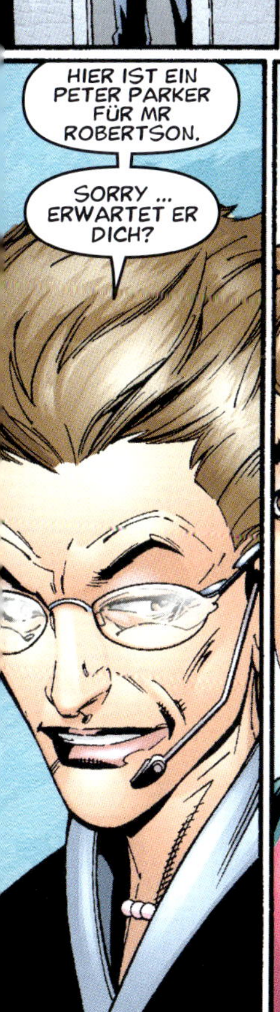
HIER IST EIN PETER PARKER FÜR MR ROBERTSON.
SORRY ... ERWARTET ER DICH?

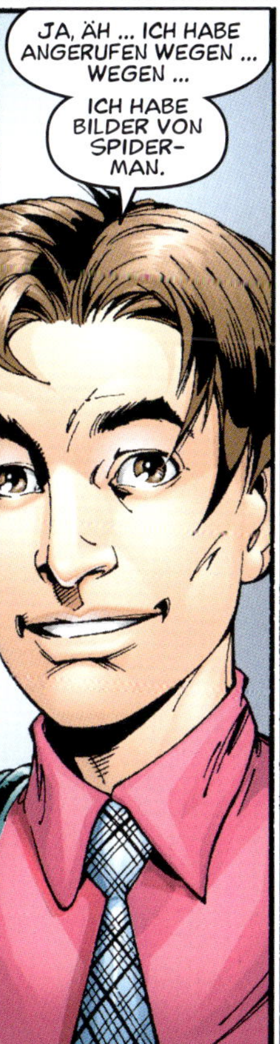
JA, ÄH ... ICH HABE ANGERUFEN WEGEN ... WEGEN ...
ICH HABE BILDER VON SPIDER-MAN.

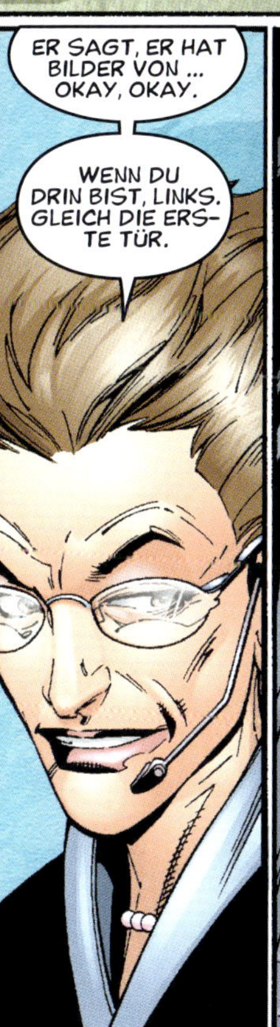
ER SAGT, ER HAT BILDER VON ... OKAY, OKAY.
WENN DU DRIN BIST, LINKS. GLEICH DIE ERSTE TÜR.

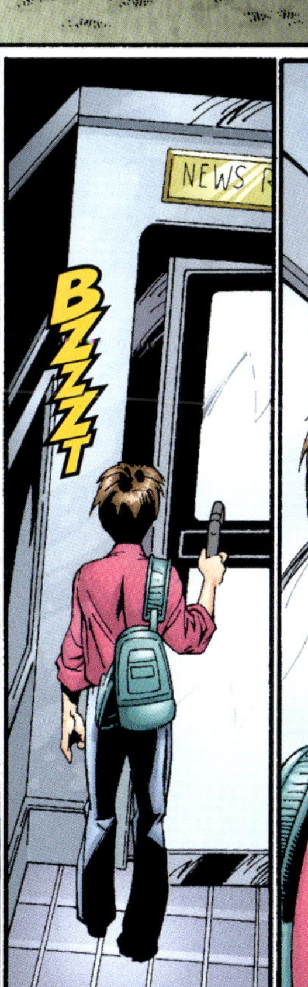
BZZZT

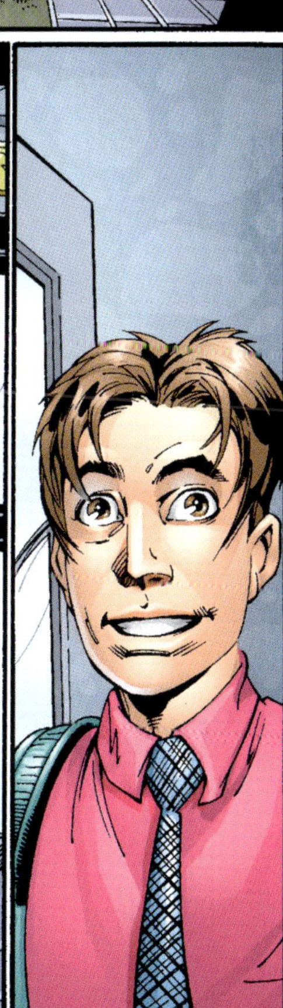

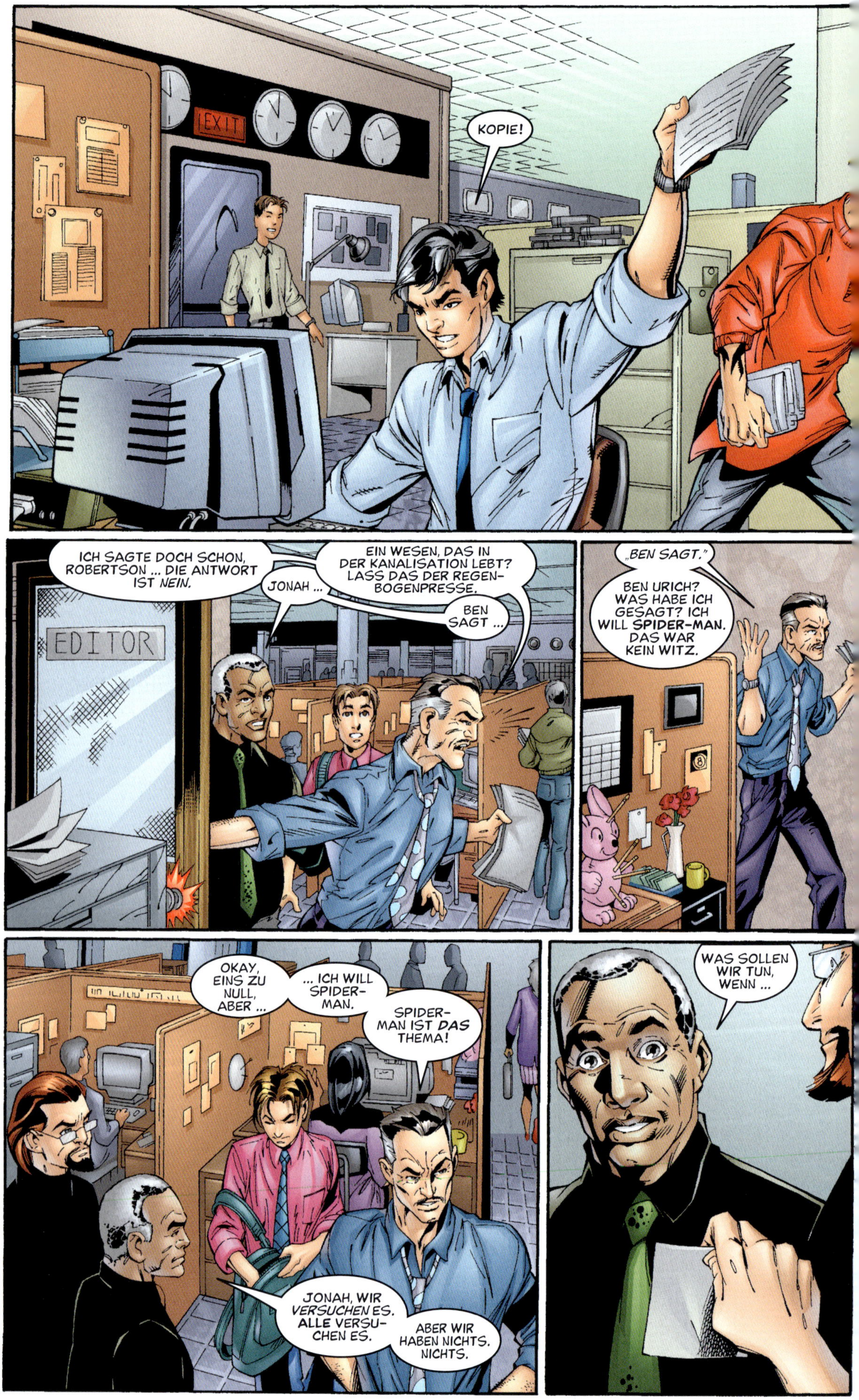

KOPIE!

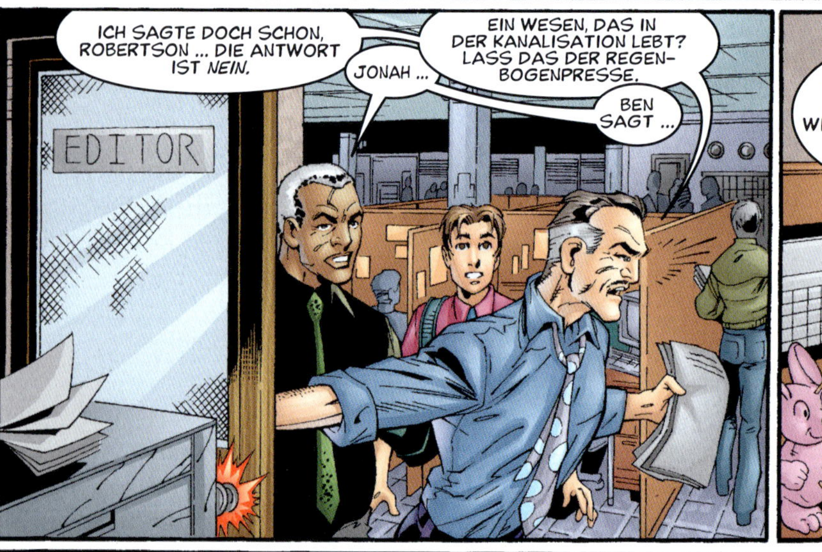
ICH SAGTE DOCH SCHON, ROBERTSON ... DIE ANTWORT IST *NEIN.*
JONAH ...
EIN WESEN, DAS IN DER KANALISATION LEBT? LASS DAS DER REGENBOGENPRESSE.
BEN SAGT ...
EDITOR

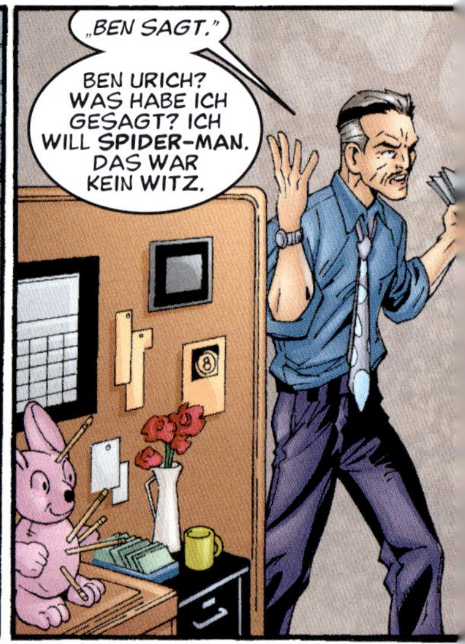
„BEN SAGT."
BEN URICH? WAS HABE ICH GESAGT? ICH WILL **SPIDER-MAN.** DAS WAR KEIN **WITZ.**

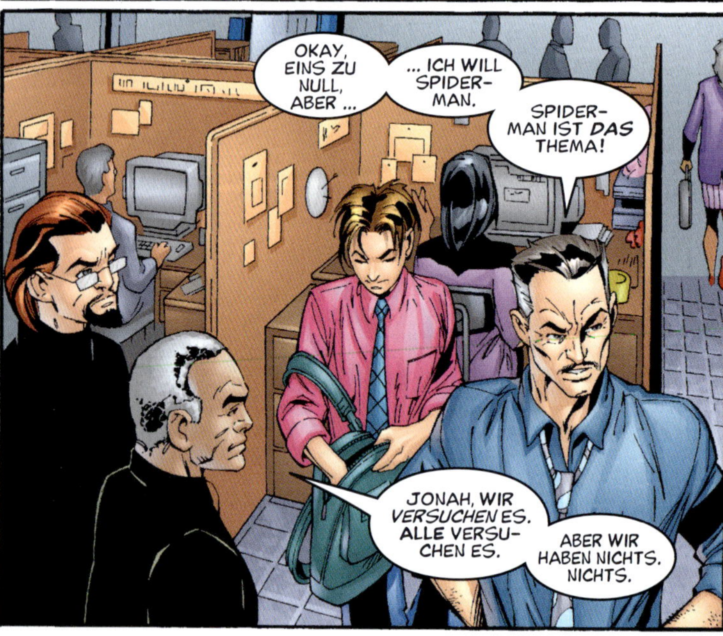
OKAY, EINS ZU NULL, ABER ...
... ICH WILL SPIDER-MAN.
SPIDER-MAN IST *DAS* THEMA!
JONAH, WIR *VERSUCHEN* ES. **ALLE** VERSUCHEN ES.
ABER WIR HABEN NICHTS. NICHTS.

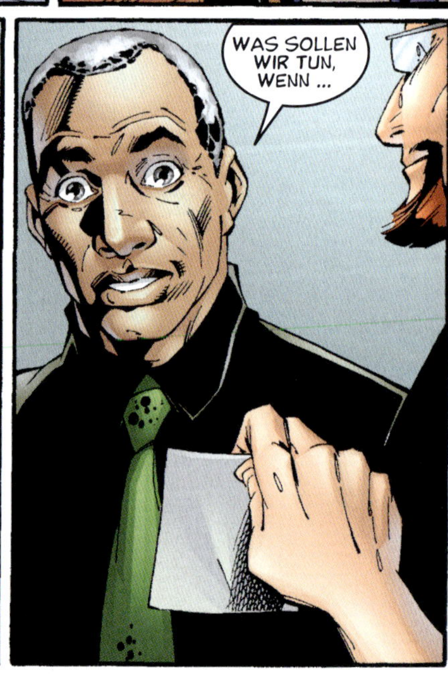
WAS SOLLEN WIR TUN, WENN ...

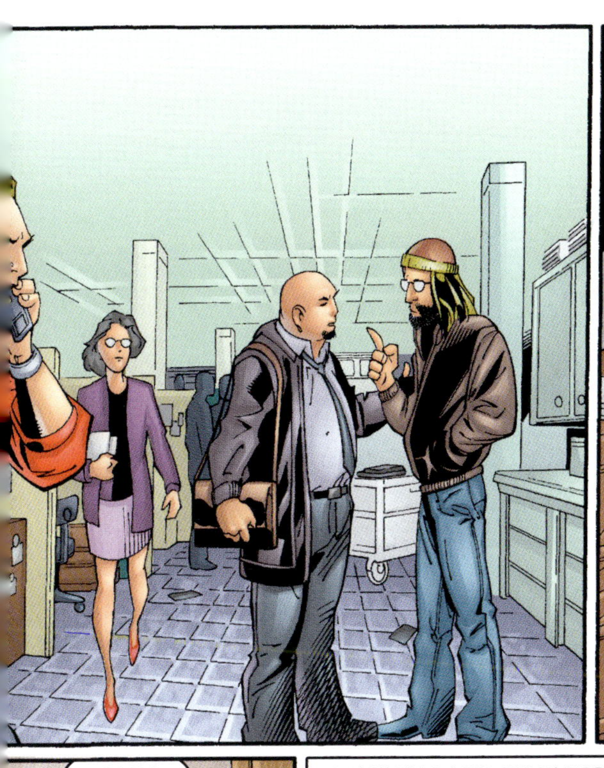

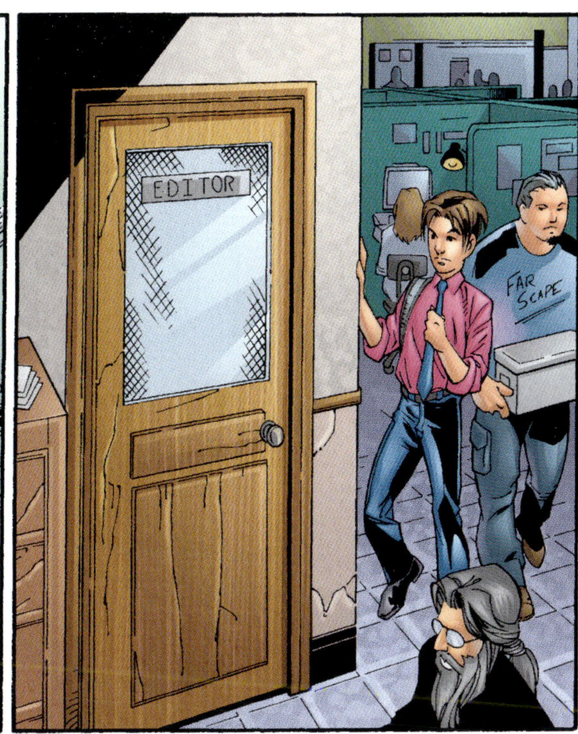
EDITOR
FAR SCAPE

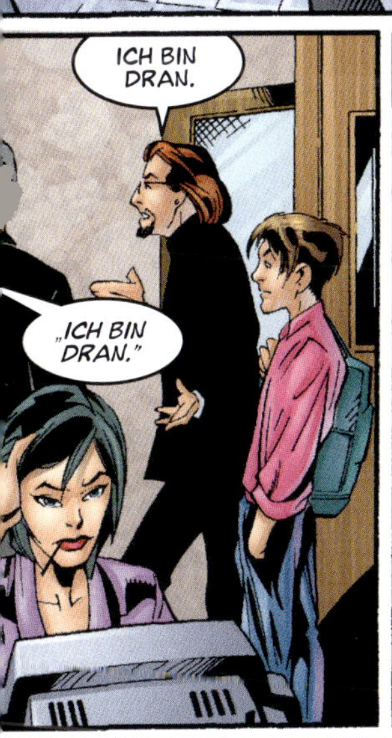
ICH BIN DRAN.
„ICH BIN DRAN."

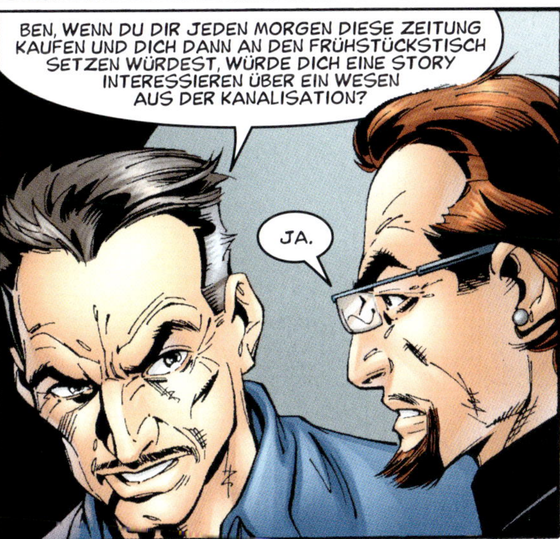
BEN, WENN DU DIR JEDEN MORGEN DIESE ZEITUNG KAUFEN UND DICH DANN AN DEN FRÜHSTÜCKSTISCH SETZEN WÜRDEST, WÜRDE DICH EINE STORY INTERESSIEREN ÜBER EIN WESEN AUS DER KANALISATION?
JA.

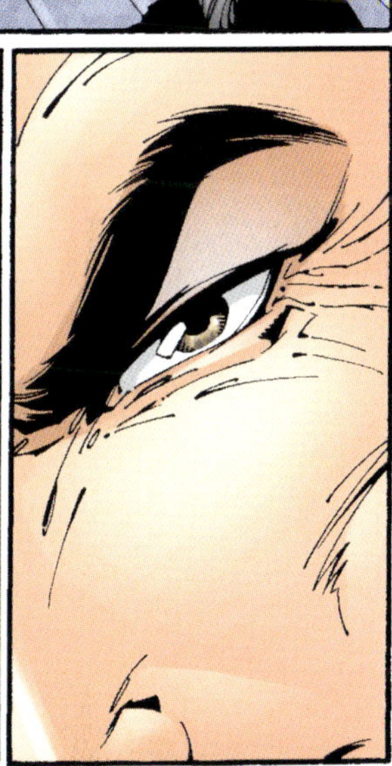

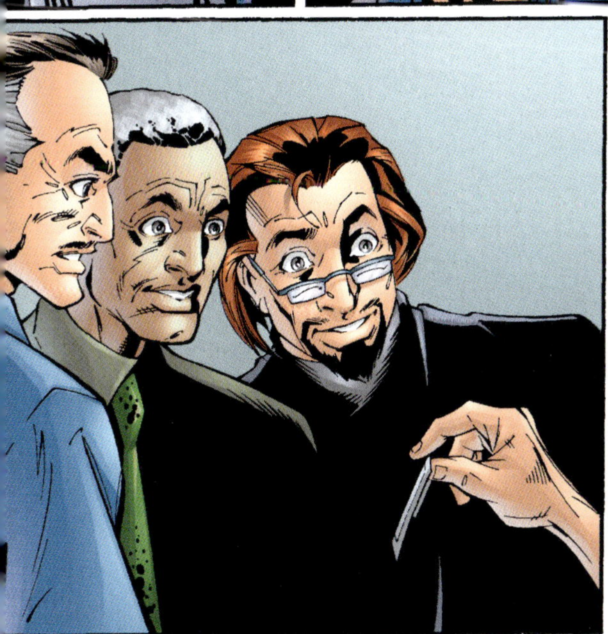

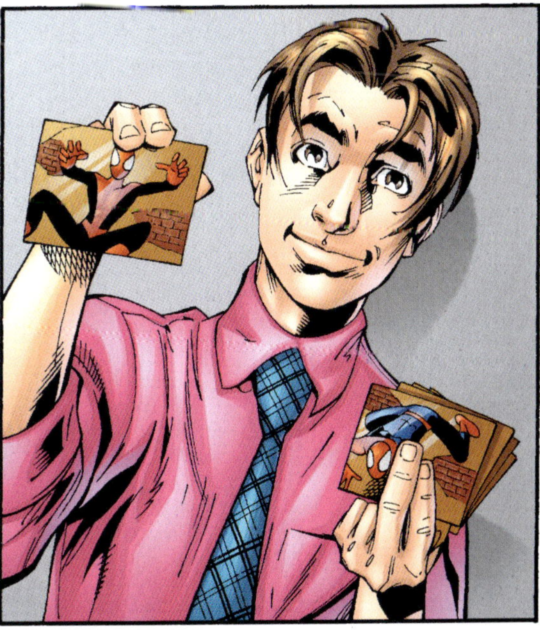

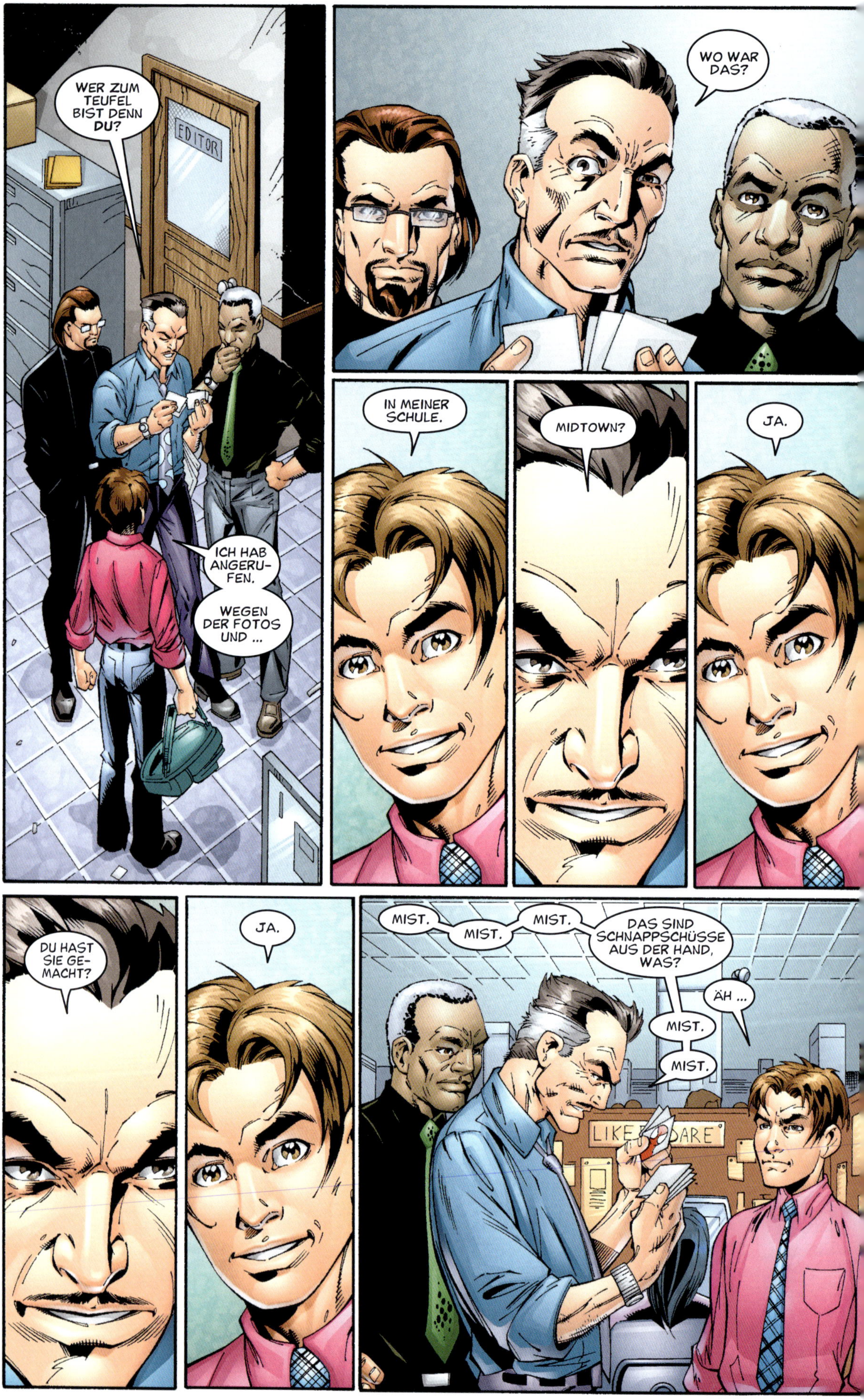

WER ZUM TEUFEL BIST DENN DU?
ICH HAB ANGERUFEN.
WEGEN DER FOTOS UND ...
WO WAR DAS?
IN MEINER SCHULE.
MIDTOWN?
JA.

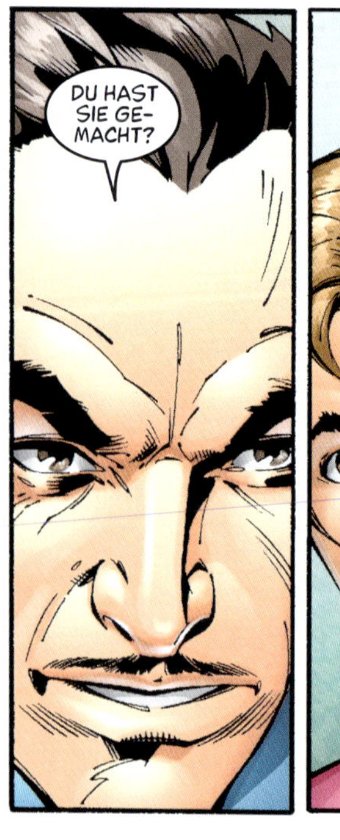
DU HAST SIE GEMACHT?

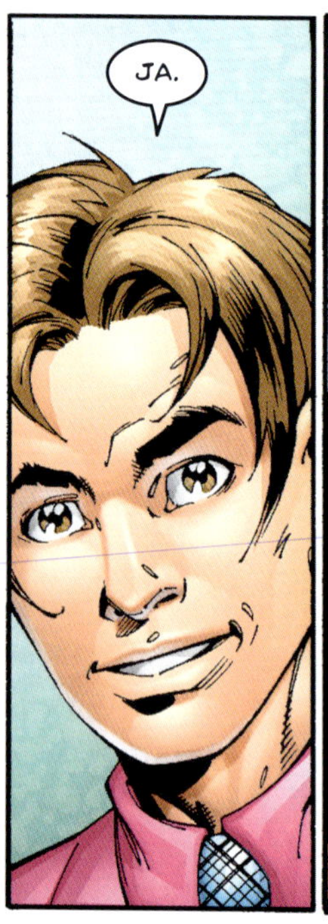
JA.

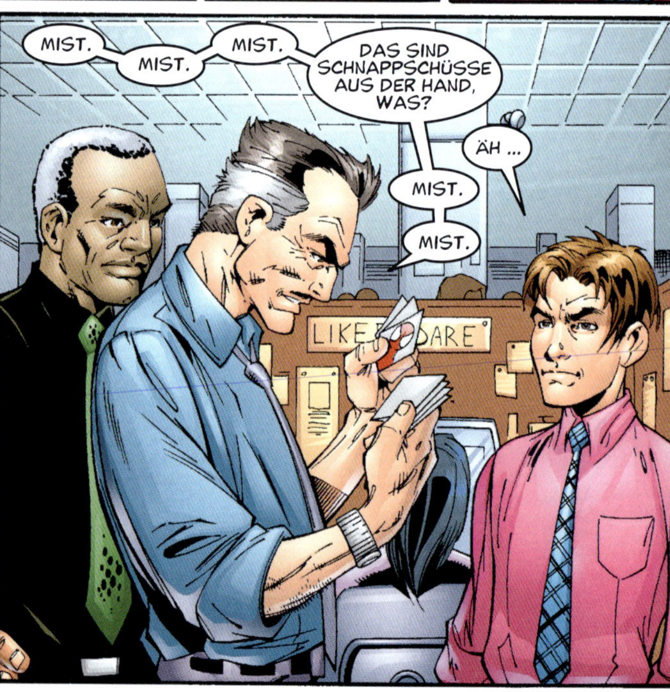
MIST.
MIST.
MIST.
DAS SIND SCHNAPPSCHÜSSE AUS DER HAND, WAS?
ÄH ...
MIST.
MIST.

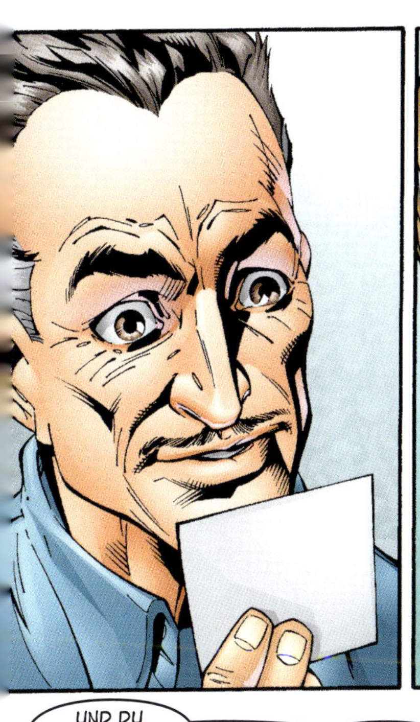

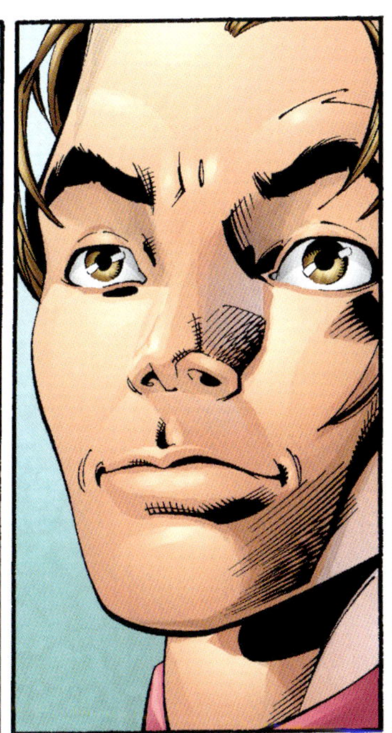

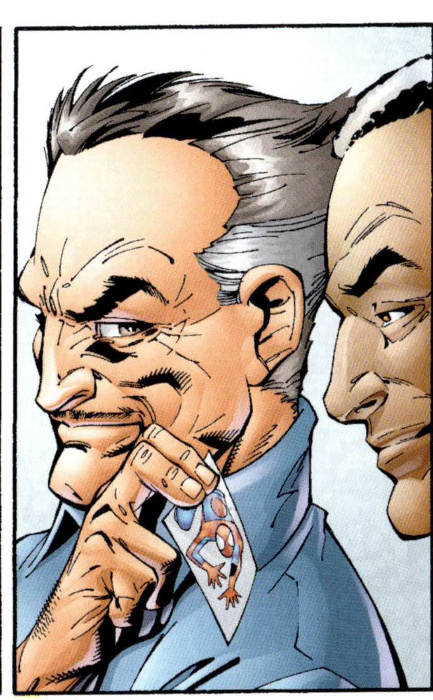

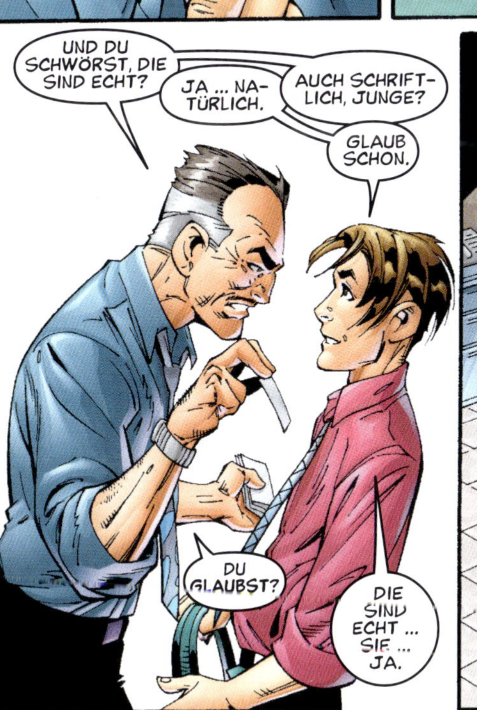

UND DU SCHWÖRST, DIE SIND ECHT?
JA ... NATÜRLICH.
AUCH SCHRIFTLICH, JUNGE?
GLAUB SCHON.
DU GLAUBST?
DIE SIND ECHT ... SIE ... JA.

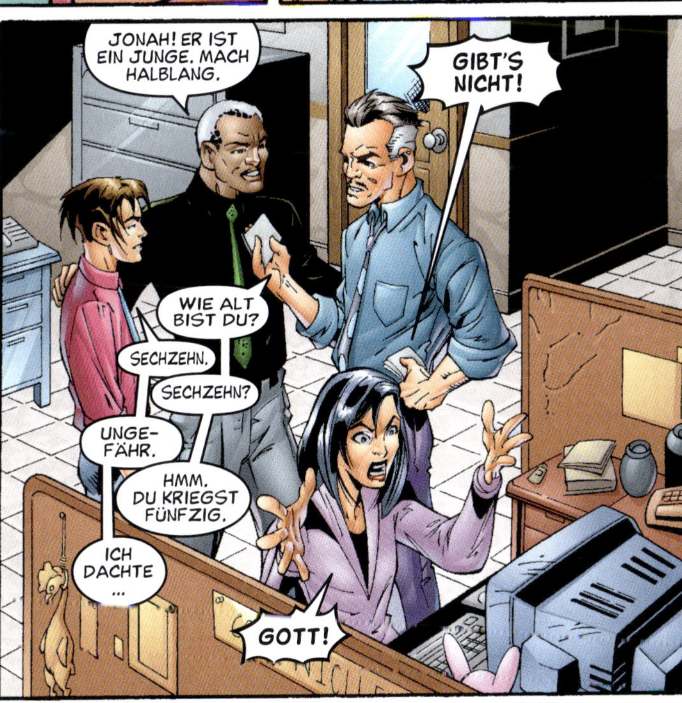

JONAH! ER IST EIN JUNGE. MACH HALBLANG.
GIBT'S NICHT!
WIE ALT BIST DU?
SECHZEHN.
SECHZEHN?
UNGEFÄHR.
HMM. DU KRIEGST FÜNFZIG.
ICH DACHTE ...
GOTT!

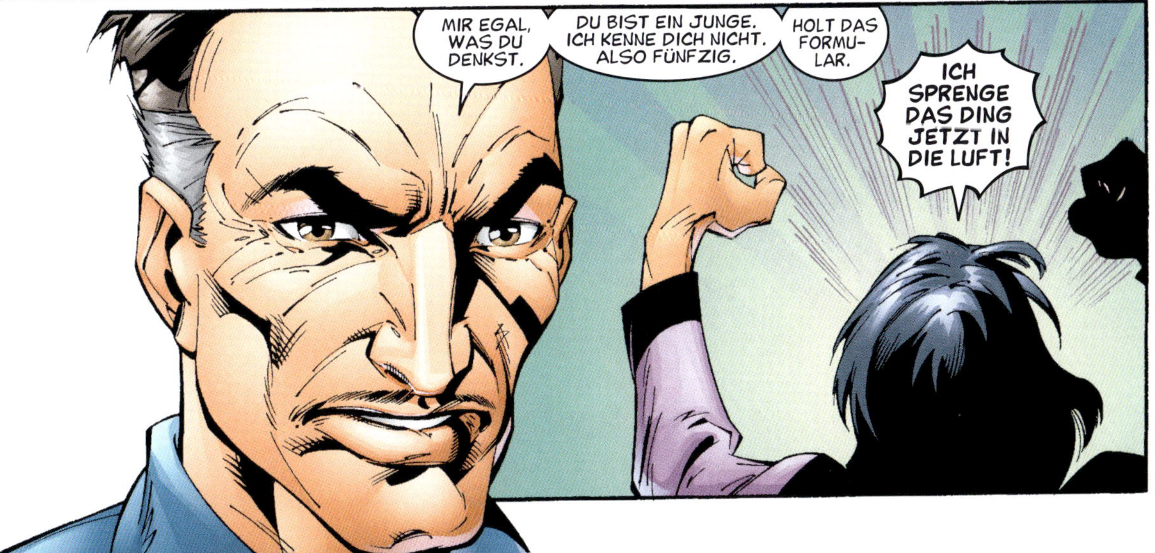

MIR EGAL, WAS DU DENKST.
DU BIST EIN JUNGE. ICH KENNE DICH NICHT. ALSO FÜNFZIG.
HOLT DAS FORMULAR.
ICH SPRENGE DAS DING JETZT IN DIE LUFT!

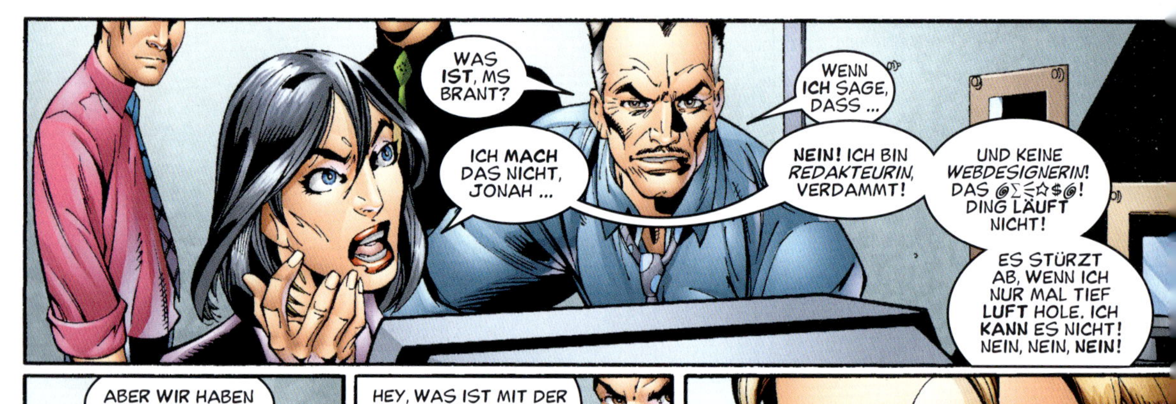
WAS IST, MS BRANT?
ICH MACH DAS NICHT, JONAH ...
WENN ICH SAGE, DASS ...
NEIN! ICH BIN REDAKTEURIN, VERDAMMT!
UND KEINE WEBDESIGNERIN! DAS @Σ≶☆$@! DING LÄUFT NICHT!
ES STÜRZT AB, WENN ICH NUR MAL TIEF LUFT HOLE. ICH KANN ES NICHT! NEIN, NEIN, NEIN!

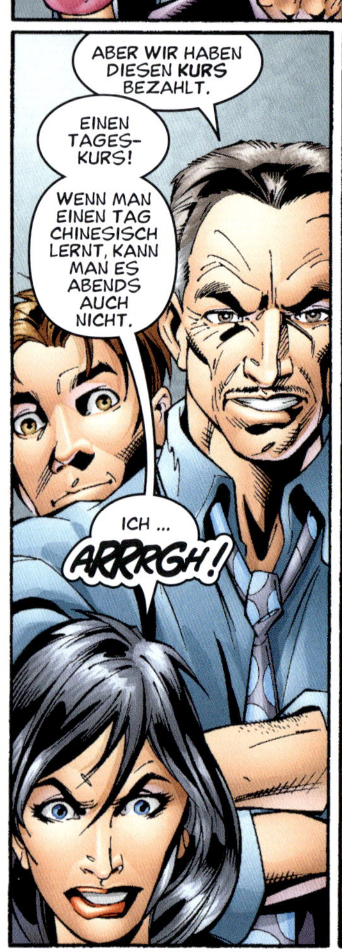
ABER WIR HABEN DIESEN KURS BEZAHLT.
EINEN TAGES-KURS!
WENN MAN EINEN TAG CHINESISCH LERNT, KANN MAN ES ABENDS AUCH NICHT.
ICH ...
ARRRGH!

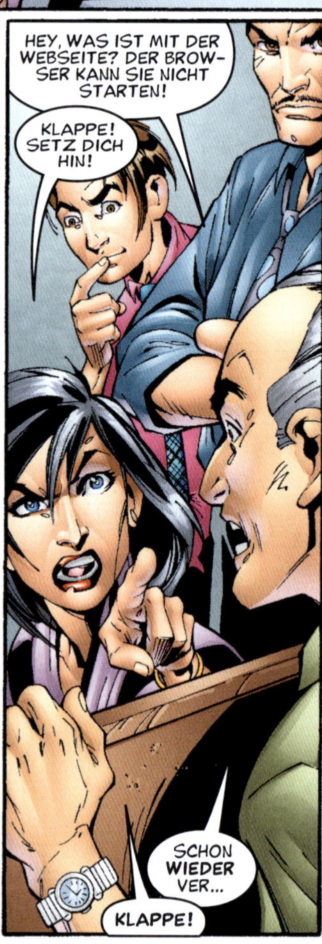
HEY, WAS IST MIT DER WEBSEITE? DER BROW-SER KANN SIE NICHT STARTEN!
KLAPPE! SETZ DICH HIN!
SCHON WIEDER VER...
KLAPPE!

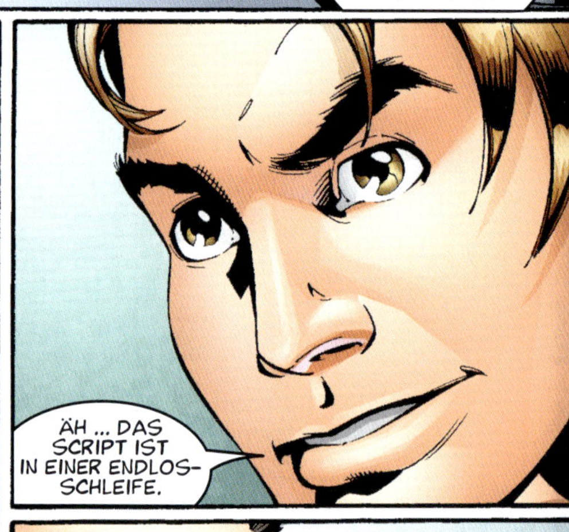
ÄH ... DAS SCRIPT IST IN EINER ENDLOS-SCHLEIFE.

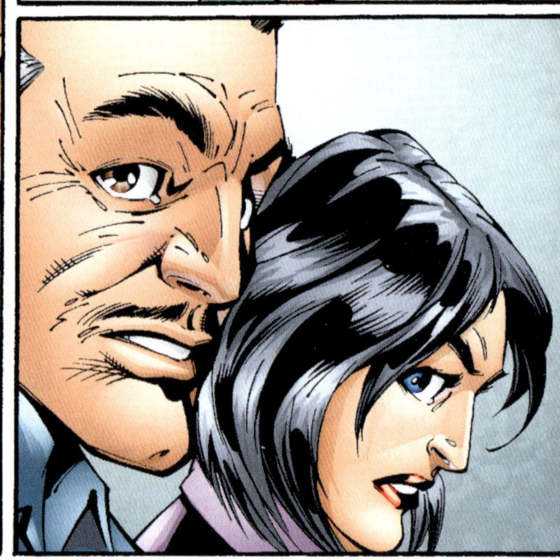

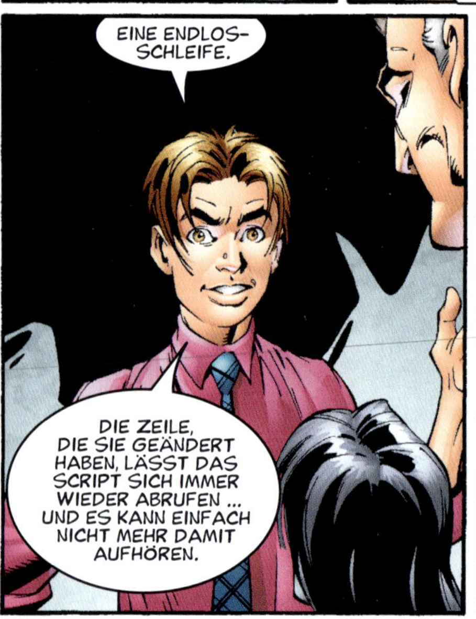
EINE ENDLOS-SCHLEIFE.
DIE ZEILE, DIE SIE GEÄNDERT HABEN, LÄSST DAS SCRIPT SICH IMMER WIEDER ABRUFEN ... UND ES KANN EINFACH NICHT MEHR DAMIT AUFHÖREN.

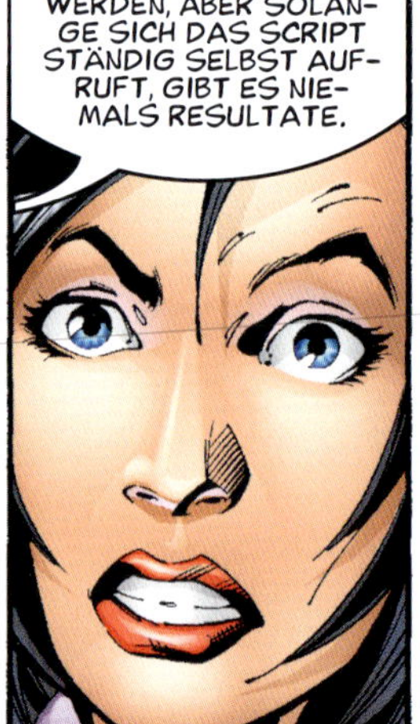
DIE SEITE KANN NICHT AUFGERUFEN WERDEN, WEIL DIE RESULTATE DES SCRIPTS GEBRAUCHT WERDEN, ABER SOLAN-GE SICH DAS SCRIPT STÄNDIG SELBST AUF-RUFT, GIBT ES NIE-MALS RESULTATE.

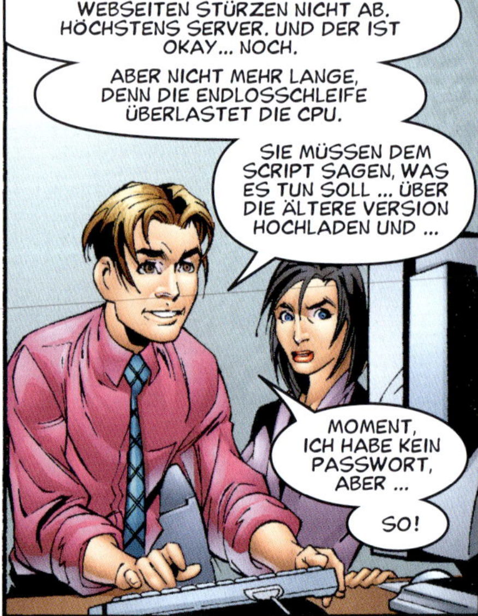
WEBSEITEN STÜRZEN NICHT AB. HÖCHSTENS SERVER. UND DER IST OKAY ... NOCH.
ABER NICHT MEHR LANGE, DENN DIE ENDLOSSCHLEIFE ÜBERLASTET DIE CPU.
SIE MÜSSEN DEM SCRIPT SAGEN, WAS ES TUN SOLL ... ÜBER DIE ÄLTERE VERSION HOCHLADEN UND ...
MOMENT, ICH HABE KEIN PASSWORT, ABER ...
SO!

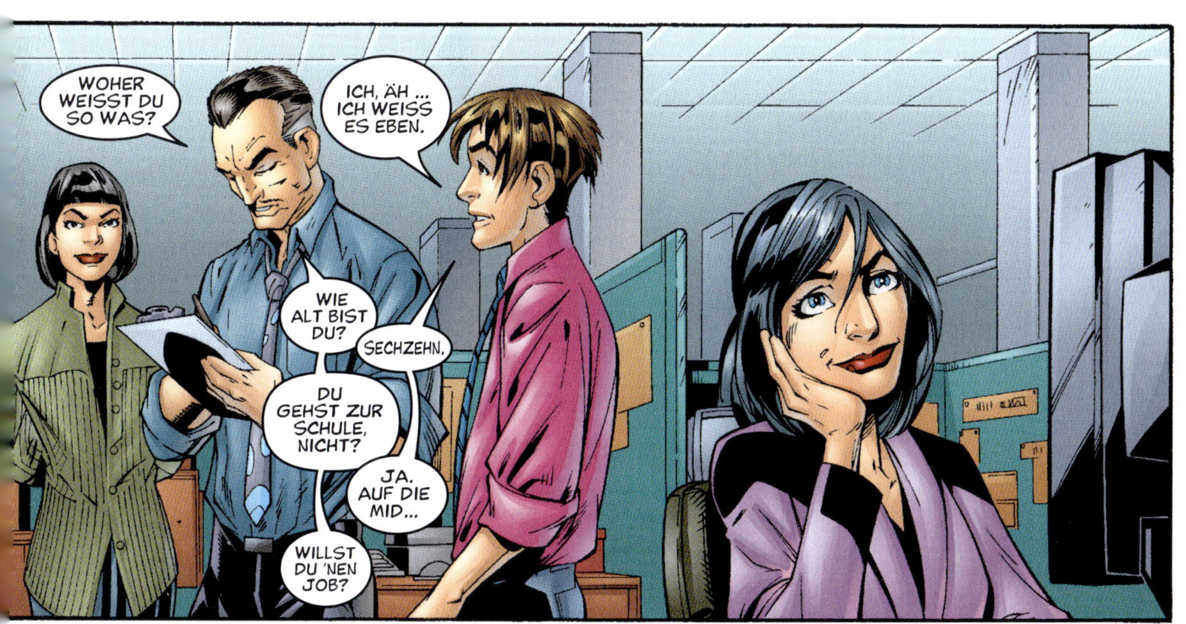
WOHER WEISST DU SO WAS?
ICH, ÄH ... ICH WEISS ES EBEN.
WIE ALT BIST DU?
SECHZEHN.
DU GEHST ZUR SCHULE, NICHT?
JA. AUF DIE MID...
WILLST DU 'NEN JOB?

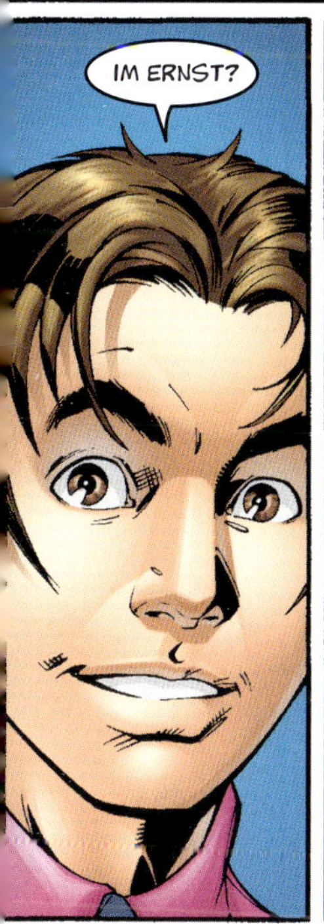
IM ERNST?

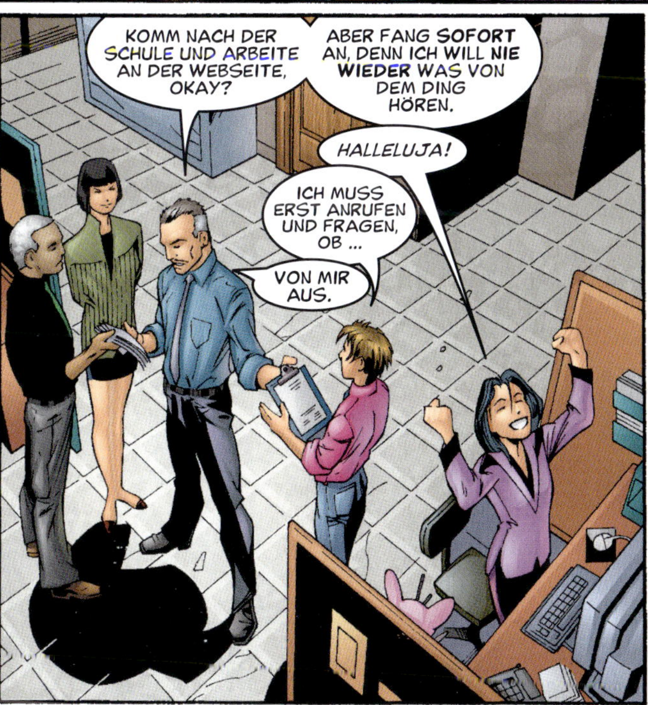
KOMM NACH DER SCHULE UND ARBEITE AN DER WEBSEITE, OKAY?
ABER FANG SOFORT AN, DENN ICH WILL NIE WIEDER WAS VON DEM DING HÖREN.
HALLELUJA!
ICH MUSS ERST ANRUFEN UND FRAGEN, OB ...
VON MIR AUS.

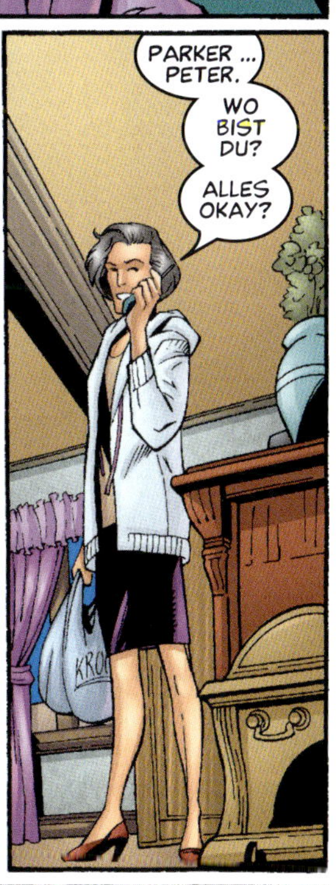
PARKER ... PETER.
WO BIST DU?
ALLES OKAY?

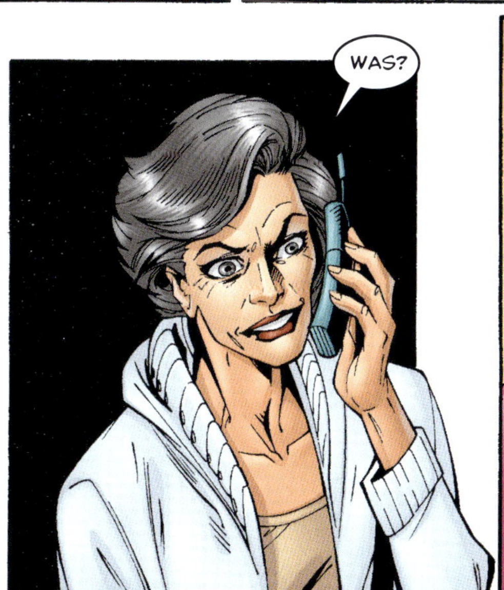
WAS?

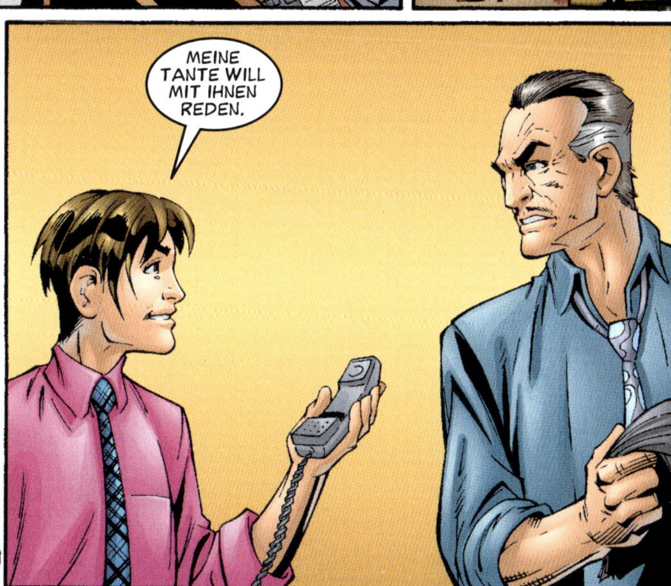
MEINE TANTE WILL MIT IHNEN REDEN.

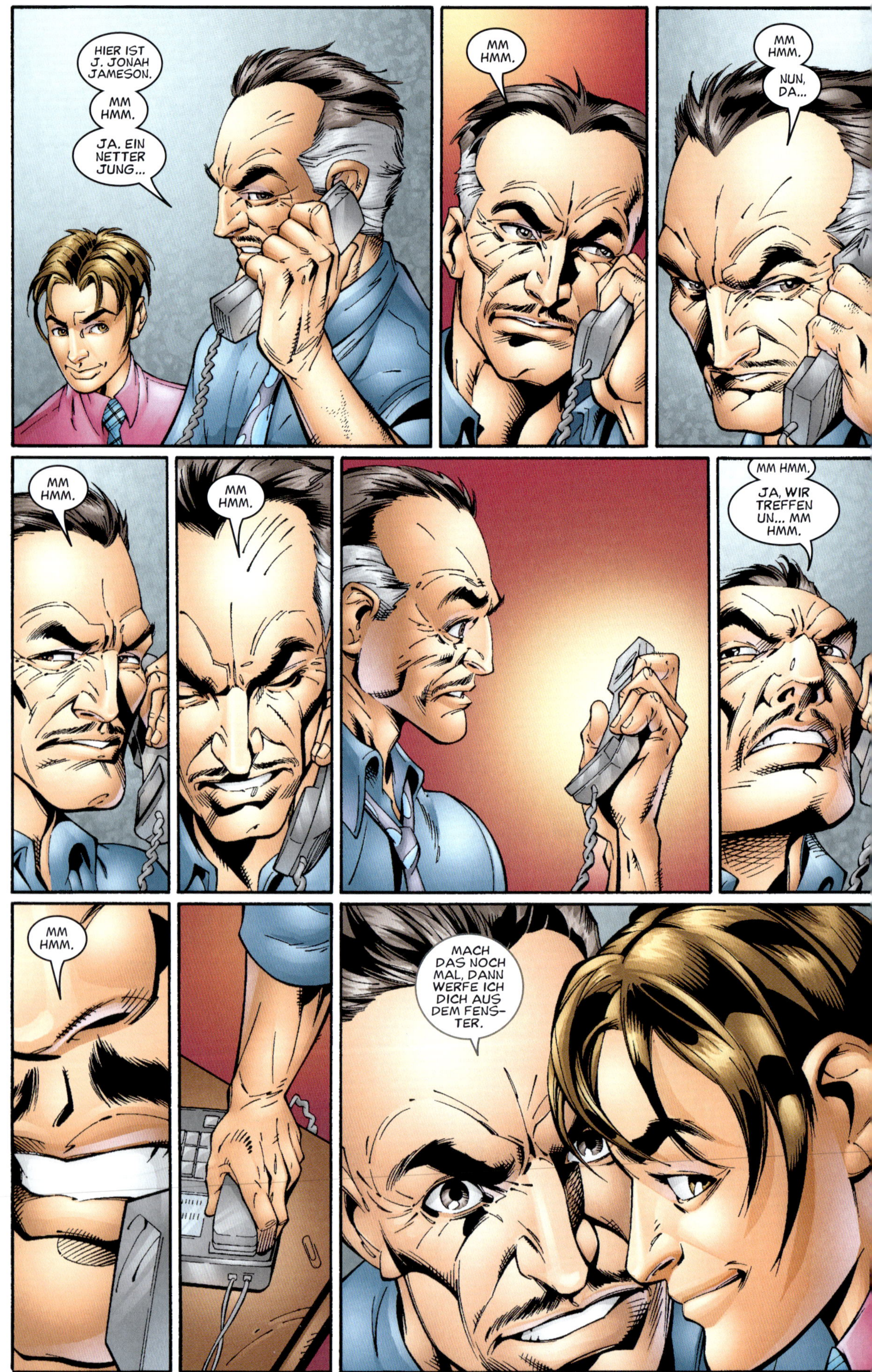
HIER IST J. JONAH JAMESON.
MM HMM.
JA. EIN NETTER JUNG...
MM HMM.
MM HMM.
NUN, DA...
MM HMM.
MM HMM.
MM HMM.
JA, WIR TREFFEN UN... MM HMM.
MM HMM.
MACH DAS NOCH MAL, DANN WERFE ICH DICH AUS DEM FENS-TER.

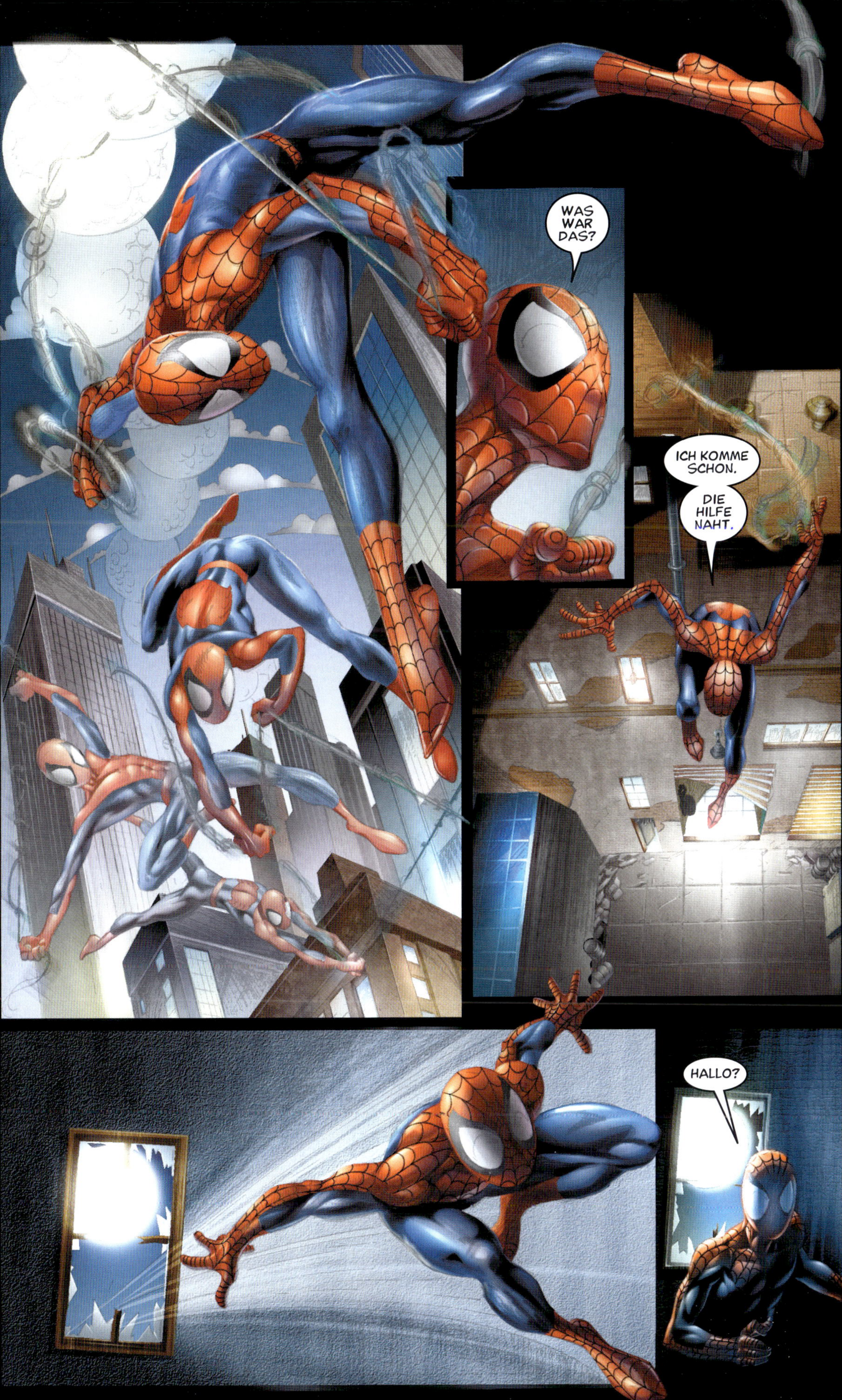
WAS WAR DAS?
ICH KOMME SCHON.
DIE HILFE NAHT.
HALLO?

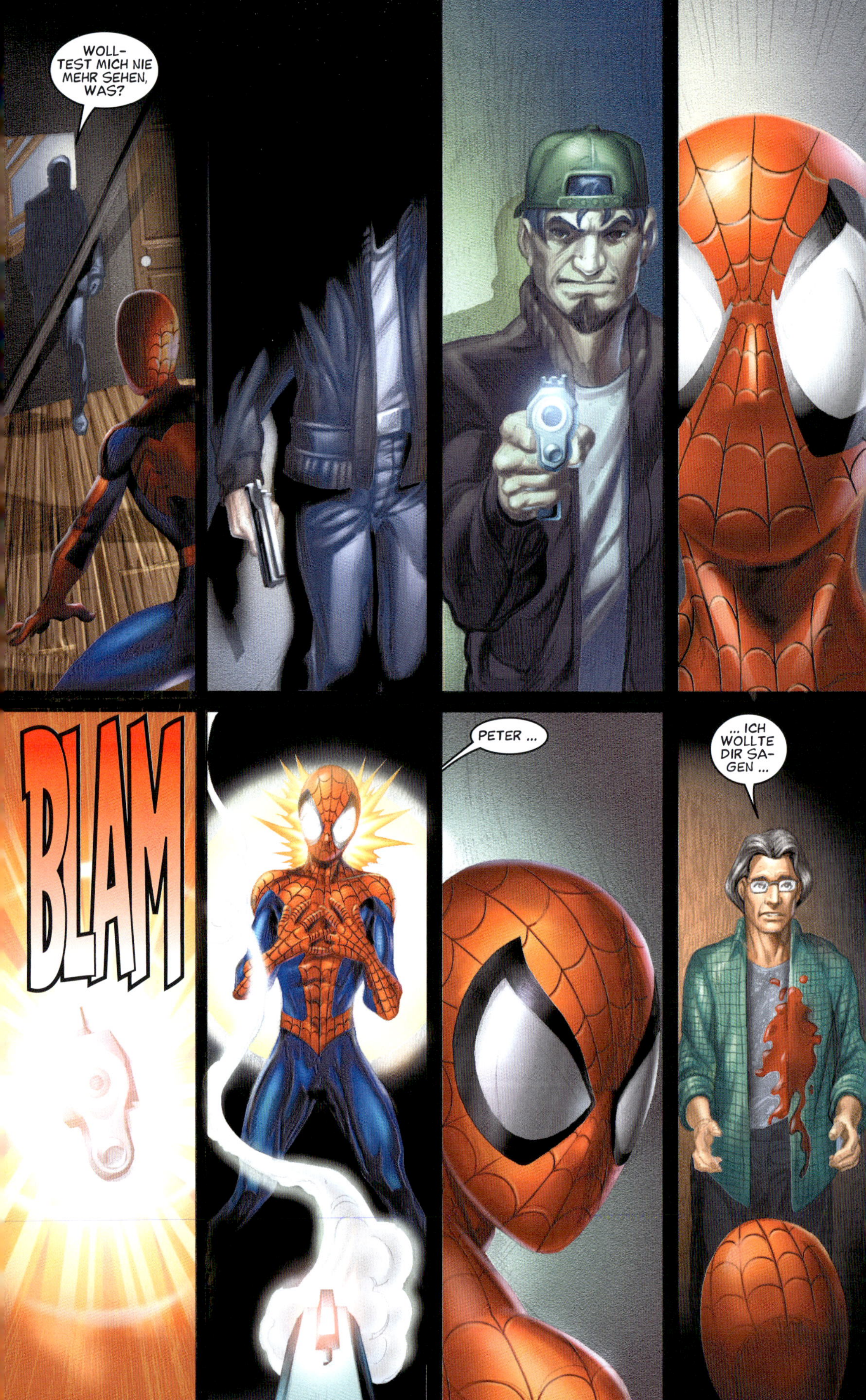
WOLL-
TEST MICH NIE
MEHR SEHEN,
WAS?
BLAM
PETER ...
... ICH
WOLLTE
DIR SA-
GEN ...

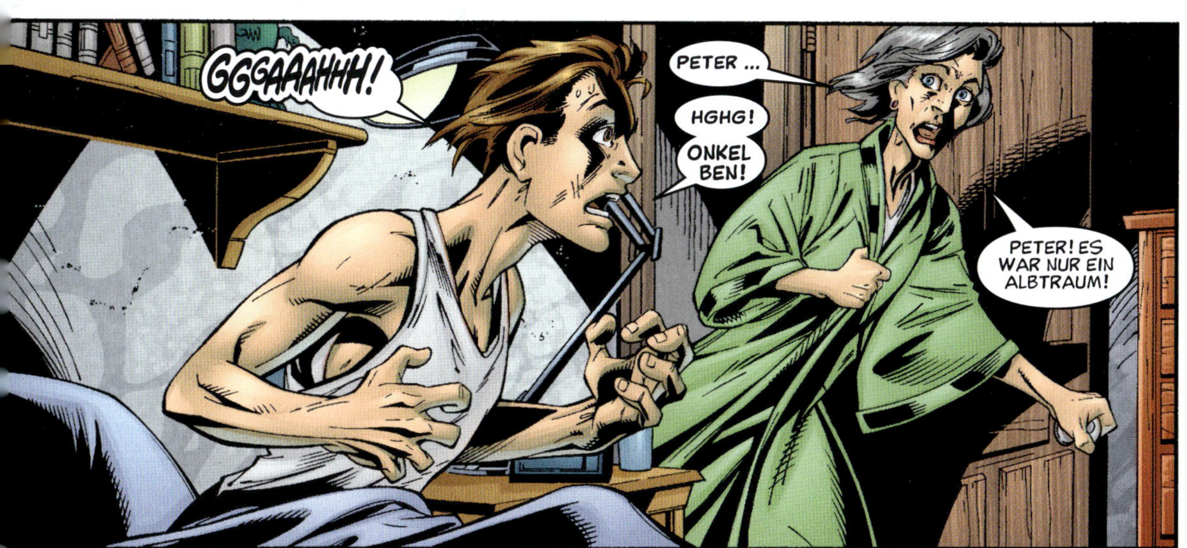
GGGAAAHHH!
PETER ...
HGHG!
ONKEL BEN!
PETER! ES WAR NUR EIN ALBTRAUM!

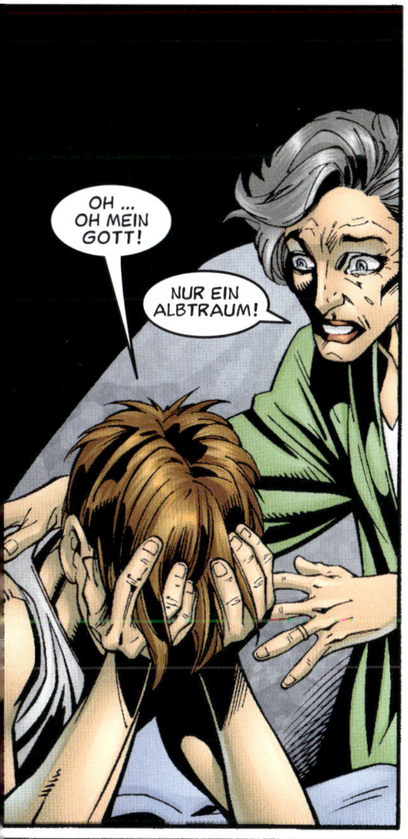
OH ... OH MEIN GOTT!
NUR EIN ALBTRAUM!

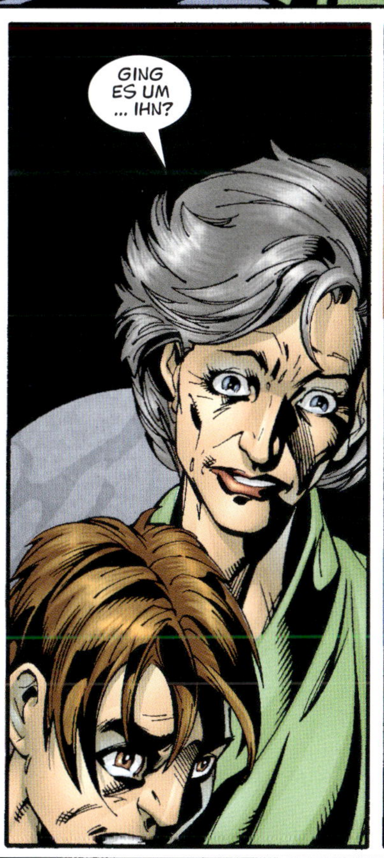
GING ES UM ... IHN?

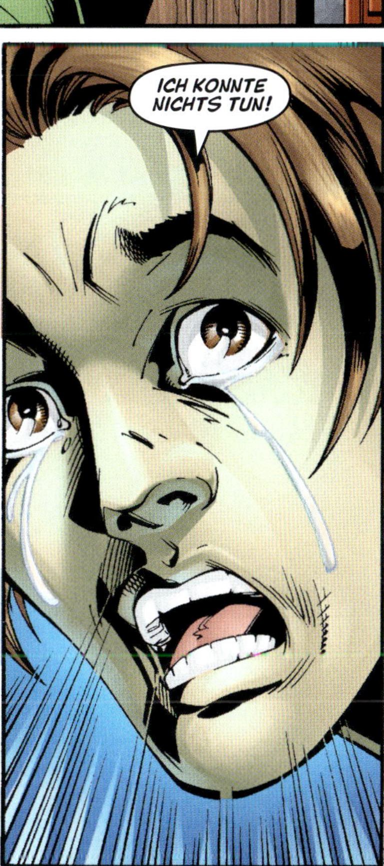
ICH KONNTE NICHTS TUN!

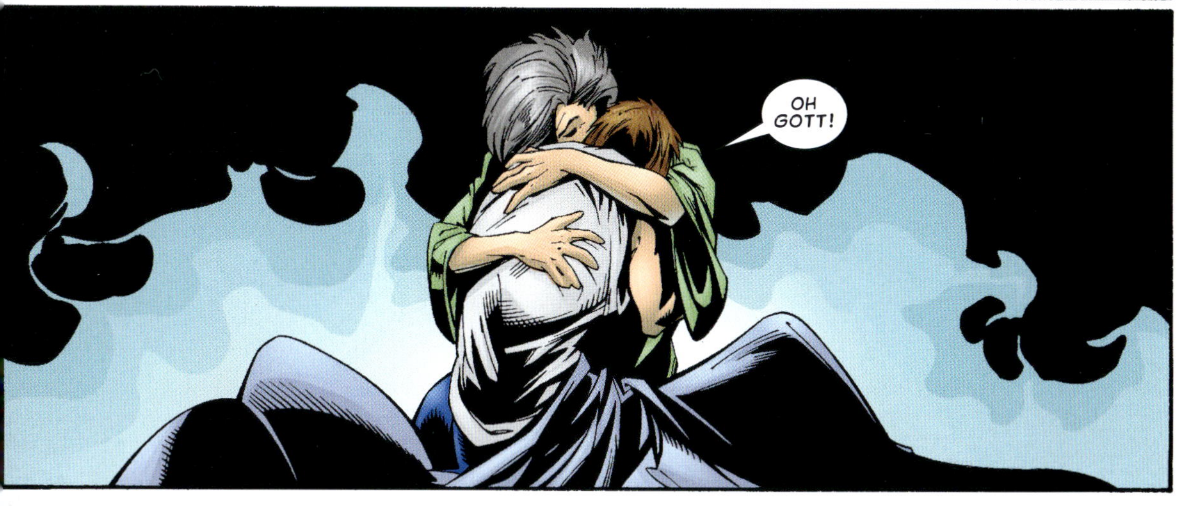
OH GOTT!

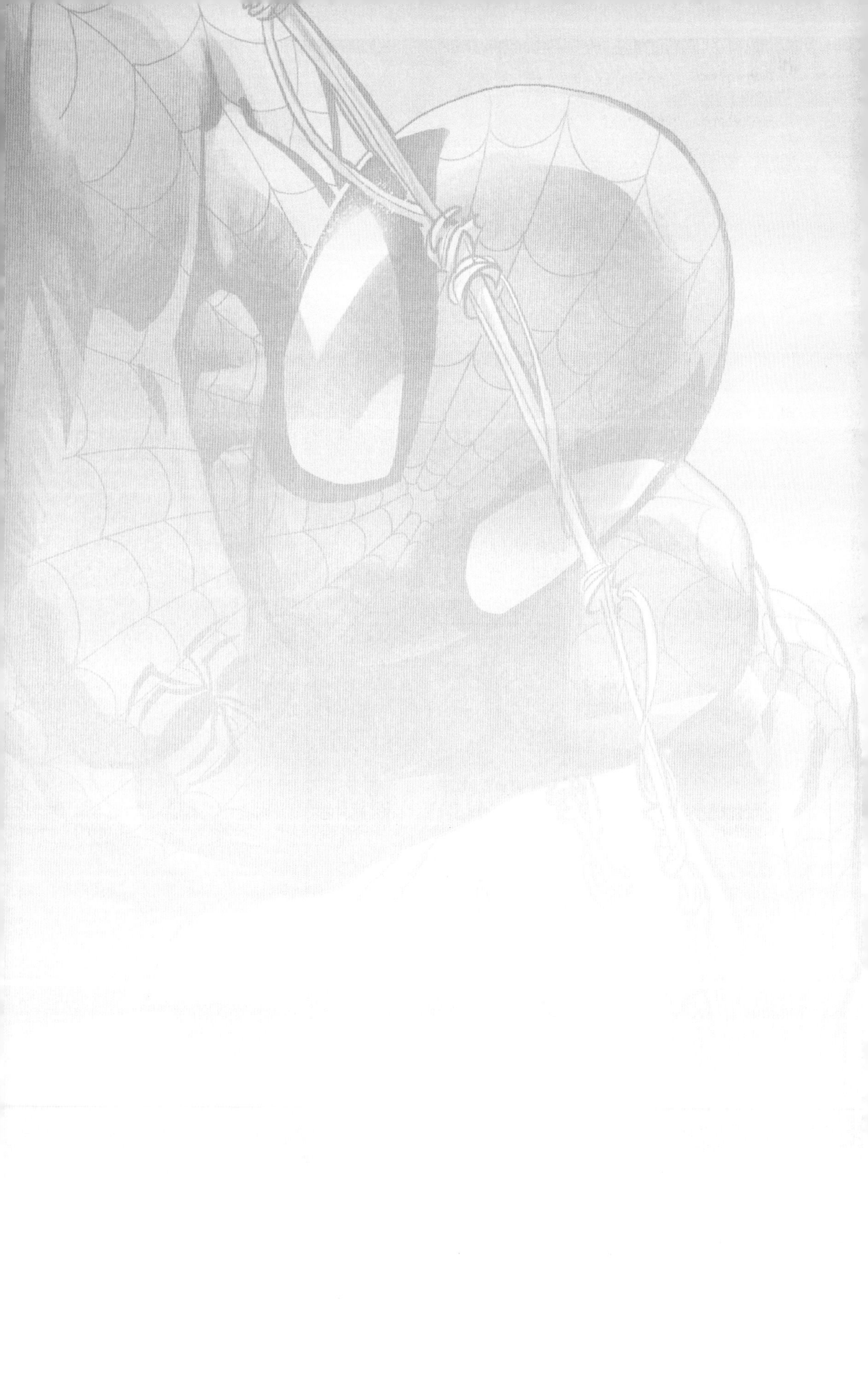

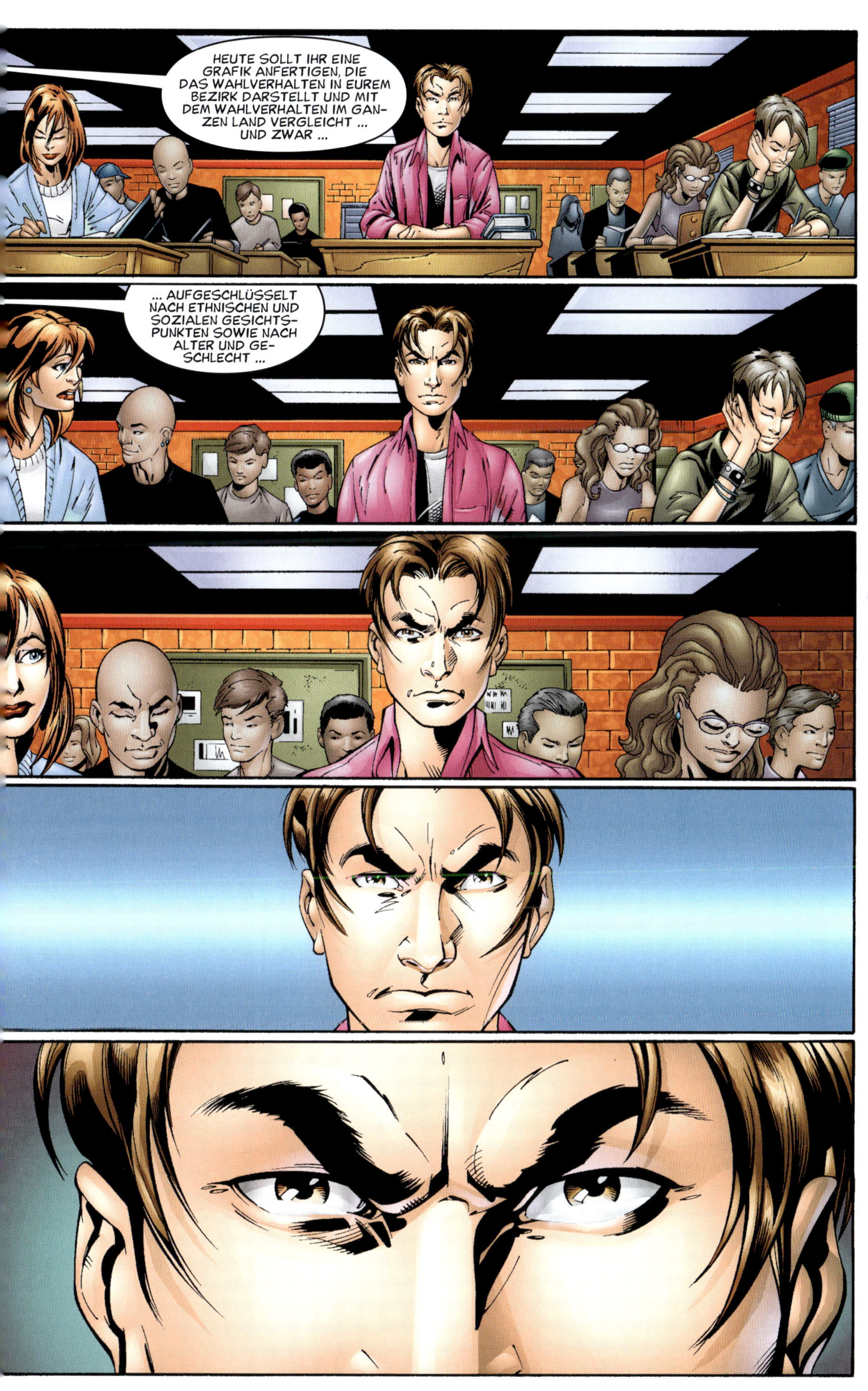
HEUTE SOLLT IHR EINE GRAFIK ANFERTIGEN, DIE DAS WAHLVERHALTEN IN EUREM BEZIRK DARSTELLT UND MIT DEM WAHLVERHALTEN IM GANZEN LAND VERGLEICHT ... UND ZWAR ...
... AUFGESCHLÜSSELT NACH ETHNISCHEN UND SOZIALEN GESICHTSPUNKTEN SOWIE NACH ALTER UND GESCHLECHT ...

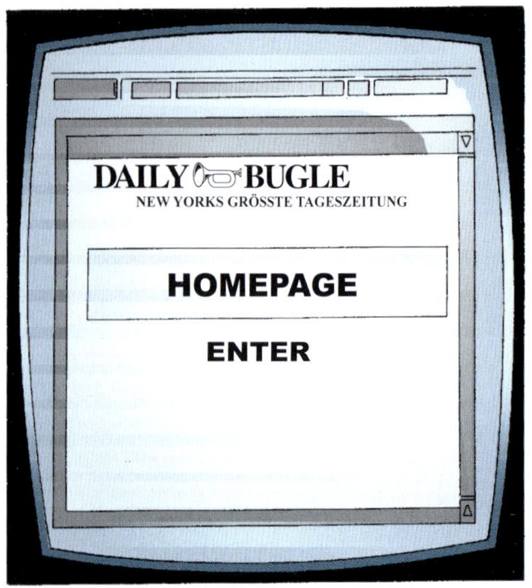
DAILY BUGLE
NEW YORKS GRÖSSTE TAGESZEITUNG
HOMEPAGE
ENTER

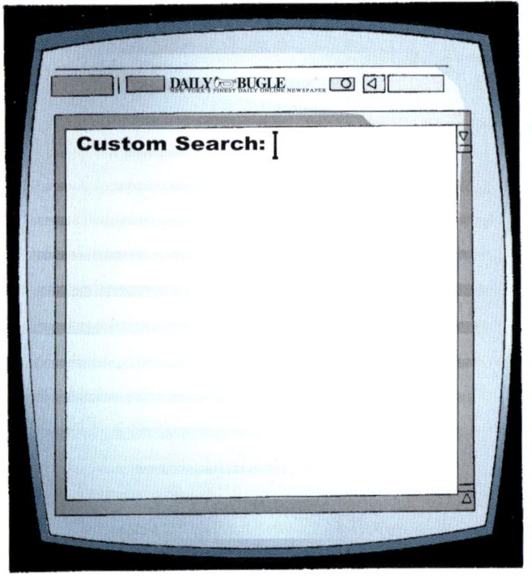
DAILY BUGLE
Custom Search:

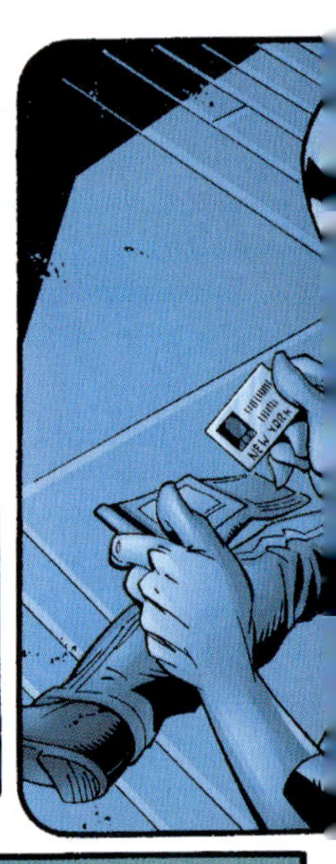

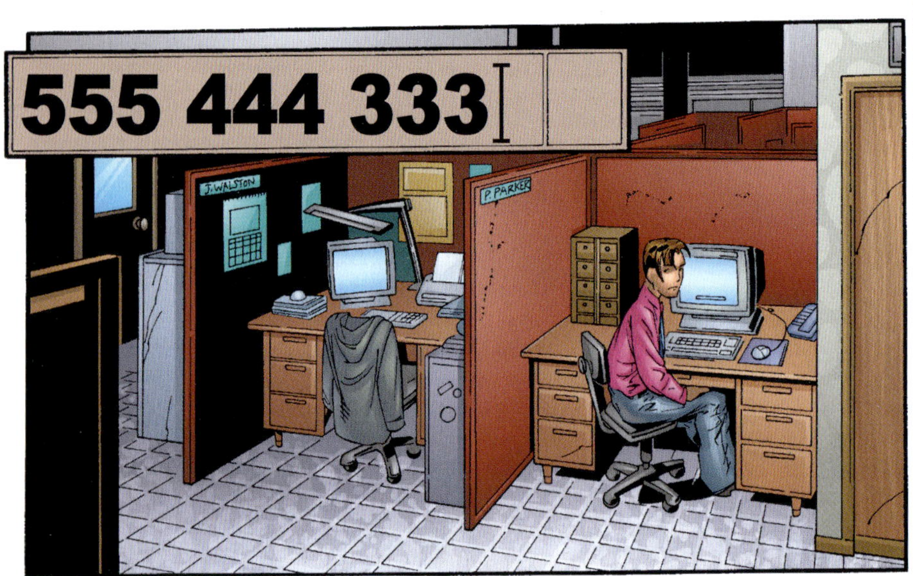
555 444 333
J. WALSTON
P. PARKER

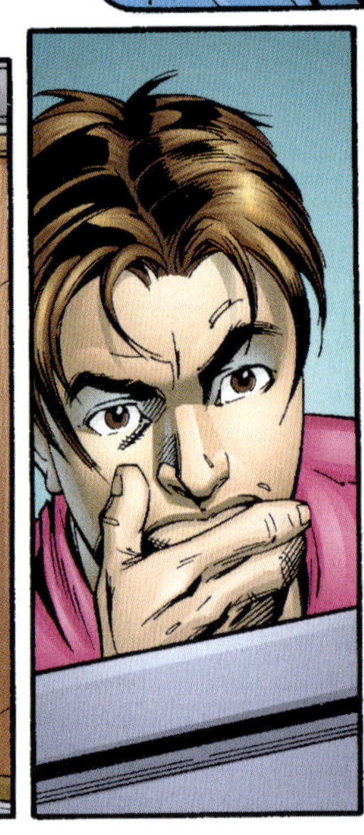

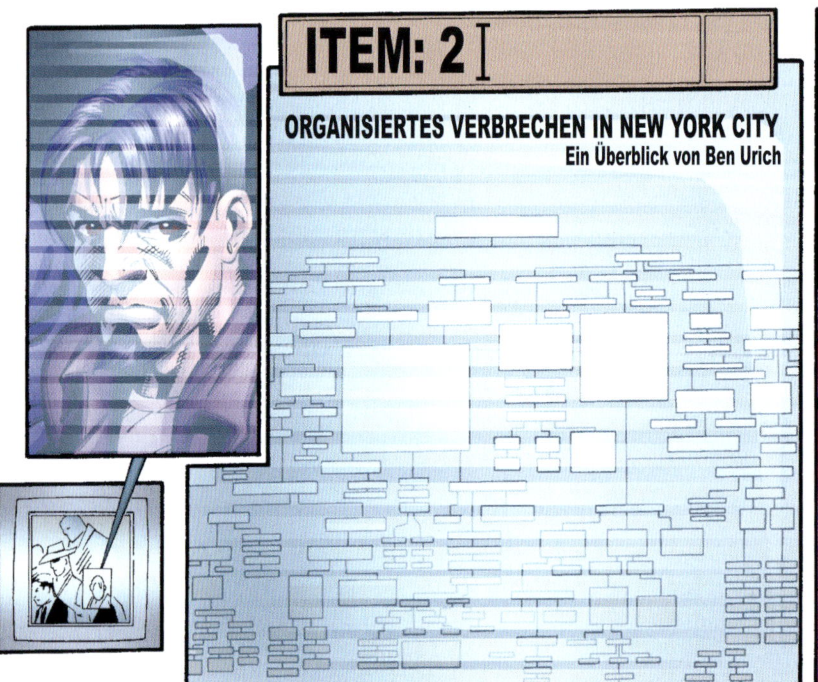
ITEM: 2
ORGANISIERTES VERBRECHEN IN NEW YORK CITY
Ein Überblick von Ben Urich

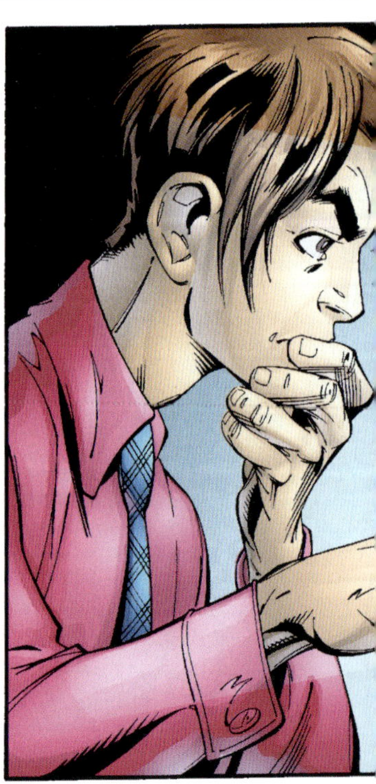

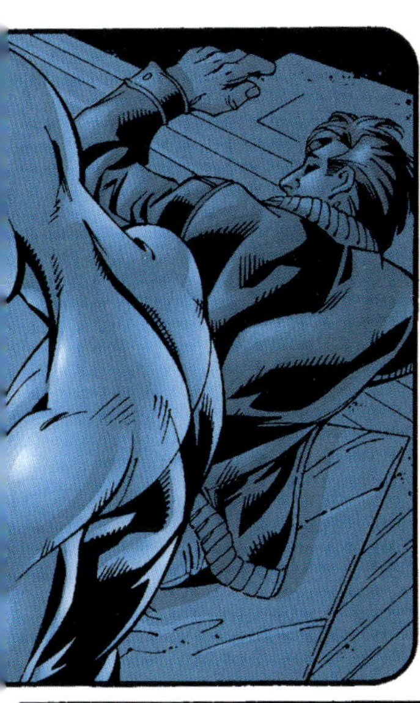

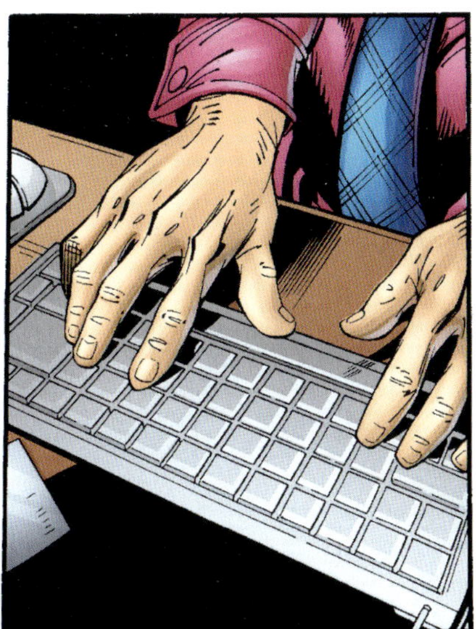

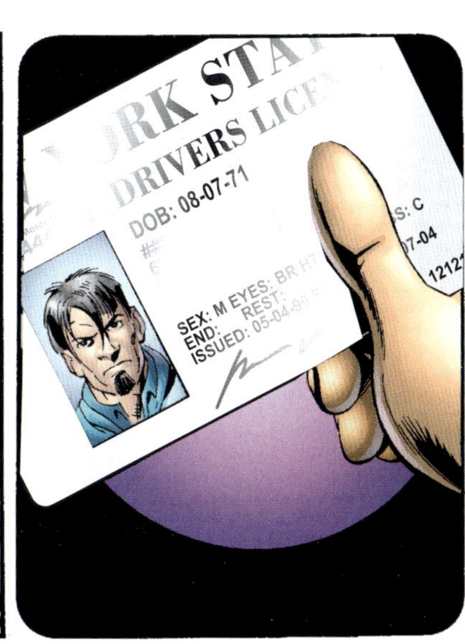
DRIVERS LICE
DOB: 08-07-71
SEX: M EYES: BR
END: REST:
ISSUED: 05-04-99

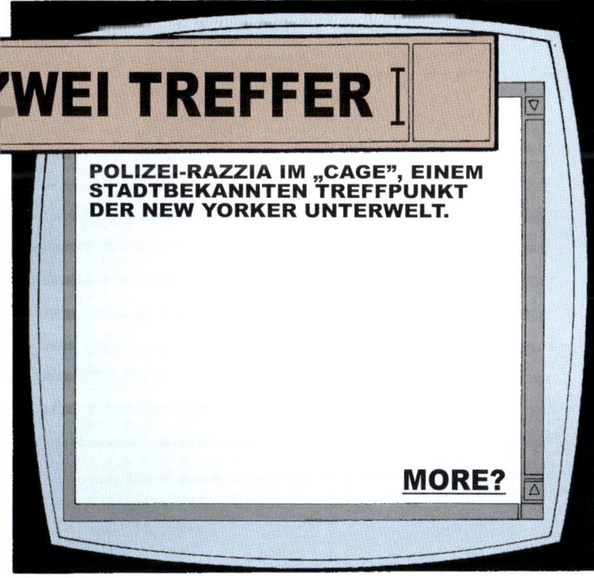
WEI TREFFER
POLIZEI-RAZZIA IM „CAGE", EINEM STADTBEKANNTEN TREFFPUNKT DER NEW YORKER UNTERWELT.
MORE?

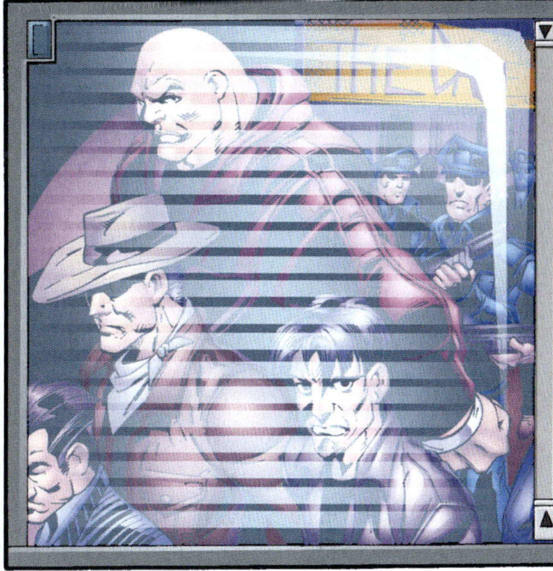

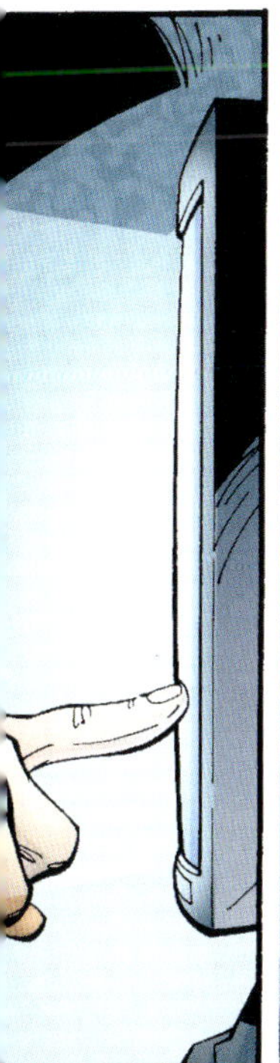

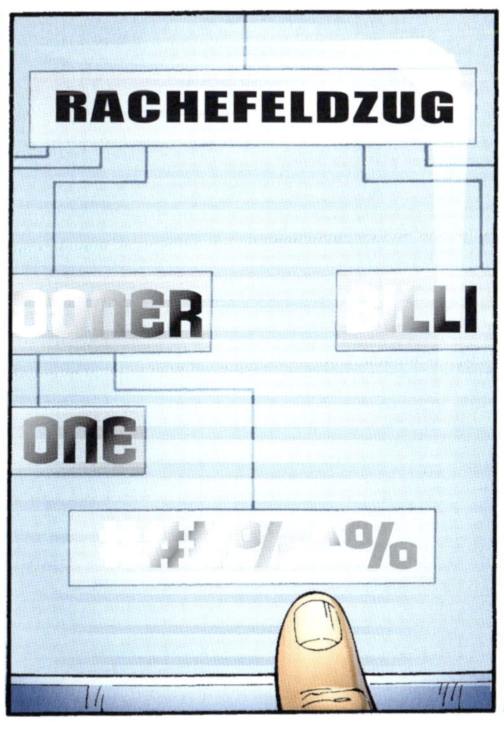
RACHEFELDZUG
ONE

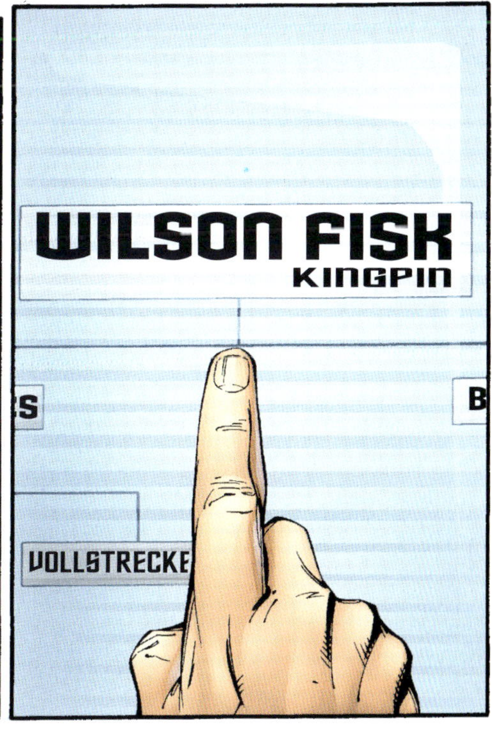
WILSON FISK
KINGPIN
VOLLSTRECKE

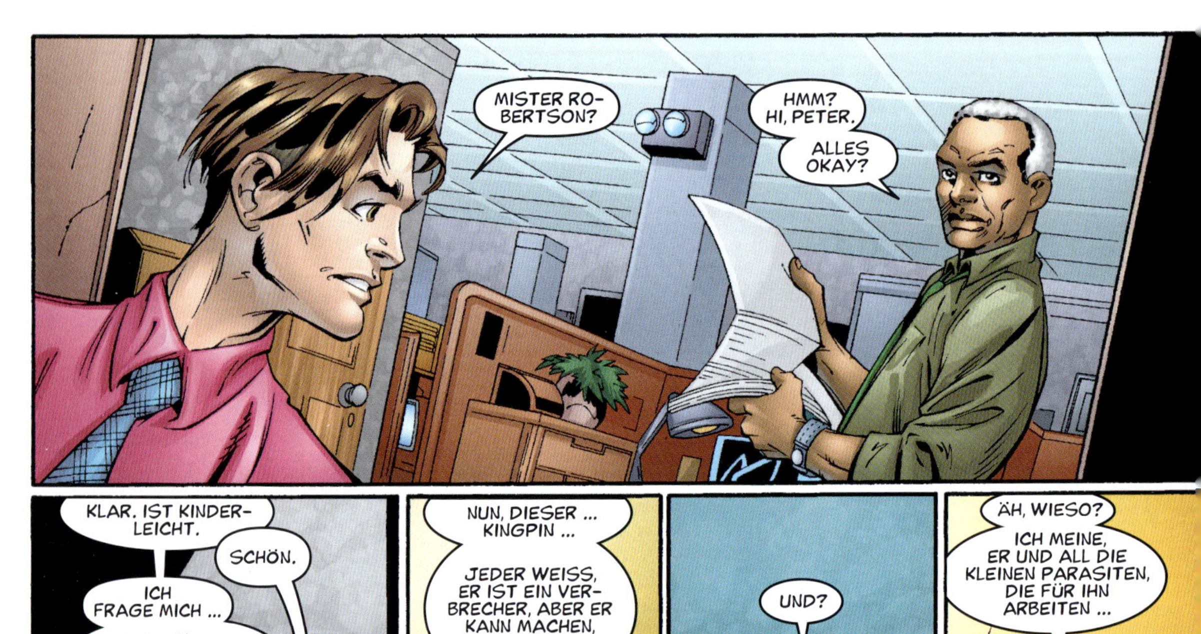
MISTER ROBERTSON?
HMM? HI, PETER.
ALLES OKAY?

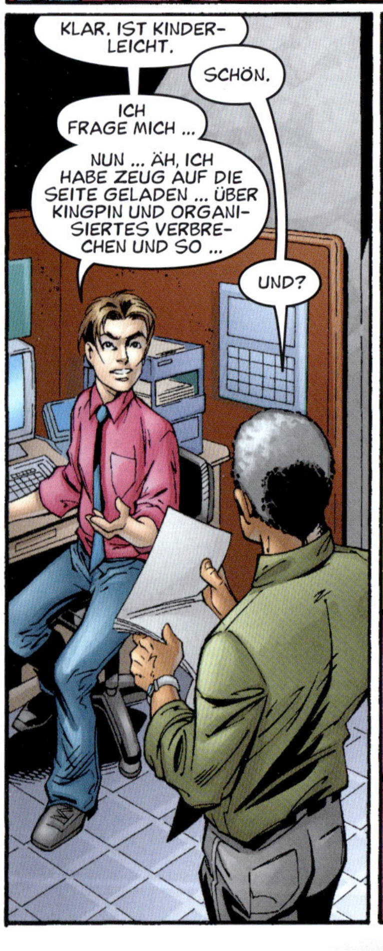
KLAR. IST KINDERLEICHT.
SCHÖN.
ICH FRAGE MICH ...
NUN ... ÄH, ICH HABE ZEUG AUF DIE SEITE GELADEN ... ÜBER KINGPIN UND ORGANISIERTES VERBRECHEN UND SO ...
UND?

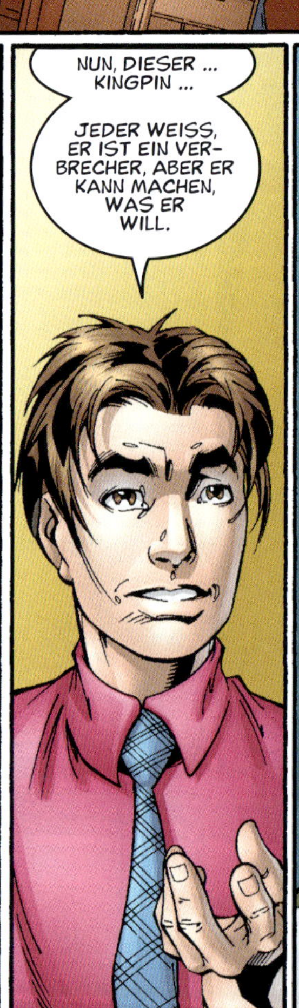
NUN, DIESER ... KINGPIN ...
JEDER WEISS, ER IST EIN VERBRECHER, ABER ER KANN MACHEN, WAS ER WILL.

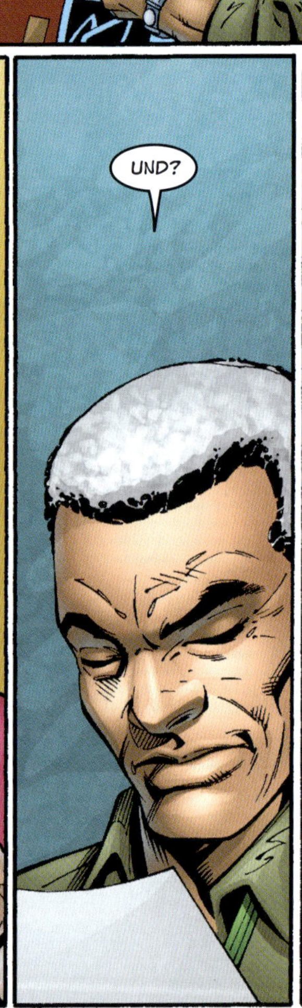
UND?

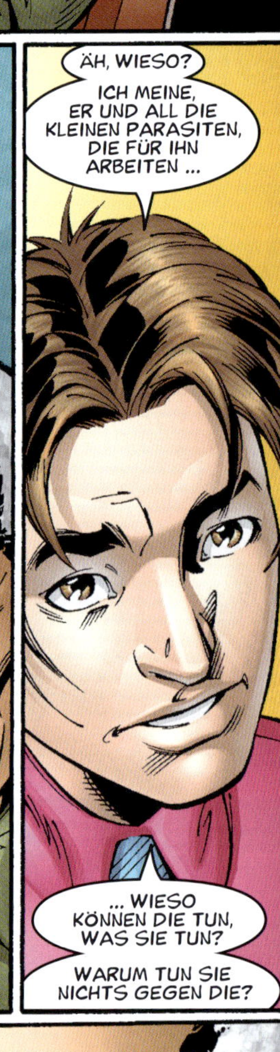
ÄH, WIESO?
ICH MEINE, ER UND ALL DIE KLEINEN PARASITEN, DIE FÜR IHN ARBEITEN ...
... WIESO KÖNNEN DIE TUN, WAS SIE TUN?
WARUM TUN SIE NICHTS GEGEN DIE?

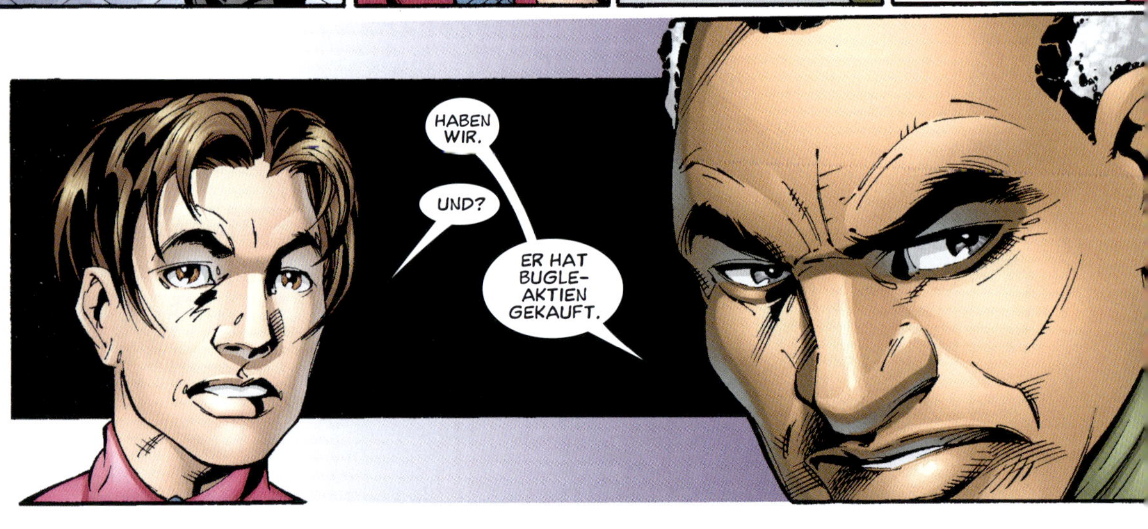
HABEN WIR.
UND?
ER HAT BUGLE-AKTIEN GEKAUFT.

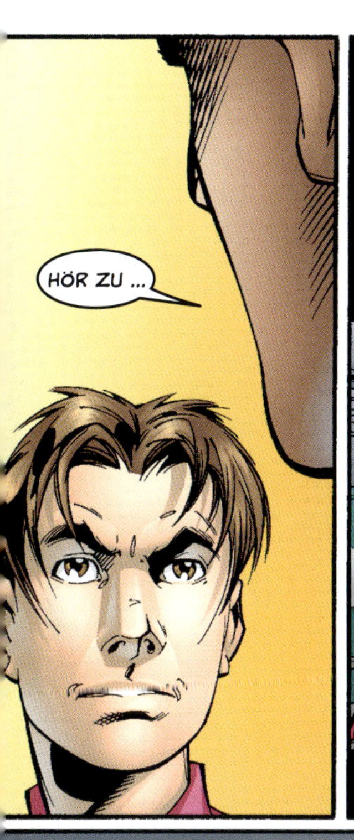

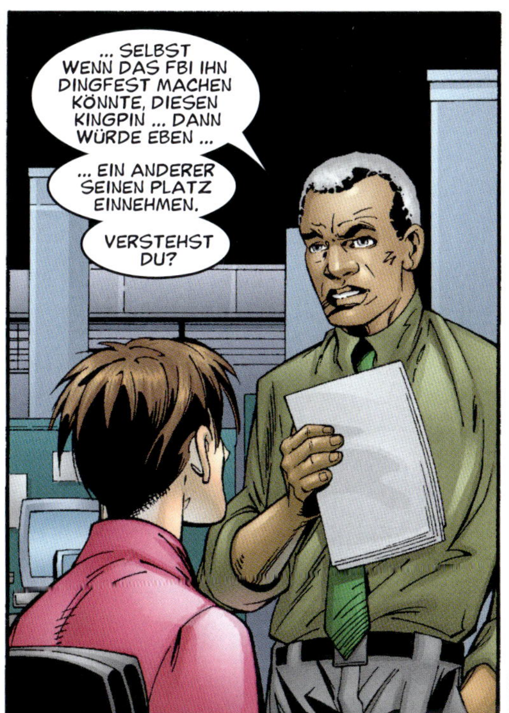

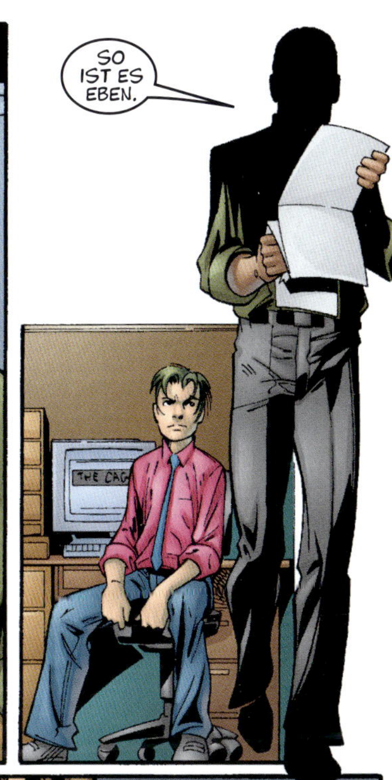

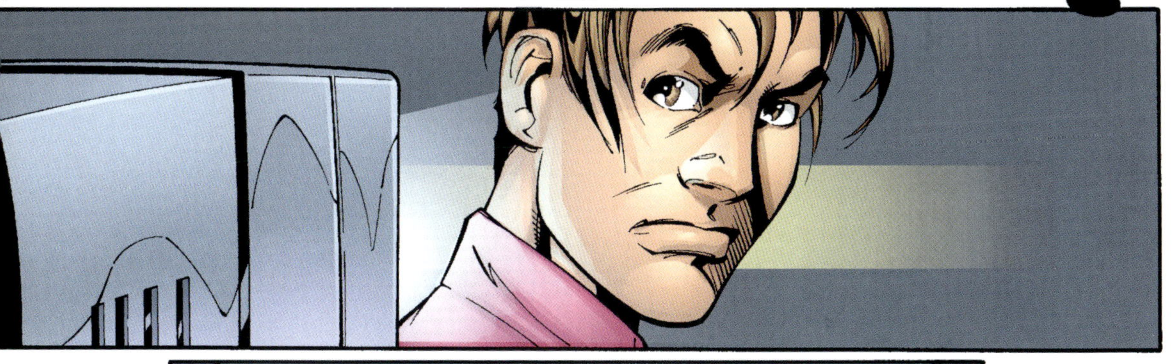

WILSON FISK
KINGPIN

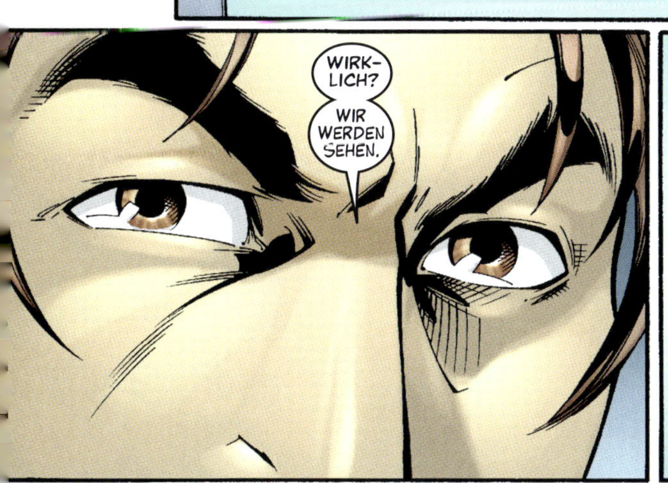

UND JETZT:

DIE VOLLSTRECKER UND KINGPIN!

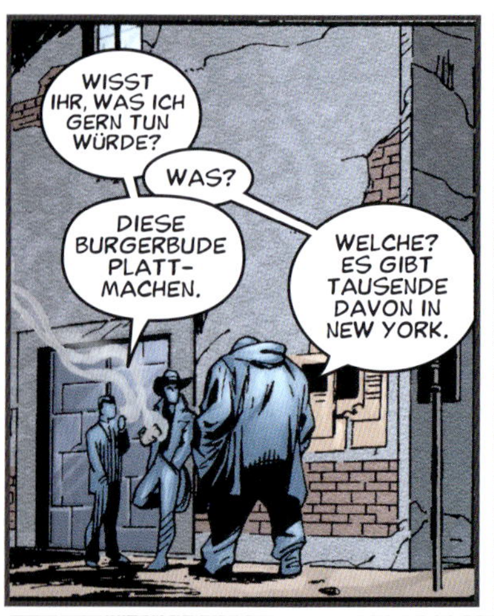
WISST IHR, WAS ICH GERN TUN WÜRDE?
WAS?
DIESE BURGERBUDE PLATT-MACHEN.
WELCHE? ES GIBT TAUSENDE DAVON IN NEW YORK.

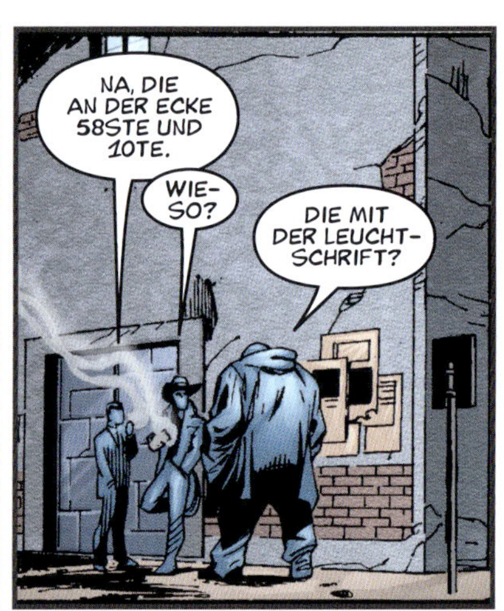
NA, DIE AN DER ECKE 58STE UND 10TE.
WIE-SO?
DIE MIT DER LEUCHT-SCHRIFT?

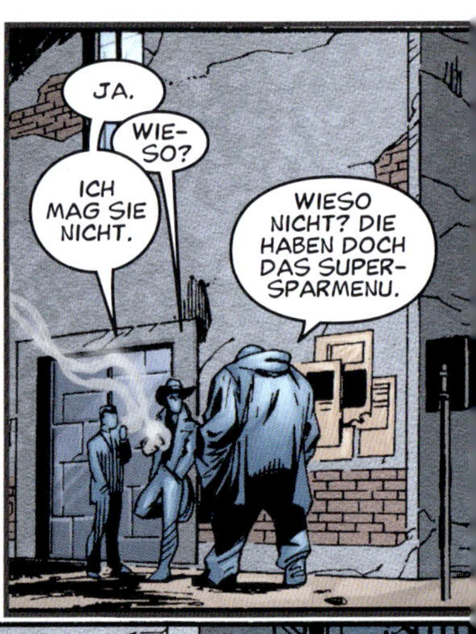
JA.
WIE-SO?
ICH MAG SIE NICHT.
WIESO NICHT? DIE HABEN DOCH DAS SUPER-SPARMENU.

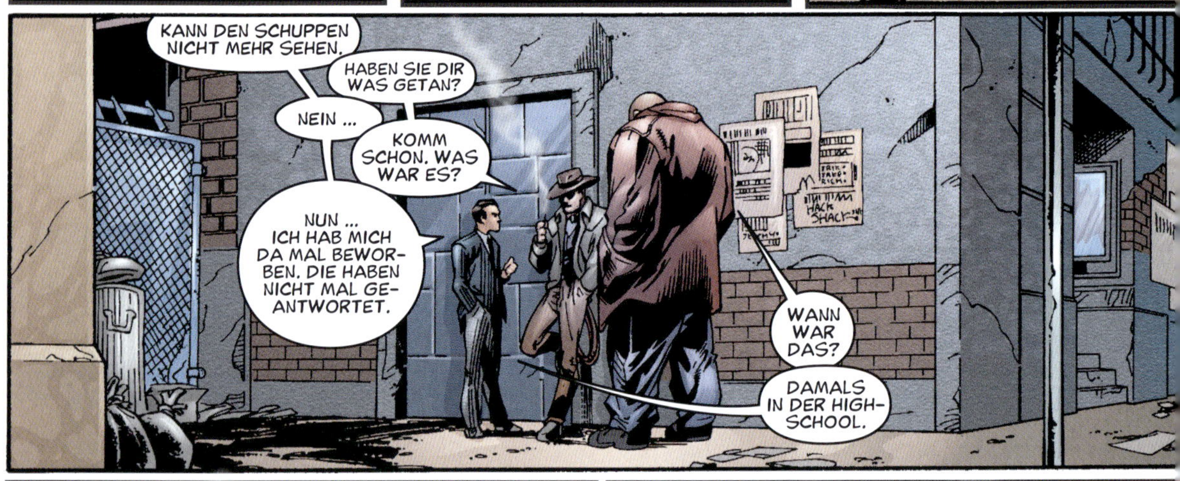
KANN DEN SCHUPPEN NICHT MEHR SEHEN.
HABEN SIE DIR WAS GETAN?
NEIN ...
KOMM SCHON. WAS WAR ES?
NUN ... ICH HAB MICH DA MAL BEWOR-BEN. DIE HABEN NICHT MAL GE-ANTWORTET.
WANN WAR DAS?
DAMALS IN DER HIGH-SCHOOL.

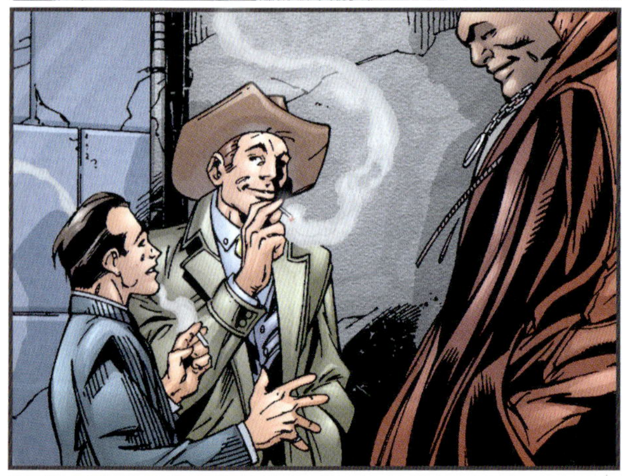

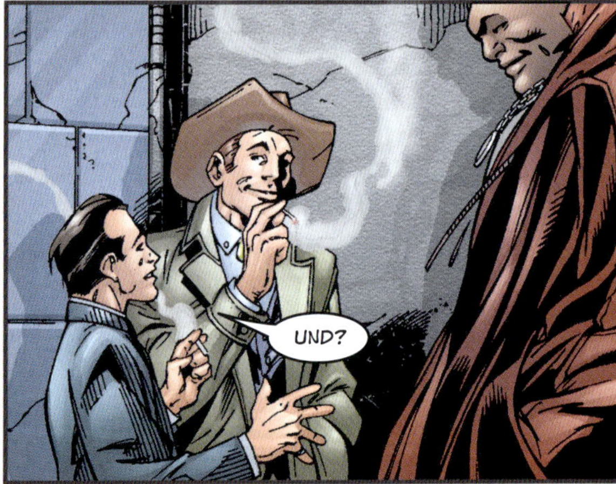
UND?

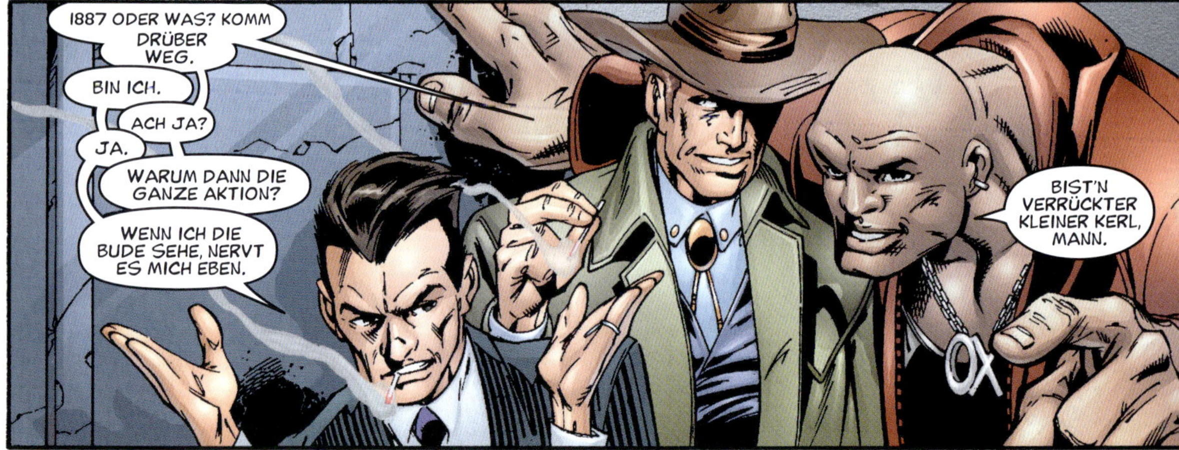
1887 ODER WAS? KOMM DRÜBER WEG.
BIN ICH.
ACH JA?
JA.
WARUM DANN DIE GANZE AKTION?
WENN ICH DIE BUDE SEHE, NERVT ES MICH EBEN.
BIST'N VERRÜCKTER KLEINER KERL, MANN.

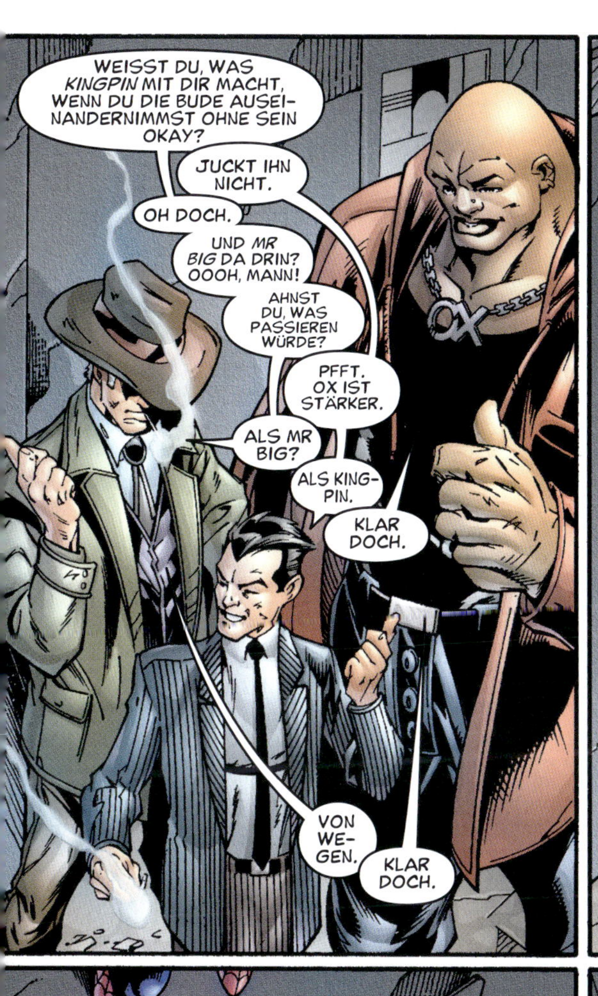
WEISST DU, WAS *KINGPIN* MIT DIR MACHT, WENN DU DIE BUDE AUSEINANDERNIMMST OHNE SEIN OKAY?
JUCKT IHN NICHT.
OH DOCH.
UND *MR BIG* DA DRIN? OOOH, MANN!
AHNST DU, WAS PASSIEREN WÜRDE?
PFFT. OX IST STÄRKER.
ALS MR BIG?
ALS KINGPIN.
KLAR DOCH.
VON WEGEN.
KLAR DOCH.

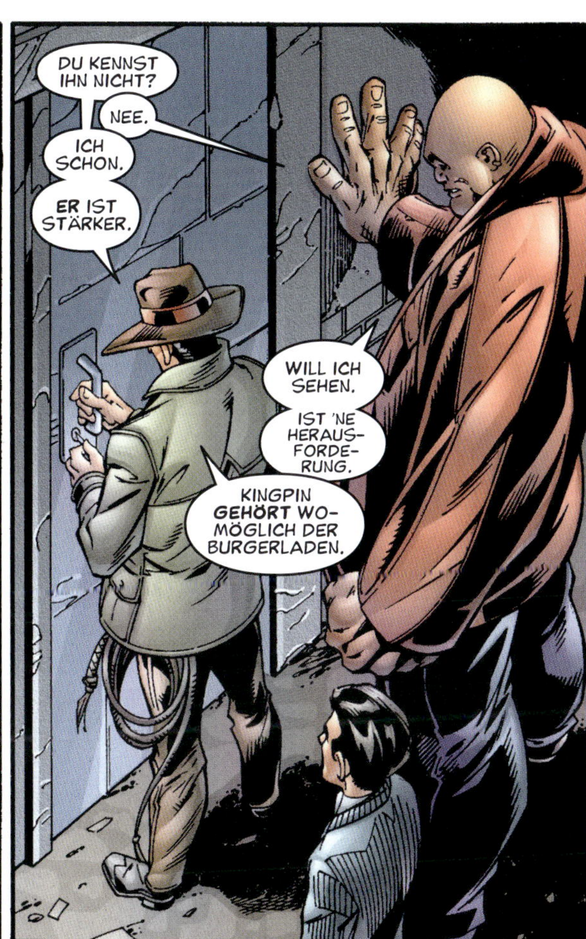
DU KENNST IHN NICHT?
NEE.
ICH SCHON.
ER IST STÄRKER.
WILL ICH SEHEN.
IST 'NE HERAUSFORDERUNG.
KINGPIN **GEHÖRT** WOMÖGLICH DER BURGERLADEN.

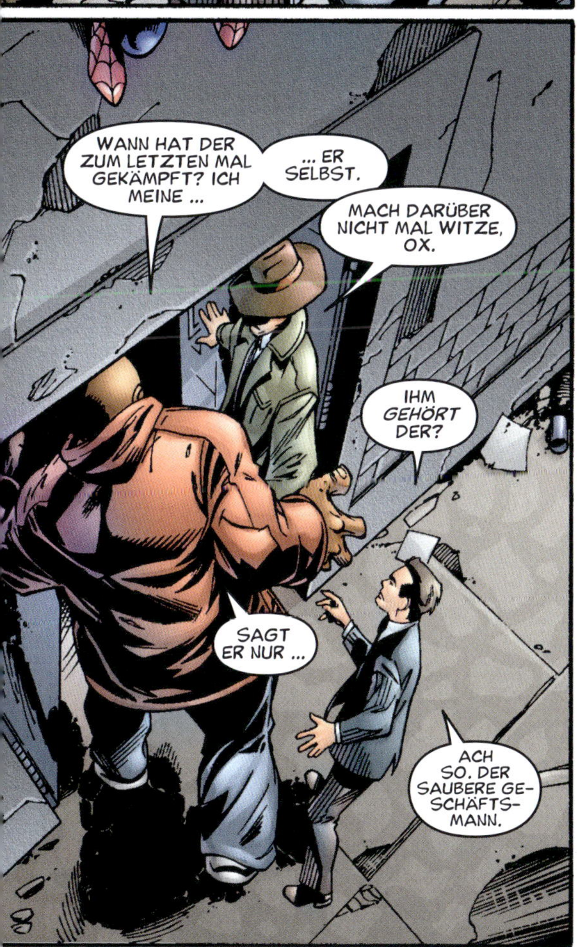
WANN HAT DER ZUM LETZTEN MAL GEKÄMPFT? ICH MEINE ...
... ER SELBST.
MACH DARÜBER NICHT MAL WITZE, OX.
IHM GEHÖRT DER?
SAGT ER NUR ...
ACH SO. DER SAUBERE GESCHÄFTSMANN.

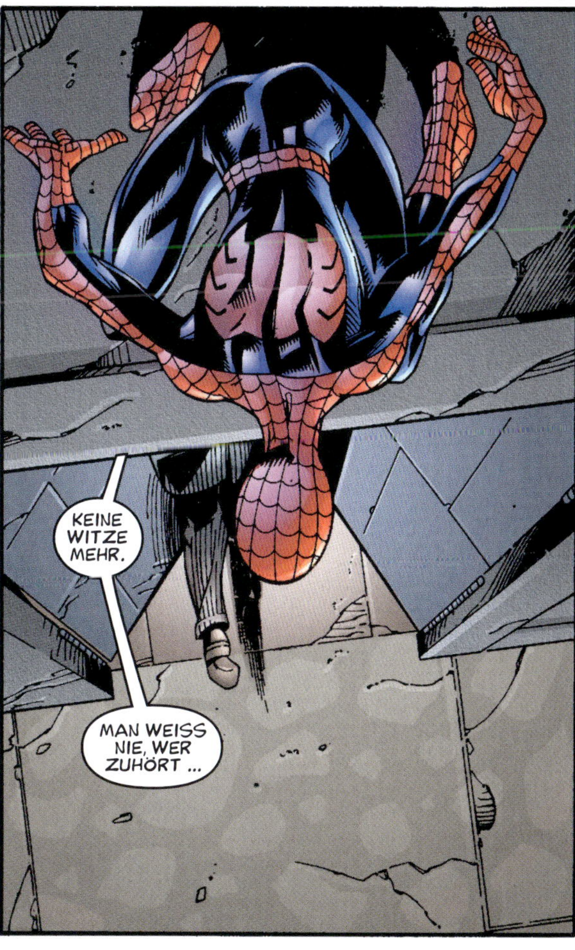
KEINE WITZE MEHR.
MAN WEISS NIE, WER ZUHÖRT ...

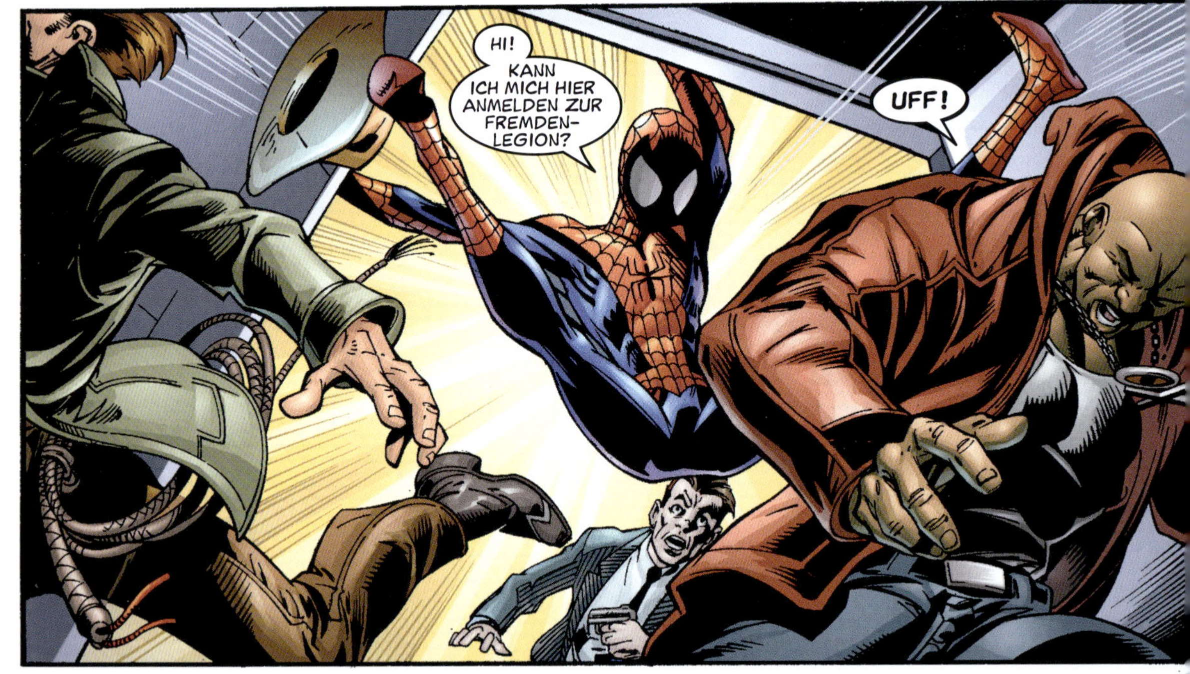
HI!
KANN ICH MICH HIER ANMELDEN ZUR FREMDEN-LEGION?
UFF!

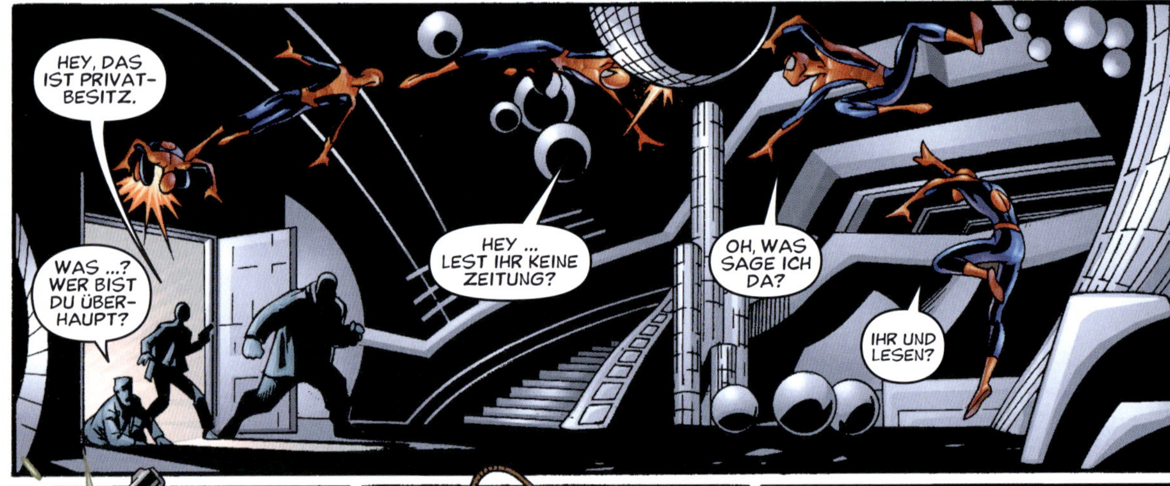
HEY, DAS IST PRIVAT-BESITZ.
WAS ...? WER BIST DU ÜBER-HAUPT?
HEY ... LEST IHR KEINE ZEITUNG?
OH, WAS SAGE ICH DA?
IHR UND LESEN?

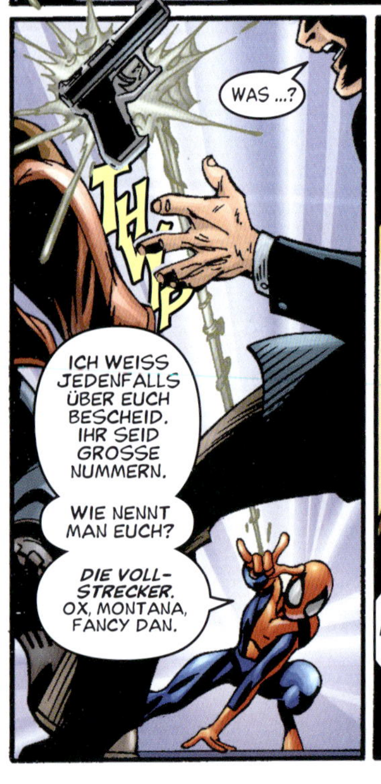
WAS ...?
THWIP
ICH WEISS JEDENFALLS ÜBER EUCH BESCHEID. IHR SEID GROSSE NUMMERN.
WIE NENNT MAN EUCH?
DIE VOLL-STRECKER. OX, MONTANA, FANCY DAN.

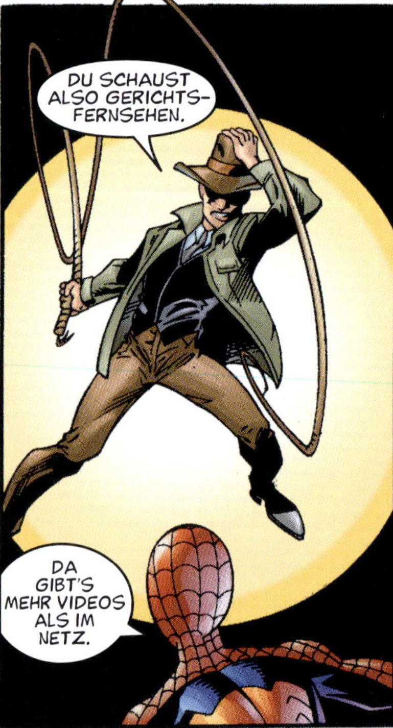
DU SCHAUST ALSO GERICHTS-FERNSEHEN.
DA GIBT'S MEHR VIDEOS ALS IM NETZ.

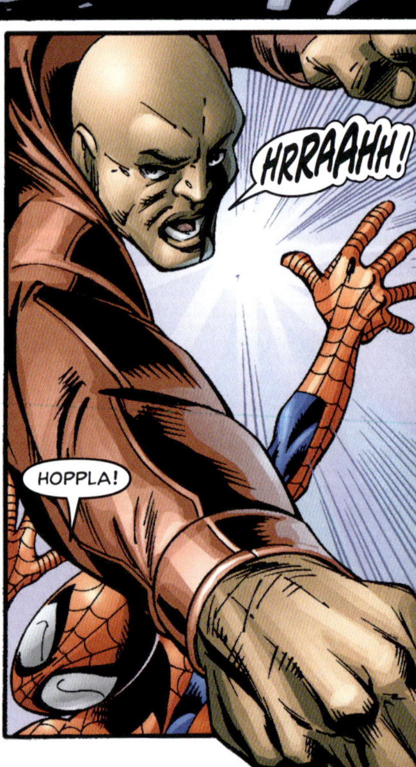
HRRAAHH!
HOPPLA!

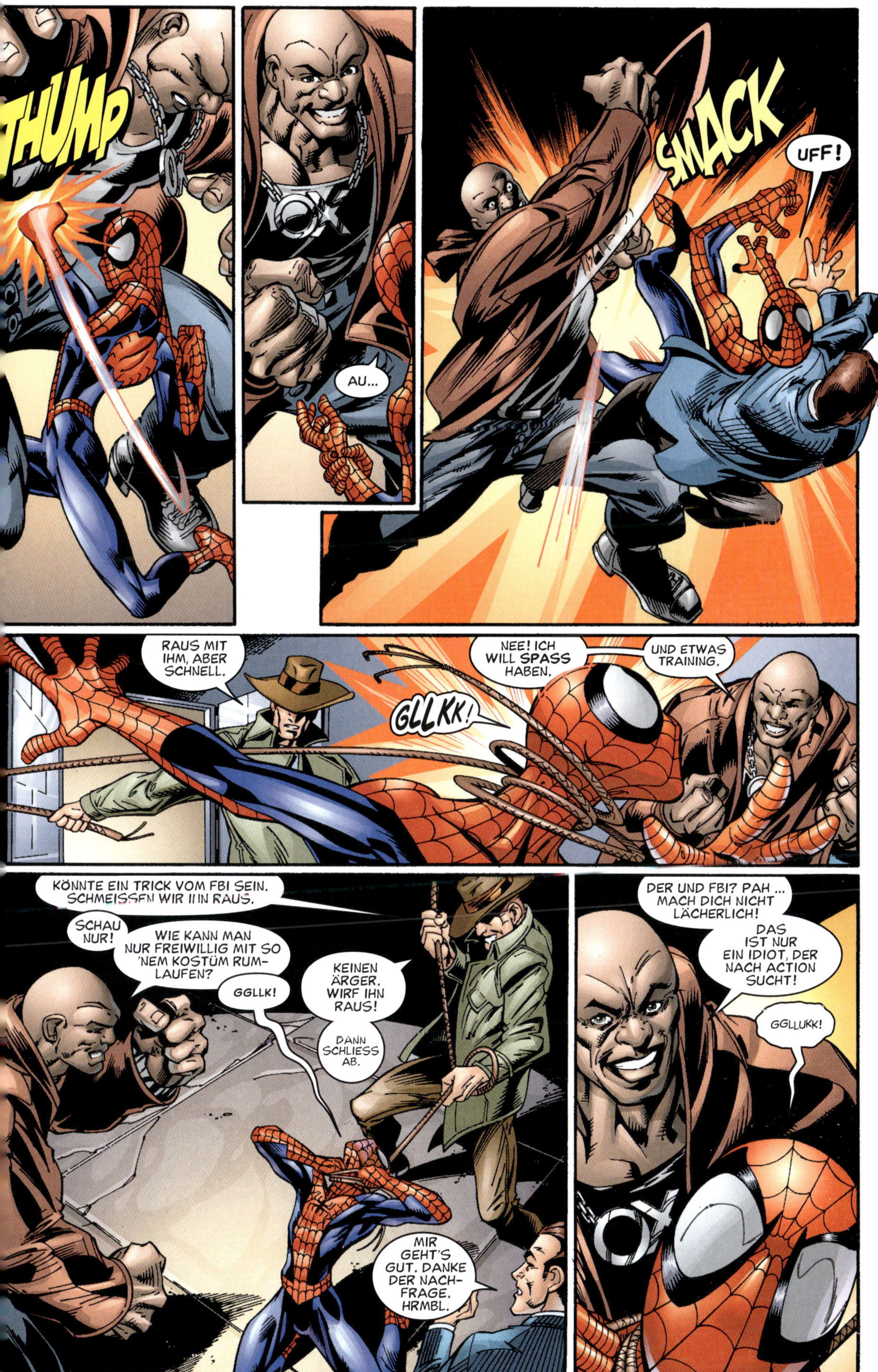
THUMP
AU...
SMACK
UFF!
RAUS MIT IHM, ABER SCHNELL.
GLLKK!
NEE! ICH WILL SPASS HABEN.
UND ETWAS TRAINING.
KÖNNTE EIN TRICK VOM FBI SEIN. SCHMEISSEN WIR IHN RAUS.
SCHAU NUR!
WIE KANN MAN NUR FREIWILLIG MIT SO 'NEM KOSTÜM RUMLAUFEN?
GGLLK!
KEINEN ÄRGER. WIRF IHN RAUS!
DANN SCHLIESS AB.
MIR GEHT'S GUT. DANKE DER NACHFRAGE. HRMBL.
DER UND FBI? PAH ... MACH DICH NICHT LÄCHERLICH!
DAS IST NUR EIN IDIOT, DER NACH ACTION SUCHT!
GGLLUKK!

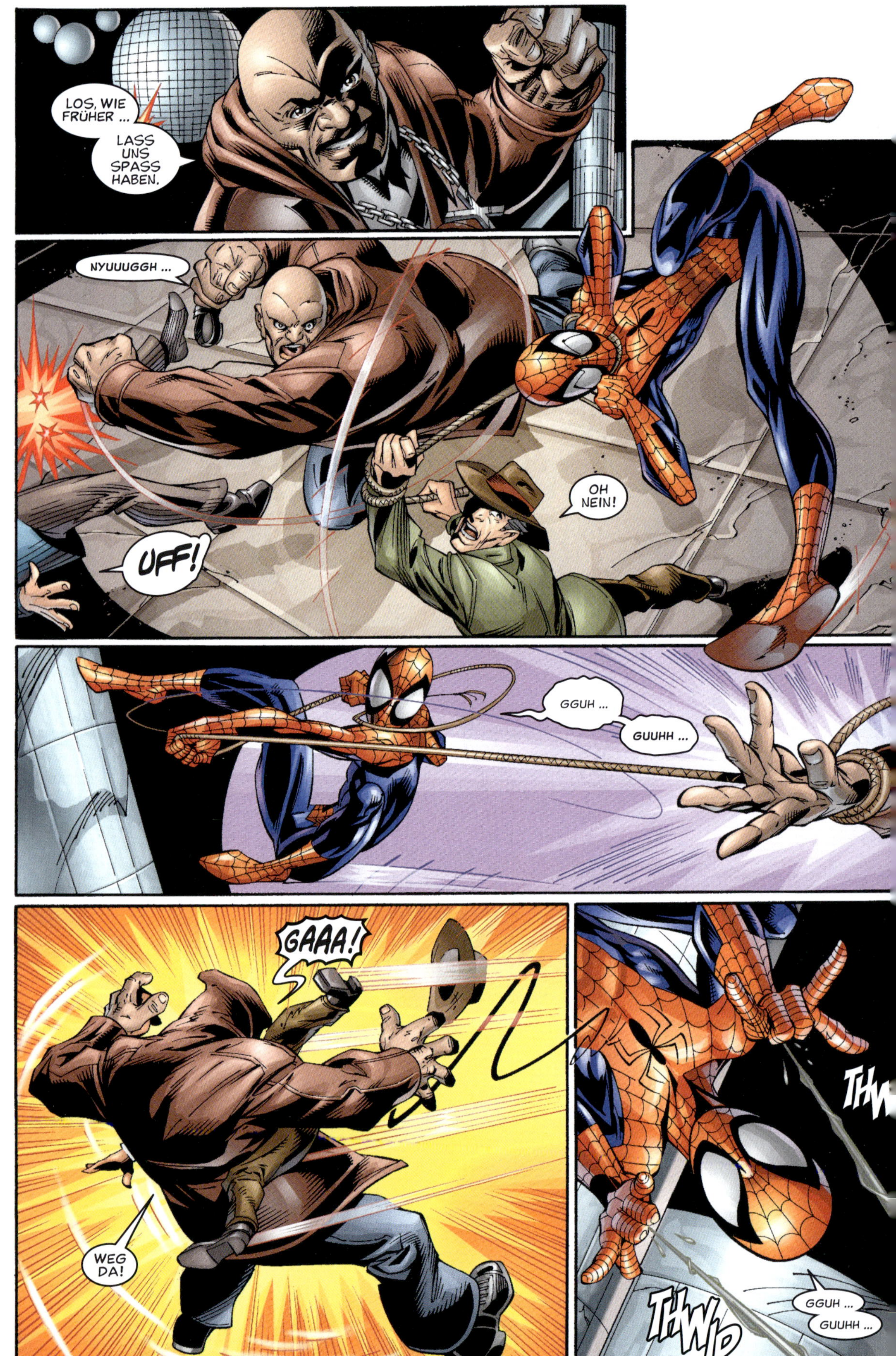
LOS, WIE FRÜHER ...
LASS UNS SPASS HABEN.
NYUUUGGH ...
OH NEIN!
UFF!
GGUH ...
GUUHH ...
GAAA!
WEG DA!
THWIP
GGUH ...
GUUHH ...

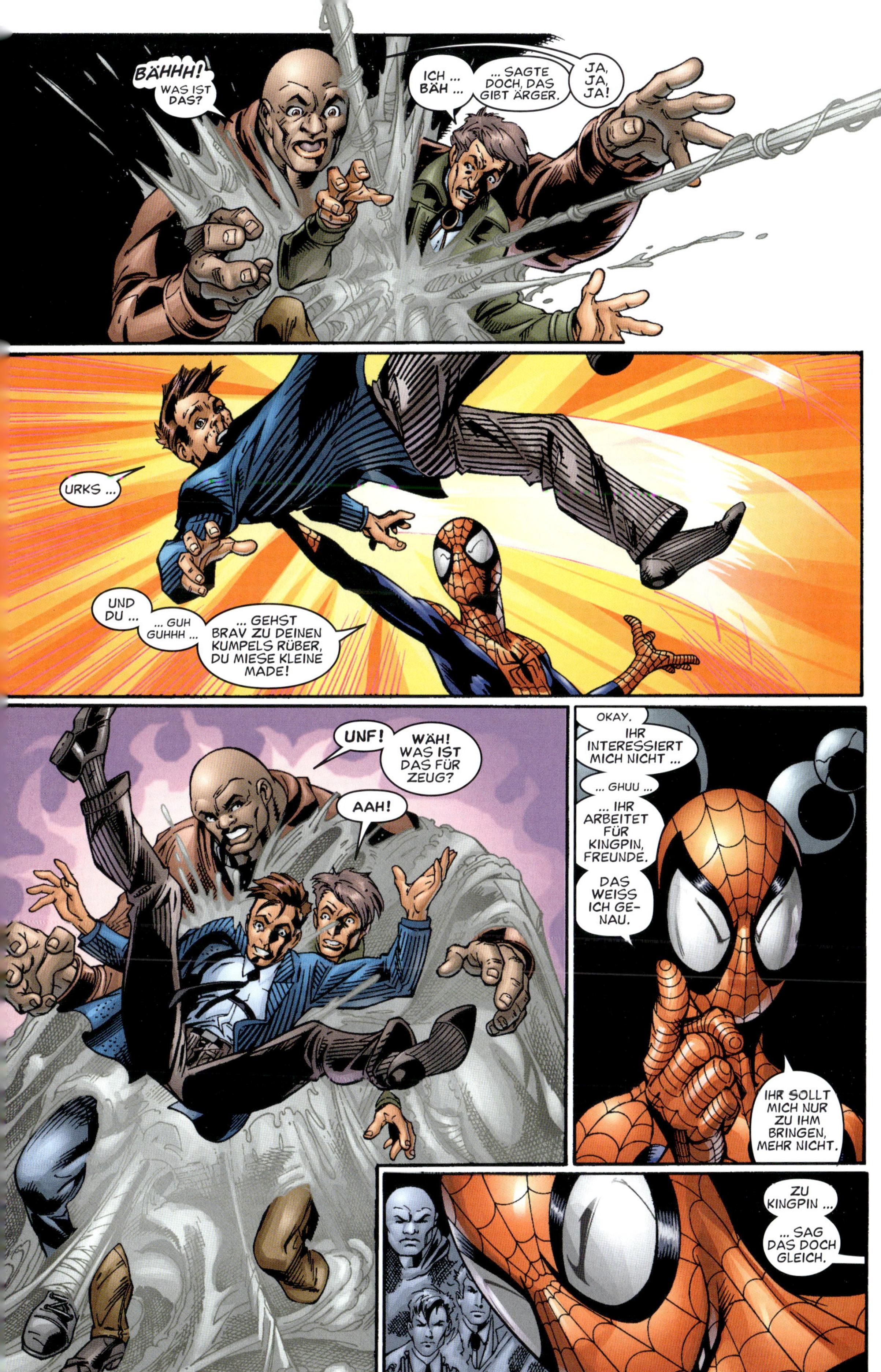
BÄHHH! WAS IST DAS?
ICH ... BÄH ...
... SAGTE DOCH, DAS GIBT ÄRGER.
JA, JA, JA!
URKS ...
UND DU ...
... GUH GUHHH ...
... GEHST BRAV ZU DEINEN KUMPELS RÜBER, DU MIESE KLEINE MADE!
UNF!
WÄH! WAS IST DAS FÜR ZEUG?
AAH!
OKAY.
IHR INTERESSIERT MICH NICHT ...
... GHUU ...
... IHR ARBEITET FÜR KINGPIN, FREUNDE.
DAS WEISS ICH GENAU.
IHR SOLLT MICH NUR ZU IHM BRINGEN, MEHR NICHT.
ZU KINGPIN ...
... SAG DAS DOCH GLEICH.

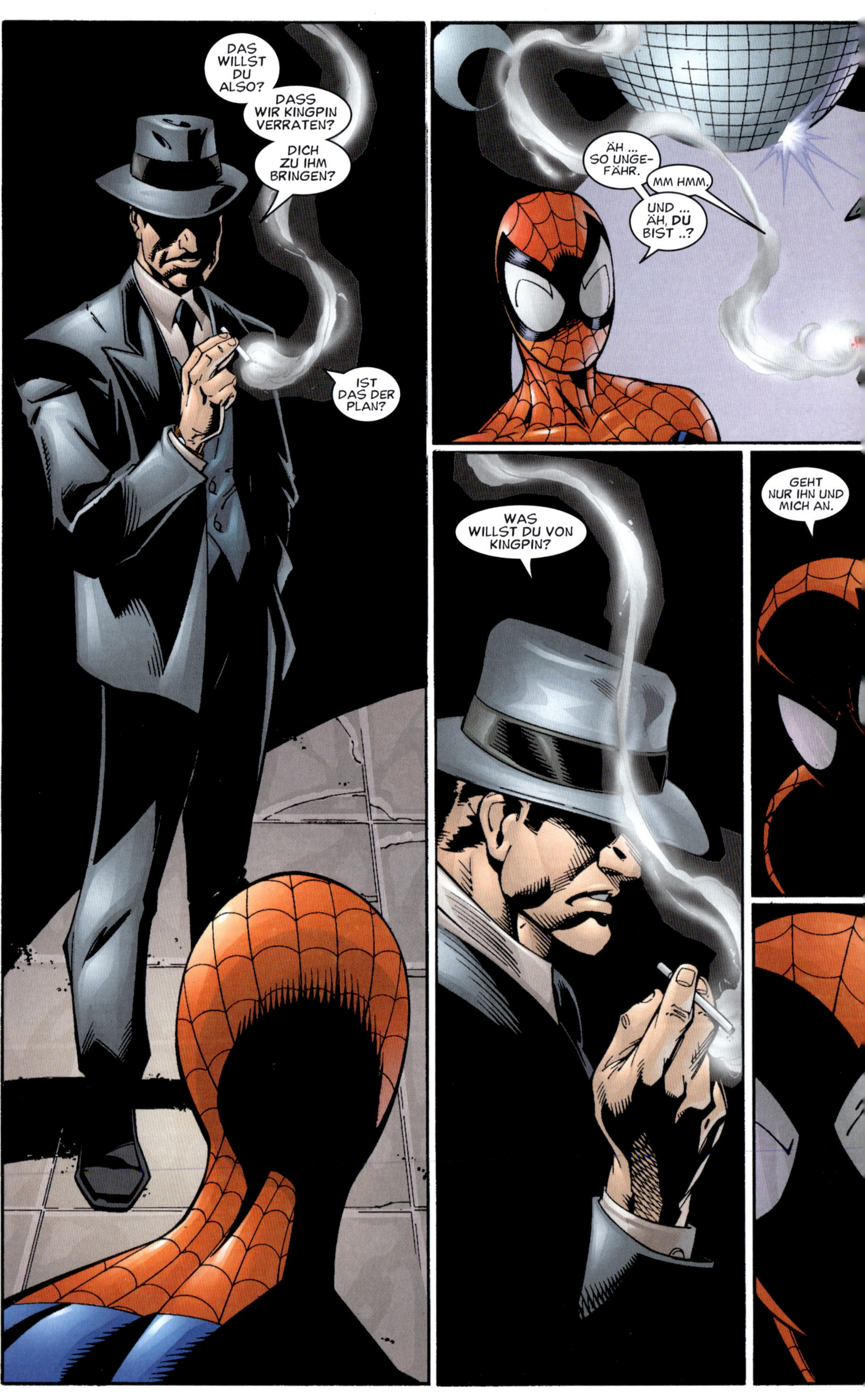
DAS WILLST DU ALSO?
DASS WIR KINGPIN VERRATEN?
DICH ZU IHM BRINGEN?
IST DAS DER PLAN?
ÄH ... SO UNGE-FÄHR.
MM HMM.
UND ... ÄH, DU BIST ..?
WAS WILLST DU VON KINGPIN?
GEHT NUR IHN UND MICH AN.

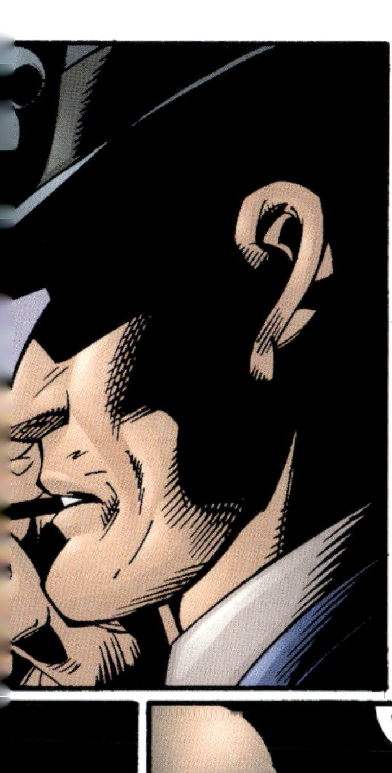

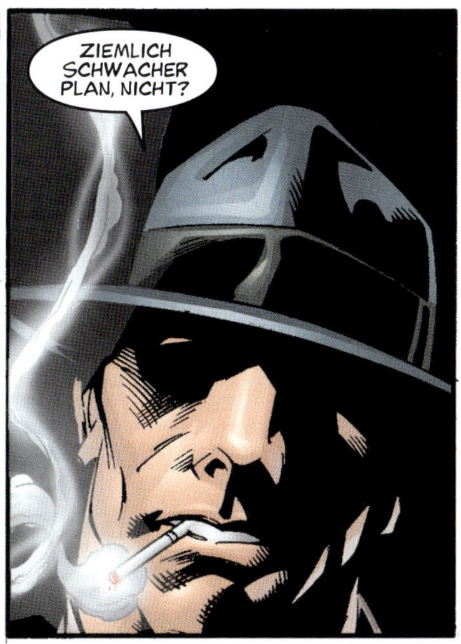

ZIEMLICH SCHWACHER PLAN, NICHT?

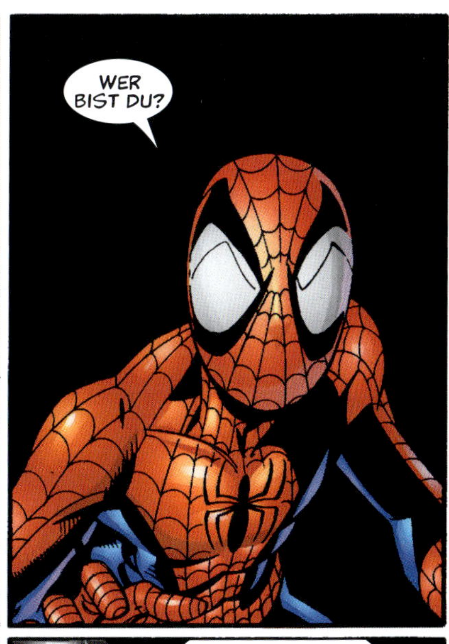

WER BIST DU?

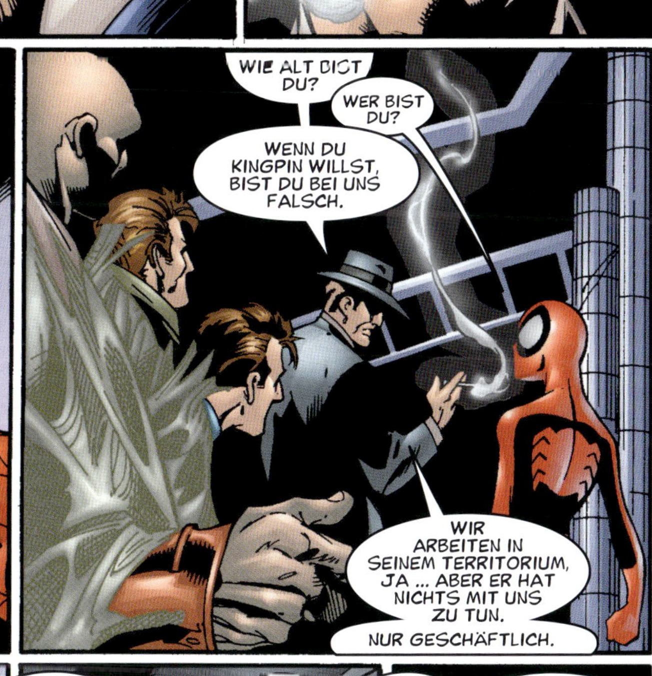

WIE ALT BIST DU?
WER BIST DU?
WENN DU KINGPIN WILLST, BIST DU BEI UNS FALSCH.
WIR ARBEITEN IN SEINEM TERRITORIUM, JA ... ABER ER HAT NICHTS MIT UNS ZU TUN.
NUR GESCHÄFTLICH.

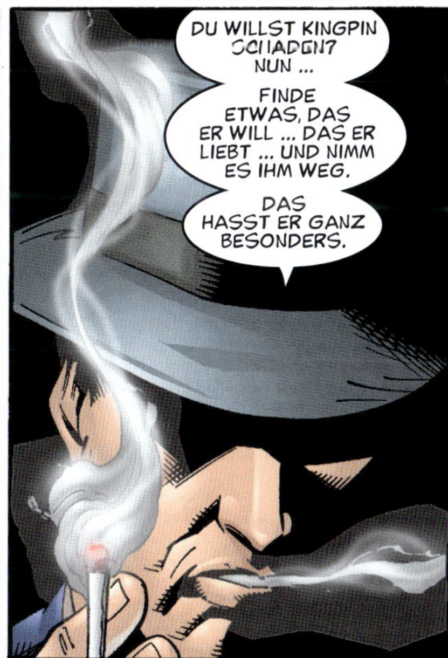

DU WILLST KINGPIN SCHADEN? NUN ...
FINDE ETWAS, DAS ER WILL ... DAS ER LIEBT ... UND NIMM ES IHM WEG.
DAS HASST ER GANZ BESONDERS.

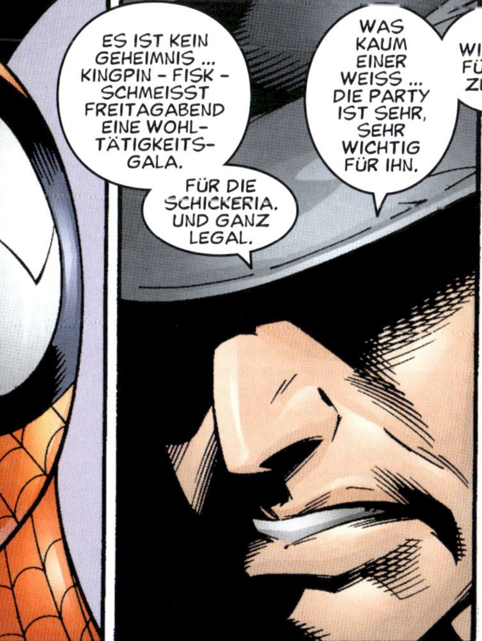

ES IST KEIN GEHEIMNIS ... KINGPIN - FISK - SCHMEISST FREITAGABEND EINE WOHL-TÄTIGKEITS-GALA.
FÜR DIE SCHICKERIA. UND GANZ LEGAL.
WAS KAUM EINER WEISS ... DIE PARTY IST SEHR, SEHR WICHTIG FÜR IHN.

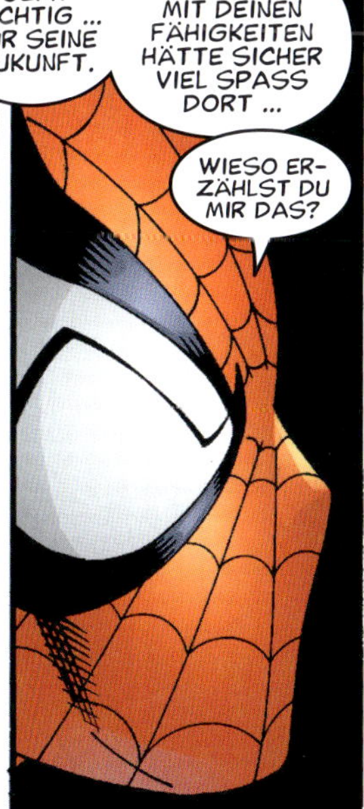

SEHR WICHTIG ... FÜR SEINE ZUKUNFT.
JEMAND MIT DEINEN FÄHIGKEITEN HÄTTE SICHER VIEL SPASS DORT ...
WIESO ERZÄHLST DU MIR DAS?

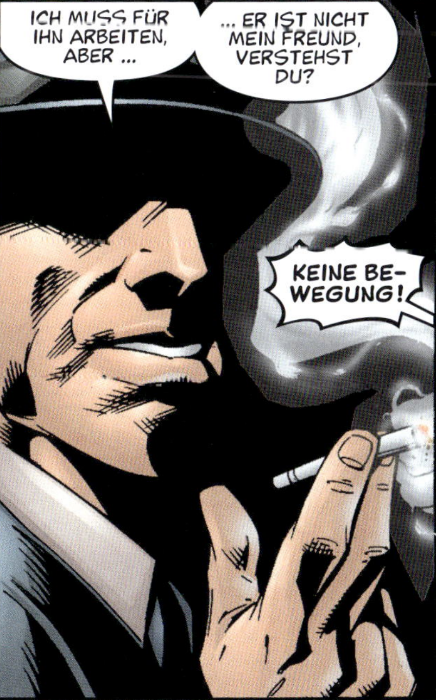

ICH MUSS FÜR IHN ARBEITEN, ABER ...
... ER IST NICHT MEIN FREUND, VERSTEHST DU?
KEINE BEWEGUNG!

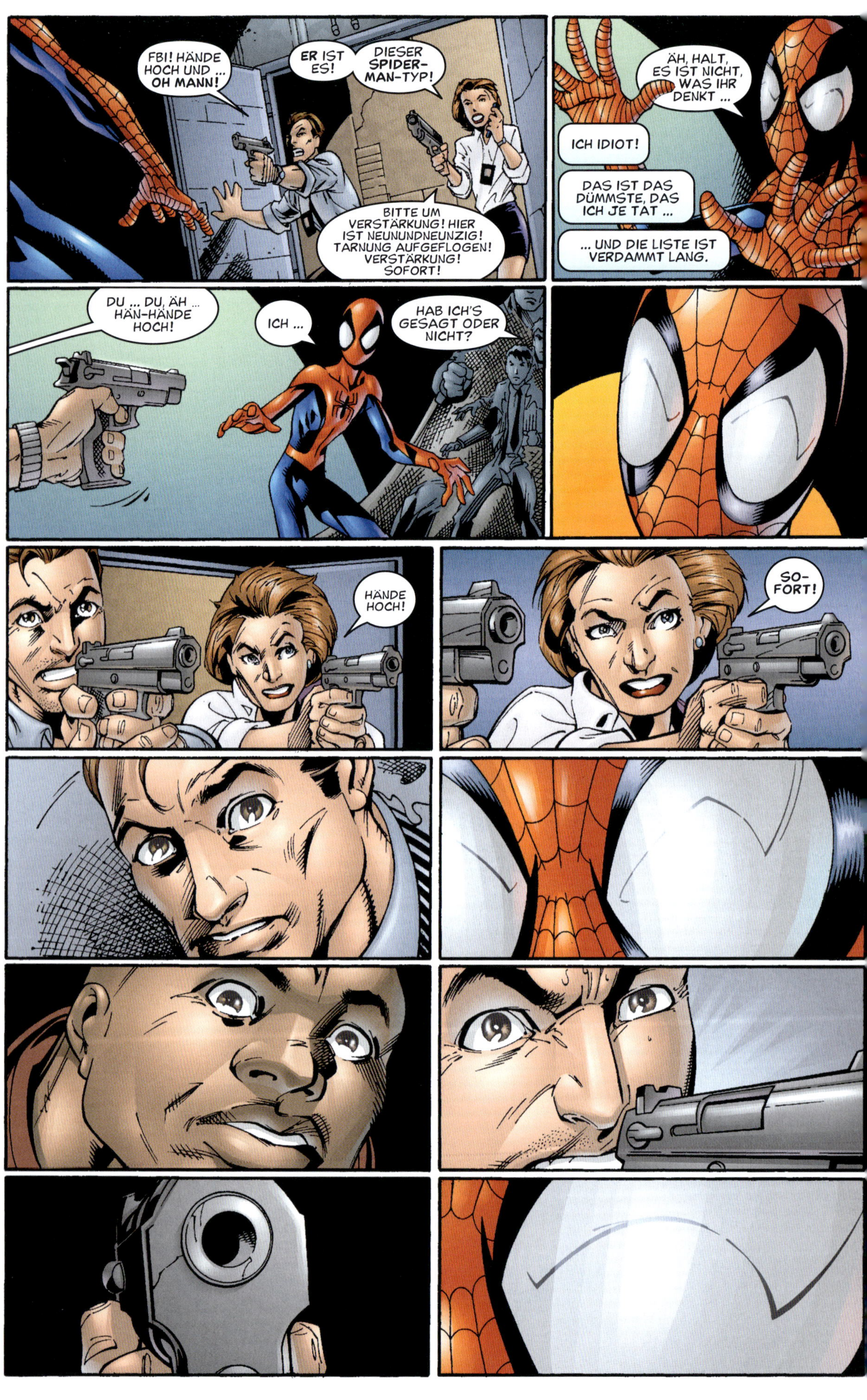
FBI! HÄNDE HOCH UND ... OH MANN!
ER IST ES!
DIESER SPIDER-MAN-TYP!
BITTE UM VERSTÄRKUNG! HIER IST NEUNUNDNEUNZIG! TARNUNG AUFGEFLOGEN! VERSTÄRKUNG! SOFORT!
ÄH, HALT, ES IST NICHT, WAS IHR DENKT ...
ICH IDIOT!
DAS IST DAS DÜMMSTE, DAS ICH JE TAT ...
... UND DIE LISTE IST VERDAMMT LANG.
DU ... DU, ÄH ... HÄN-HÄNDE HOCH!
ICH ...
HAB ICH'S GESAGT ODER NICHT?
HÄNDE HOCH!
SO-FORT!

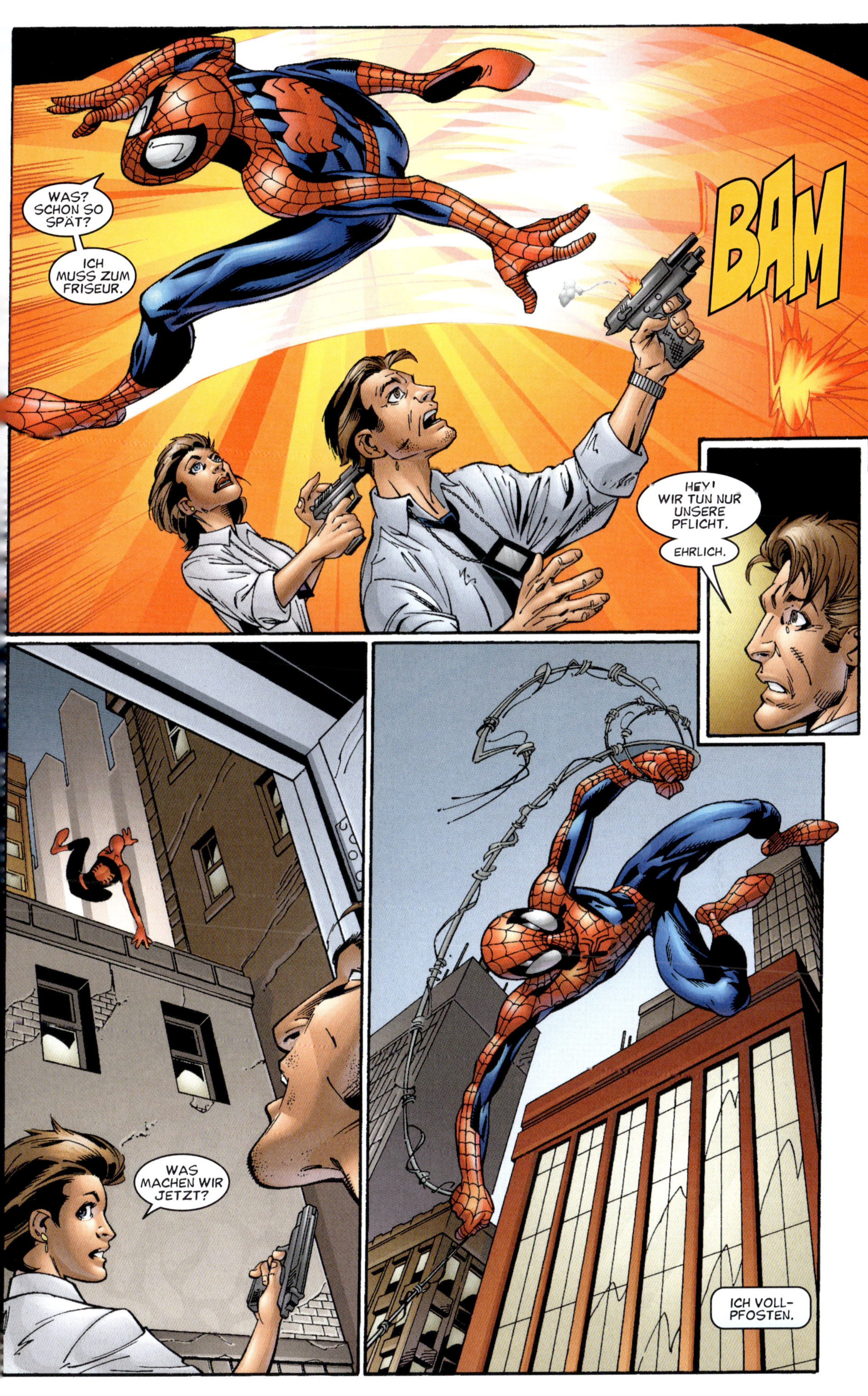
WAS? SCHON SO SPÄT?
ICH MUSS ZUM FRISEUR.
BAM
HEY! WIR TUN NUR UNSERE PFLICHT.
EHRLICH.
WAS MACHEN WIR JETZT?
ICH VOLL-PFOSTEN.

DAILY 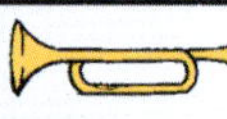 BUGLE

NEW YORKS GRÖSSTE TAGESZEITUNG

SPIDER-MAN: EINE GEFAHR!

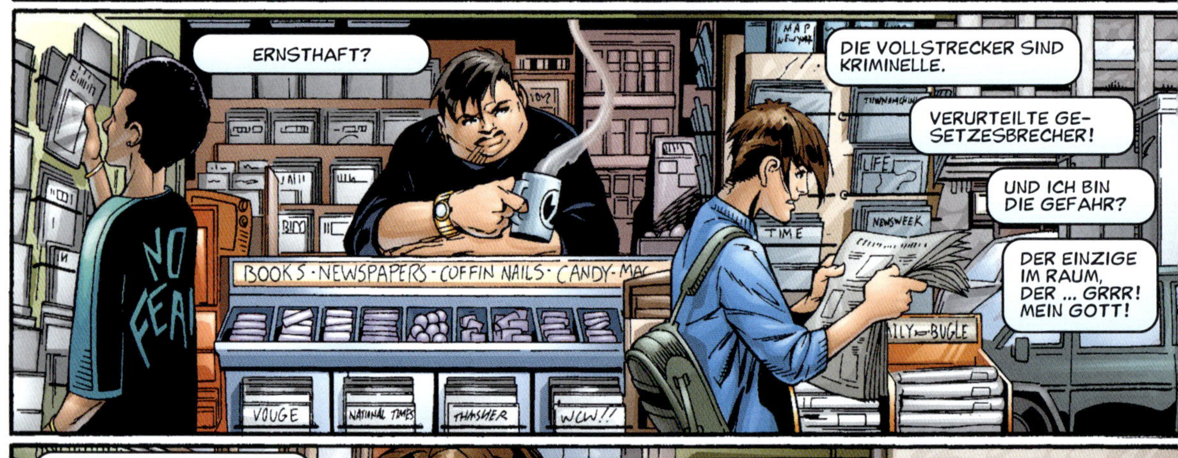

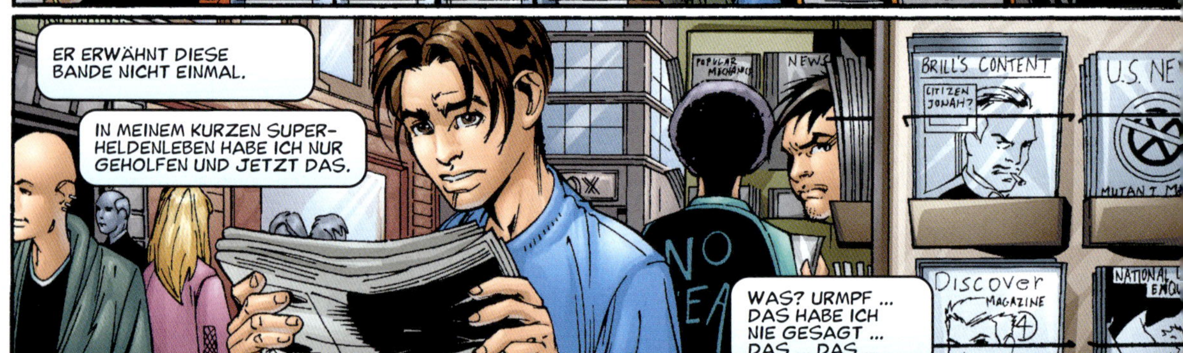

OKAY, ICH BIN EINGEBROCHEN UND HAB EINEN KAMPF ANGEZETTELT.

ABER ICH HATTE 'NEN GRUND, NUR KENNT IHN KEINER.

ONKEL BENS MÖRDER IST MIT DIESEN TYPEN RUMGEHANGEN UND ICH WERDE NICHT DIE AUGEN VERSCHLIESSEN VOR DEM ORGANISIERTEN VERBRECHEN DER STADT.

ABER ICH DARF NICHT MEHR SPONTAN HANDELN. ICH MUSS ANFANGEN, MEINEN KOPF ZU GEBRAUCHEN.

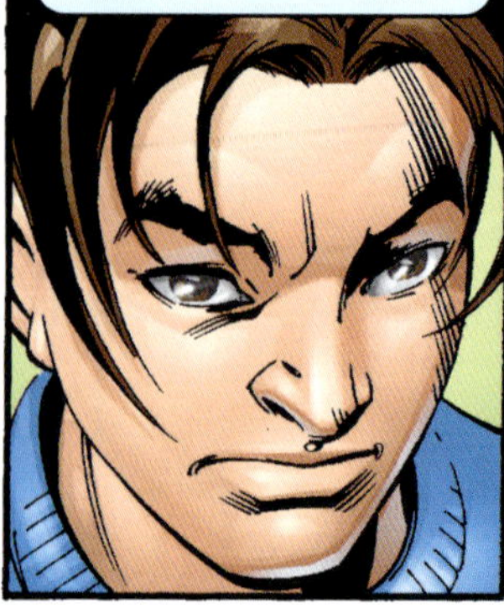

ICH HATTE VERDAMMTES GLÜCK.

DAS SIND SCHWERE JUNGS UND ICH TUE, ALS WÄR'S DER KINDERGARTEN.

GUTEN MORGEN, JUNGE.

HAST DU DEINEN BIBLIOTHEKSAUSWEIS DABEI?

NEIN. WIESO?

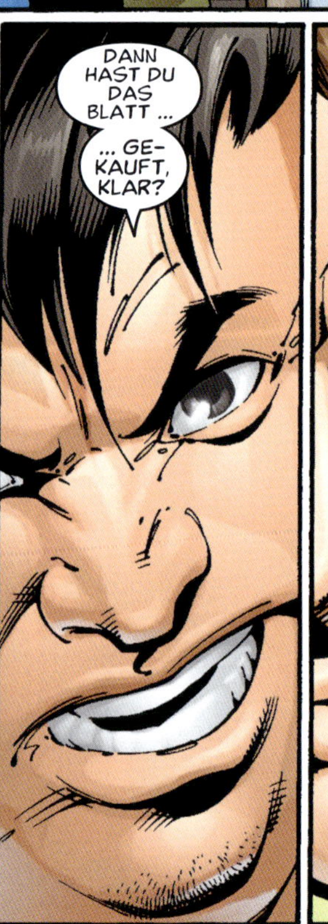

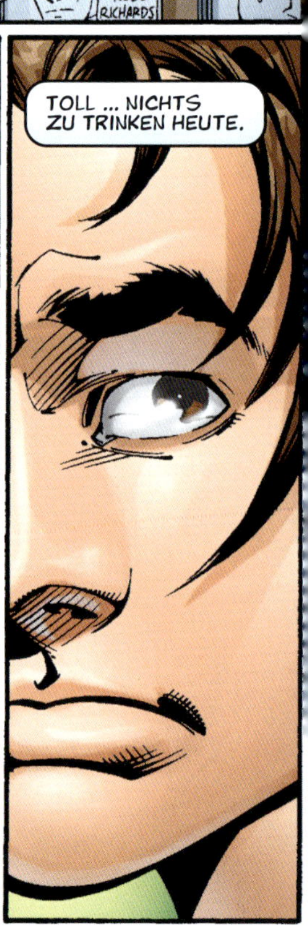

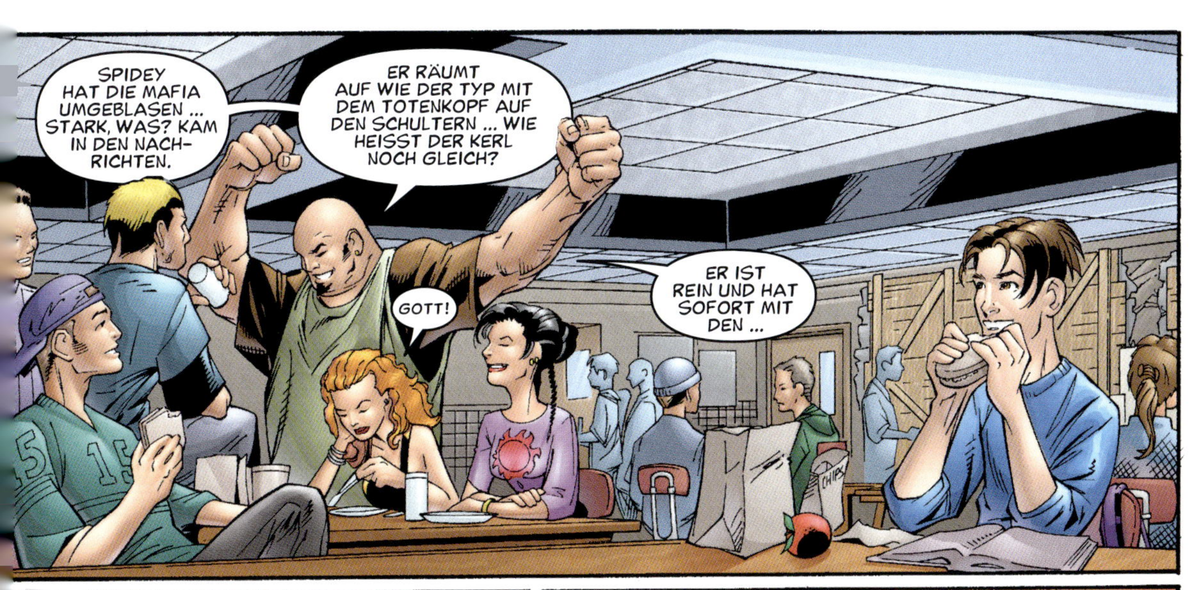
SPIDEY HAT DIE MAFIA UMGEBLASEN ... STARK, WAS? KAM IN DEN NACH-RICHTEN.
ER RÄUMT AUF WIE DER TYP MIT DEM TOTENKOPF AUF DEN SCHULTERN ... WIE HEISST DER KERL NOCH GLEICH?
GOTT!
ER IST REIN UND HAT SOFORT MIT DEN ...

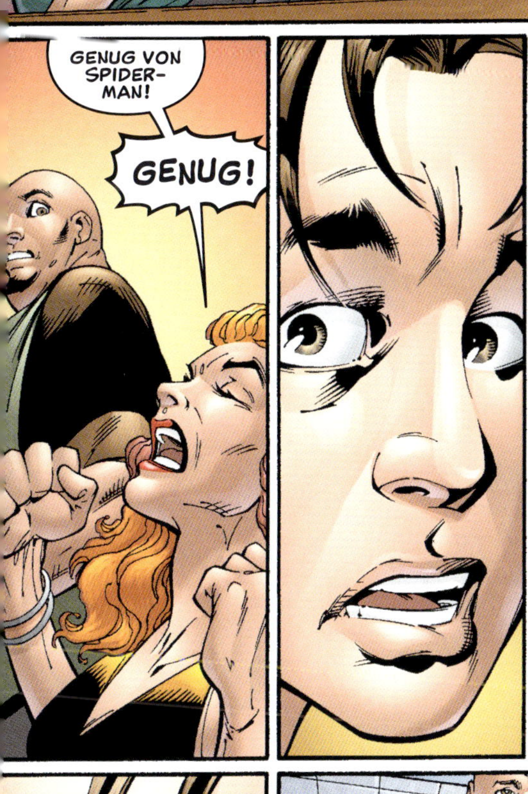
GENUG VON SPIDER-MAN!
GENUG!

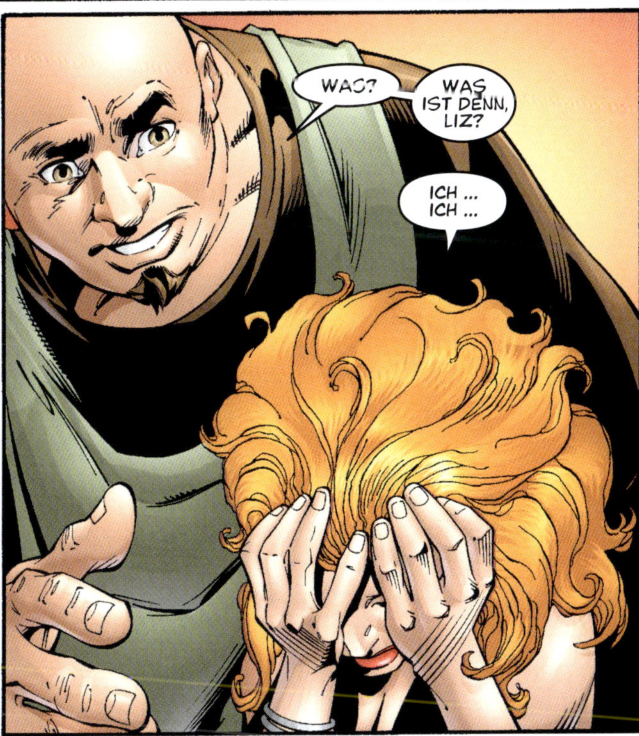
WAS?
WAS IST DENN, LIZ?
ICH ... ICH ...

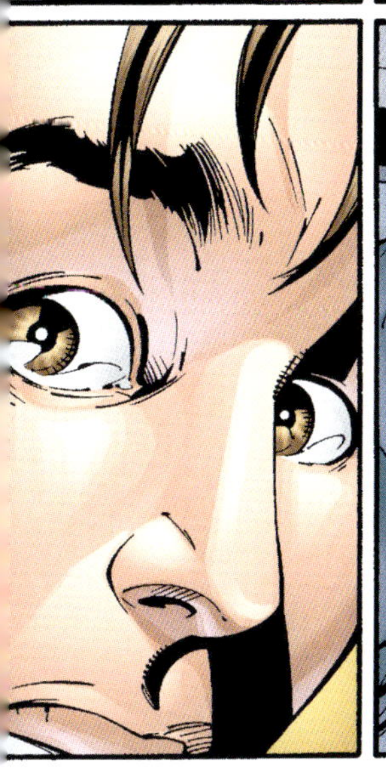

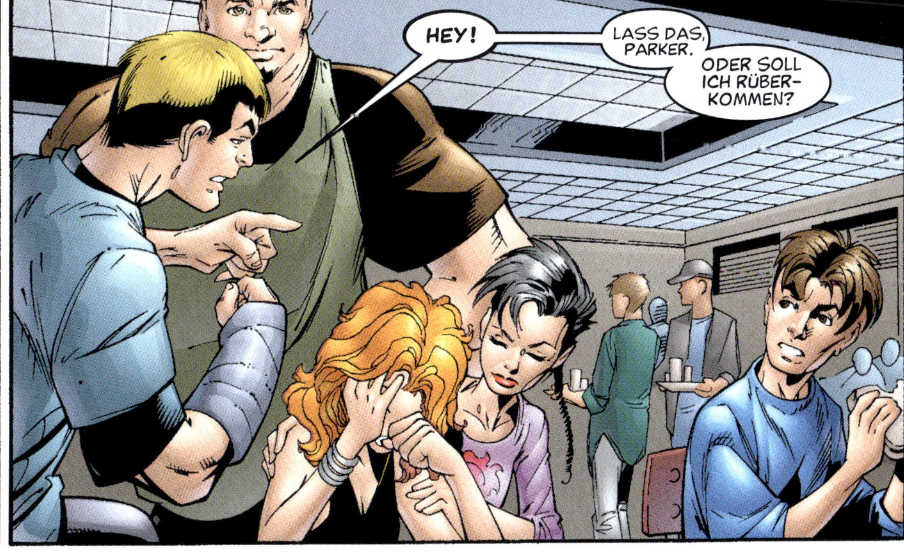
HEY!
LASS DAS, PARKER.
ODER SOLL ICH RÜBER-KOMMEN?

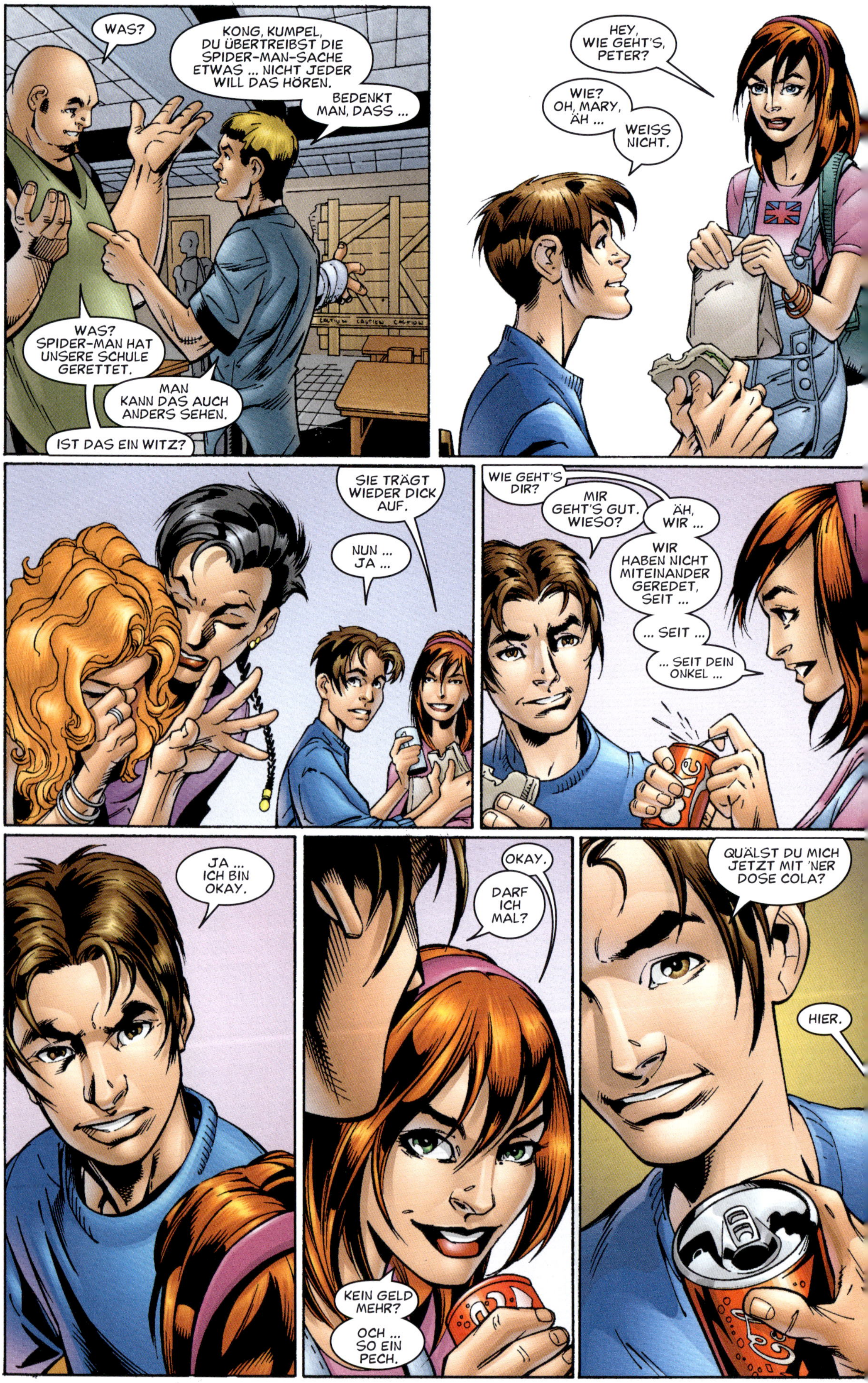

WAS?
KONG, KUMPEL, DU ÜBERTREIBST DIE SPIDER-MAN-SACHE ETWAS ... NICHT JEDER WILL DAS HÖREN.
BEDENKT MAN, DASS ...
WAS? SPIDER-MAN HAT UNSERE SCHULE GERETTET.
MAN KANN DAS AUCH ANDERS SEHEN.
IST DAS EIN WITZ?

HEY, WIE GEHT'S, PETER?
WIE? OH, MARY, ÄH ...
WEISS NICHT.

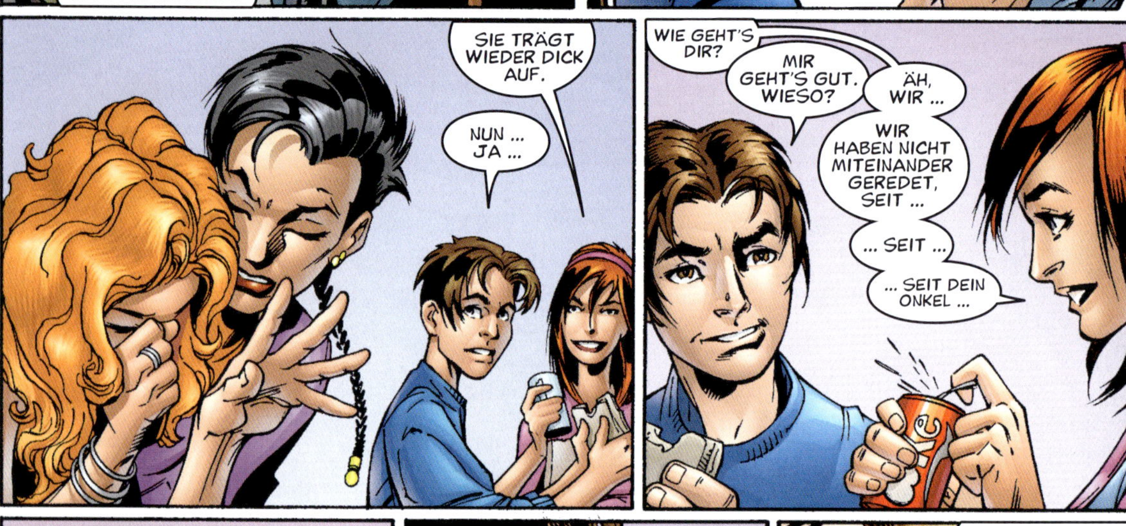

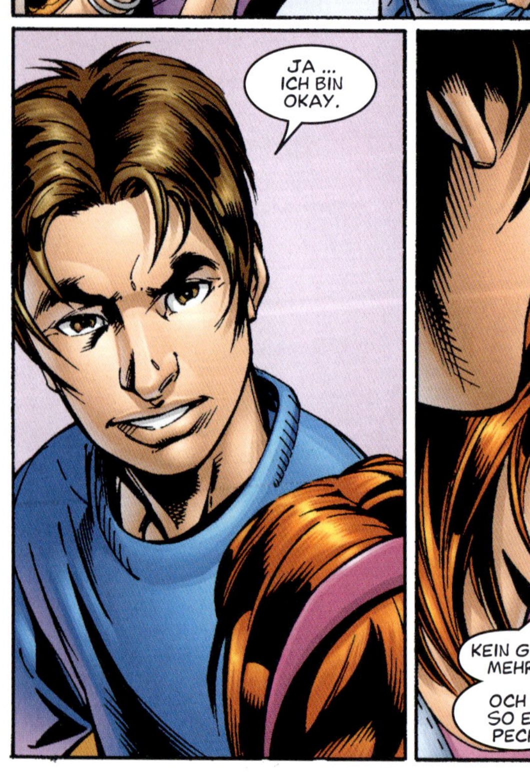

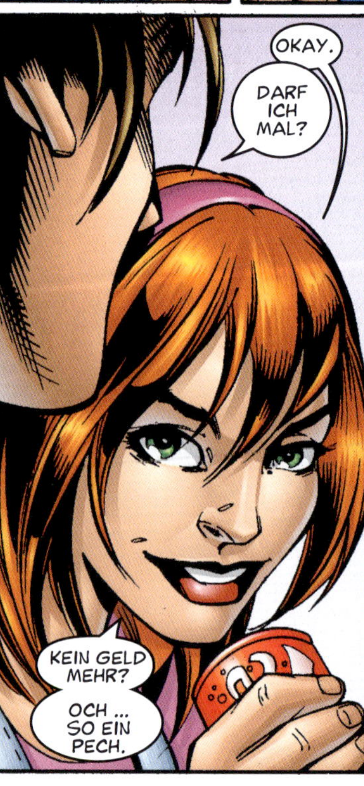

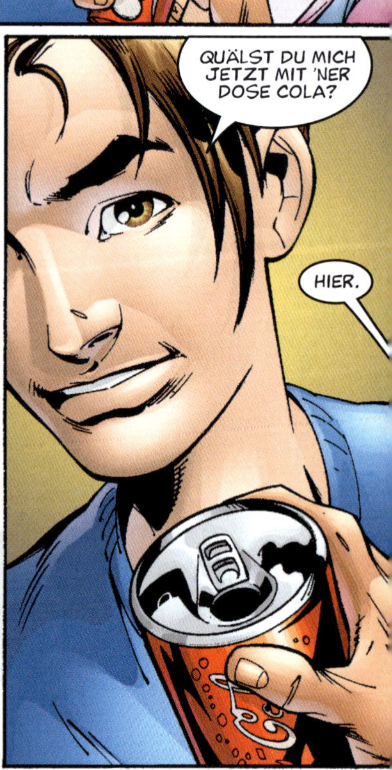

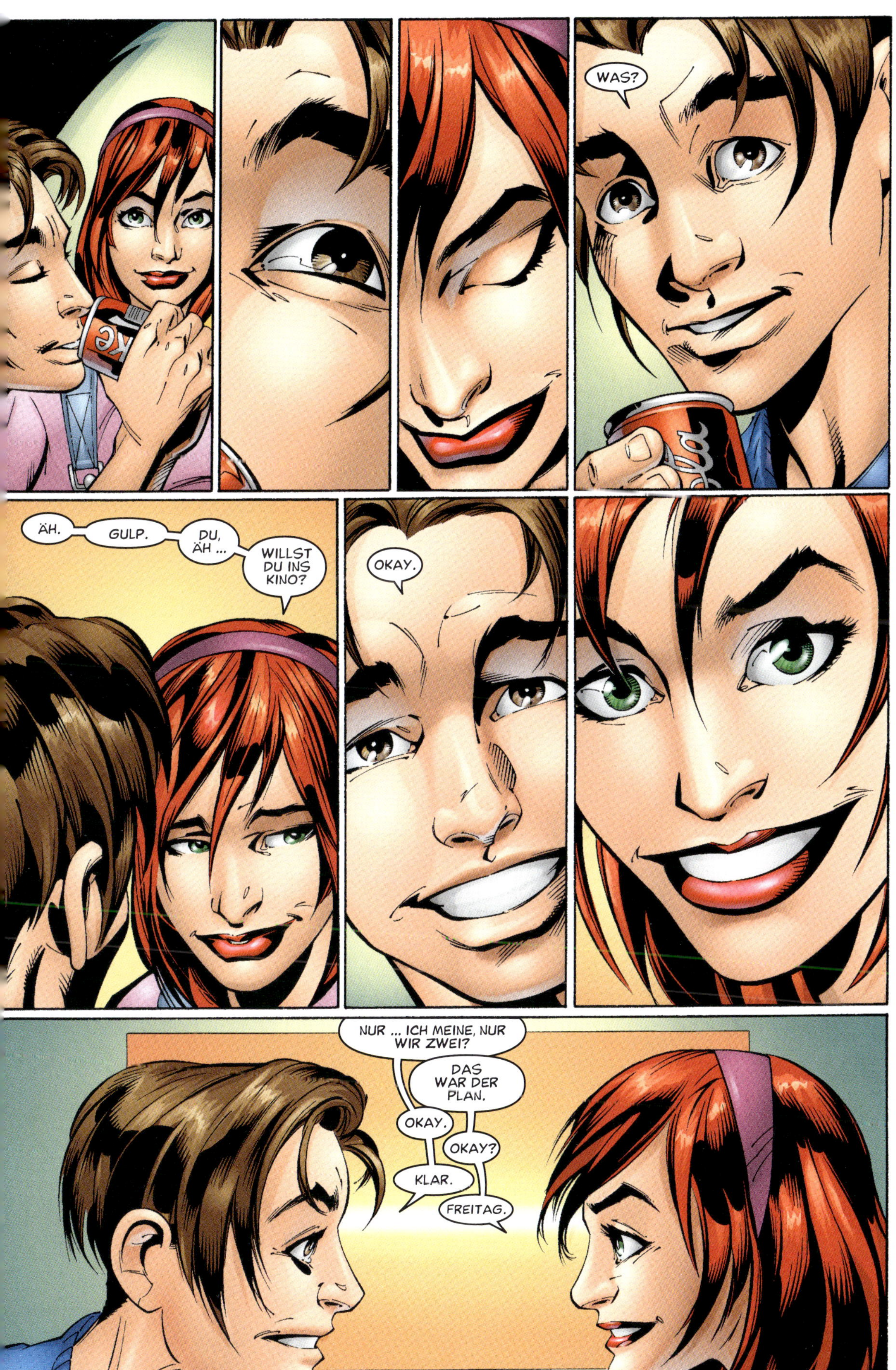
WAS?
ÄH.
GULP.
DU, ÄH ...
WILLST DU INS KINO?
OKAY.
NUR ... ICH MEINE, NUR WIR ZWEI?
DAS WAR DER PLAN.
OKAY.
OKAY?
KLAR.
FREITAG.

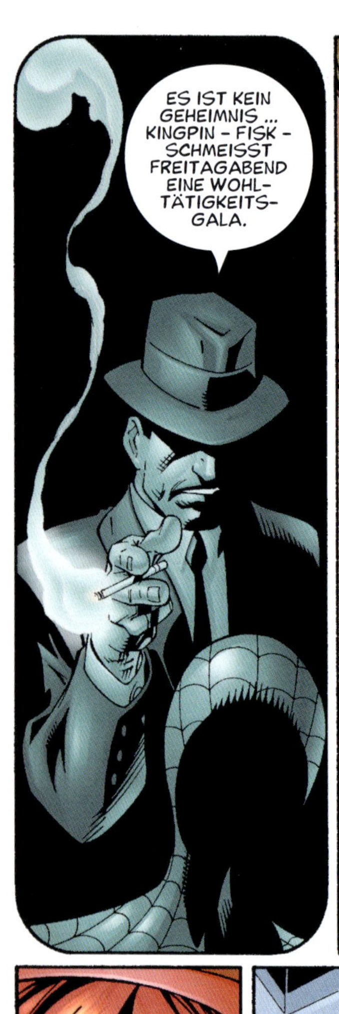
ES IST KEIN GEHEIMNIS ... KINGPIN – FISK – SCHMEISST FREITAGABEND EINE WOHLTÄTIGKEITS-GALA.

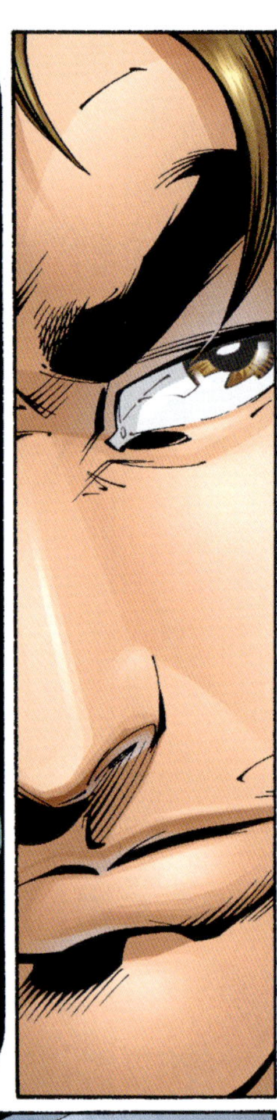

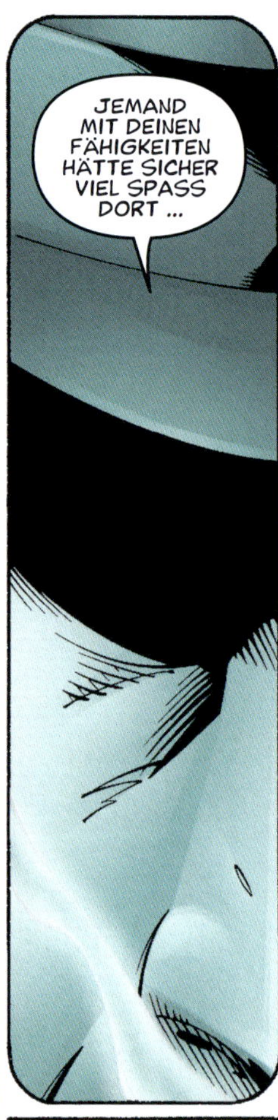
JEMAND MIT DEINEN FÄHIGKEITEN HÄTTE SICHER VIEL SPASS DORT ...

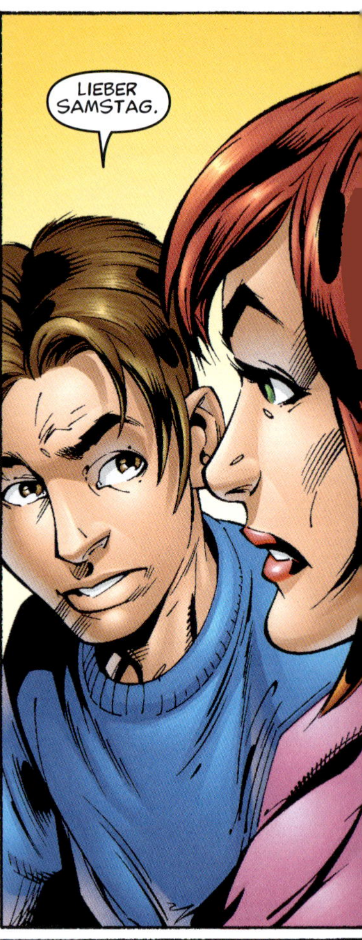
LIEBER SAMSTAG.

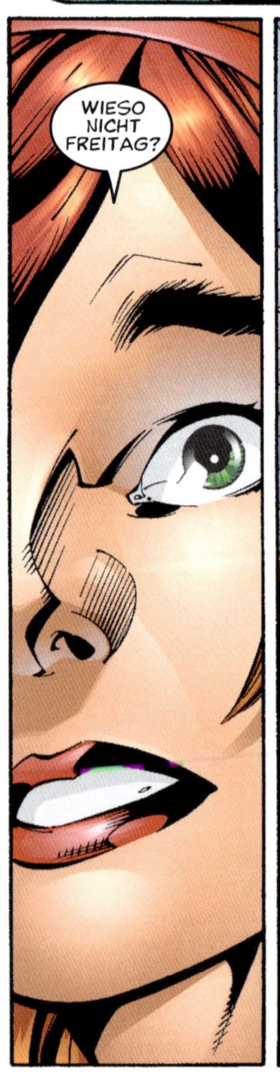
WIESO NICHT FREITAG?

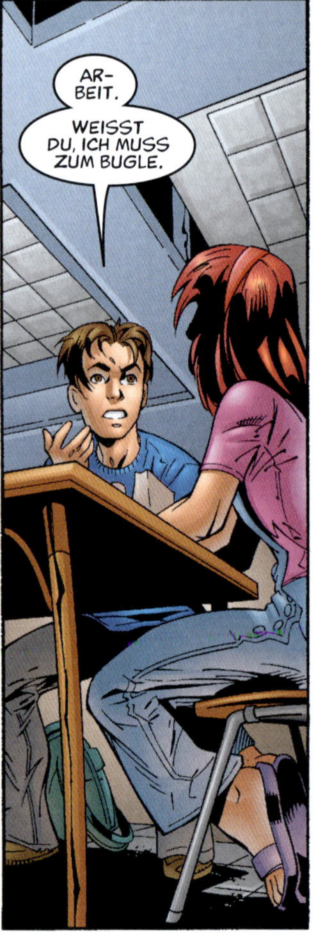
AR-BEIT.
WEISST DU, ICH MUSS ZUM BUGLE.

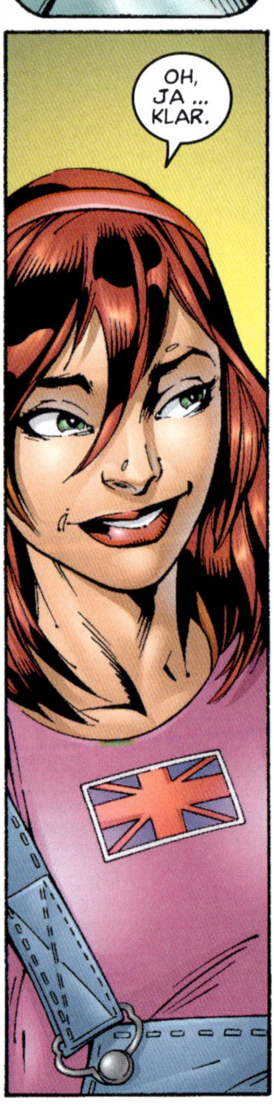
OH, JA ... KLAR.

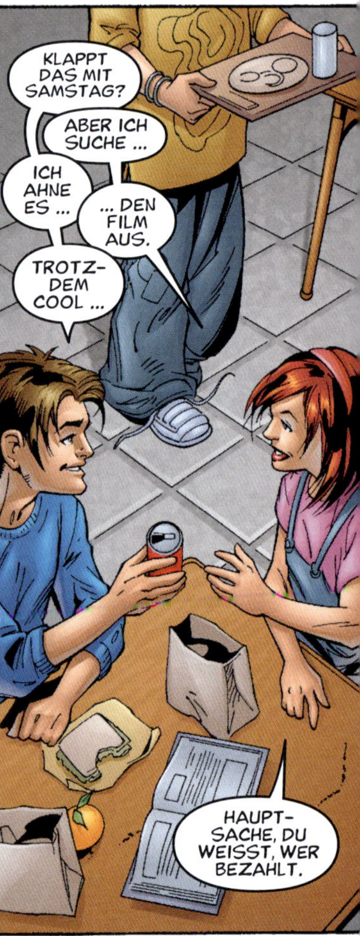
KLAPPT DAS MIT SAMSTAG?
ABER ICH SUCHE ...
ICH AHNE ES ...
... DEN FILM AUS.
TROTZ-DEM COOL ...
HAUPT-SACHE, DU WEISST, WER BEZAHLT.

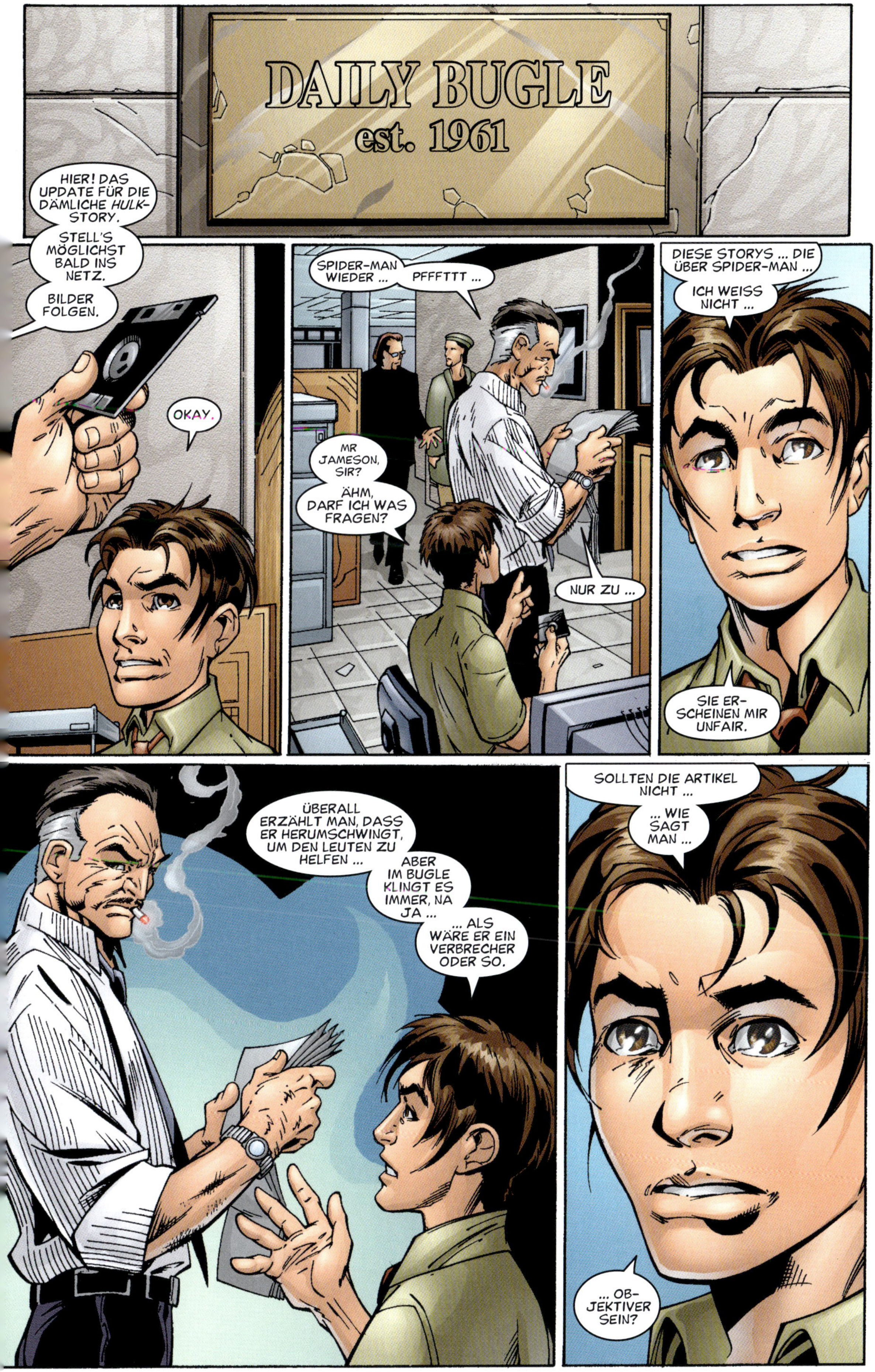

DAILY BUGLE
est. 1961

HIER! DAS UPDATE FÜR DIE DÄMLICHE *HULK*-STORY.
STELL'S MÖGLICHST BALD INS NETZ.
BILDER FOLGEN.
OKAY.

SPIDER-MAN WIEDER ...
PFFFTTT ...
MR JAMESON, SIR?
ÄHM, DARF ICH WAS FRAGEN?
NUR ZU ...

DIESE STORYS ... DIE ÜBER SPIDER-MAN ...
ICH WEISS NICHT ...
SIE ER-SCHEINEN MIR UNFAIR.

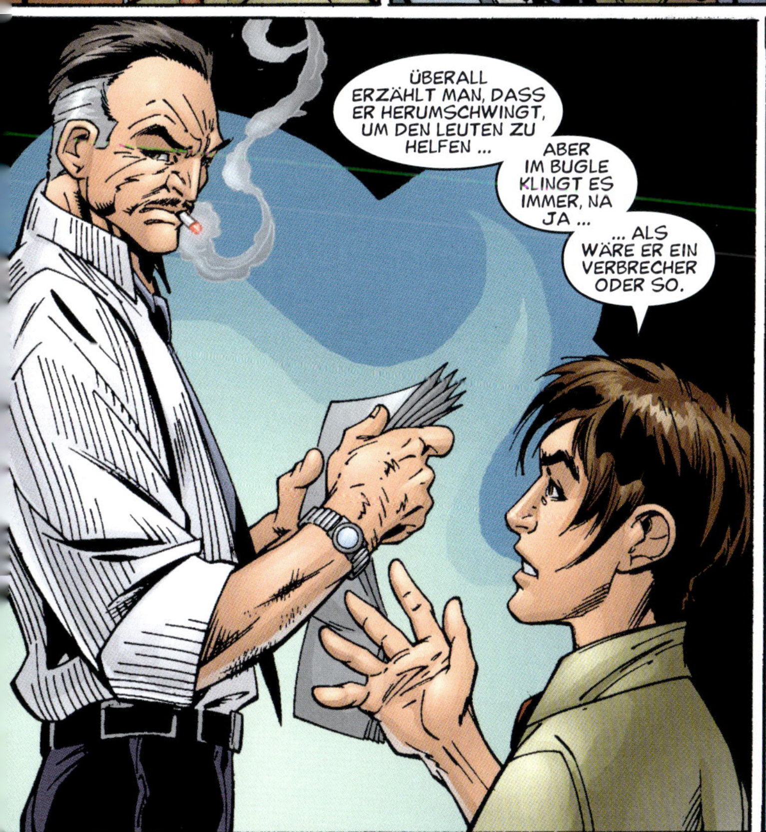

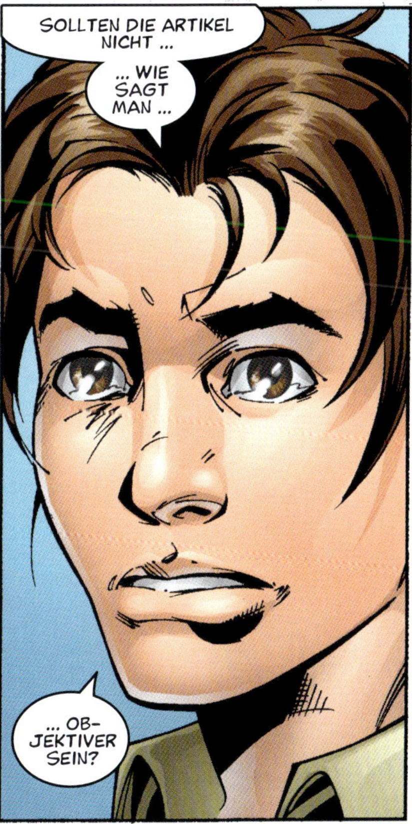

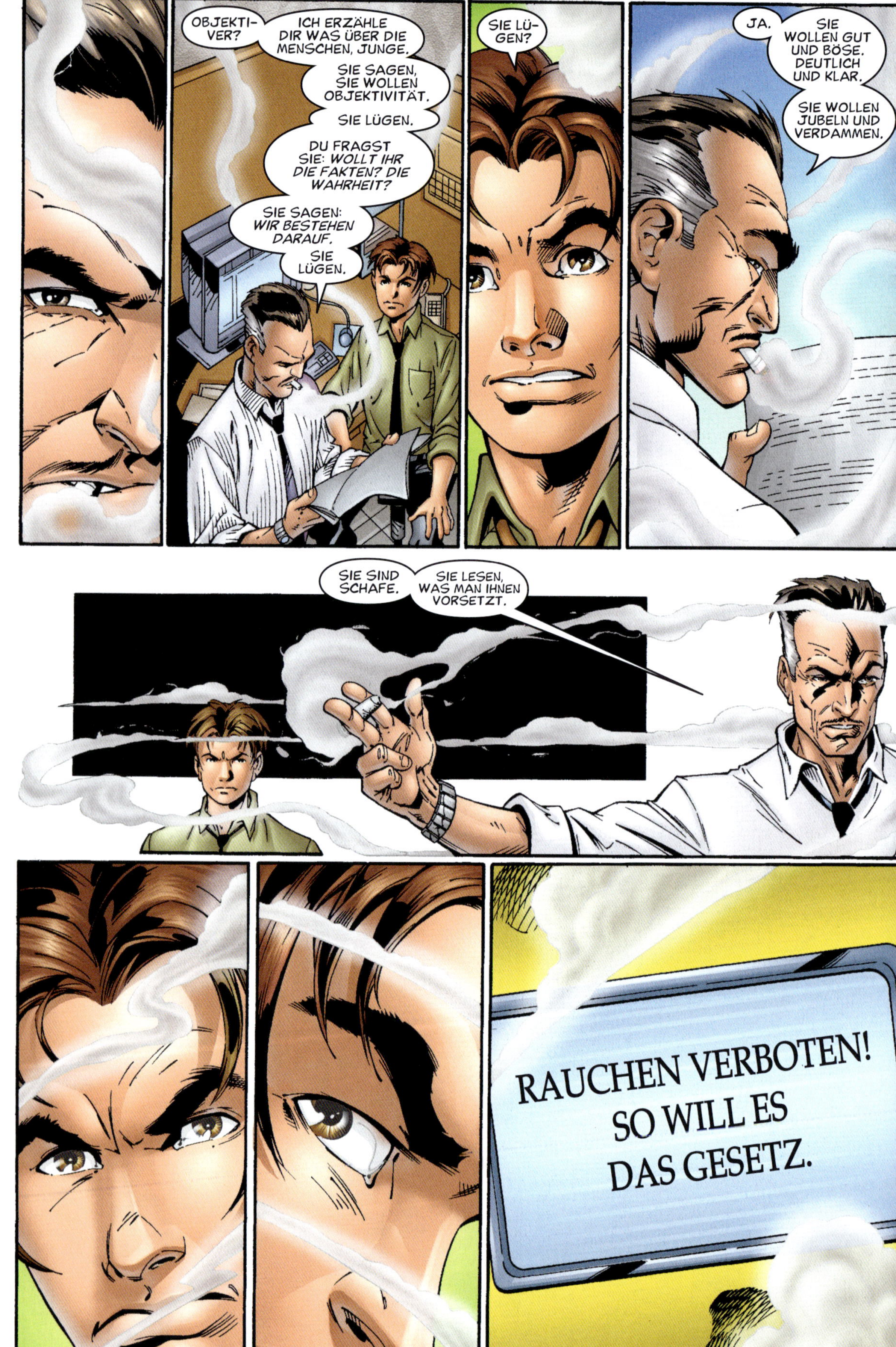
OBJEKTIVER?
ICH ERZÄHLE DIR WAS ÜBER DIE MENSCHEN, JUNGE.
SIE SAGEN, SIE WOLLEN OBJEKTIVITÄT.
SIE LÜGEN.
DU FRAGST SIE: WOLLT IHR DIE FAKTEN? DIE WAHRHEIT?
SIE SAGEN: WIR BESTEHEN DARAUF.
SIE LÜGEN.
SIE LÜGEN?
JA.
SIE WOLLEN GUT UND BÖSE. DEUTLICH UND KLAR.
SIE WOLLEN JUBELN UND VERDAMMEN.
SIE SIND SCHAFE.
SIE LESEN, WAS MAN IHNEN VORSETZT.
RAUCHEN VERBOTEN! SO WILL ES DAS GESETZ.

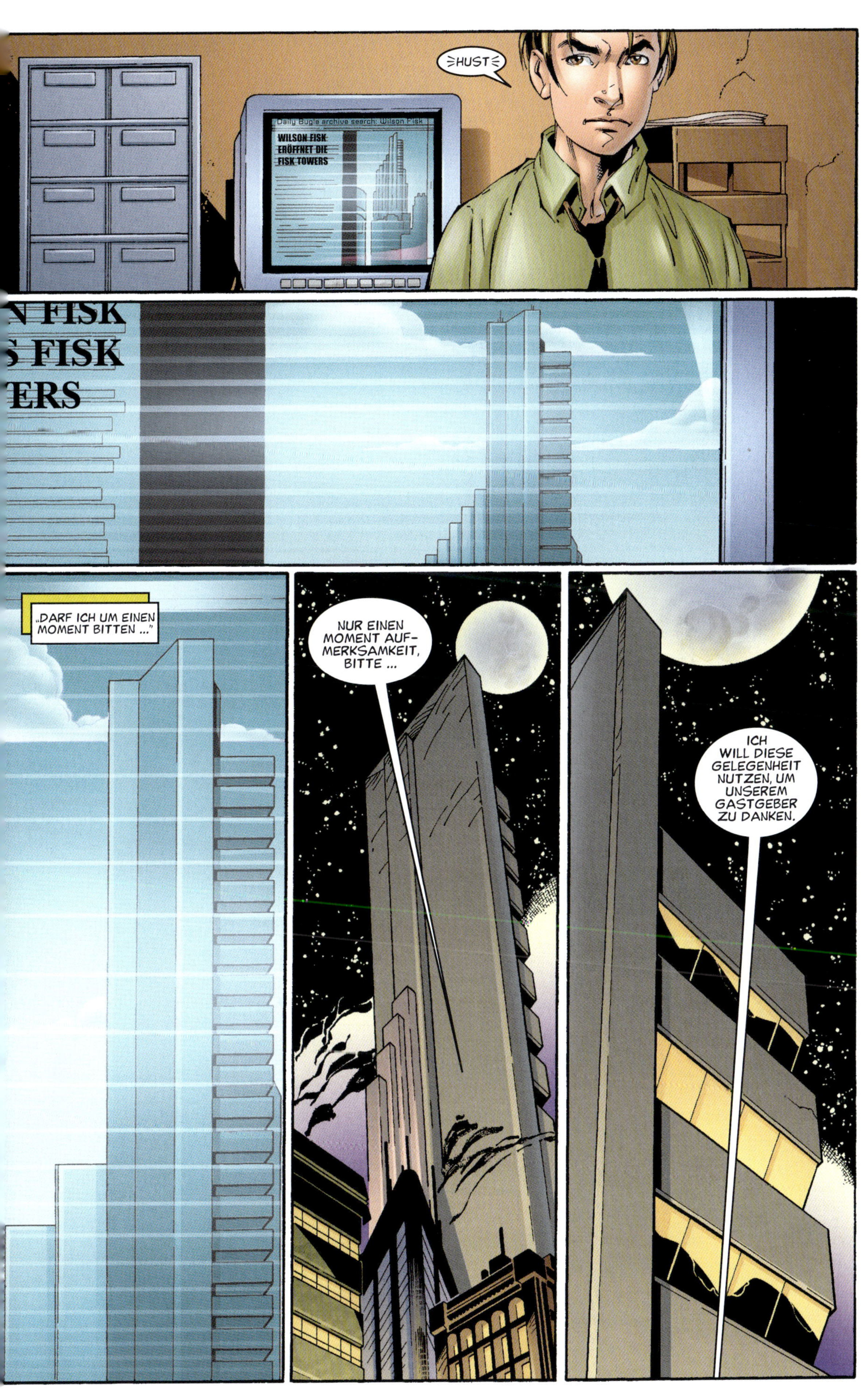
HUST
Daily Bugle archive search: Wilson Fisk
WILSON FISK ERÖFFNET DIE FISK TOWERS
N FISK
S FISK
ERS
„DARF ICH UM EINEN MOMENT BITTEN ...“
NUR EINEN MOMENT AUF-MERKSAMKEIT, BITTE ...
ICH WILL DIESE GELEGENHEIT NUTZEN, UM UNSEREM GASTGEBER ZU DANKEN.

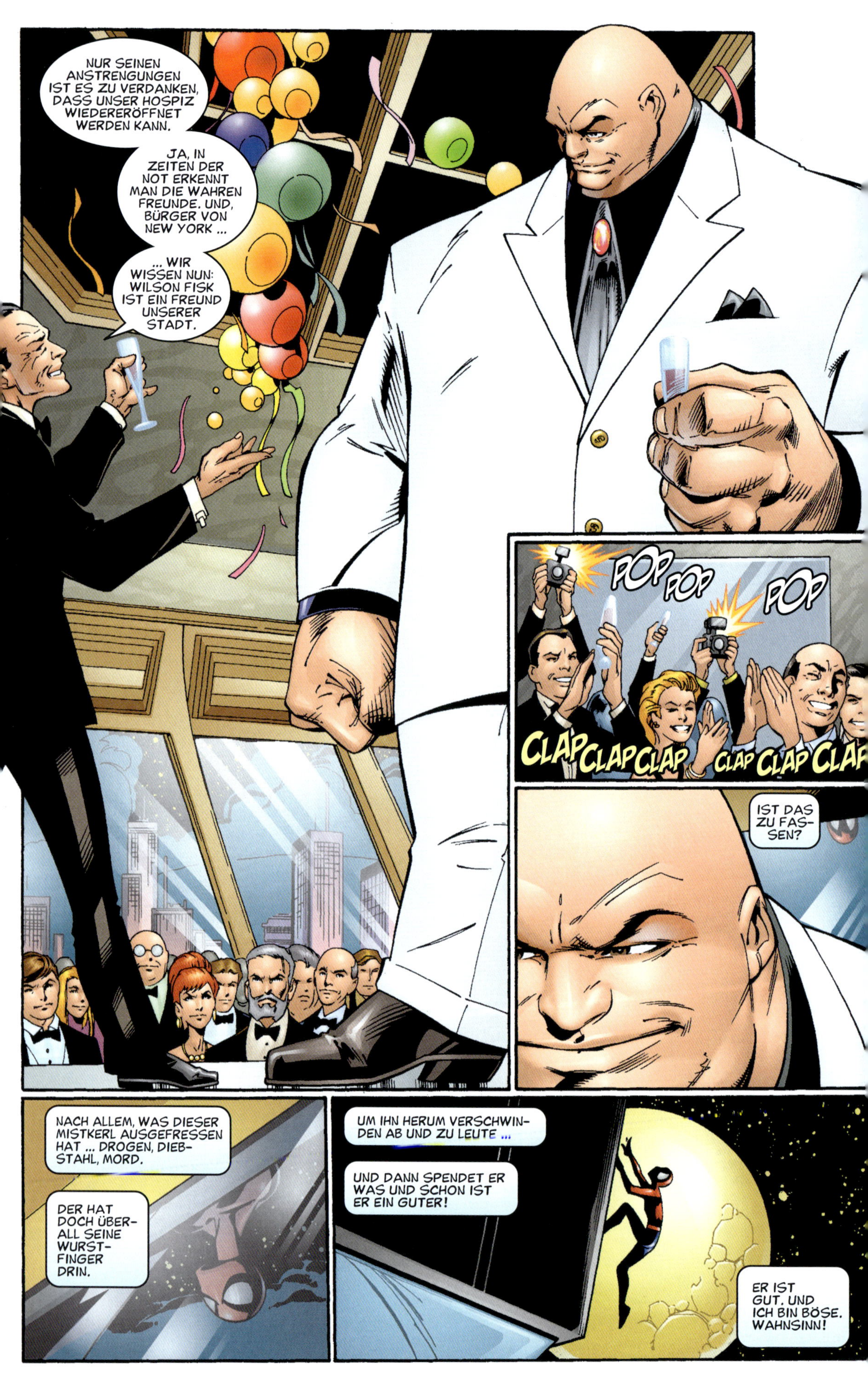
NUR SEINEN ANSTRENGUNGEN IST ES ZU VERDANKEN, DASS UNSER HOSPIZ WIEDERERÖFFNET WERDEN KANN.
JA, IN ZEITEN DER NOT ERKENNT MAN DIE WAHREN FREUNDE. UND, BÜRGER VON NEW YORK ...
... WIR WISSEN NUN: WILSON FISK IST EIN FREUND UNSERER STADT.
POP POP POP
CLAP CLAP CLAP CLAP CLAP CLAP
IST DAS ZU FAS-SEN?
NACH ALLEM, WAS DIESER MISTKERL AUSGEFRESSEN HAT ... DROGEN, DIEB-STAHL, MORD.
DER HAT DOCH ÜBER-ALL SEINE WURST-FINGER DRIN.
UM IHN HERUM VERSCHWIN-DEN AB UND ZU LEUTE ...
UND DANN SPENDET ER WAS UND SCHON IST ER EIN GUTER!
ER IST GUT. UND ICH BIN BÖSE. WAHNSINN!

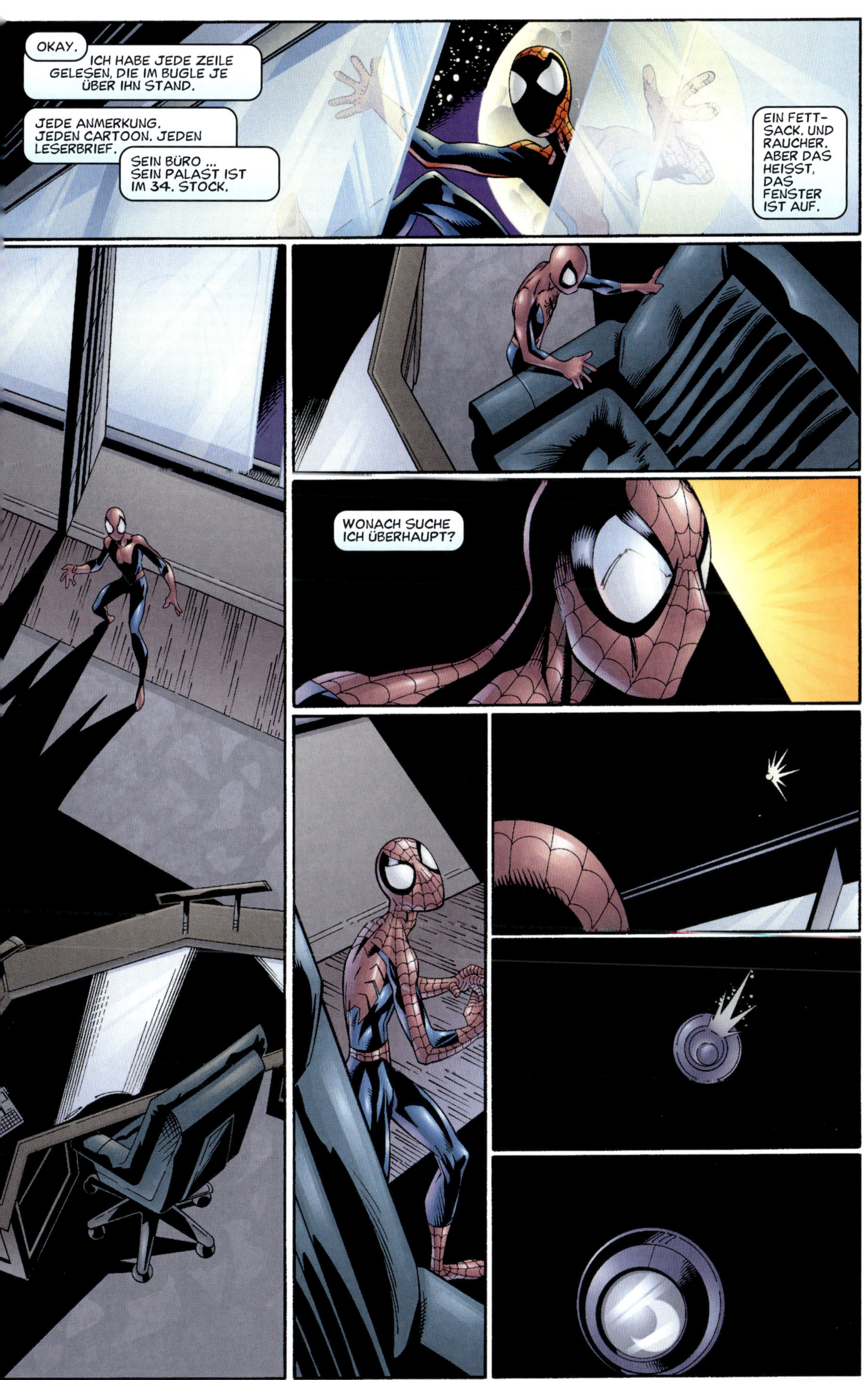
OKAY.
ICH HABE JEDE ZEILE GELESEN, DIE IM BUGLE JE ÜBER IHN STAND.
JEDE ANMERKUNG. JEDEN CARTOON. JEDEN LESERBRIEF.
SEIN BÜRO ... SEIN PALAST IST IM 34. STOCK.
EIN FETT-SACK. UND RAUCHER. ABER DAS HEISST, DAS FENSTER IST AUF.
WONACH SUCHE ICH ÜBERHAUPT?

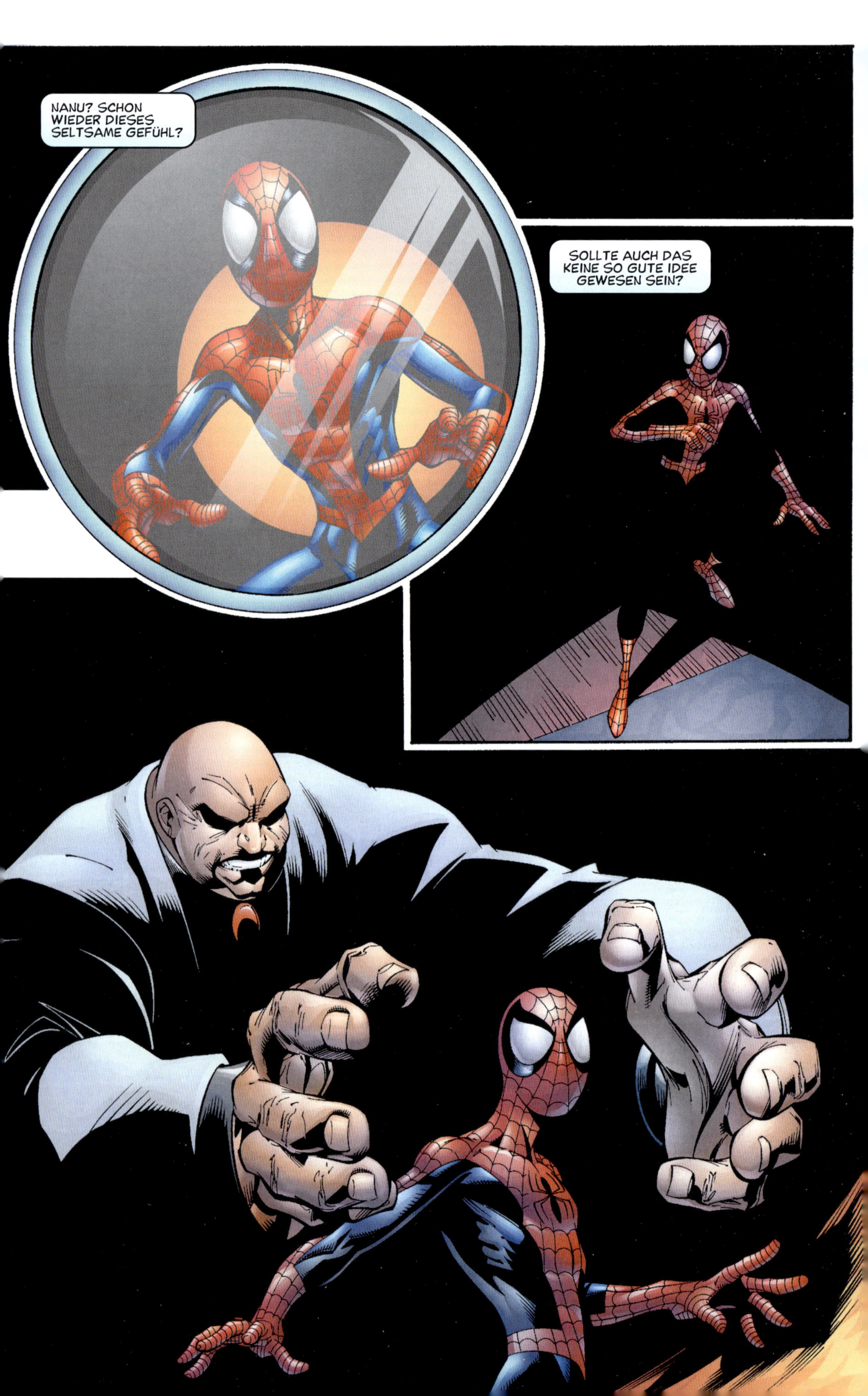
NANU? SCHON WIEDER DIESES SELTSAME GEFÜHL?
SOLLTE AUCH DAS KEINE SO GUTE IDEE GEWESEN SEIN?

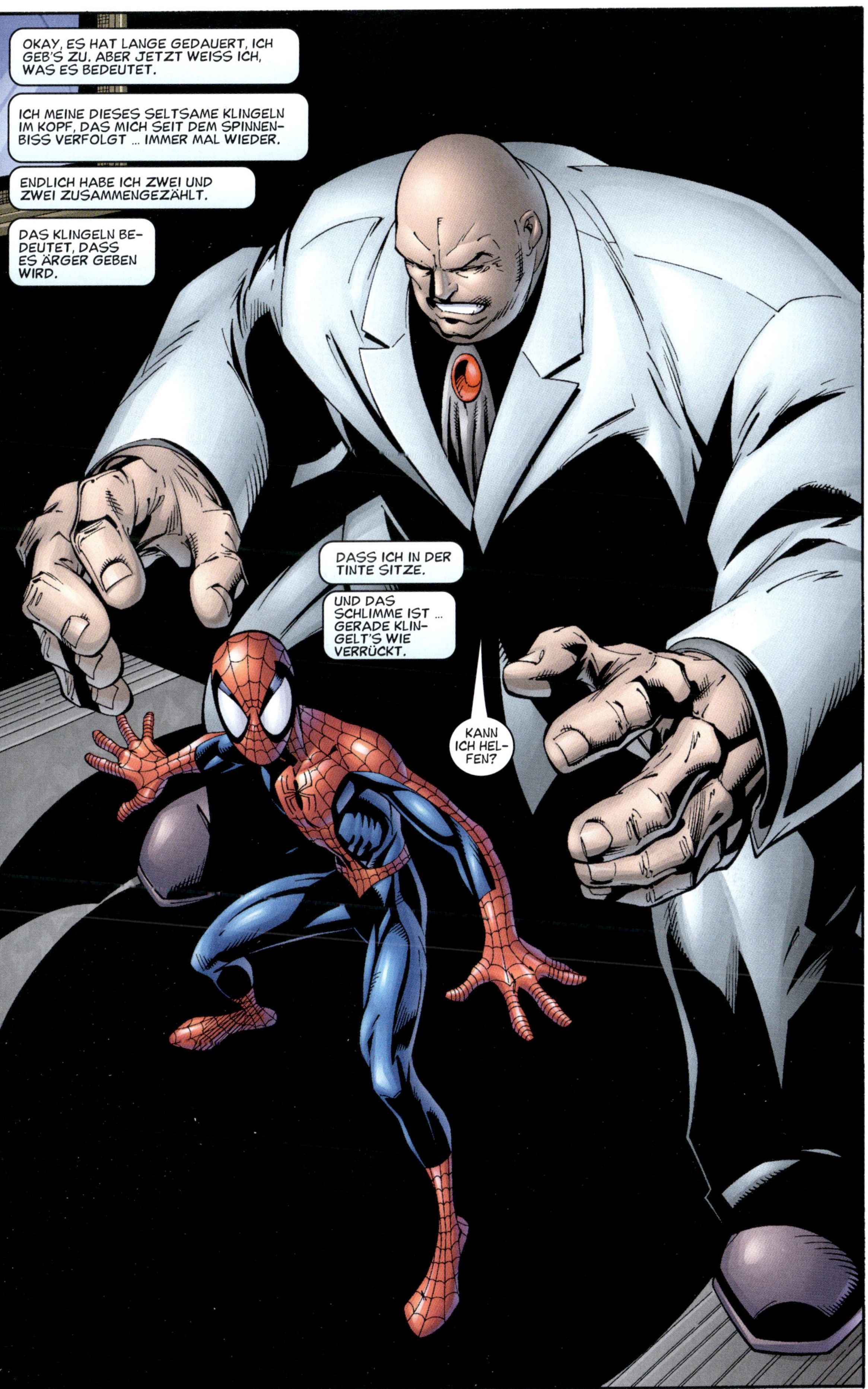
OKAY, ES HAT LANGE GEDAUERT, ICH GEB'S ZU. ABER JETZT WEISS ICH, WAS ES BEDEUTET.
ICH MEINE DIESES SELTSAME KLINGELN IM KOPF, DAS MICH SEIT DEM SPINNEN-BISS VERFOLGT ... IMMER MAL WIEDER.
ENDLICH HABE ICH ZWEI UND ZWEI ZUSAMMENGEZÄHLT.
DAS KLINGELN BE-DEUTET, DASS ES ÄRGER GEBEN WIRD.
DASS ICH IN DER TINTE SITZE.
UND DAS SCHLIMME IST ... GERADE KLIN-GELT'S WIE VERRÜCKT.
KANN ICH HEL-FEN?

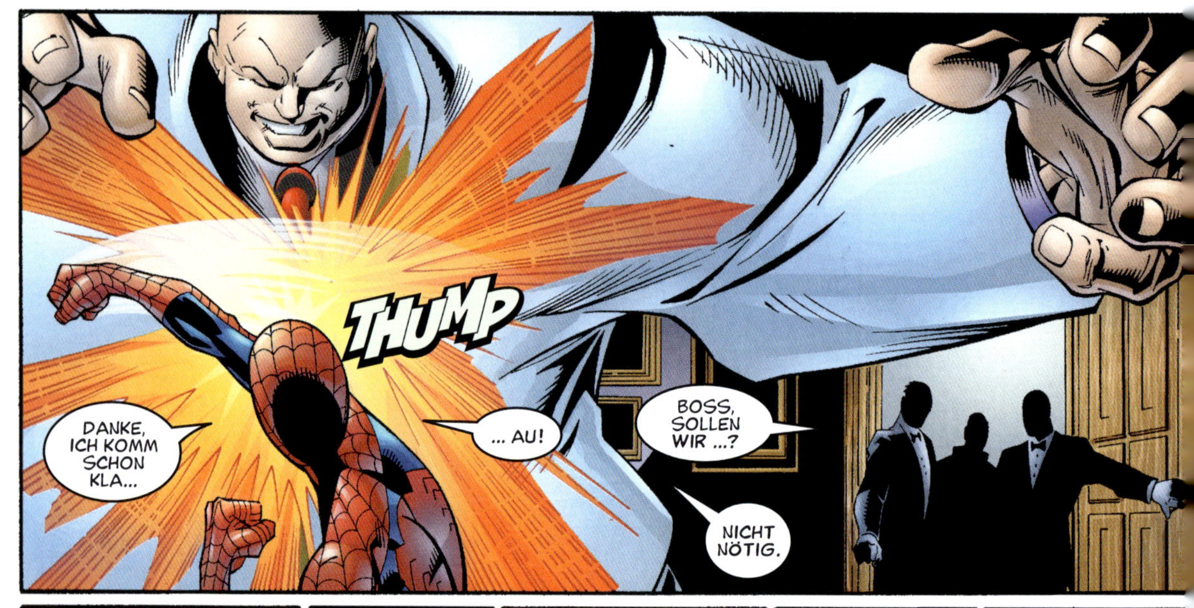
THUMP
DANKE, ICH KOMM SCHON KLA...
... AU!
BOSS, SOLLEN WIR ...?
NICHT NÖTIG.

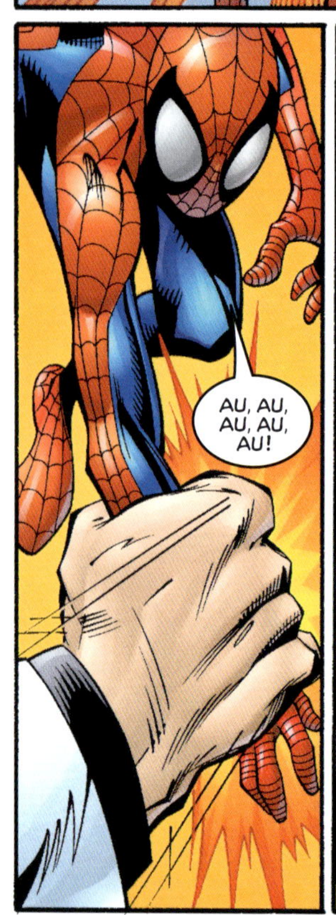
AU, AU, AU, AU, AU!

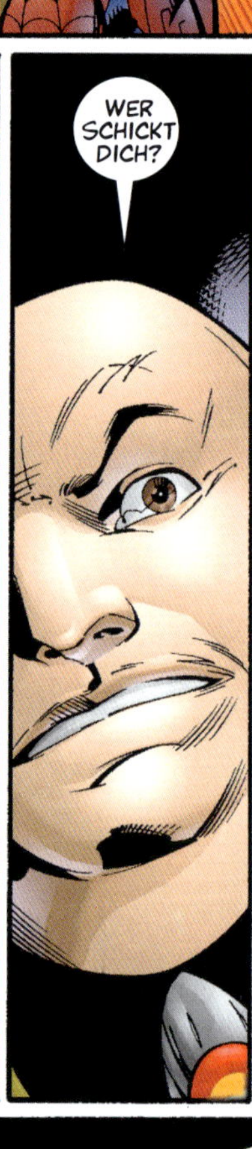
WER SCHICKT DICH?

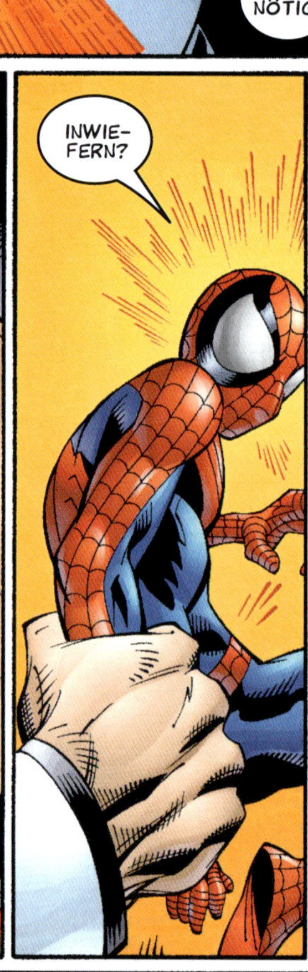
INWIE-FERN?

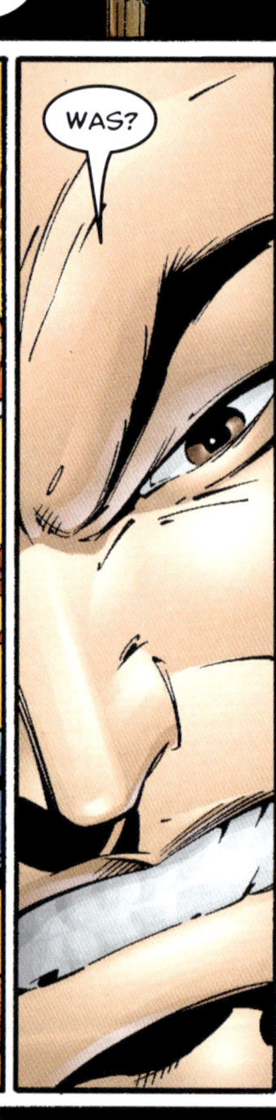
WAS?

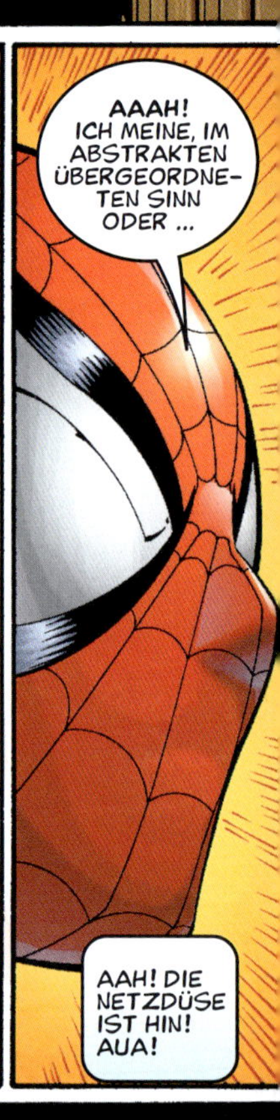
AAAH! ICH MEINE, IM ABSTRAKTEN ÜBERGEORDNE-TEN SINN ODER ...
AAH! DIE NETZDÜSE IST HIN! AUA!

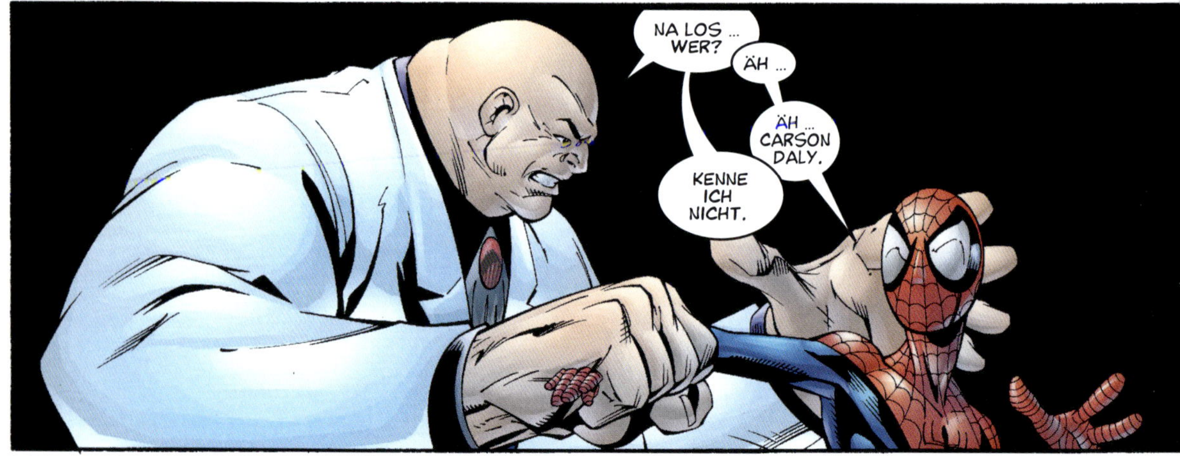
NA LOS ... WER?
ÄH ...
ÄH ... CARSON DALY.
KENNE ICH NICHT.

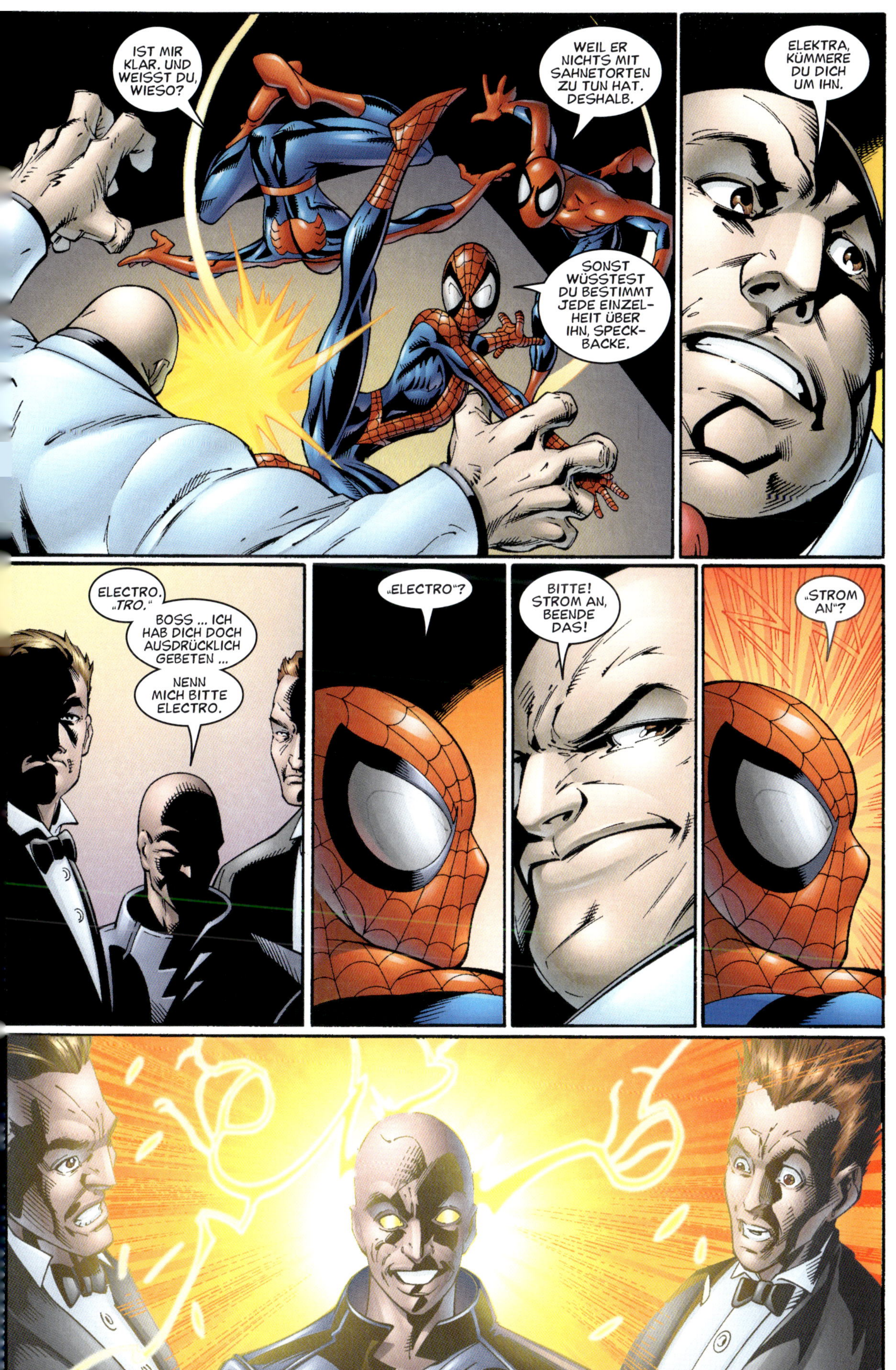
IST MIR KLAR. UND WEISST DU, WIESO?
WEIL ER NICHTS MIT SAHNETORTEN ZU TUN HAT. DESHALB.
SONST WÜSSTEST DU BESTIMMT JEDE EINZELHEIT ÜBER IHN, SPECKBACKE.
ELEKTRA, KÜMMERE DU DICH UM IHN.
ELECTRO. „TRO.“
BOSS ... ICH HAB DICH DOCH AUSDRÜCKLICH GEBETEN ...
NENN MICH BITTE ELECTRO.
„ELECTRO“?
BITTE! STROM AN, BEENDE DAS!
„STROM AN“?

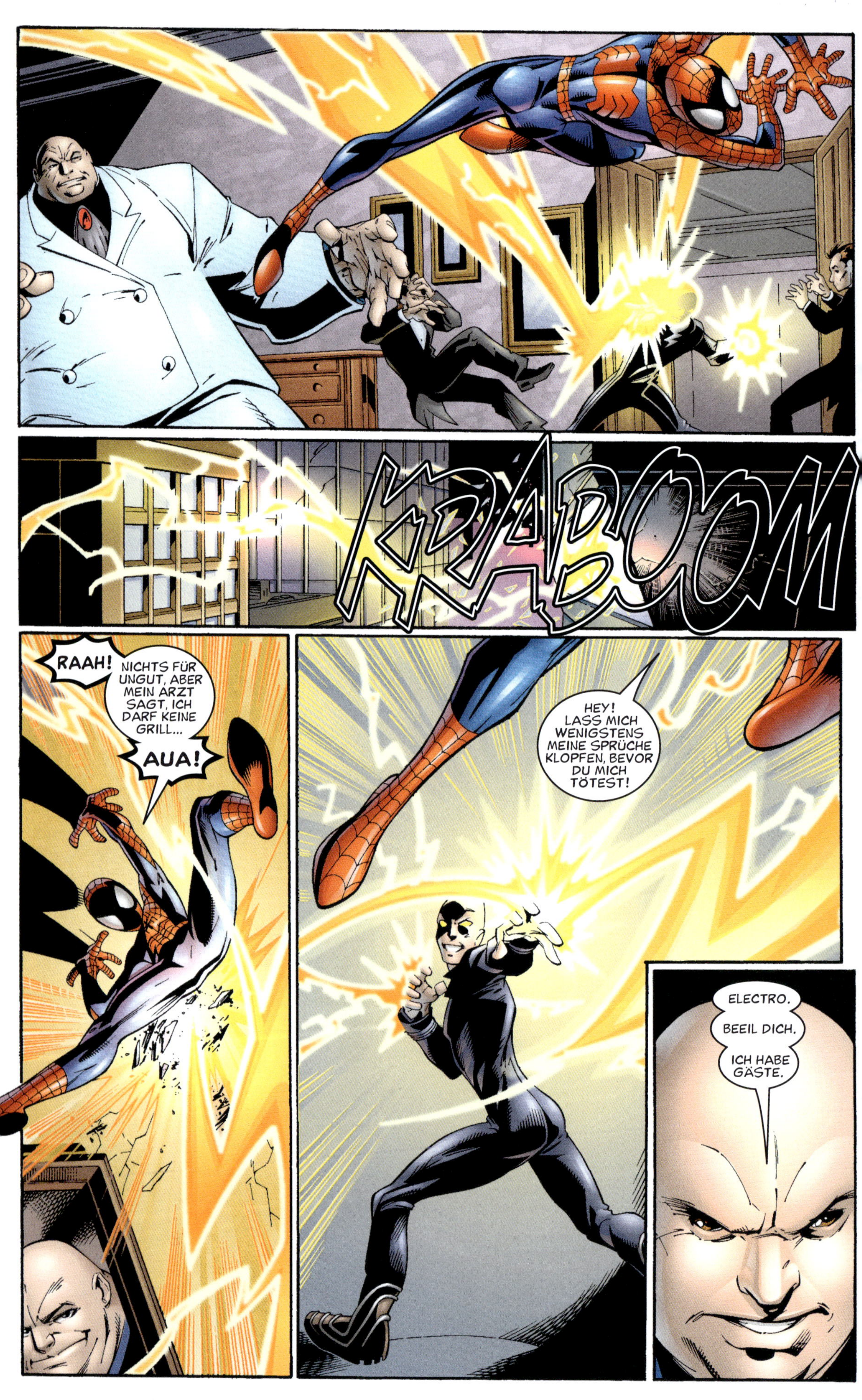
KRABOOM
RAAH!
NICHTS FÜR UNGUT, ABER MEIN ARZT SAGT, ICH DARF KEINE GRILL...
AUA!
HEY! LASS MICH WENIGSTENS MEINE SPRÜCHE KLOPFEN, BEVOR DU MICH TÖTEST!
ELECTRO.
BEEIL DICH.
ICH HABE GÄSTE.

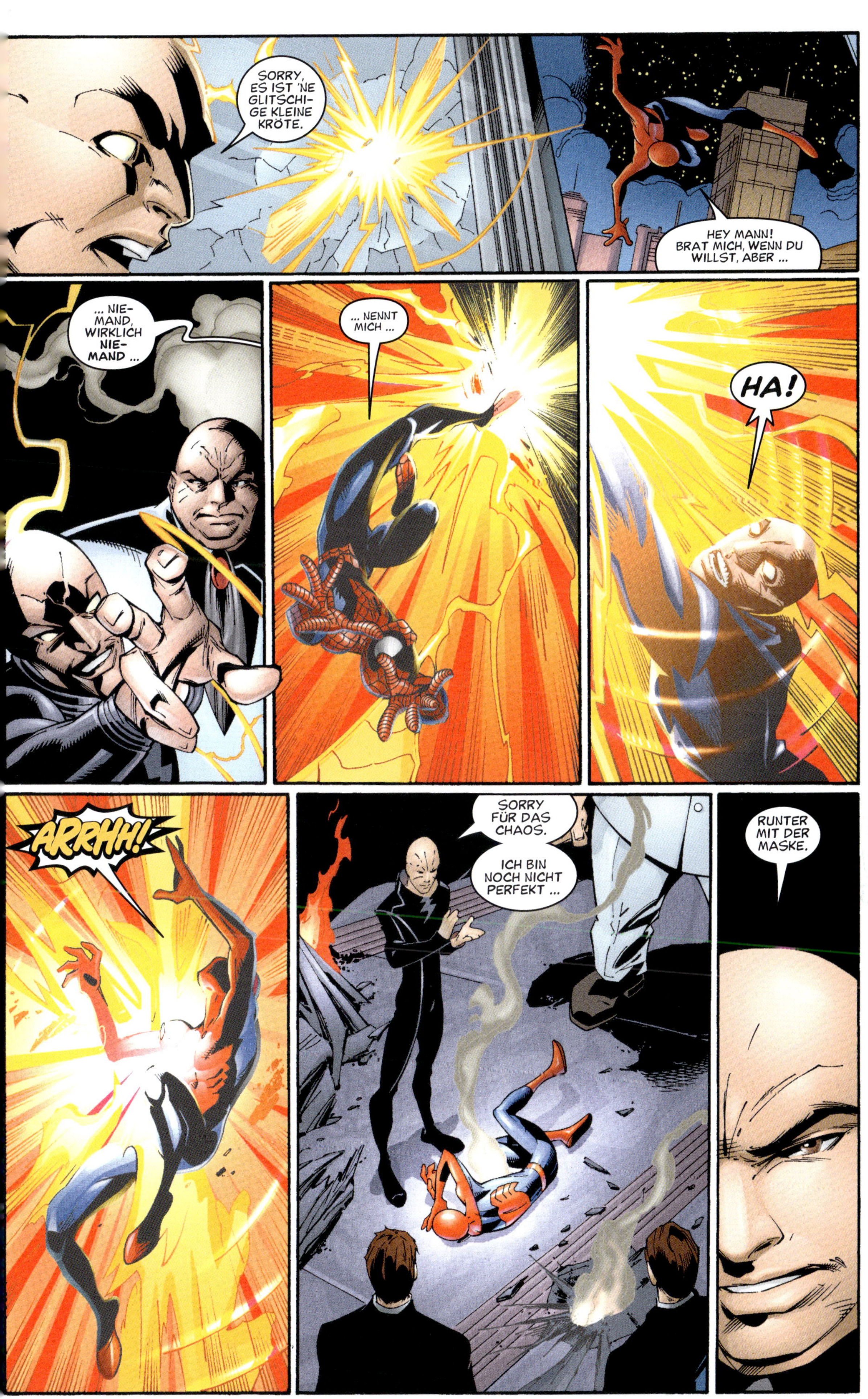
SORRY, ES IST 'NE GLITSCHIGE KLEINE KRÖTE.
HEY MANN! BRAT MICH, WENN DU WILLST, ABER ...
... NIEMAND, WIRKLICH NIEMAND ...
... NENNT MICH ...
HA!
ARRHH!
SORRY FÜR DAS CHAOS.
ICH BIN NOCH NICHT PERFEKT ...
RUNTER MIT DER MASKE.

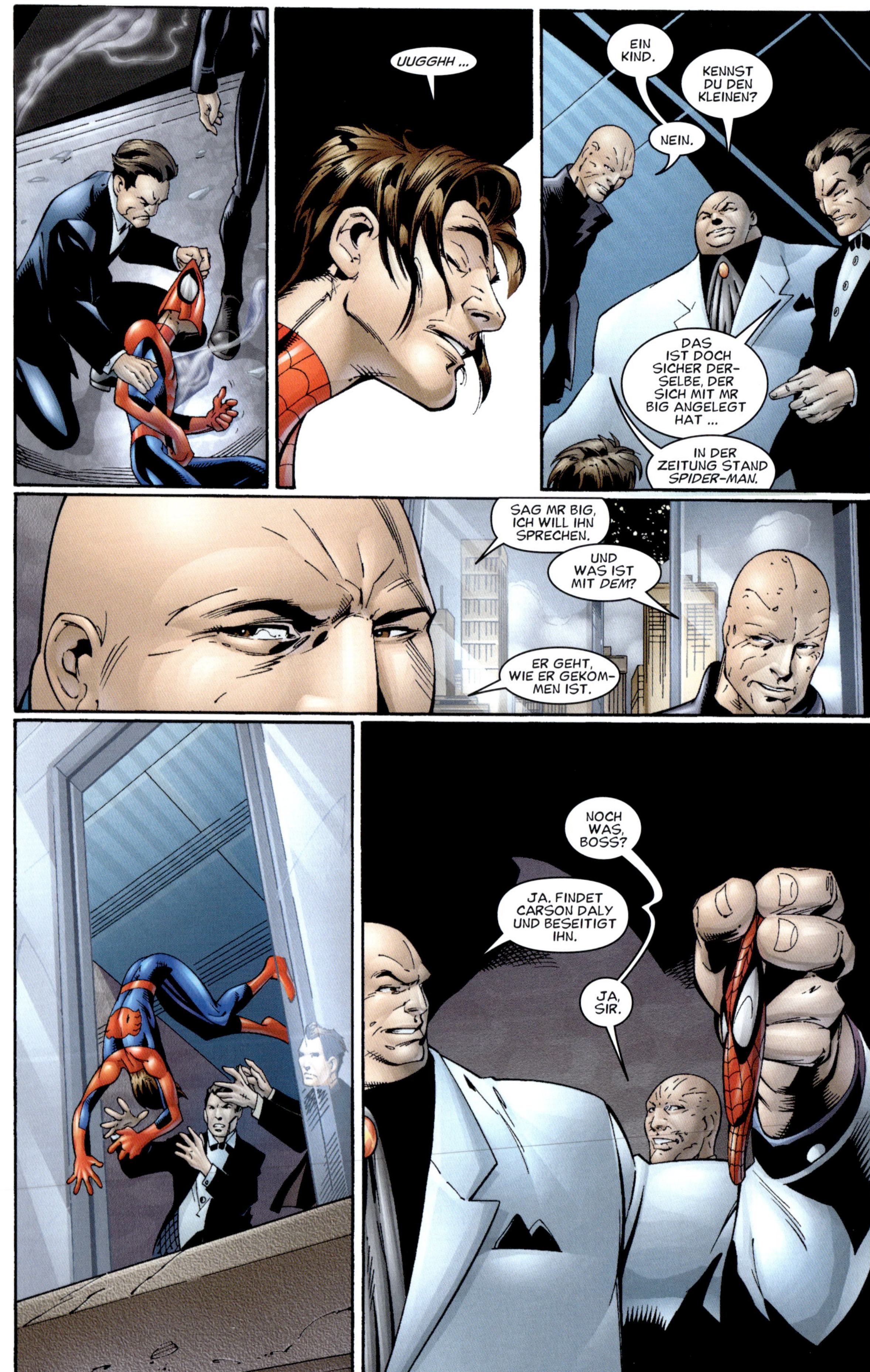
UUGGHH ...
EIN KIND.
KENNST DU DEN KLEINEN?
NEIN.
DAS IST DOCH SICHER DERSELBE, DER SICH MIT MR BIG ANGELEGT HAT ...
IN DER ZEITUNG STAND SPIDER-MAN.
SAG MR BIG, ICH WILL IHN SPRECHEN.
UND WAS IST MIT *DEM*?
ER GEHT, WIE ER GEKOMMEN IST.
NOCH WAS, BOSS?
JA. FINDET CARSON DALY UND BESEITIGT IHN.
JA, SIR.

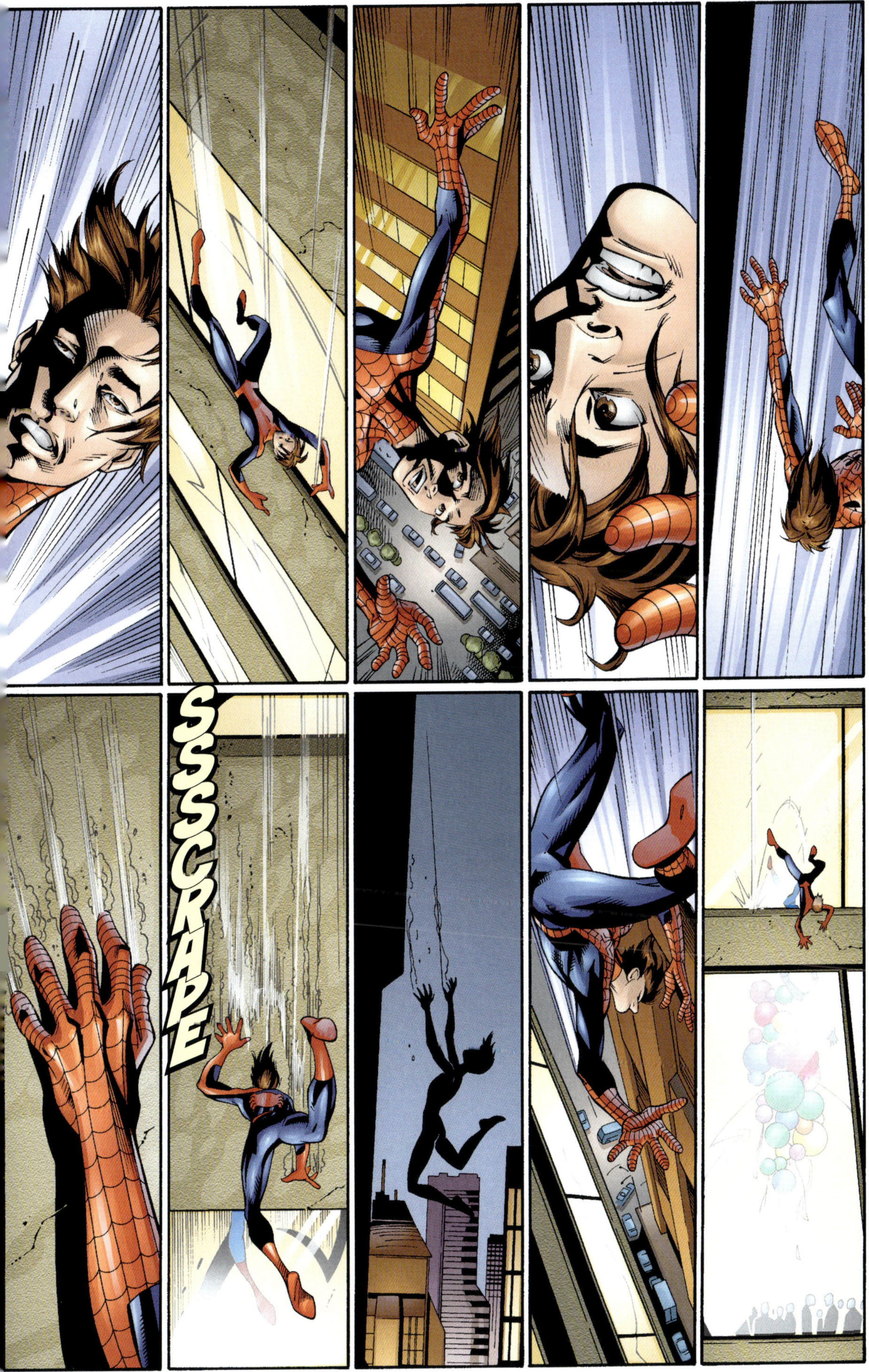
SSSCRAPE

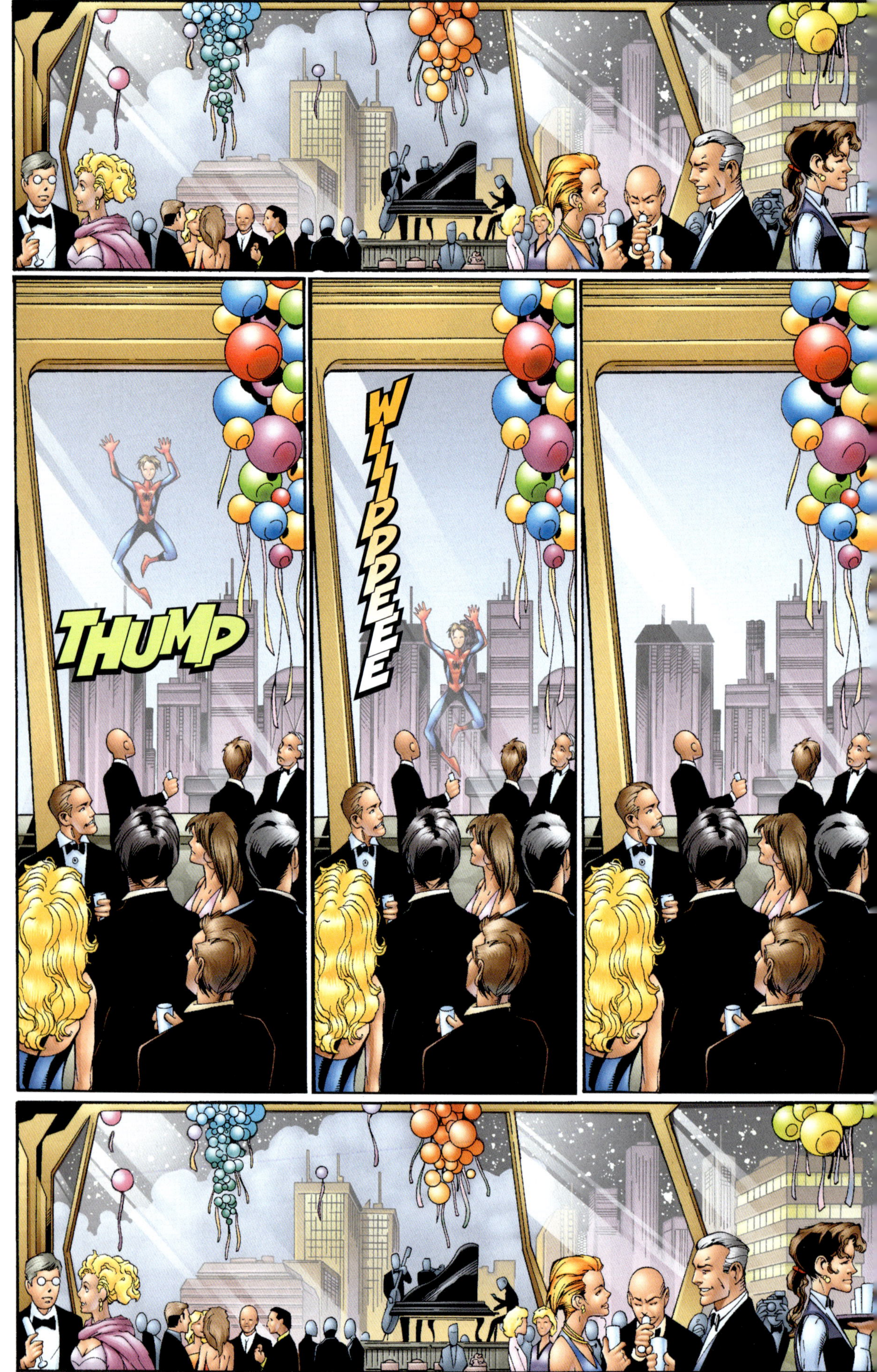
THUMP
WHIPPEEE

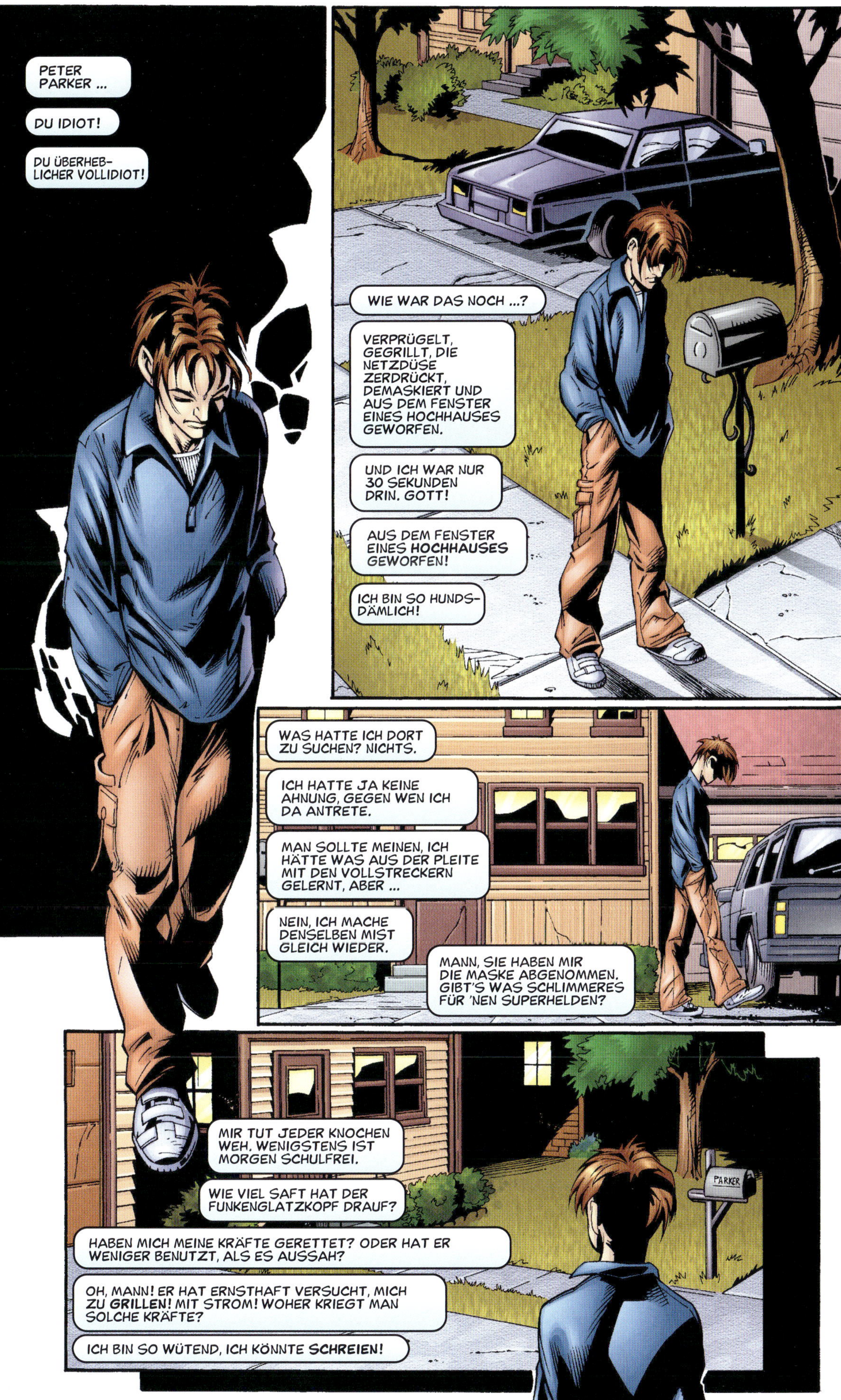
PETER PARKER ...
DU IDIOT!
DU ÜBERHEB-LICHER VOLLIDIOT!
WIE WAR DAS NOCH ...?
VERPRÜGELT, GEGRILLT, DIE NETZDÜSE ZERDRÜCKT, DEMASKIERT UND AUS DEM FENSTER EINES HOCHHAUSES GEWORFEN.
UND ICH WAR NUR 30 SEKUNDEN DRIN. GOTT!
AUS DEM FENSTER EINES **HOCHHAUSES** GEWORFEN!
ICH BIN SO HUNDS-DÄMLICH!
WAS HATTE ICH DORT ZU SUCHEN? NICHTS.
ICH HATTE JA KEINE AHNUNG, GEGEN WEN ICH DA ANTRETE.
MAN SOLLTE MEINEN, ICH HÄTTE WAS AUS DER PLEITE MIT DEN VOLLSTRECKERN GELERNT, ABER ...
NEIN, ICH MACHE DENSELBEN MIST GLEICH WIEDER.
MANN, SIE HABEN MIR DIE MASKE ABGENOMMEN. GIBT'S WAS SCHLIMMERES FÜR 'NEN SUPERHELDEN?
MIR TUT JEDER KNOCHEN WEH. WENIGSTENS IST MORGEN SCHULFREI.
WIE VIEL SAFT HAT DER FUNKENGLATZKOPF DRAUF?
HABEN MICH MEINE KRÄFTE GERETTET? ODER HAT ER WENIGER BENUTZT, ALS ES AUSSAH?
OH, MANN! ER HAT ERNSTHAFT VERSUCHT, MICH ZU **GRILLEN**! MIT STROM! WOHER KRIEGT MAN SOLCHE KRÄFTE?
ICH BIN SO WÜTEND, ICH KÖNNTE **SCHREIEN**!
PARKER

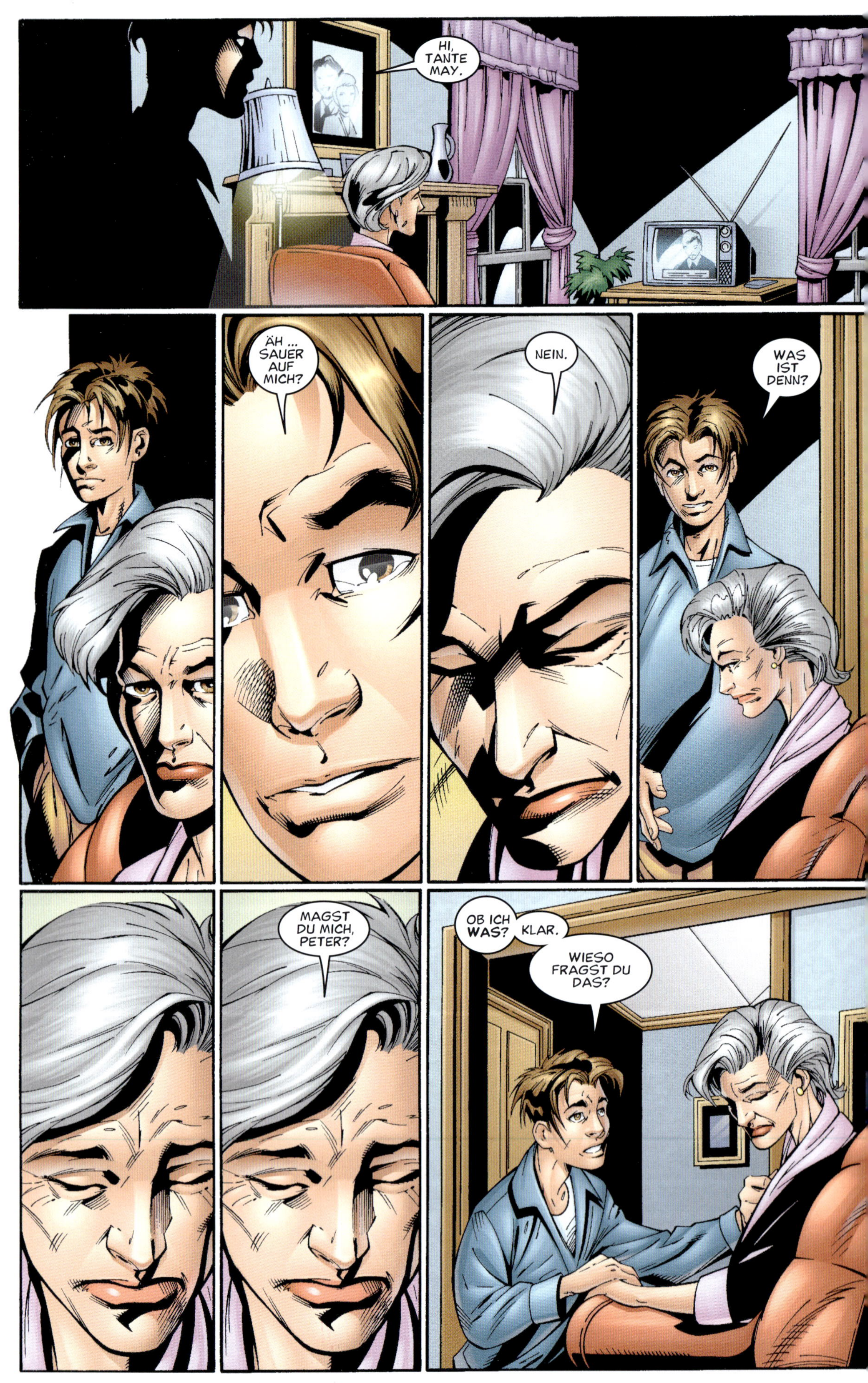
HI, TANTE MAY.
ÄH ... SAUER AUF MICH?
NEIN.
WAS IST DENN?
MAGST DU MICH, PETER?
OB ICH WAS?
KLAR.
WIESO FRAGST DU DAS?

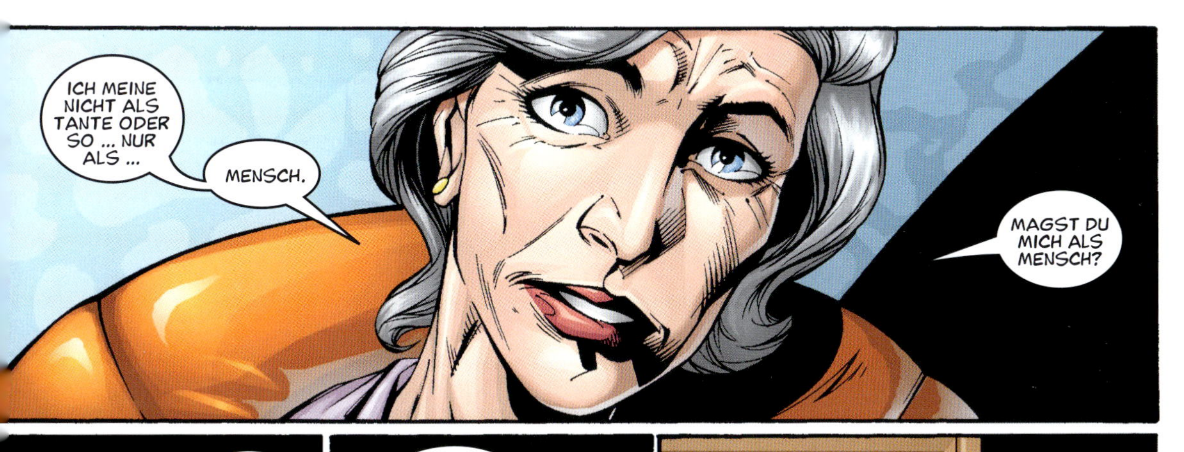
ICH MEINE NICHT ALS TANTE ODER SO ... NUR ALS ...
MENSCH.
MAGST DU MICH ALS MENSCH?

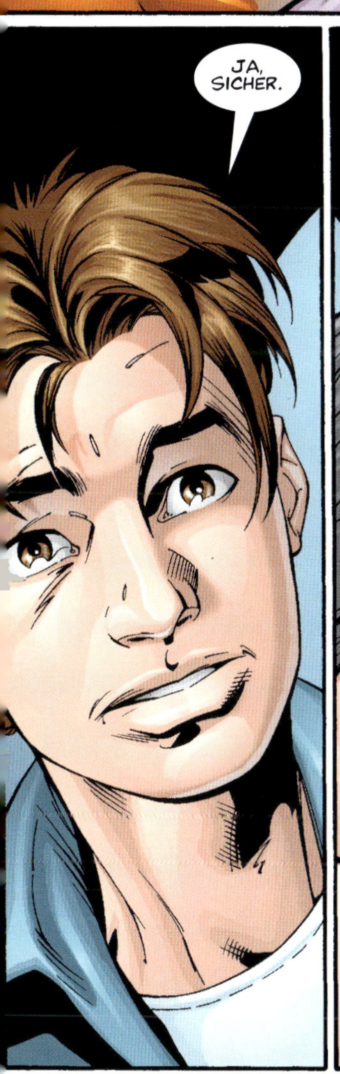
JA, SICHER.

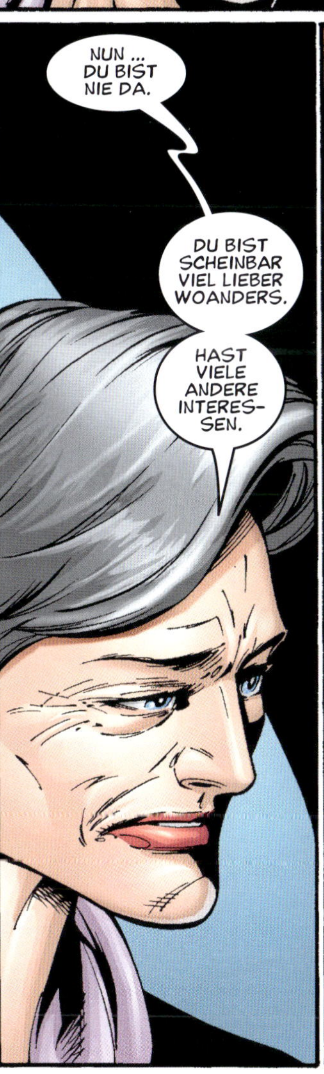
NUN ... DU BIST NIE DA.
DU BIST SCHEINBAR VIEL LIEBER WOANDERS.
HAST VIELE ANDERE INTERES-SEN.

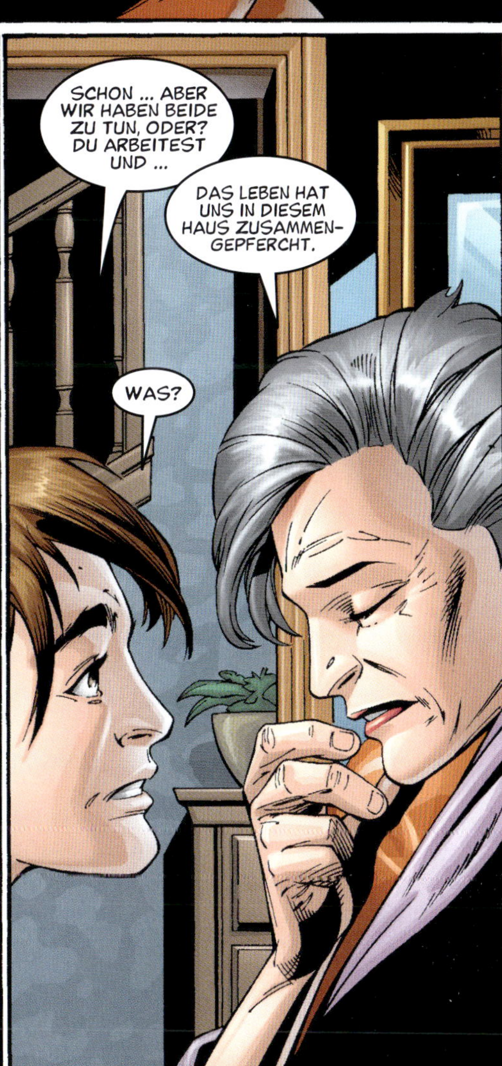
SCHON ... ABER WIR HABEN BEIDE ZU TUN, ODER? DU ARBEITEST UND ...
DAS LEBEN HAT UNS IN DIESEM HAUS ZUSAMMEN-GEPFERCHT.
WAS?

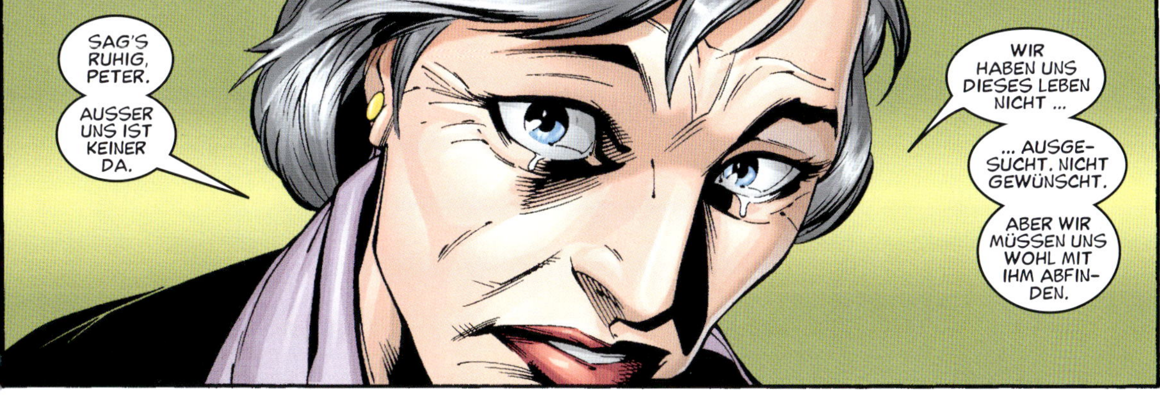
SAG'S RUHIG, PETER.
AUSSER UNS IST KEINER DA.
WIR HABEN UNS DIESES LEBEN NICHT ...
... AUSGE-SUCHT. NICHT GEWÜNSCHT.
ABER WIR MÜSSEN UNS WOHL MIT IHM ABFIN-DEN.

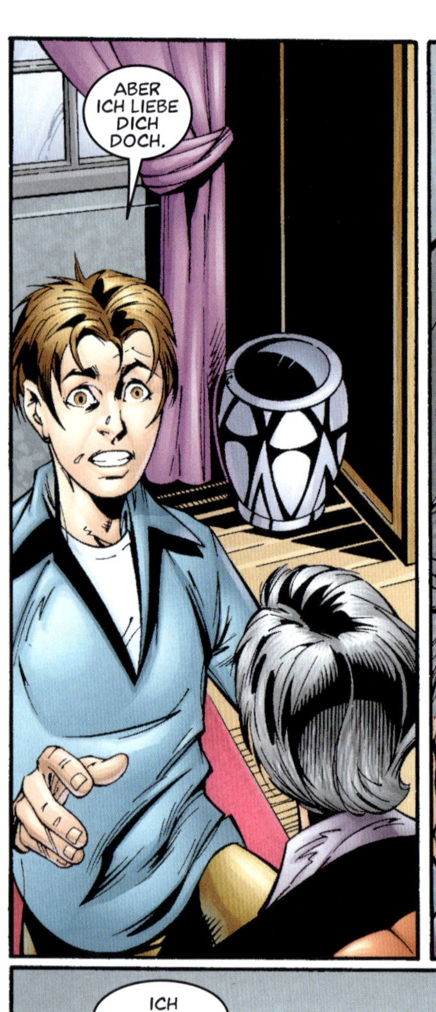
ABER ICH LIEBE DICH DOCH.

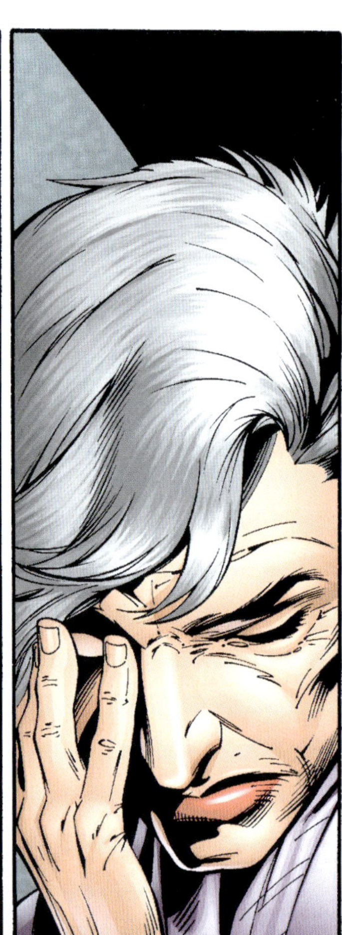

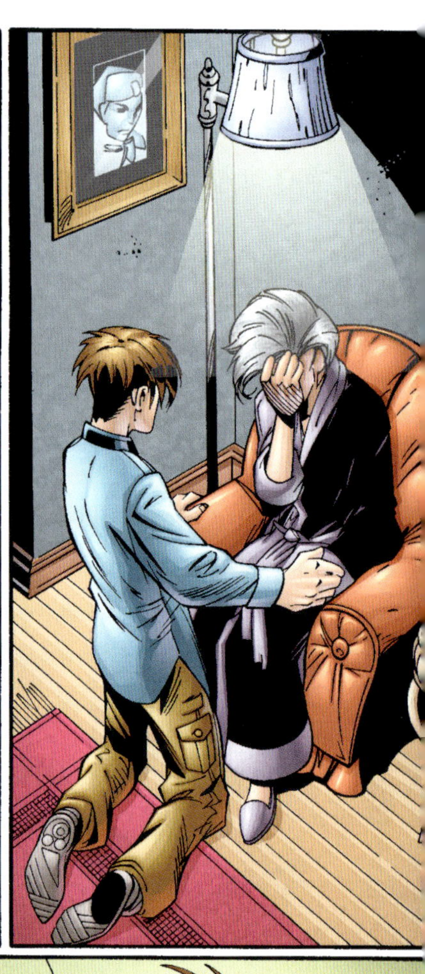

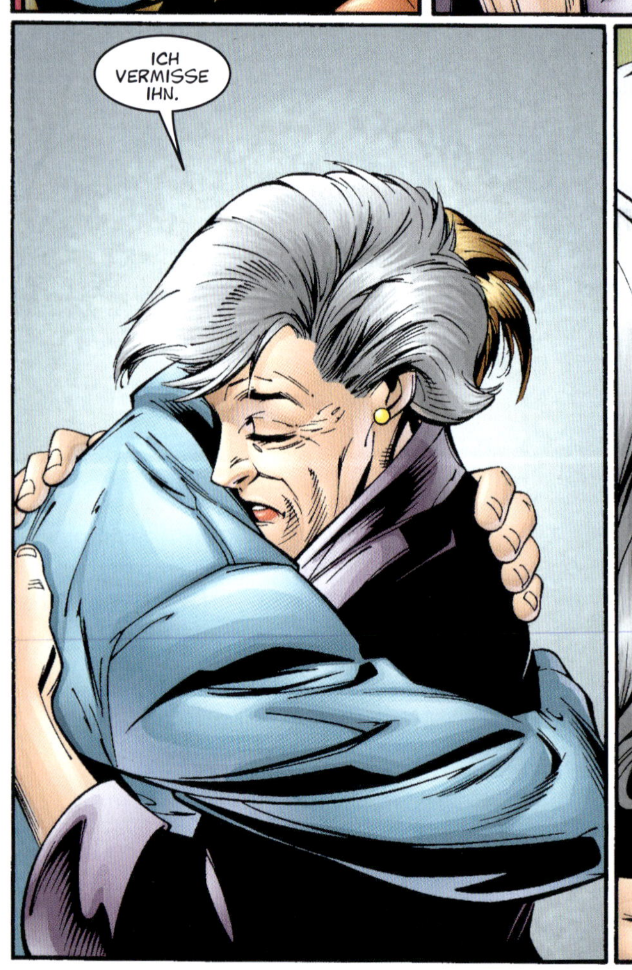
ICH VERMISSE IHN.

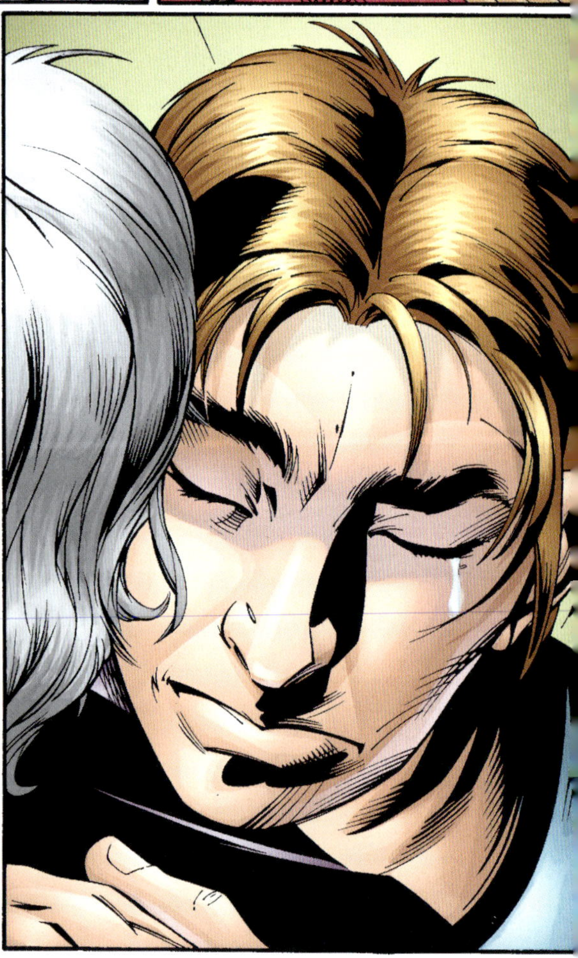

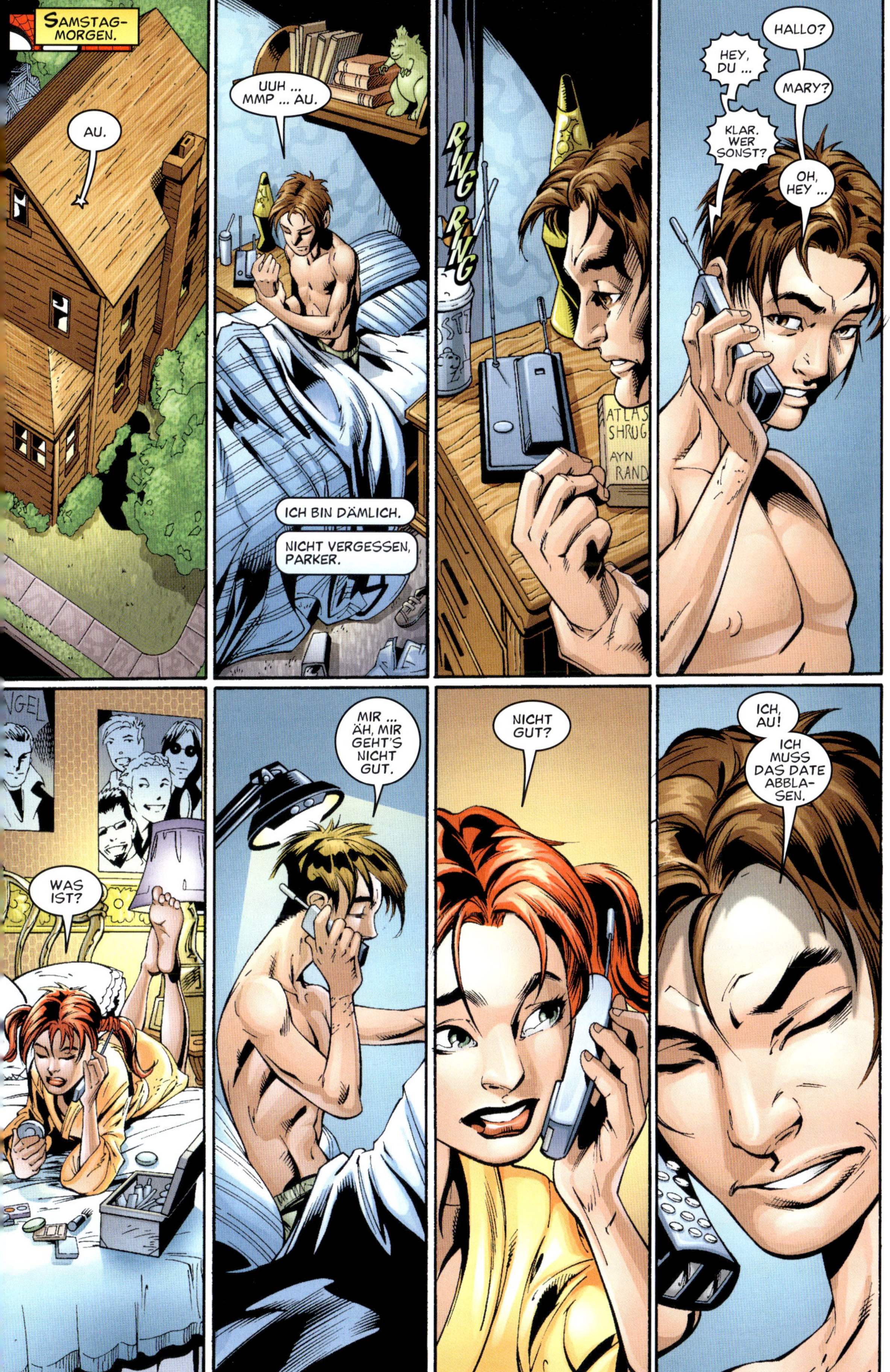
SAMSTAG-MORGEN.
AU.
UUH ... MMP ... AU.
ICH BIN DÄMLICH.
NICHT VERGESSEN, PARKER.
RING RING
ATLAS SHRUG AYN RAND
HALLO?
HEY, DU ...
MARY?
KLAR. WER SONST?
OH, HEY ...
WAS IST?
MIR ... ÄH, MIR GEHT'S NICHT GUT.
NICHT GUT?
ICH, AU!
ICH MUSS DAS DATE ABBLA-SEN.

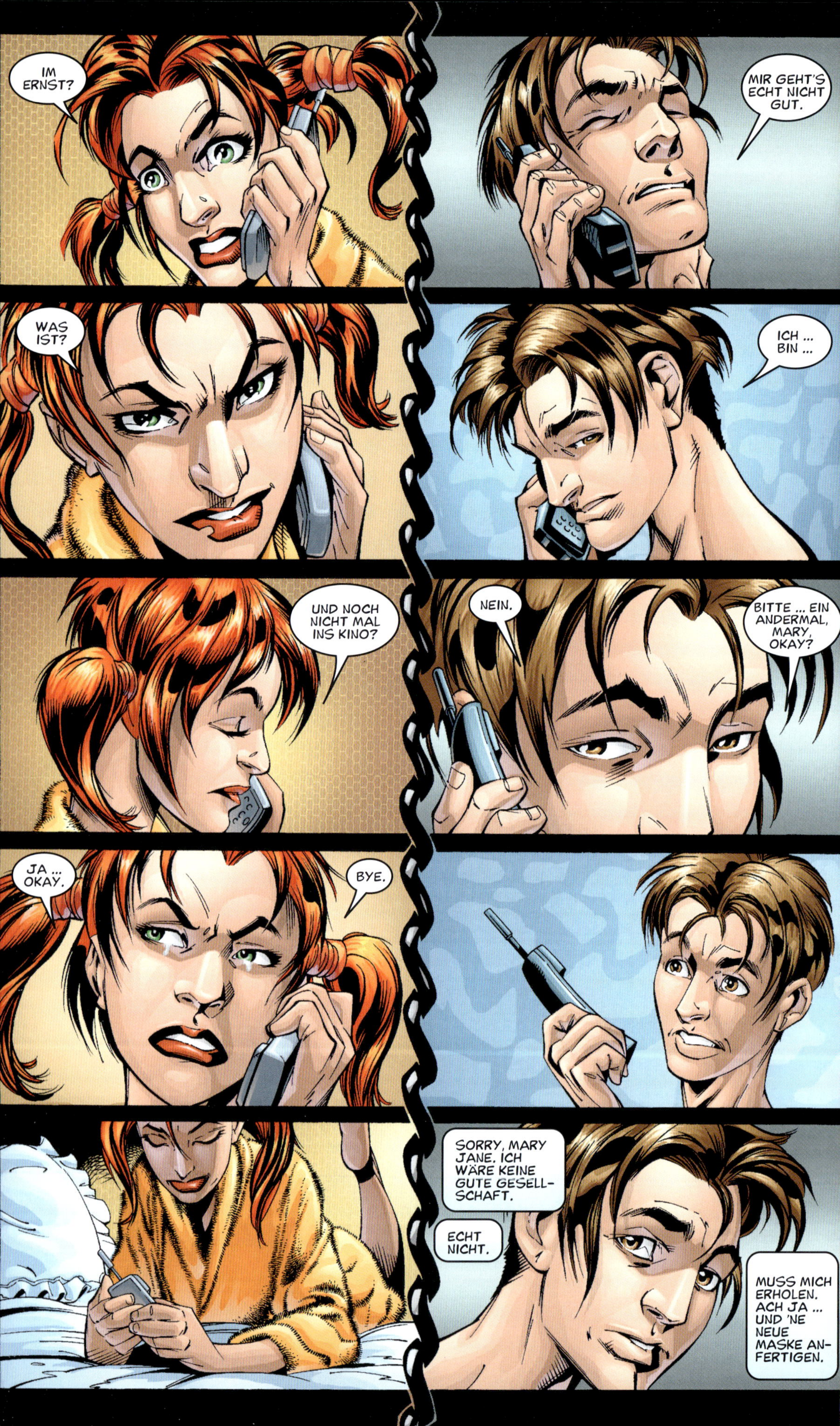
IM ERNST?
MIR GEHT'S ECHT NICHT GUT.
WAS IST?
ICH ... BIN ...
UND NOCH NICHT MAL INS KINO?
NEIN.
BITTE ... EIN ANDERMAL, MARY, OKAY?
JA ... OKAY.
BYE.
SORRY, MARY JANE. ICH WÄRE KEINE GUTE GESELL-SCHAFT.
ECHT NICHT.
MUSS MICH ERHOLEN. ACH JA ... UND 'NE NEUE MASKE AN-FERTIGEN.

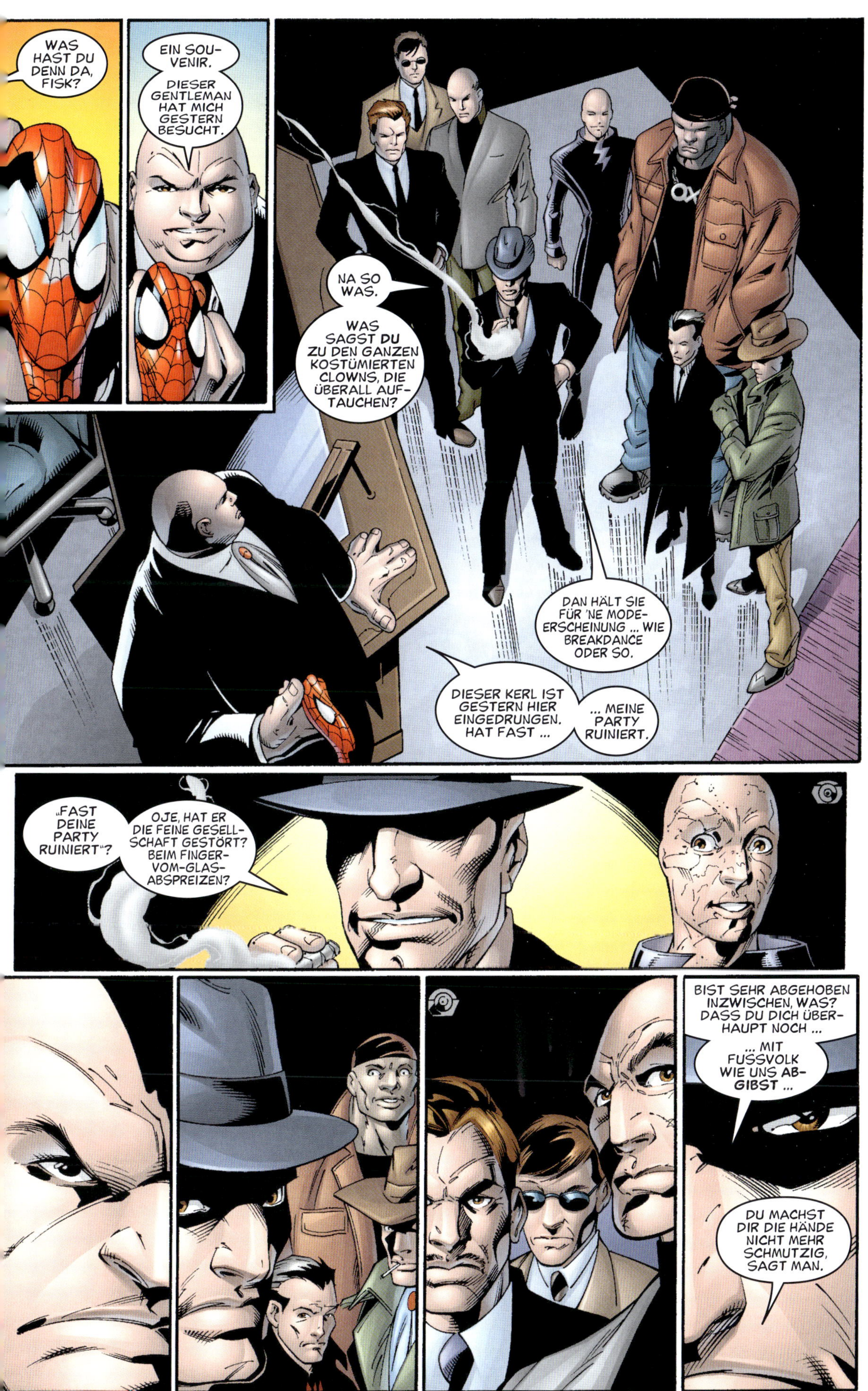
WAS HAST DU DENN DA, FISK?
EIN SOUVENIR.
DIESER GENTLEMAN HAT MICH GESTERN BESUCHT.
NA SO WAS.
WAS SAGST DU ZU DEN GANZEN KOSTÜMIERTEN CLOWNS, DIE ÜBERALL AUFTAUCHEN?
DAN HÄLT SIE FÜR 'NE MODEERSCHEINUNG ... WIE BREAKDANCE ODER SO.
DIESER KERL IST GESTERN HIER EINGEDRUNGEN. HAT FAST ...
... MEINE PARTY RUINIERT.
„FAST DEINE PARTY RUINIERT“?
OJE, HAT ER DIE FEINE GESELLSCHAFT GESTÖRT? BEIM FINGER-VOM-GLAS-ABSPREIZEN?
BIST SEHR ABGEHOBEN INZWISCHEN, WAS? DASS DU DICH ÜBERHAUPT NOCH ...
... MIT FUSSVOLK WIE UNS ABGIBST ...
DU MACHST DIR DIE HÄNDE NICHT MEHR SCHMUTZIG, SAGT MAN.

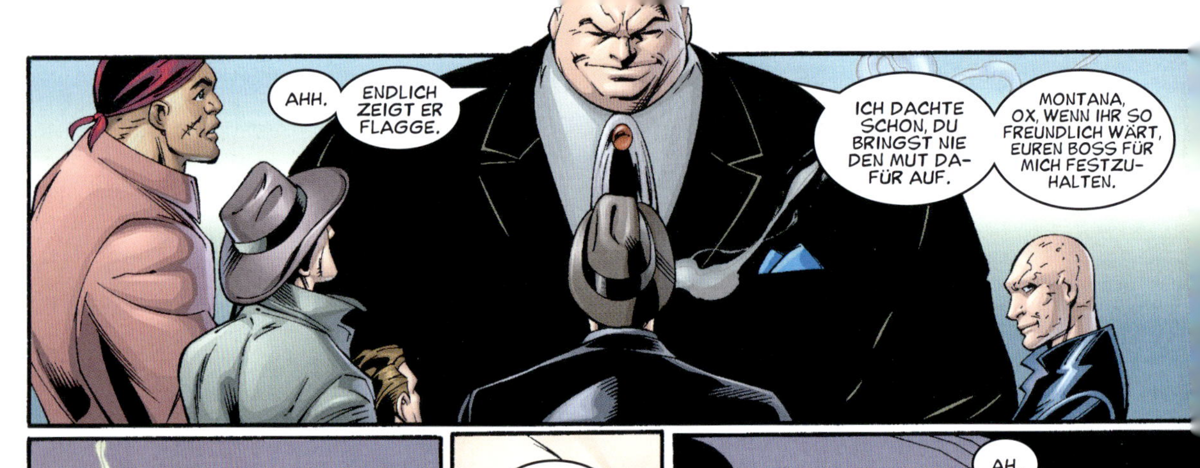
AHH.
ENDLICH ZEIGT ER FLAGGE.
ICH DACHTE SCHON, DU BRINGST NIE DEN MUT DAFÜR AUF.
MONTANA, OX, WENN IHR SO FREUNDLICH WÄRT, EUREN BOSS FÜR MICH FESTZUHALTEN.

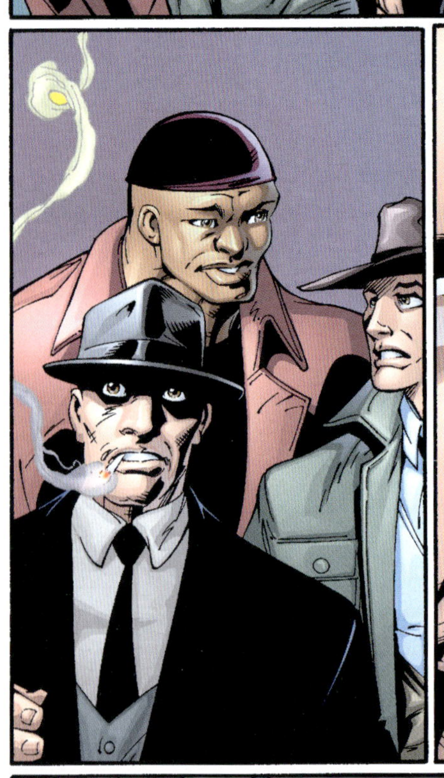

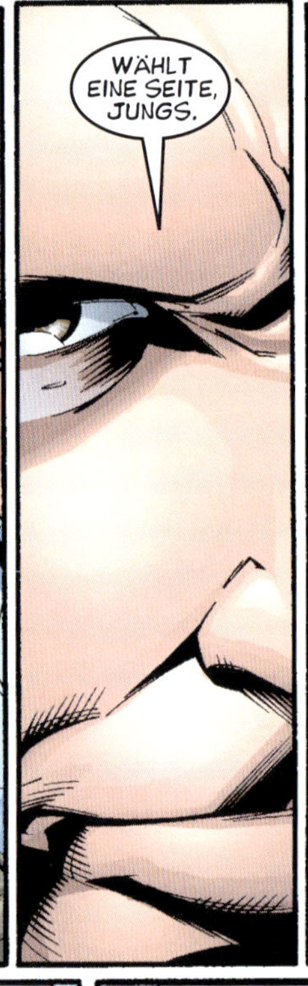
WÄHLT EINE SEITE, JUNGS.

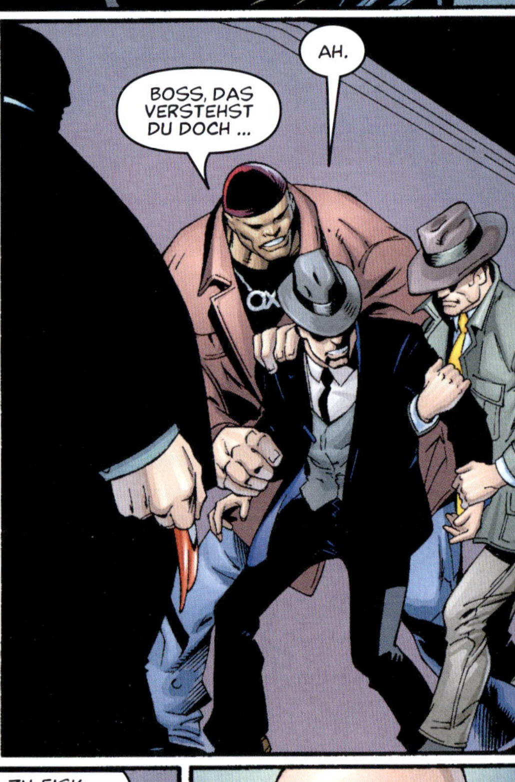
BOSS, DAS VERSTEHST DU DOCH ...
AH.

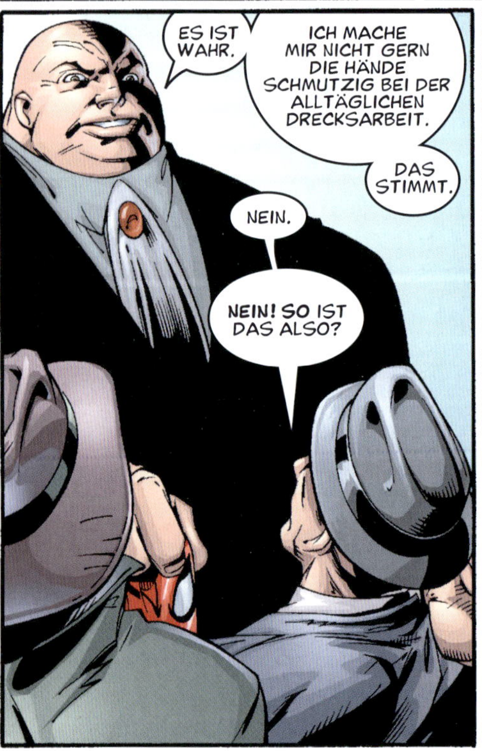
ES IST WAHR.
ICH MACHE MIR NICHT GERN DIE HÄNDE SCHMUTZIG BEI DER ALLTÄGLICHEN DRECKSARBEIT.
DAS STIMMT.
NEIN.
NEIN! SO IST DAS ALSO?

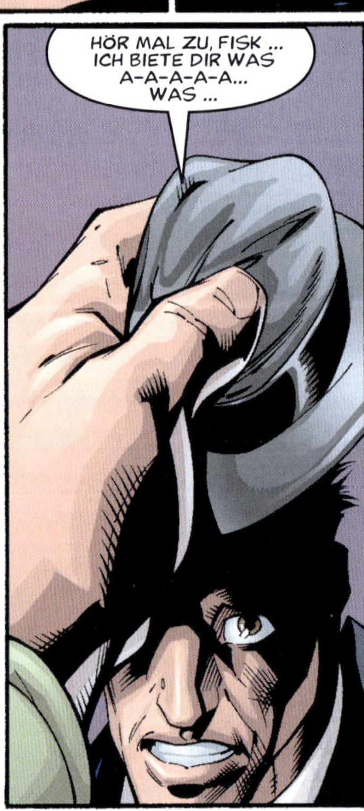
HÖR MAL ZU, FISK ... ICH BIETE DIR WAS A-A-A-A-A... WAS ...

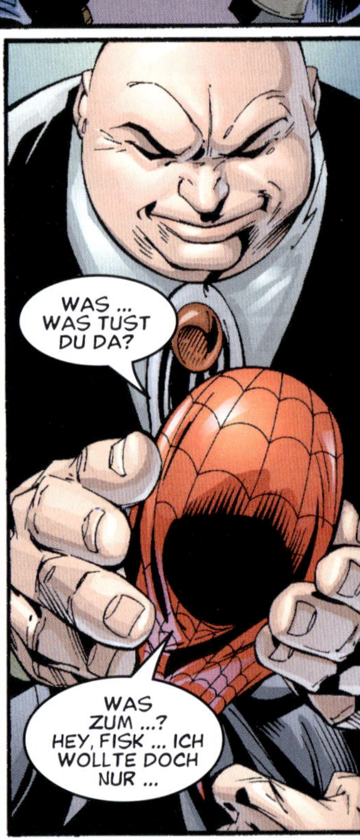
WAS ... WAS TUST DU DA?
WAS ZUM ...? HEY, FISK ... ICH WOLLTE DOCH NUR ...

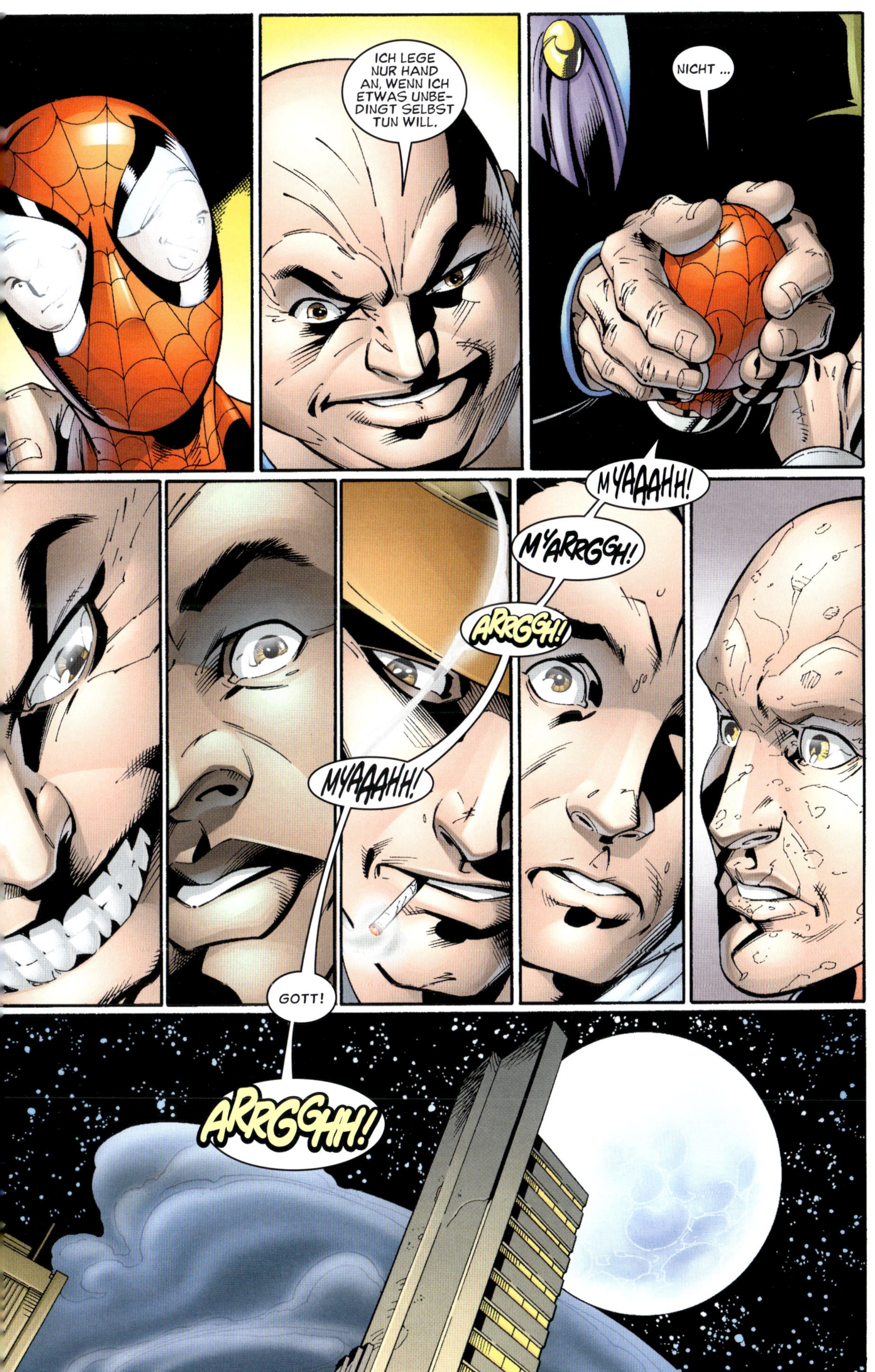
ICH LEGE NUR HAND AN, WENN ICH ETWAS UNBEDINGT SELBST TUN WILL.
NICHT ...
MYAAAHH!
MYARRGGH!
ARRGGH!
MYAAAHH!
GOTT!
ARRGGHH!

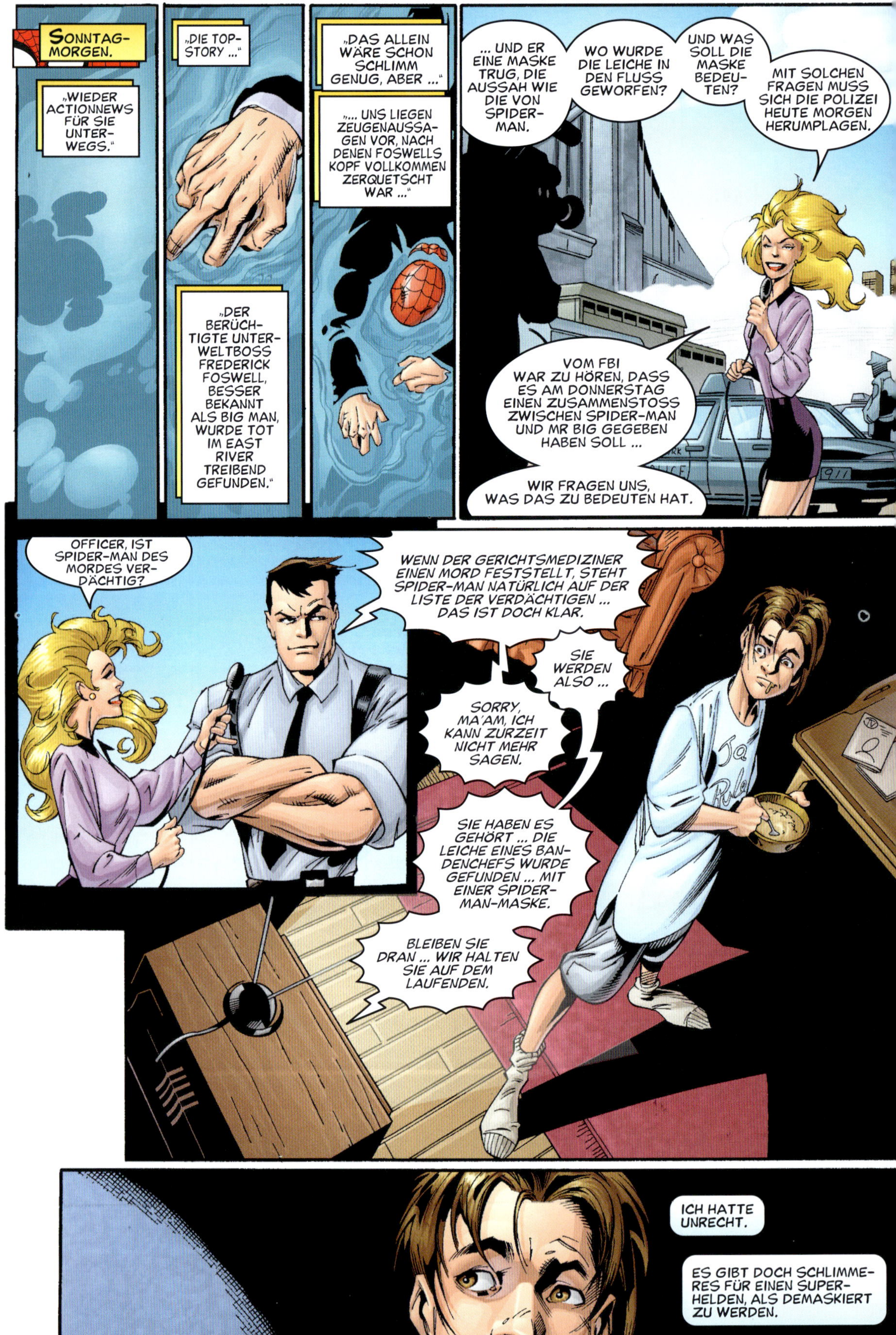

Sonntagmorgen.
„Wieder Actionnews für Sie unterwegs."
„Die Topstory ..."
„Der berüchtigte Unterweltboss Frederick Foswell, besser bekannt als Big Man, wurde tot im East River treibend gefunden."
„Das allein wäre schon schlimm genug, aber ..."
„... uns liegen Zeugenaussagen vor, nach denen Foswells Kopf vollkommen zerquetscht war ..."
... und er eine Maske trug, die aussah wie die von Spider-Man.
Wo wurde die Leiche in den Fluss geworfen?
Und was soll die Maske bedeuten?
Mit solchen Fragen muss sich die Polizei heute Morgen herumplagen.
Vom FBI war zu hören, dass es am Donnerstag einen Zusammenstoss zwischen Spider-Man und Mr Big gegeben haben soll ...
Wir fragen uns, was das zu bedeuten hat.
Officer, ist Spider-Man des Mordes verdächtig?
Wenn der Gerichtsmediziner einen Mord feststellt, steht Spider-Man natürlich auf der Liste der Verdächtigen ... das ist doch klar.
Sie werden also ...
Sorry, Ma'am, ich kann zurzeit nicht mehr sagen.
Sie haben es gehört ... die Leiche eines Bandenchefs wurde gefunden ... mit einer Spider-Man-Maske.
Bleiben Sie dran ... wir halten Sie auf dem Laufenden.
Ich hatte Unrecht.
Es gibt doch Schlimmeres für einen Superhelden, als demaskiert zu werden.
Das! Das ist der absolute Superhelden-Supergau!

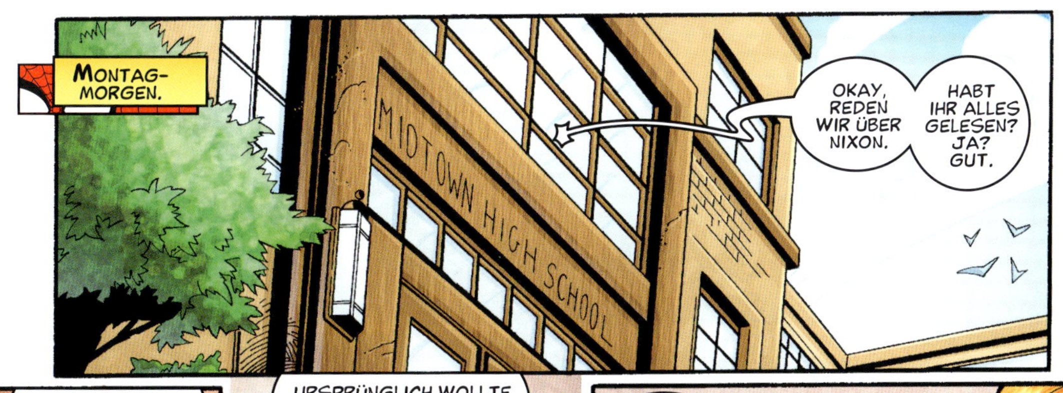
MONTAG-MORGEN.
MIDTOWN HIGH SCHOOL
HABT IHR ALLES GELESEN? JA? GUT.
OKAY, REDEN WIR ÜBER NIXON.

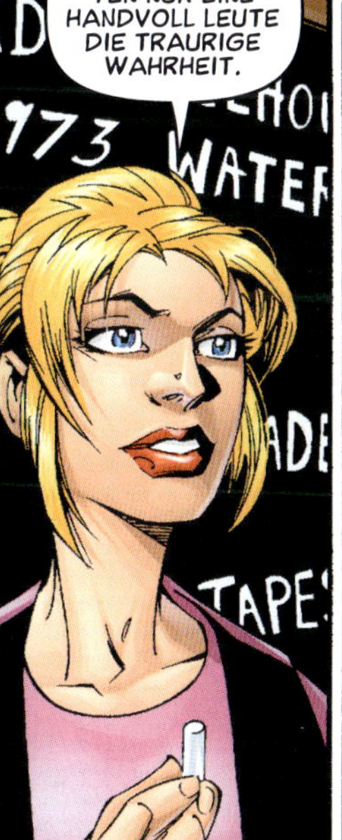
IHR HABT GLÜCK. DER GRÖSSTE TEIL DER PROTOKOLLE WURDE ERST IN DEN LETZTEN JAHREN VERÖFFENT-LICHT.
DAVOR KANN-TEN NUR EINE HANDVOLL LEUTE DIE TRAURIGE WAHRHEIT.
1973
WATER
TAPES

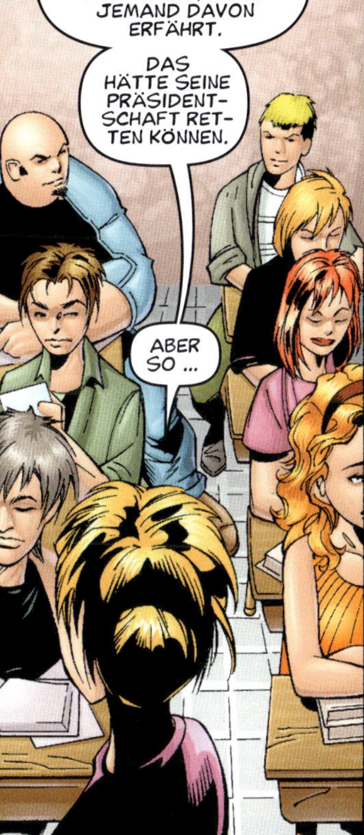
URSPRÜNGLICH WOLLTE NIXON DIE TONBÄNDER VERNICHTEN, BEVOR JEMAND DAVON ERFÄHRT.
DAS HÄTTE SEINE PRÄSIDENT-SCHAFT RET-TEN KÖNNEN.
ABER SO ...

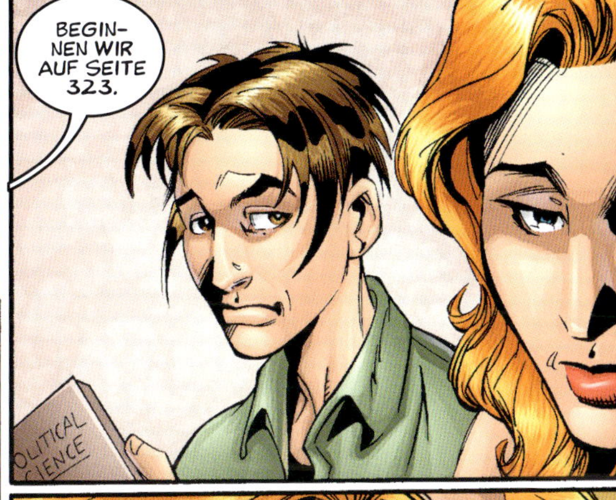
BEGIN-NEN WIR AUF SEITE 323.
POLITICAL SCIENCE

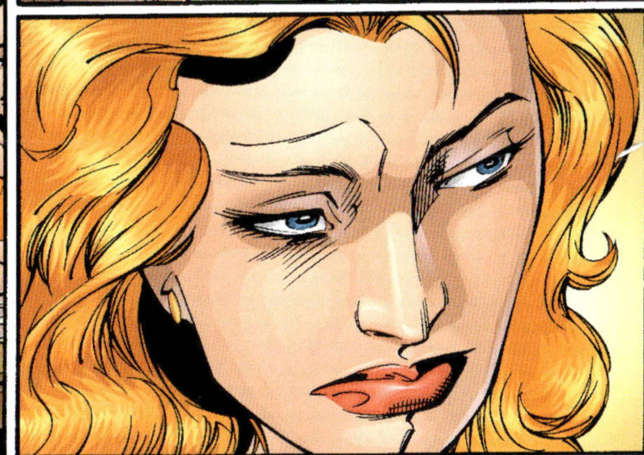

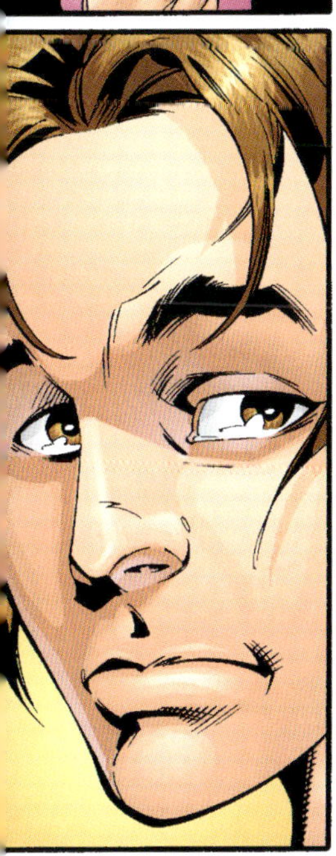

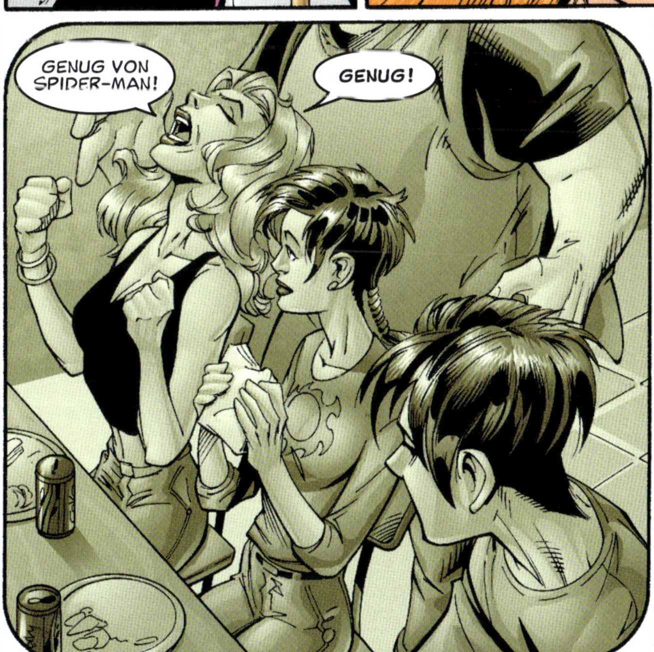
GENUG VON SPIDER-MAN!
GENUG!

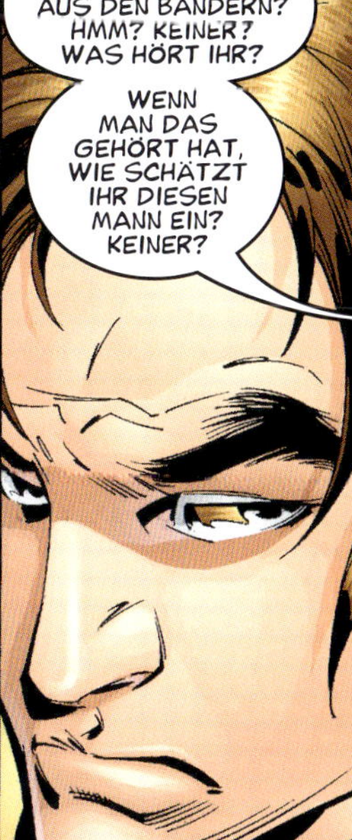
WAS LERNEN WIR AUS DEN BÄNDERN? HMM? KEINER? WAS HÖRT IHR?
WENN MAN DAS GEHÖRT HAT, WIE SCHÄTZT IHR DIESEN MANN EIN? KEINER?

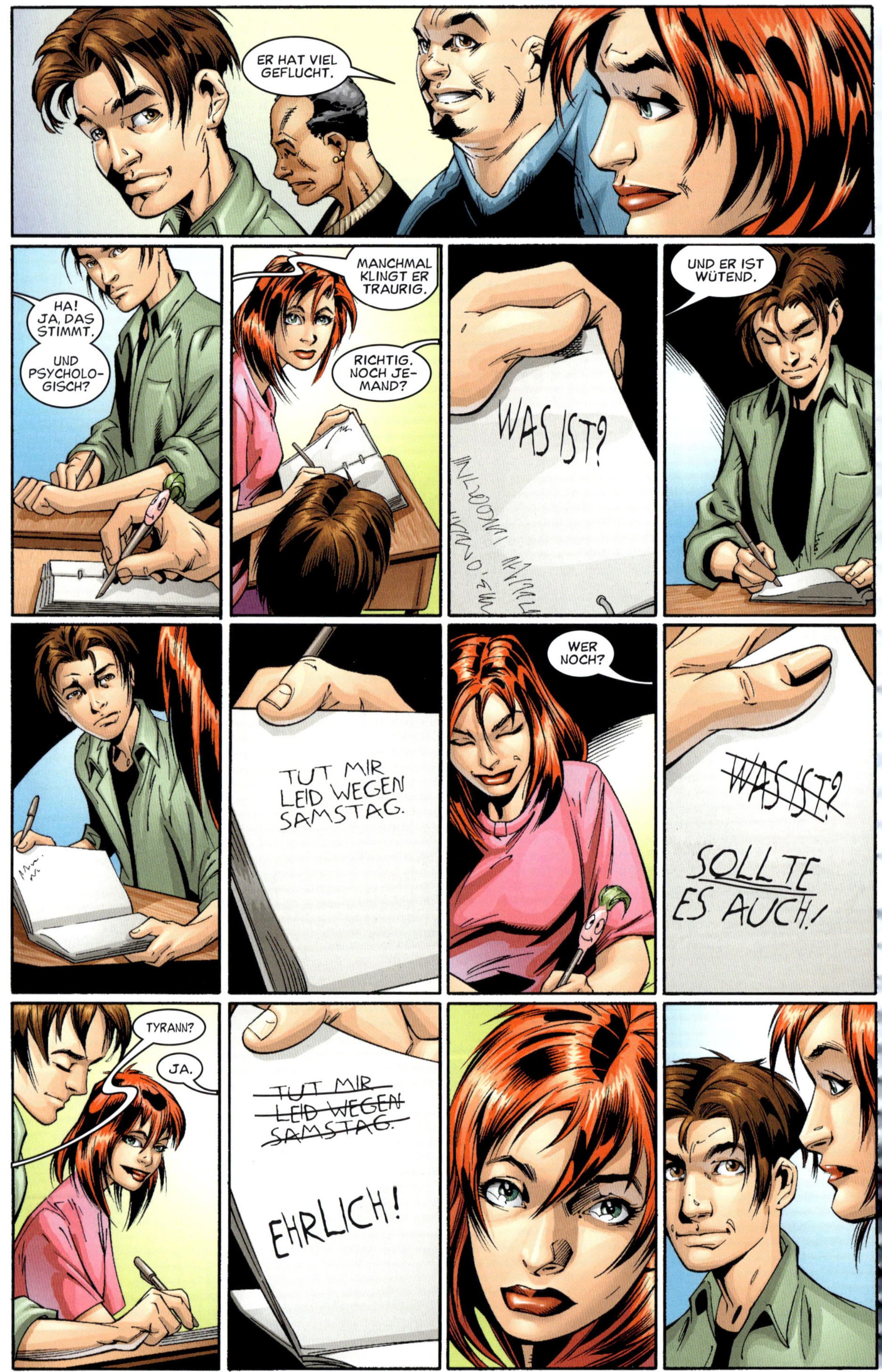
ER HAT VIEL GEFLUCHT.
HA! JA, DAS STIMMT.
UND PSYCHOLO-GISCH?
MANCHMAL KLINGT ER TRAURIG.
RICHTIG. NOCH JE-MAND?
WAS IST?
UND ER IST WÜTEND.
TUT MIR LEID WEGEN SAMSTAG.
WER NOCH?
WAS IST?
SOLLTE ES AUCH!
TYRANN?
JA.
TUT MIR LEID WEGEN SAMSTAG.
EHRLICH!

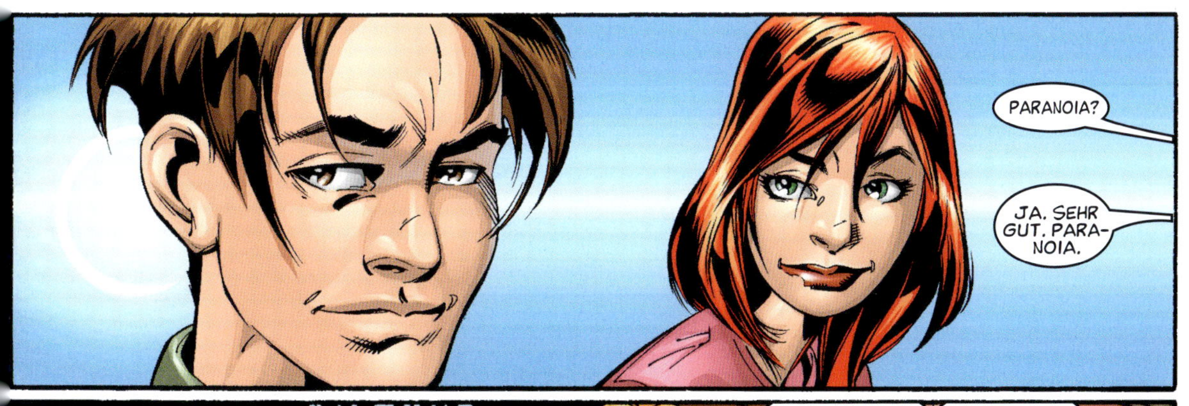
PARANOIA?
JA. SEHR GUT. PARANOIA.

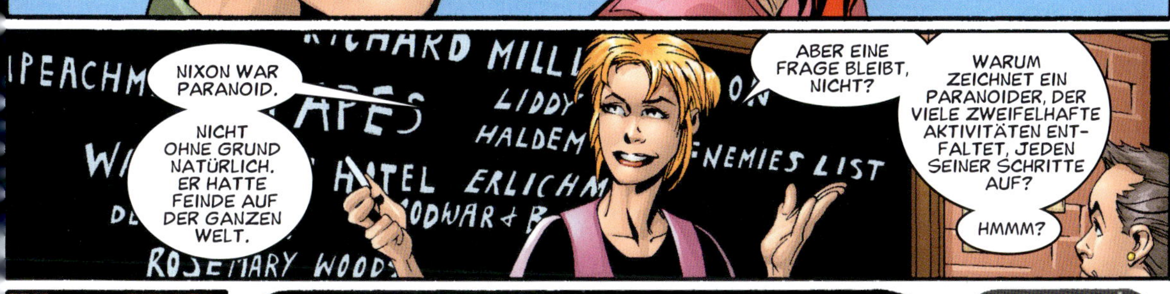
NIXON WAR PARANOID.
NICHT OHNE GRUND NATÜRLICH. ER HATTE FEINDE AUF DER GANZEN WELT.
ABER EINE FRAGE BLEIBT, NICHT?
WARUM ZEICHNET EIN PARANOIDER, DER VIELE ZWEIFELHAFTE AKTIVITÄTEN ENTFALTET, JEDEN SEINER SCHRITTE AUF?
HMMM?

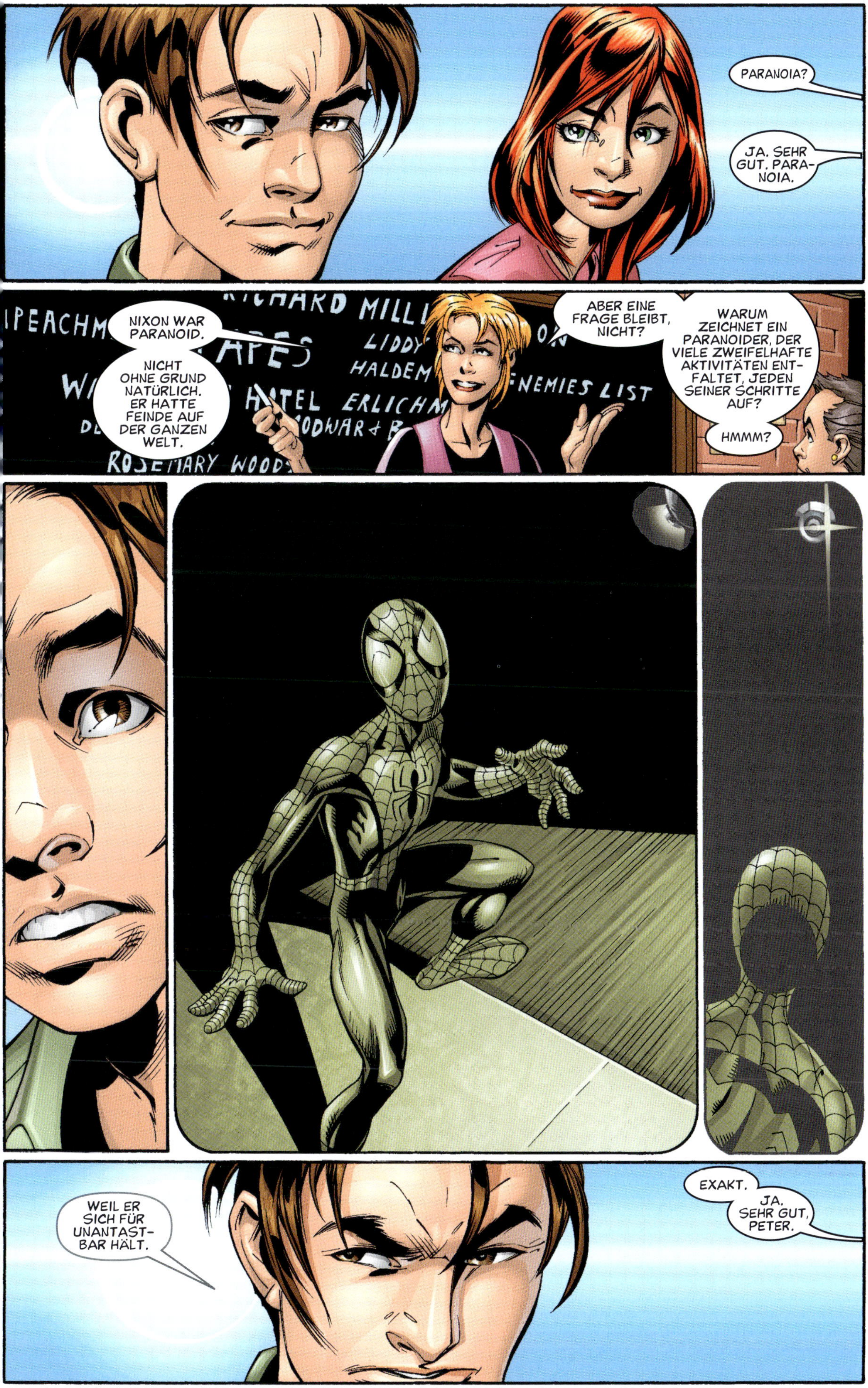

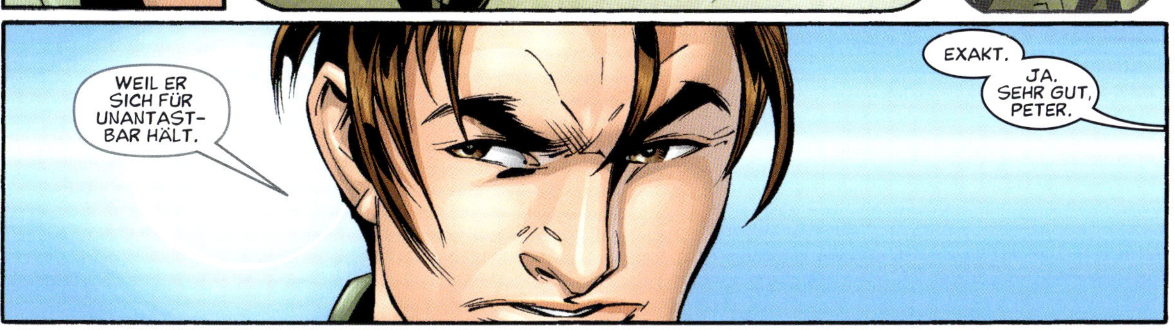
WEIL ER SICH FÜR UNANTASTBAR HÄLT.
EXAKT.
JA. SEHR GUT, PETER.

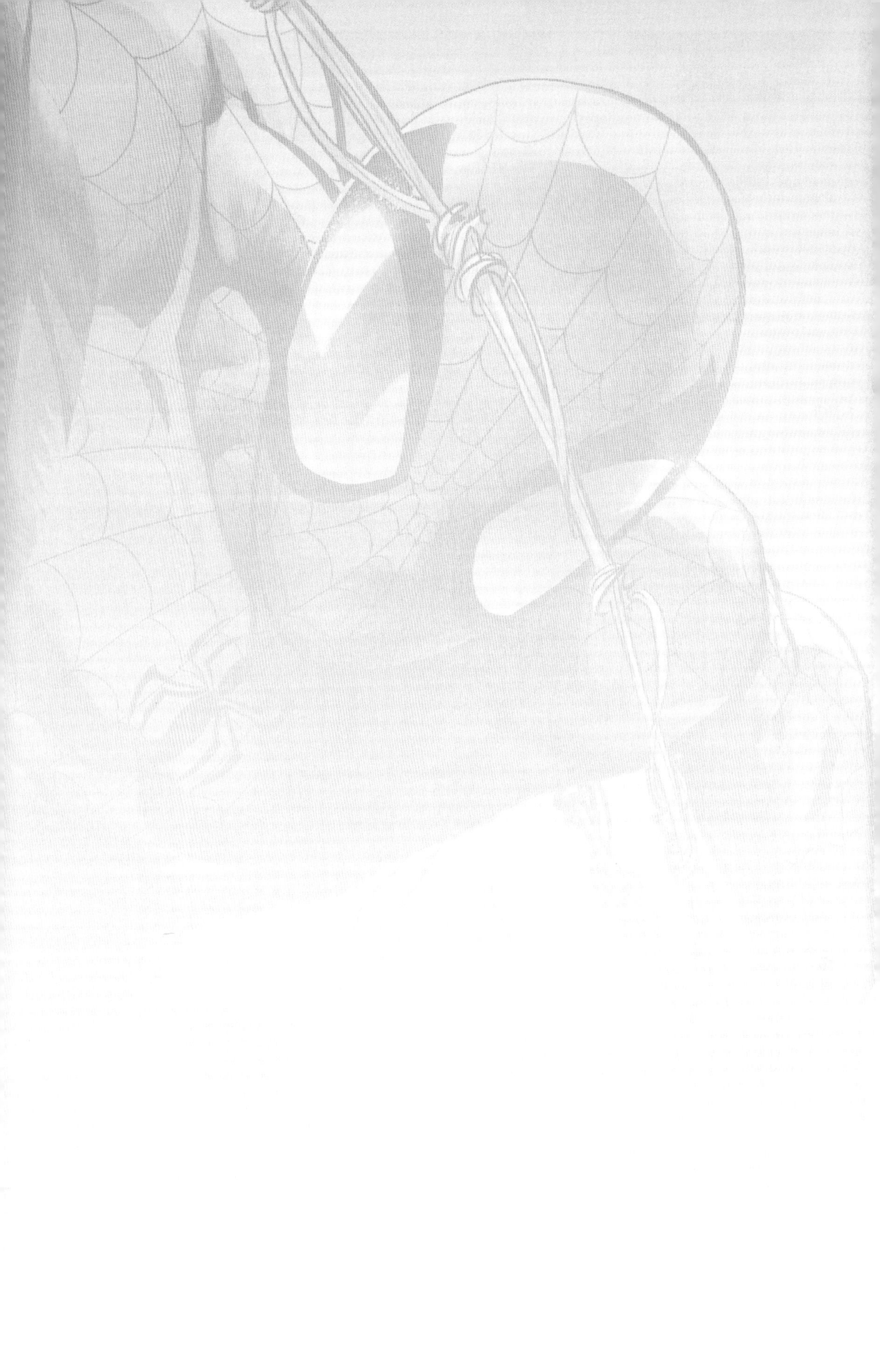

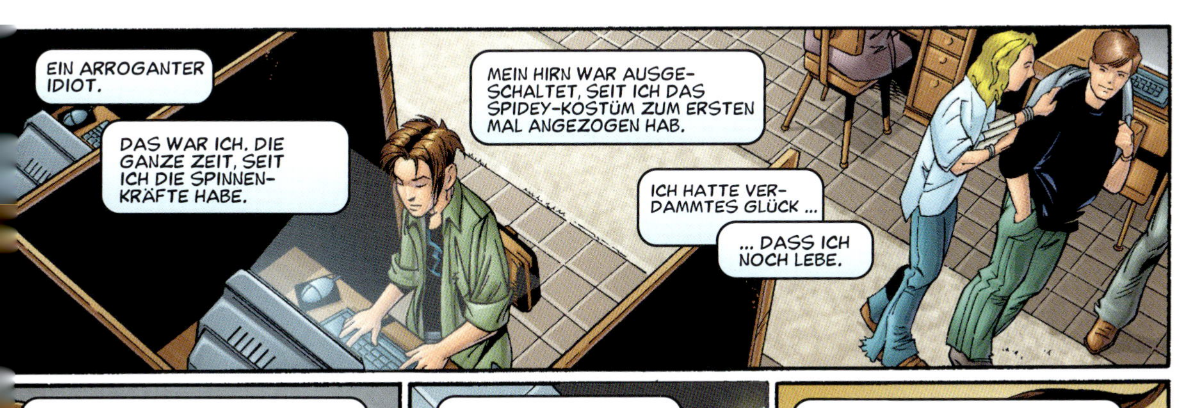
EIN ARROGANTER IDIOT.
DAS WAR ICH. DIE GANZE ZEIT, SEIT ICH DIE SPINNENKRÄFTE HABE.
MEIN HIRN WAR AUSGESCHALTET, SEIT ICH DAS SPIDEY-KOSTÜM ZUM ERSTEN MAL ANGEZOGEN HAB.
ICH HATTE VERDAMMTES GLÜCK ...
... DASS ICH NOCH LEBE.

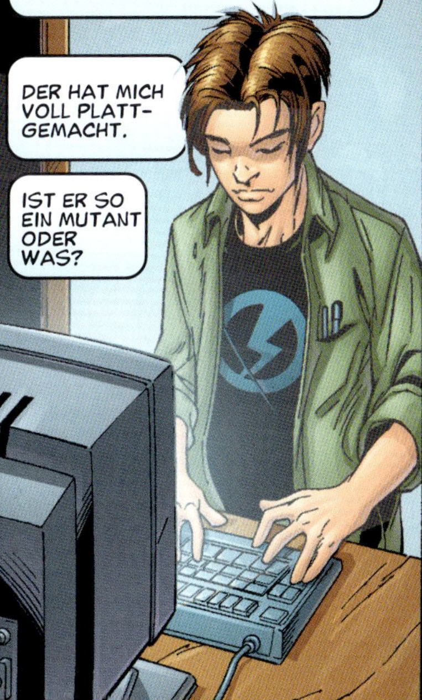
WIE OFT MUSS MIR SO EIN DESASTER PASSIEREN WIE BEI KINGPIN, BIS ICH ENDLICH DARAUS LERNE?
APROPOS: WO HAT KINGPIN SEINEN ELEKTRISIERENDEN LEIBWÄCHTER HER?
DER HAT MICH VOLL PLATTGEMACHT.
IST ER SO EIN MUTANT ODER WAS?

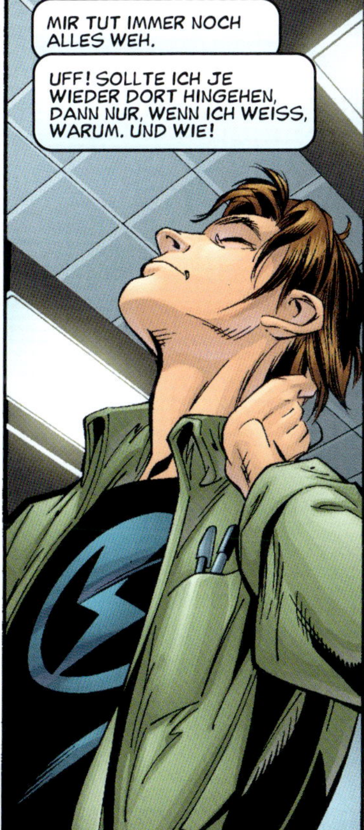
MIR TUT IMMER NOCH ALLES WEH.
UFF! SOLLTE ICH JE WIEDER DORT HINGEHEN, DANN NUR, WENN ICH WEISS, WARUM. UND WIE!

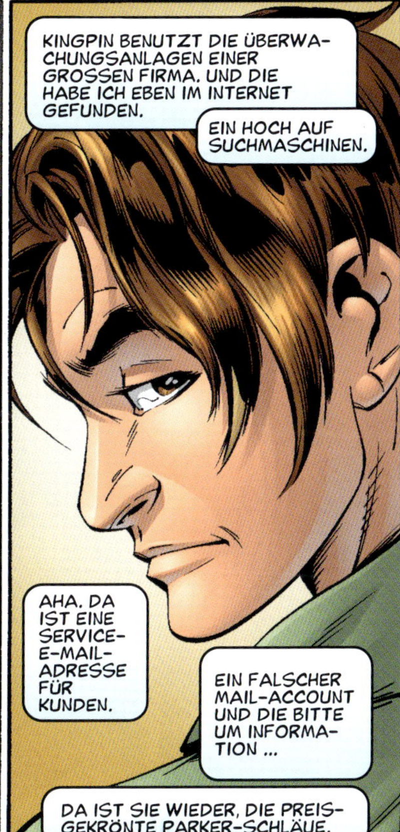
KINGPIN BENUTZT DIE ÜBERWACHUNGSANLAGEN EINER GROSSEN FIRMA. UND DIE HABE ICH EBEN IM INTERNET GEFUNDEN.
EIN HOCH AUF SUCHMASCHINEN.
AHA. DA IST EINE SERVICE-E-MAIL-ADRESSE FÜR KUNDEN.
EIN FALSCHER MAIL-ACCOUNT UND DIE BITTE UM INFORMATION ...
DA IST SIE WIEDER, DIE PREISGEKRÖNTE PARKER-SCHLÄUE.

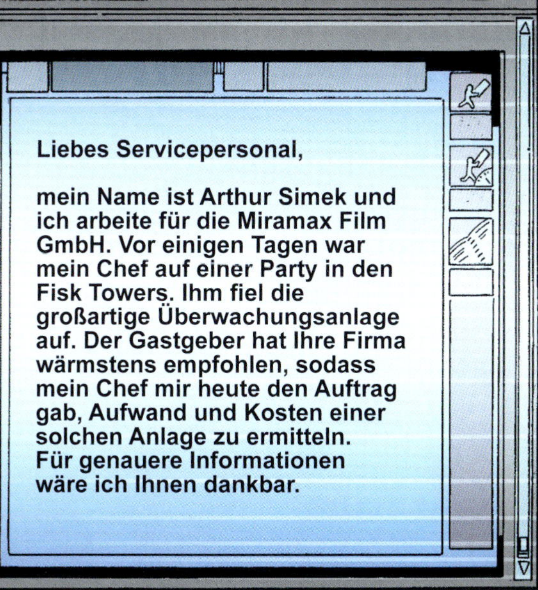
Liebes Servicepersonal,
mein Name ist Arthur Simek und ich arbeite für die Miramax Film GmbH. Vor einigen Tagen war mein Chef auf einer Party in den Fisk Towers. Ihm fiel die großartige Überwachungsanlage auf. Der Gastgeber hat Ihre Firma wärmstens empfohlen, sodass mein Chef mir heute den Auftrag gab, Aufwand und Kosten einer solchen Anlage zu ermitteln. Für genauere Informationen wäre ich Ihnen dankbar.

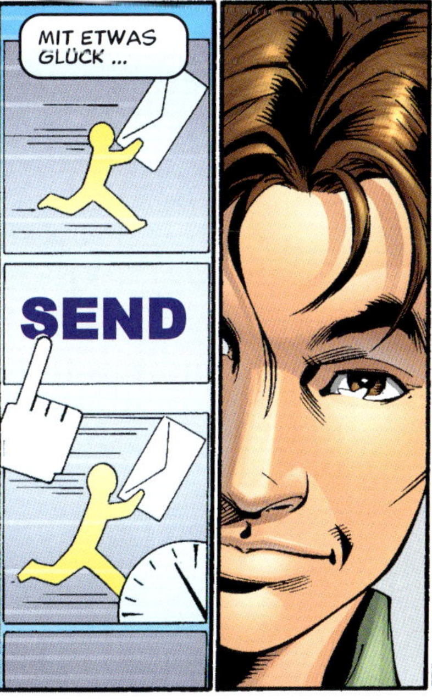
MIT ETWAS GLÜCK ...
SEND

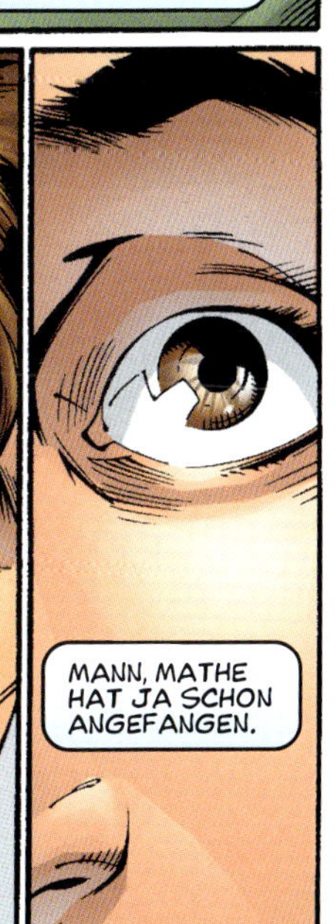
MANN, MATHE HAT JA SCHON ANGEFANGEN.

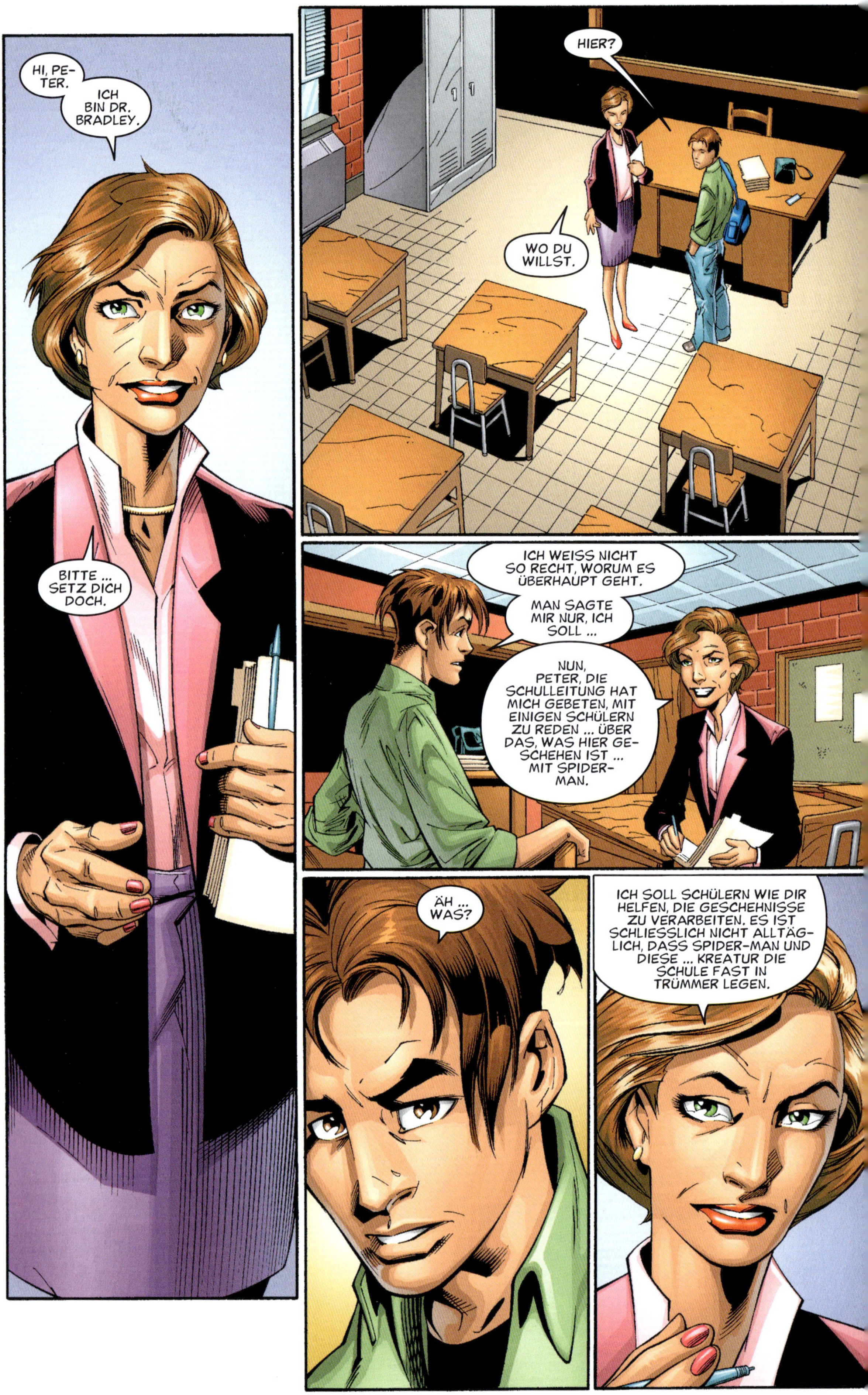

HI, PETER.
ICH BIN DR. BRADLEY.
BITTE ... SETZ DICH DOCH.

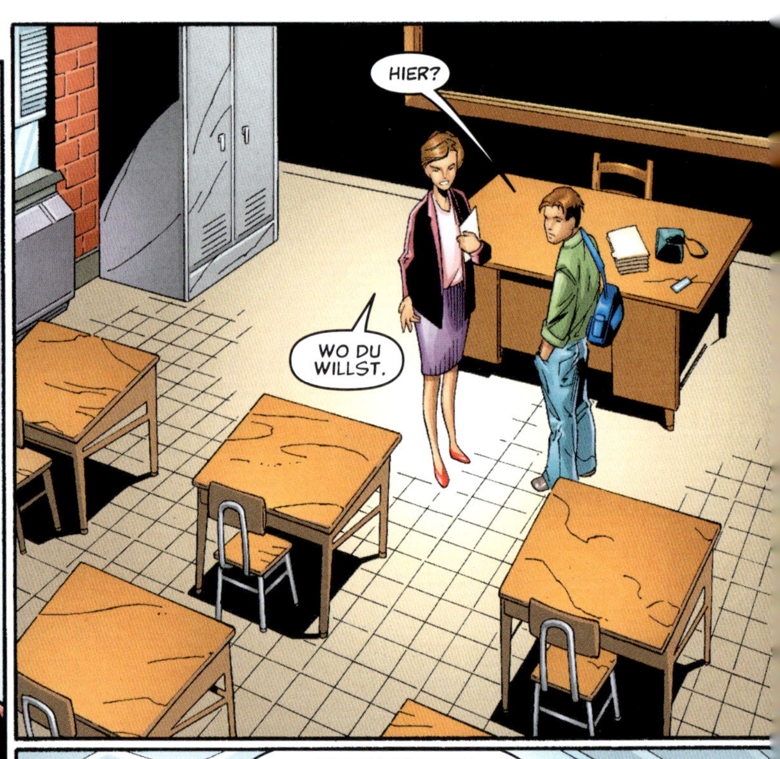

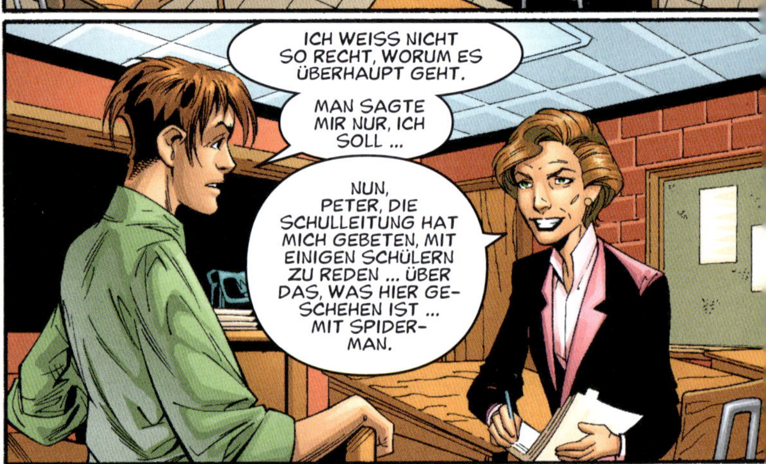

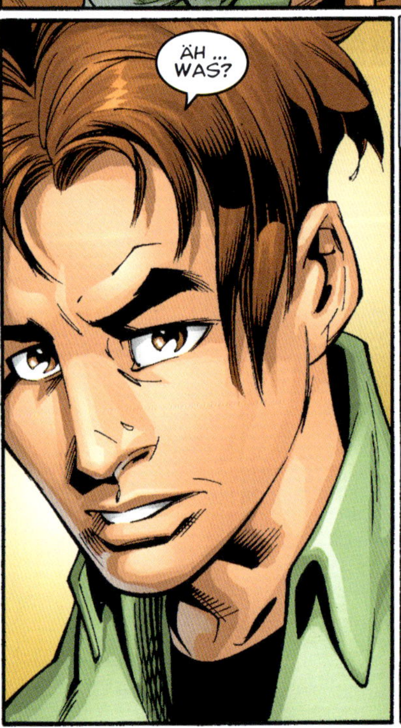

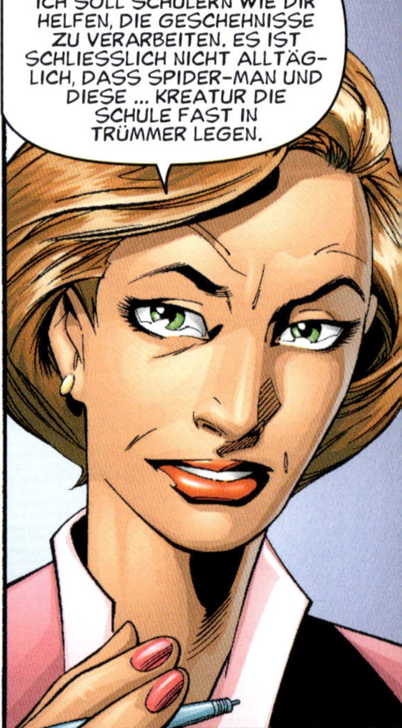

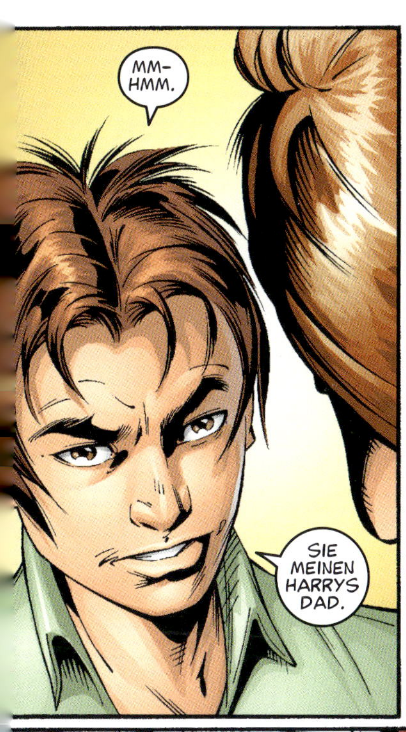
MM-
HMM.
SIE
MEINEN
HARRYS
DAD.
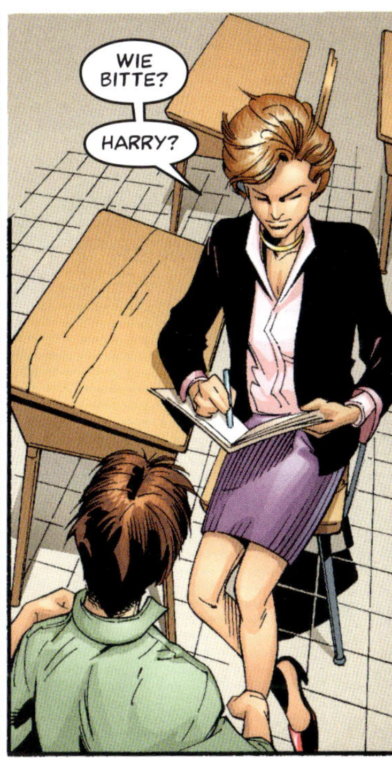
WIE
BITTE?
HARRY?
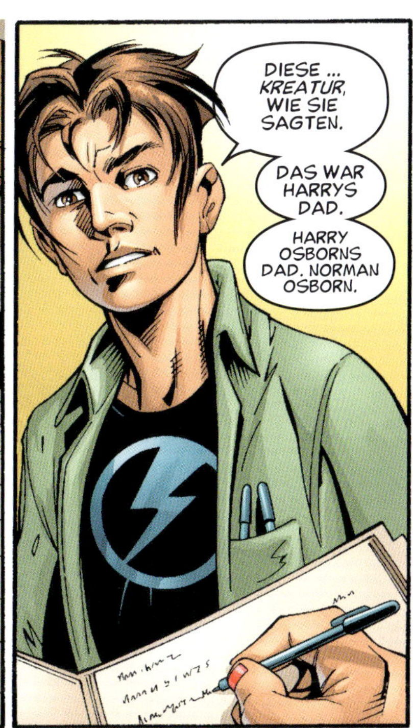
DIESE ...
KREATUR,
WIE SIE
SAGTEN.
DAS WAR
HARRYS
DAD.
HARRY
OSBORNS
DAD. NORMAN
OSBORN.
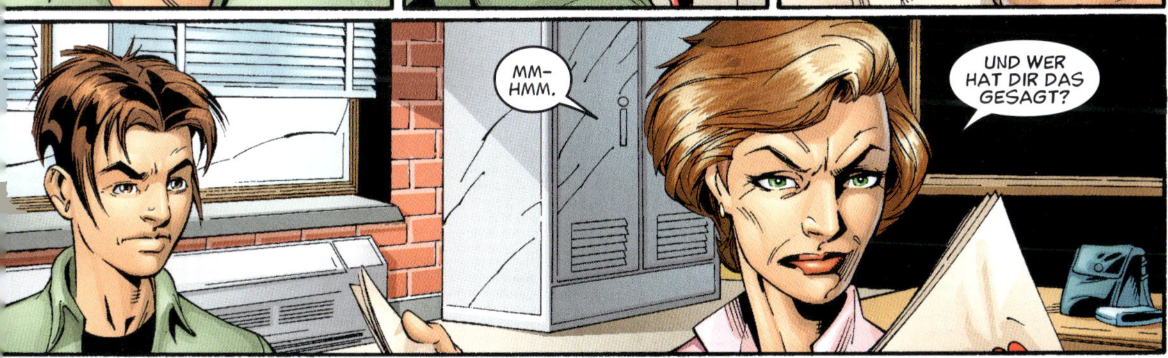
MM-
HMM.
UND WER
HAT DIR DAS
GESAGT?
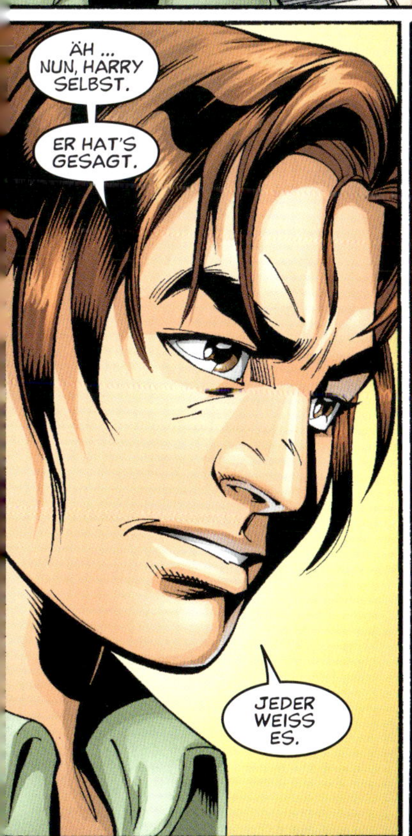
ÄH ...
NUN, HARRY
SELBST.
ER HAT'S
GESAGT.
JEDER
WEISS
ES.
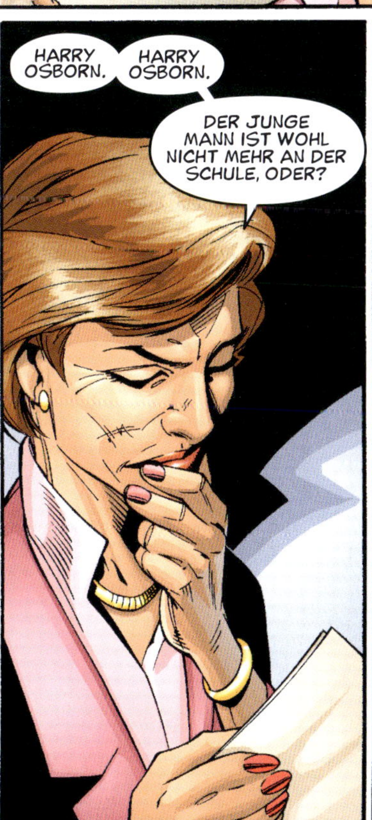
HARRY
OSBORN.
HARRY
OSBORN.
DER JUNGE
MANN IST WOHL
NICHT MEHR AN DER
SCHULE, ODER?
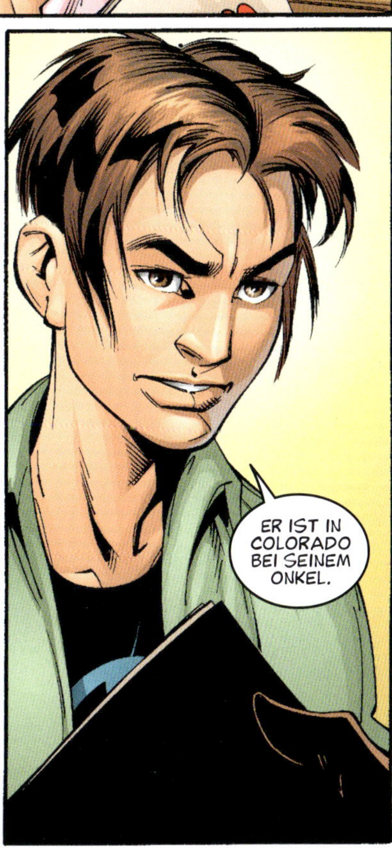
ER IST IN
COLORADO
BEI SEINEM
ONKEL.

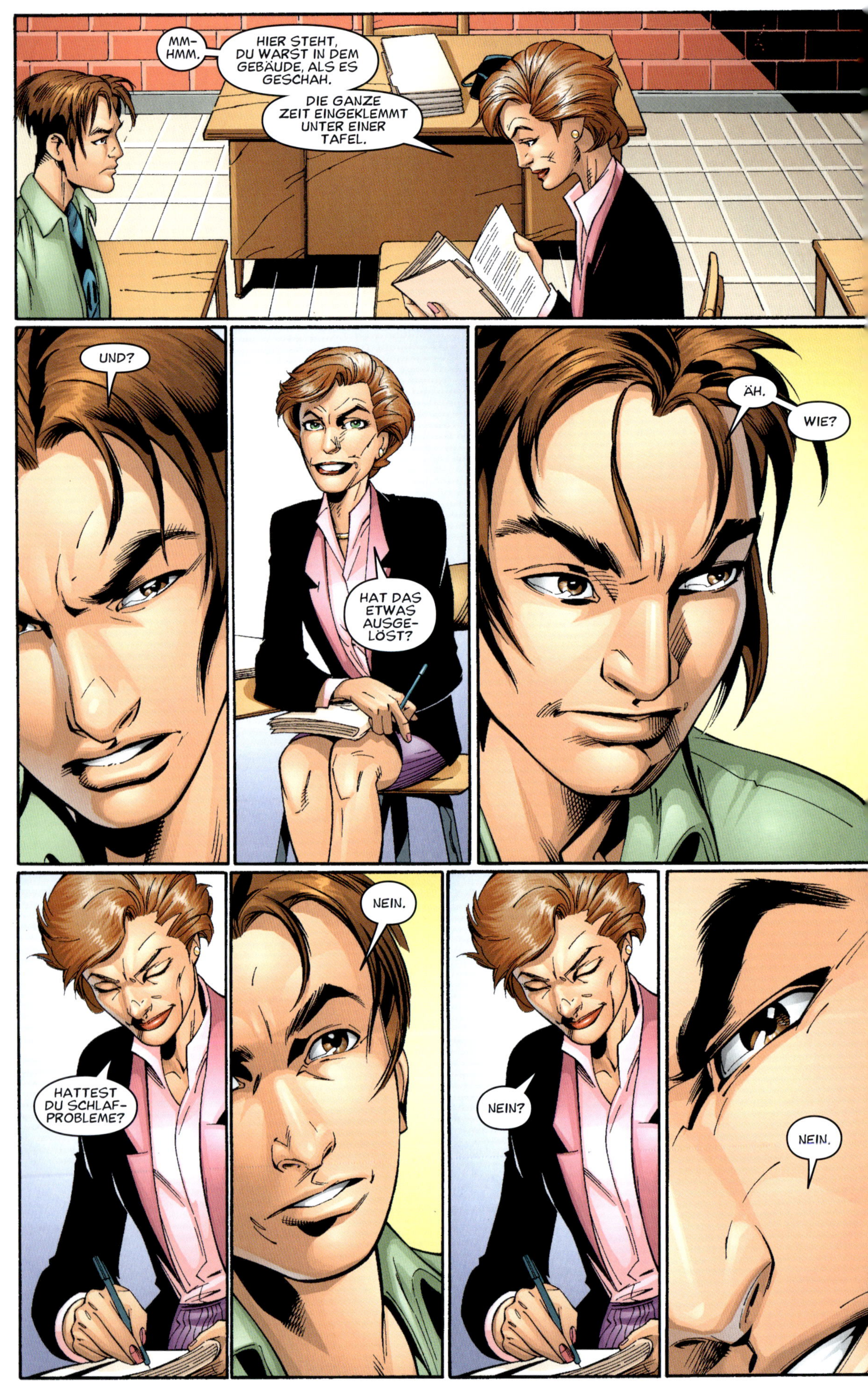
MM-HMM.
HIER STEHT, DU WARST IN DEM GEBÄUDE, ALS ES GESCHAH.
DIE GANZE ZEIT EINGEKLEMMT UNTER EINER TAFEL.
UND?
HAT DAS ETWAS AUSGE-LÖST?
ÄH.
WIE?
HATTEST DU SCHLAF-PROBLEME?
NEIN.
NEIN?
NEIN.

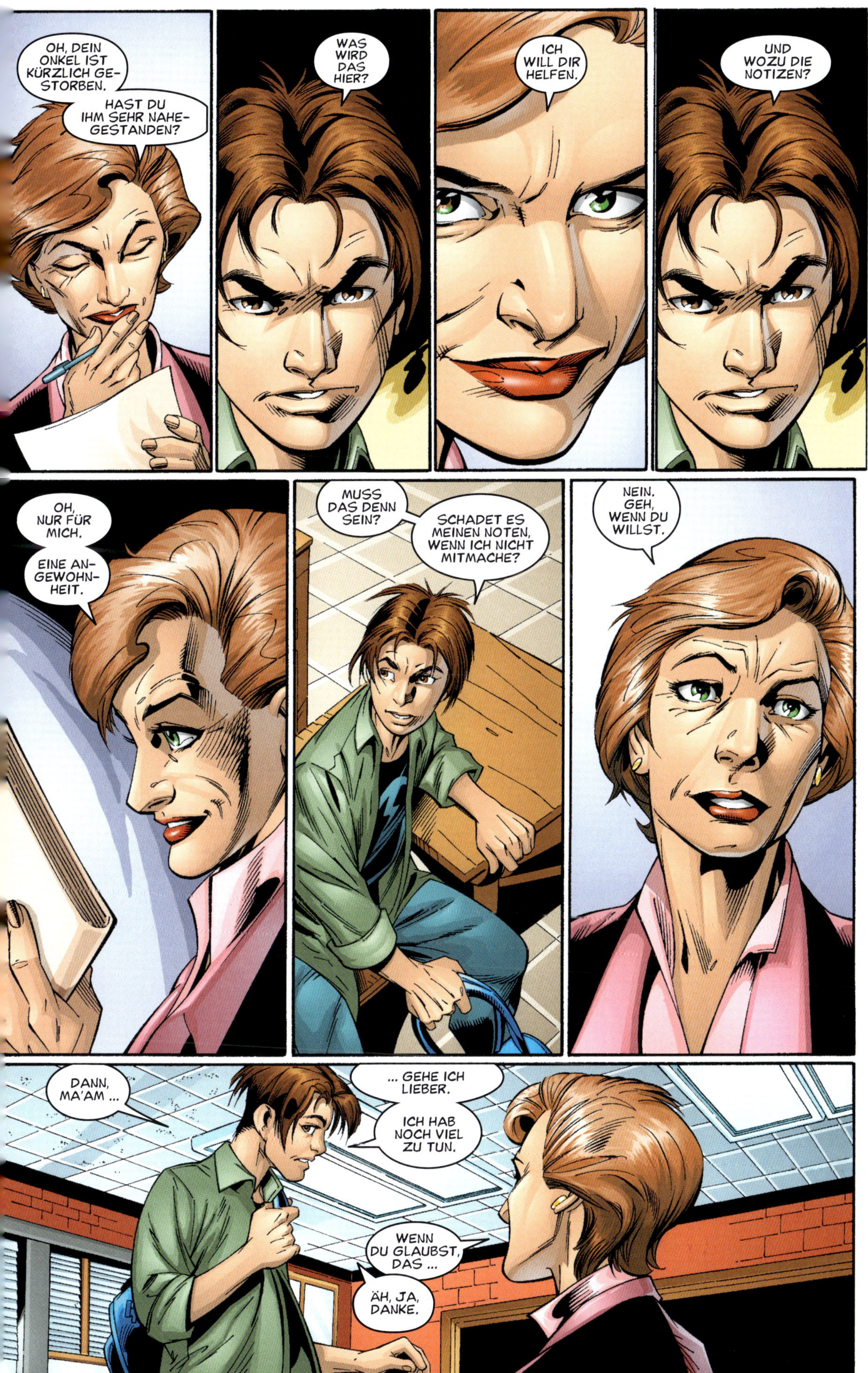
OH, DEIN ONKEL IST KÜRZLICH GE-STORBEN.
HAST DU IHM SEHR NAHE-GESTANDEN?
WAS WIRD DAS HIER?
ICH WILL DIR HELFEN.
UND WOZU DIE NOTIZEN?
OH, NUR FÜR MICH.
EINE AN-GEWOHN-HEIT.
MUSS DAS DENN SEIN?
SCHADET ES MEINEN NOTEN, WENN ICH NICHT MITMACHE?
NEIN. GEH, WENN DU WILLST.
DANN, MA'AM ...
... GEHE ICH LIEBER.
ICH HAB NOCH VIEL ZU TUN.
WENN DU GLAUBST, DAS ...
ÄH, JA, DANKE.

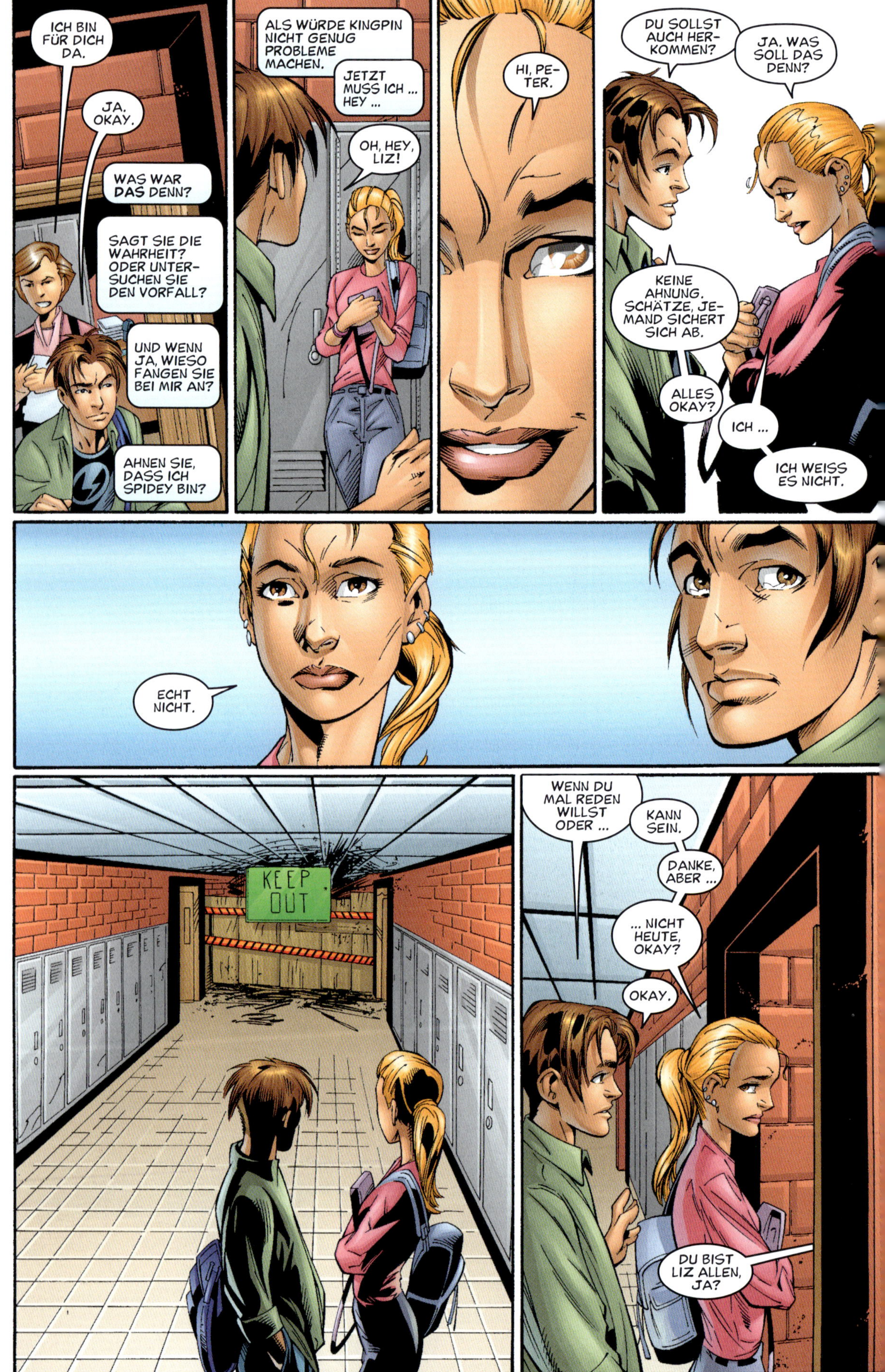
ICH BIN FÜR DICH DA.
JA. OKAY.
WAS WAR DAS DENN?
SAGT SIE DIE WAHRHEIT? ODER UNTER-SUCHEN SIE DEN VORFALL?
UND WENN JA, WIESO FANGEN SIE BEI MIR AN?
AHNEN SIE, DASS ICH SPIDEY BIN?
ALS WÜRDE KINGPIN NICHT GENUG PROBLEME MACHEN.
JETZT MUSS ICH ... HEY ...
OH, HEY, LIZ!
HI, PE-TER.
DU SOLLST AUCH HER-KOMMEN?
JA. WAS SOLL DAS DENN?
KEINE AHNUNG. SCHÄTZE, JE-MAND SICHERT SICH AB.
ALLES OKAY?
ICH ...
ICH WEISS ES NICHT.
ECHT NICHT.
KEEP OUT
WENN DU MAL REDEN WILLST ODER ...
KANN SEIN.
DANKE, ABER ...
... NICHT HEUTE, OKAY?
OKAY.
DU BIST LIZ ALLEN, JA?

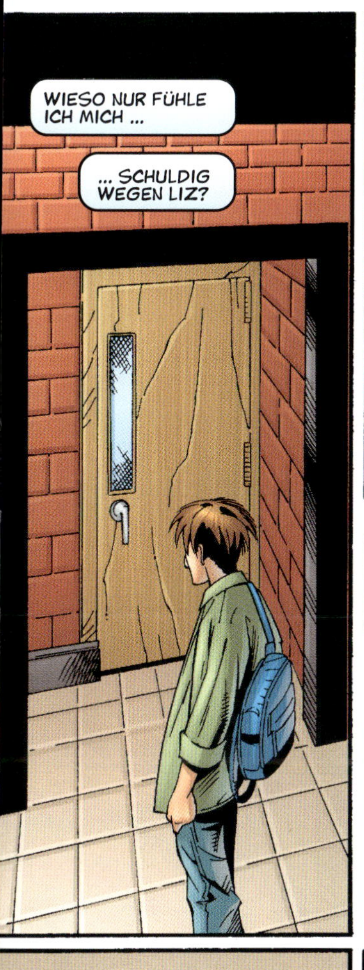
WIESO NUR FÜHLE ICH MICH ...
... SCHULDIG WEGEN LIZ?

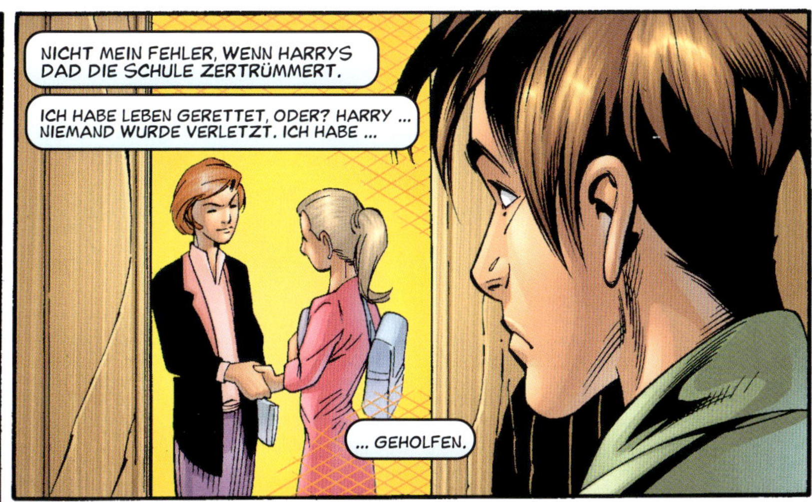
NICHT MEIN FEHLER, WENN HARRYS DAD DIE SCHULE ZERTRÜMMERT.
ICH HABE LEBEN GERETTET, ODER? HARRY ... NIEMAND WURDE VERLETZT. ICH HABE ...
... GEHOLFEN.

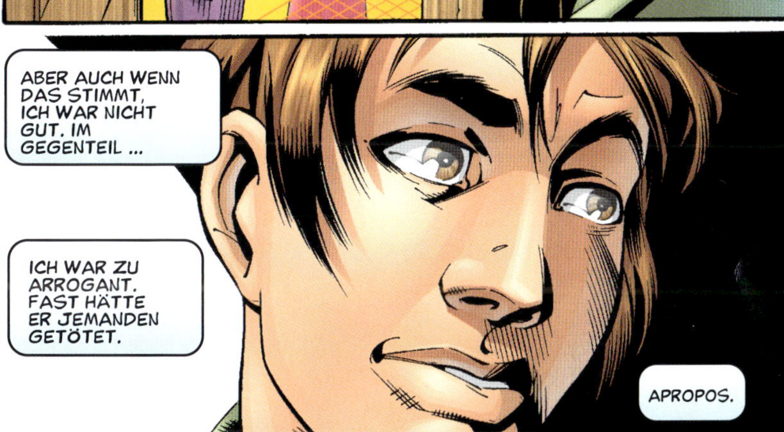
ABER AUCH WENN DAS STIMMT, ICH WAR NICHT GUT. IM GEGENTEIL ...
ICH WAR ZU ARROGANT. FAST HÄTTE ER JEMANDEN GETÖTET.
APROPOS.

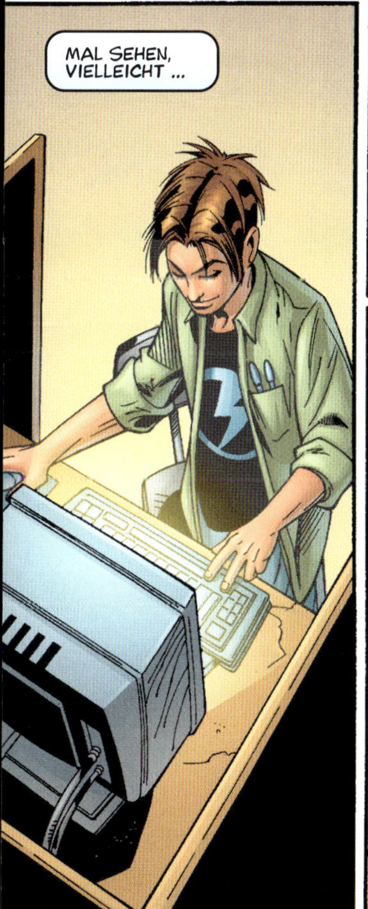
MAL SEHEN, VIELLEICHT ...

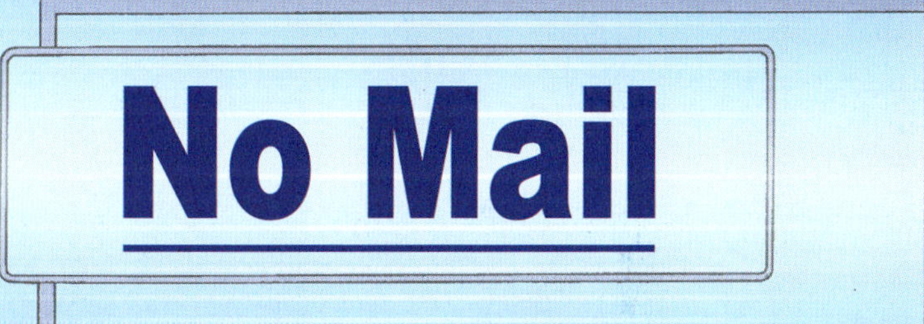
No Mail

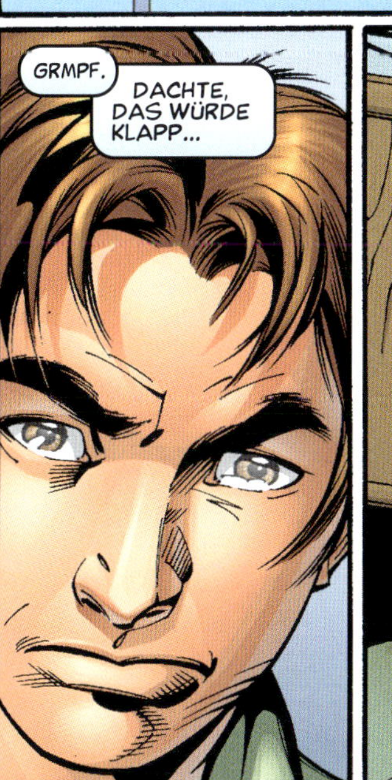
GRMPF.
DACHTE, DAS WÜRDE KLAPP...

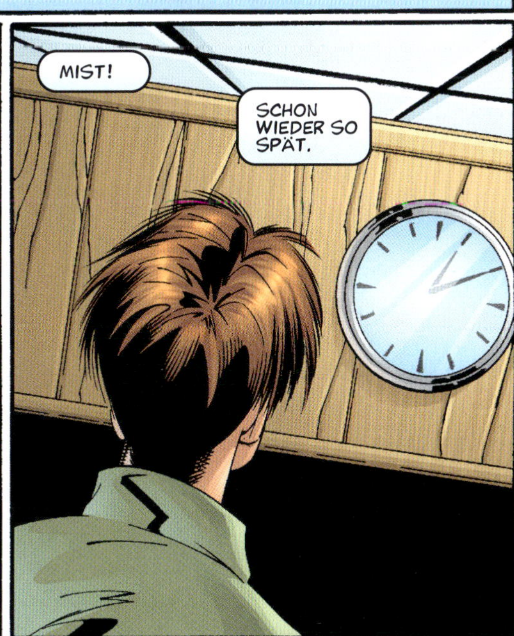
MIST!
SCHON WIEDER SO SPÄT.

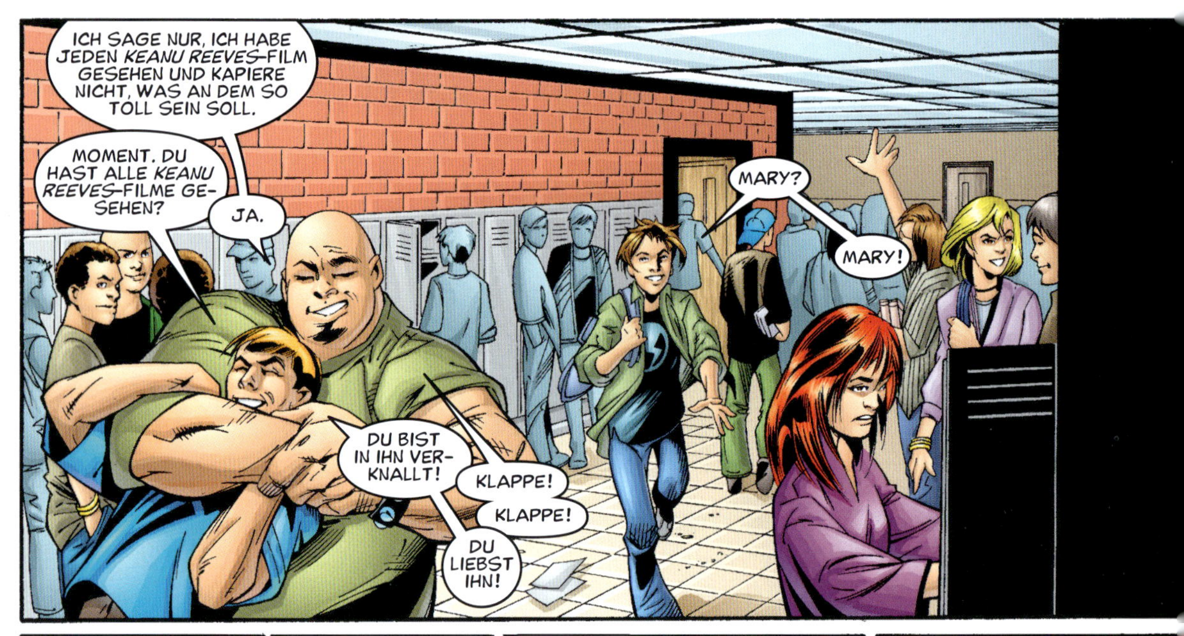
ICH SAGE NUR, ICH HABE JEDEN *KEANU REEVES*–FILM GESEHEN UND KAPIERE NICHT, WAS AN DEM SO TOLL SEIN SOLL.
MOMENT. DU HAST ALLE *KEANU REEVES*–FILME GESEHEN?
JA.
MARY?
MARY!
DU BIST IN IHN VERKNALLT!
KLAPPE!
KLAPPE!
DU LIEBST IHN!

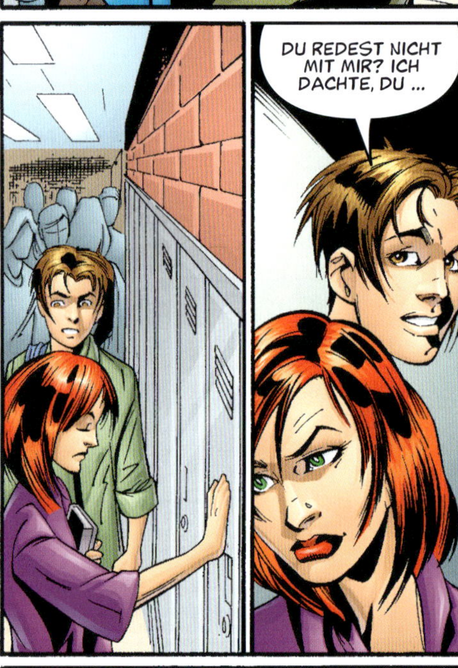

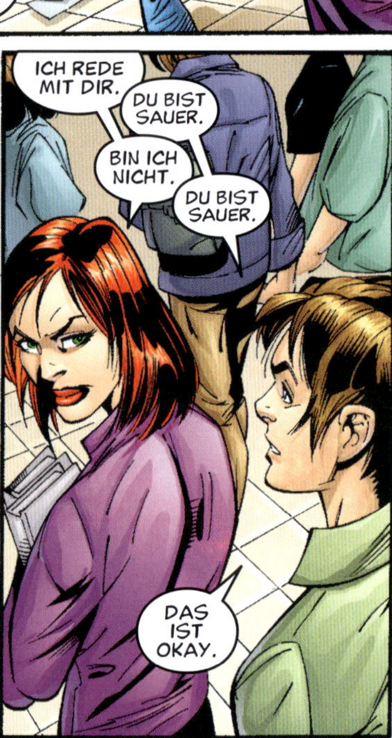
DU REDEST NICHT MIT MIR? ICH DACHTE, DU ...
ICH REDE MIT DIR.
DU BIST SAUER.
BIN ICH NICHT.
DU BIST SAUER.
DAS IST OKAY.

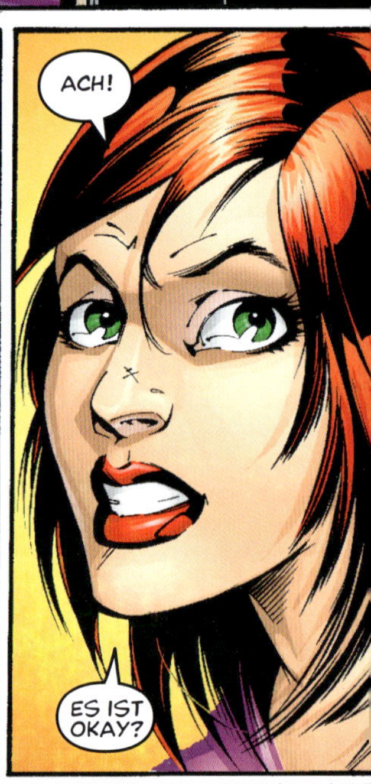
ACH!
ES IST OKAY?

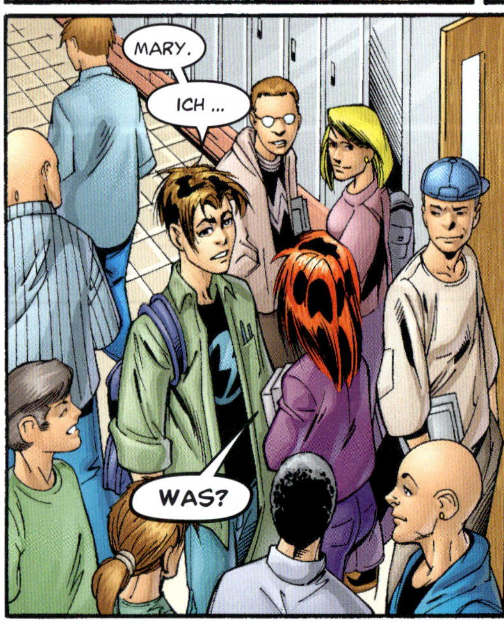
MARY.
ICH ...
WAS?

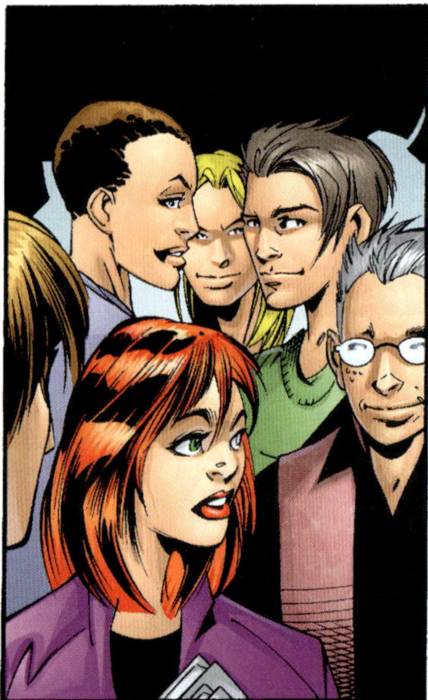

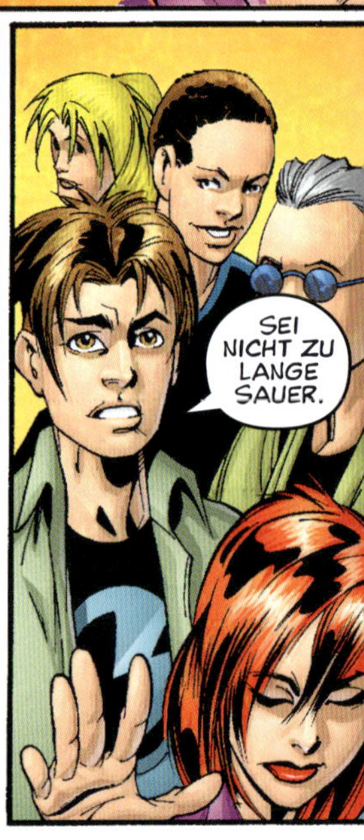
SEI NICHT ZU LANGE SAUER.

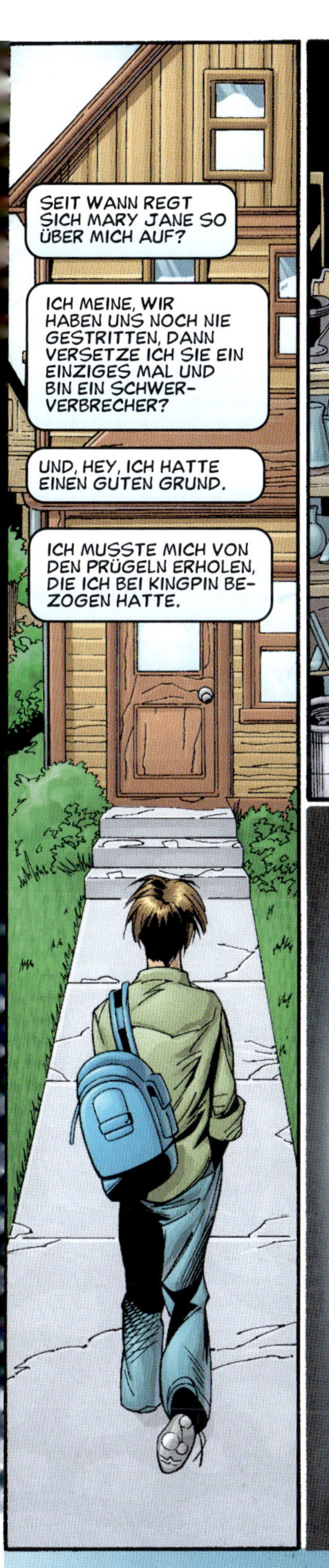

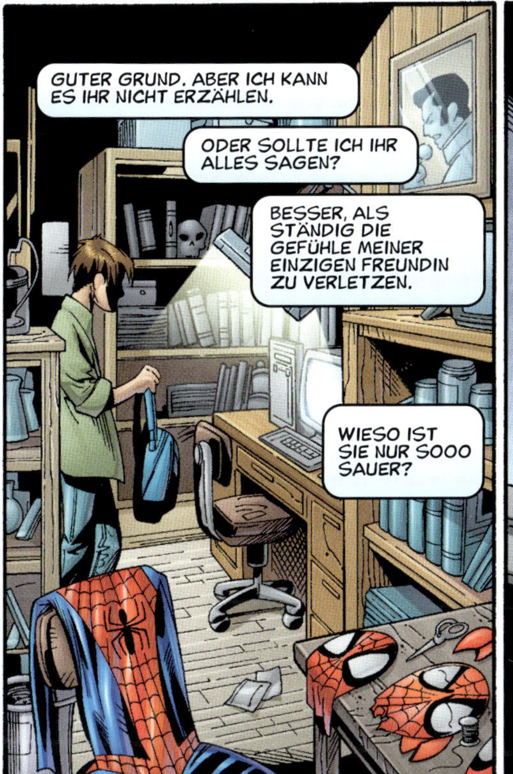

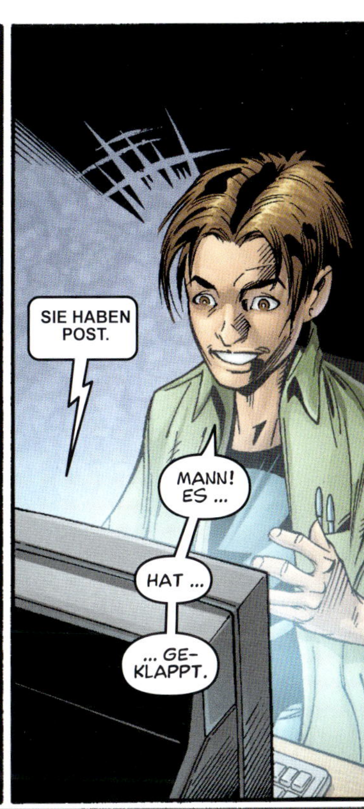

Sehr geehrter Herr Simek,

vielen Dank für Ihr Interesse am 4566 Telech System. Dieser Typ ist sehr beliebt bei Firmen, die einen ganz besonderen Schutz wünschen. Ich hoffe, die folgenden Informationen helfen Ihnen weiter. Ich habe zusätzlich einige Links zu unseren ausführlichen Technik-Seiten beigefügt.

Sollten Sie weitere Fragen haben oder einen Termin mit einem unserer Mitarbeiter vor Ort wünschen, um die genauen Kosten für Ihre Firma zu ermitteln, rufen Sie mich an unter 718 555-5567 und ich werde mich umgehend persönlich um Ihre Wünsche kümmern.

Mit freundlichen Grüßen

Sam Rosen

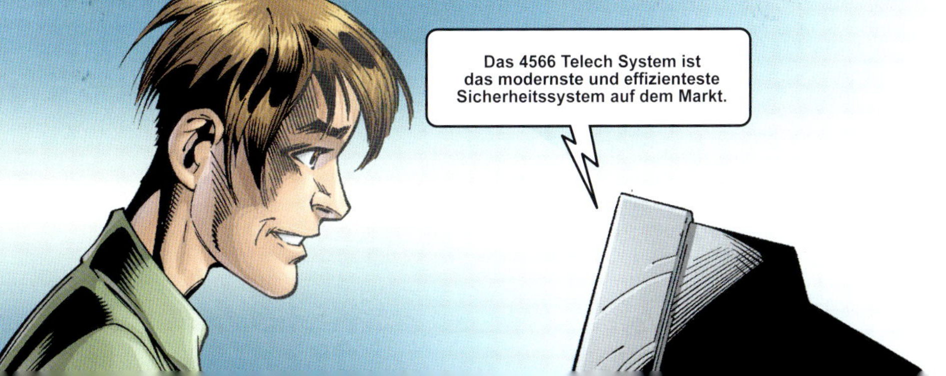

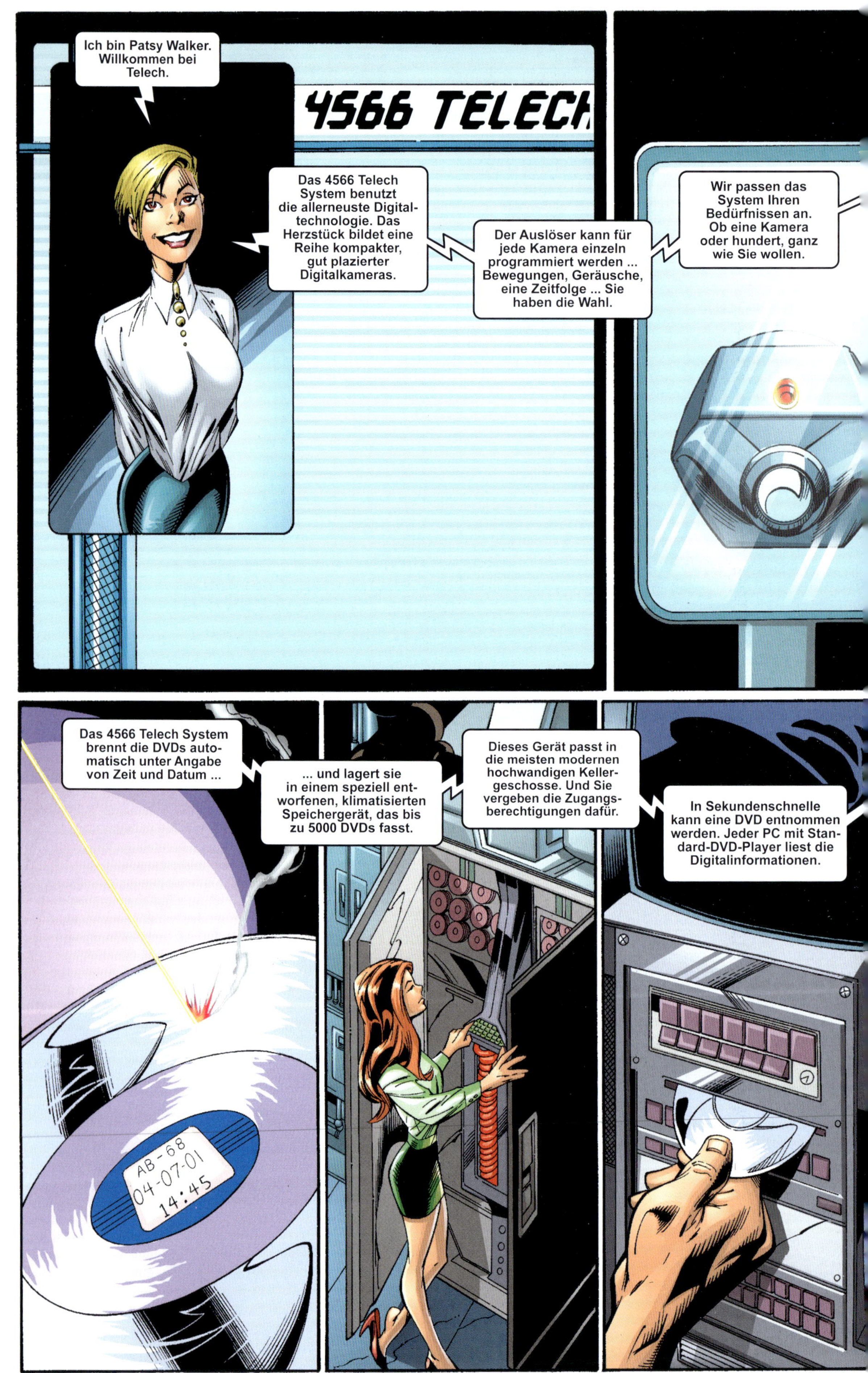
Ich bin Patsy Walker. Willkommen bei Telech.
4566 TELECH
Das 4566 Telech System benutzt die allerneuste Digital-technologie. Das Herzstück bildet eine Reihe kompakter, gut plazierter Digitalkameras.
Der Auslöser kann für jede Kamera einzeln programmiert werden ... Bewegungen, Geräusche, eine Zeitfolge ... Sie haben die Wahl.
Wir passen das System Ihren Bedürfnissen an. Ob eine Kamera oder hundert, ganz wie Sie wollen.
Das 4566 Telech System brennt die DVDs automatisch unter Angabe von Zeit und Datum ...
AB-68
04-07-01
14:45
... und lagert sie in einem speziell entworfenen, klimatisierten Speichergerät, das bis zu 5000 DVDs fasst.
Dieses Gerät passt in die meisten modernen hochwandigen Kellergeschosse. Und Sie vergeben die Zugangsberechtigungen dafür.
In Sekundenschnelle kann eine DVD entnommen werden. Jeder PC mit Standard-DVD-Player liest die Digitalinformationen.

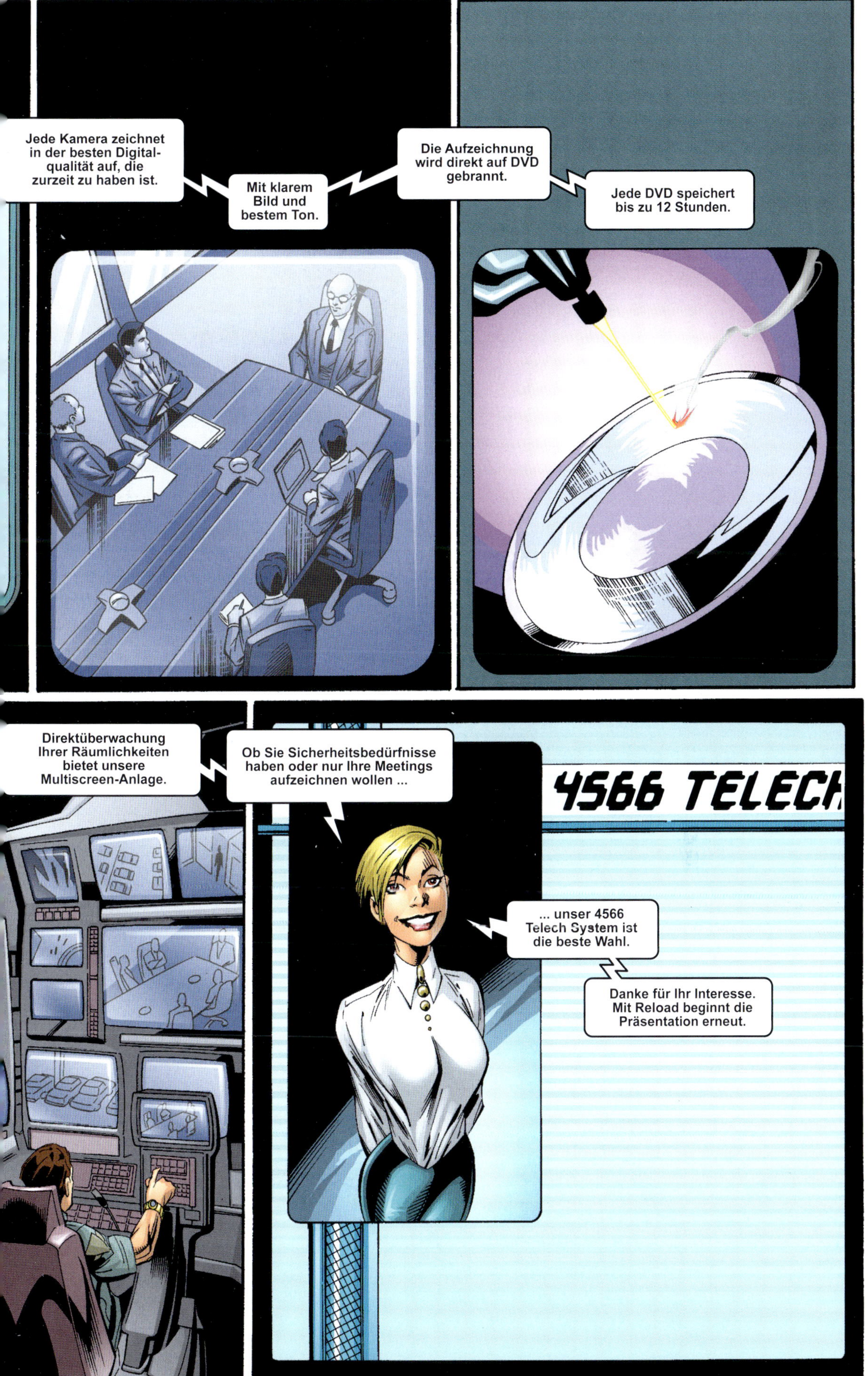
Jede Kamera zeichnet in der besten Digital-qualität auf, die zurzeit zu haben ist.
Mit klarem Bild und bestem Ton.
Die Aufzeichnung wird direkt auf DVD gebrannt.
Jede DVD speichert bis zu 12 Stunden.
Direktüberwachung Ihrer Räumlichkeiten bietet unsere Multiscreen-Anlage.
Ob Sie Sicherheitsbedürfnisse haben oder nur Ihre Meetings aufzeichnen wollen ...
4566 TELECH
... unser 4566 Telech System ist die beste Wahl.
Danke für Ihr Interesse. Mit Reload beginnt die Präsentation erneut.

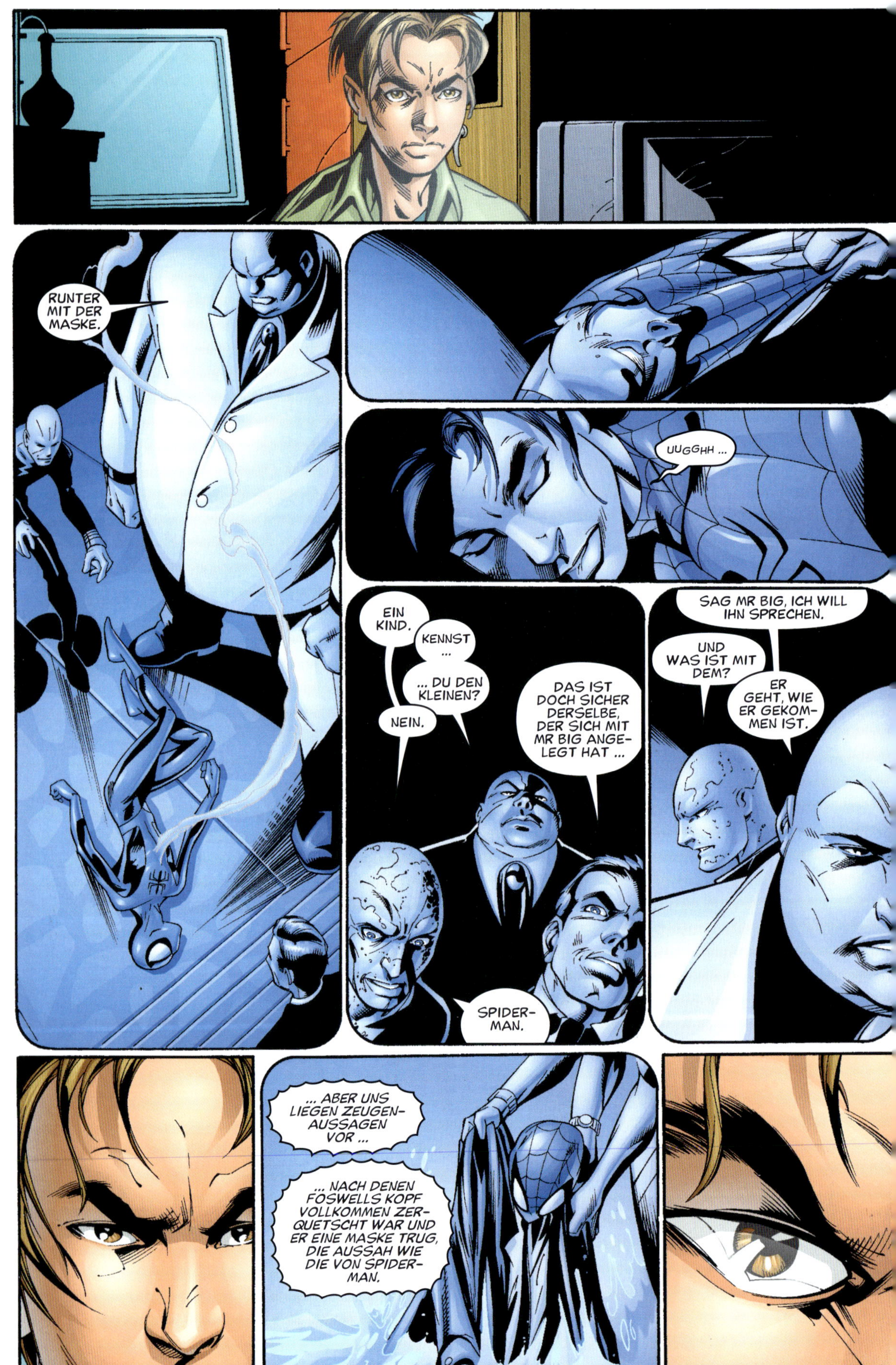
RUNTER MIT DER MASKE.
UUGGHH ...
EIN KIND.
KENNST ...
... DU DEN KLEINEN?
NEIN.
DAS IST DOCH SICHER DERSELBE, DER SICH MIT MR BIG ANGELEGT HAT ...
SPIDER-MAN.
SAG MR BIG, ICH WILL IHN SPRECHEN.
UND WAS IST MIT DEM?
ER GEHT, WIE ER GEKOMMEN IST.
... ABER UNS LIEGEN ZEUGENAUSSAGEN VOR ...
... NACH DENEN FOSWELLS KOPF VOLLKOMMEN ZERQUETSCHT WAR UND ER EINE MASKE TRUG, DIE AUSSAH WIE DIE VON SPIDER-MAN.

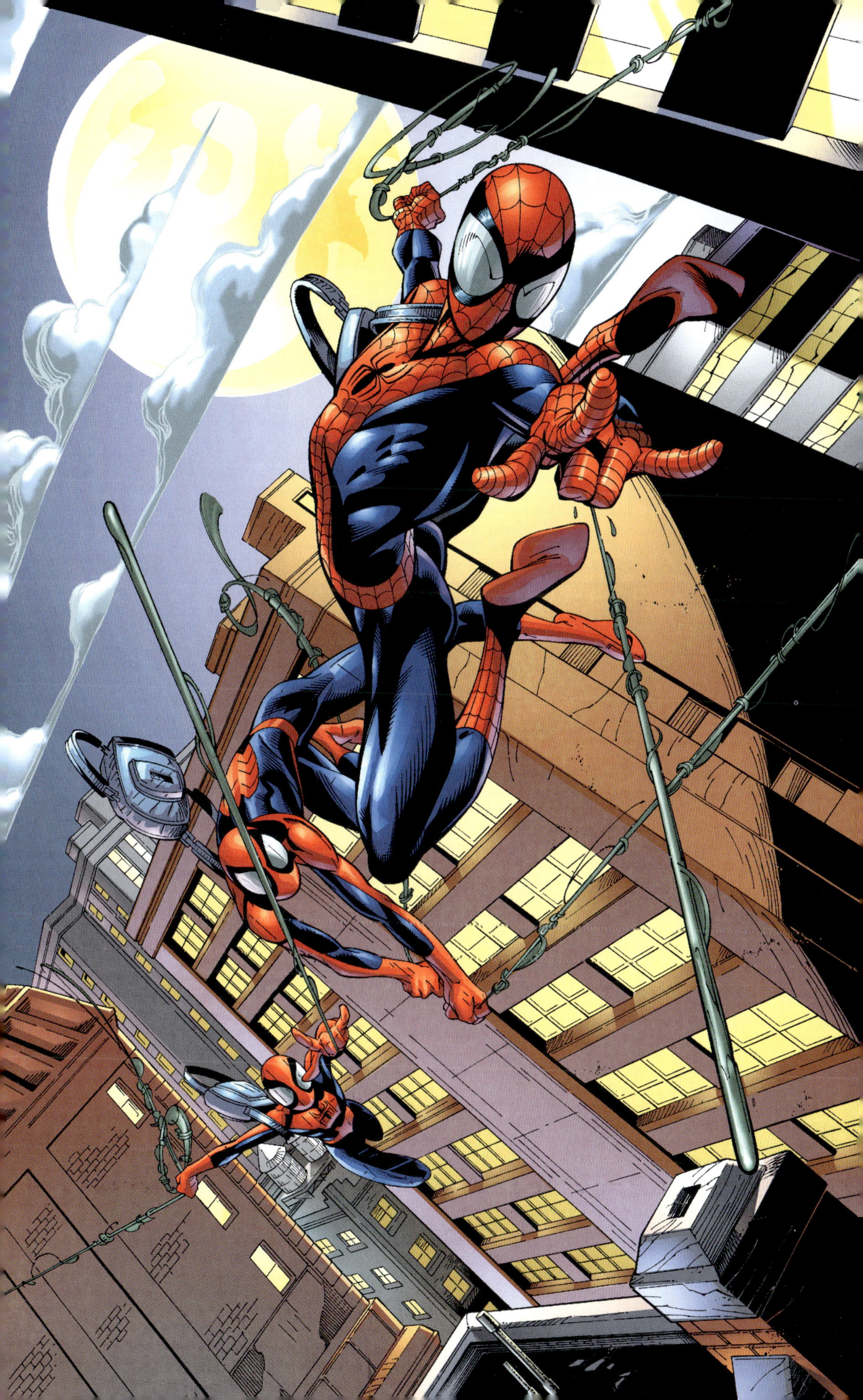

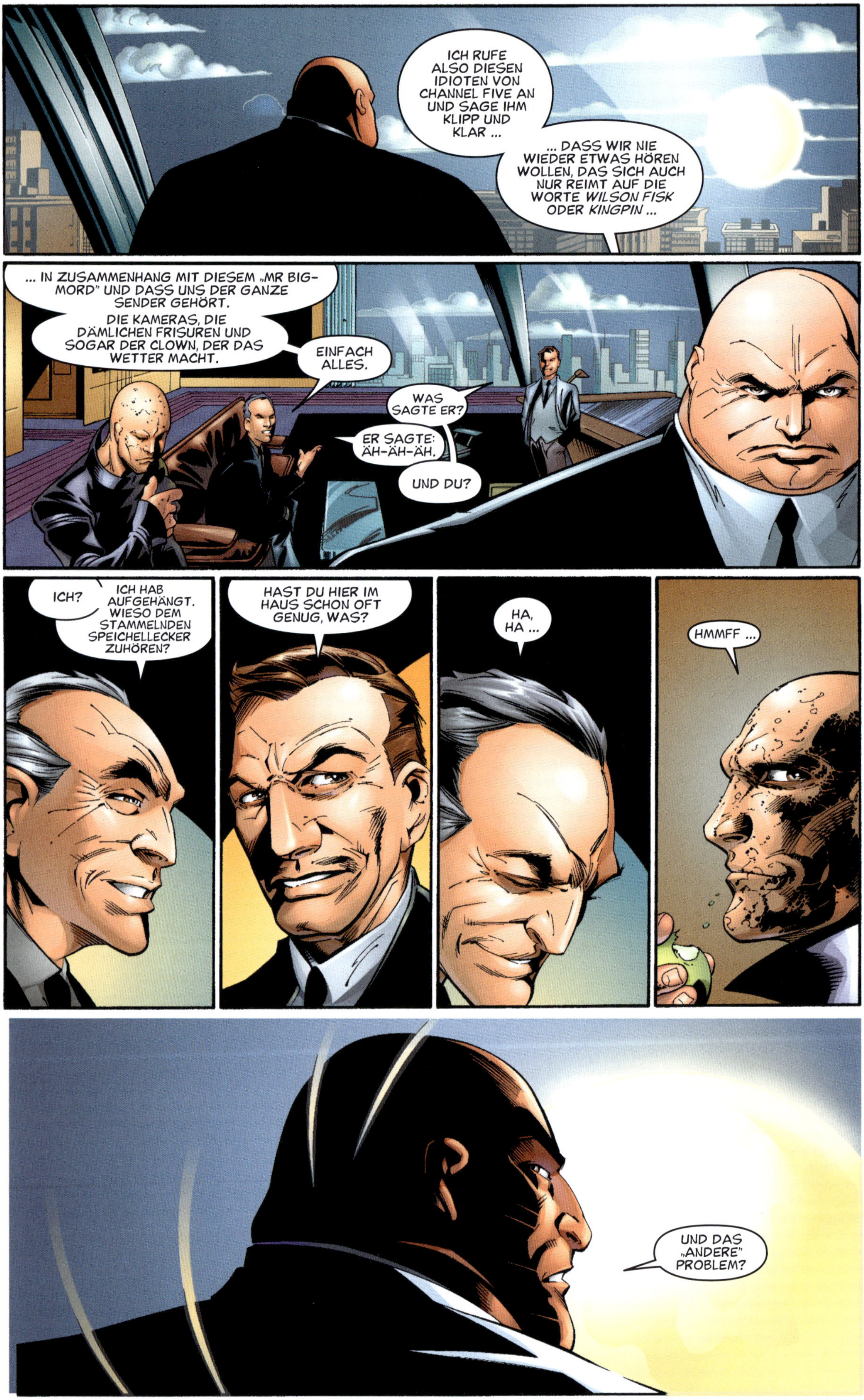

ICH RUFE ALSO DIESEN IDIOTEN VON CHANNEL FIVE AN UND SAGE IHM KLIPP UND KLAR ...
... DASS WIR NIE WIEDER ETWAS HÖREN WOLLEN, DAS SICH AUCH NUR REIMT AUF DIE WORTE *WILSON FISK* ODER *KINGPIN* ...

... IN ZUSAMMENHANG MIT DIESEM „MR BIG-MORD" UND DASS UNS DER GANZE SENDER GEHÖRT.
DIE KAMERAS, DIE DÄMLICHEN FRISUREN UND SOGAR DER CLOWN, DER DAS WETTER MACHT.
EINFACH ALLES.
WAS SAGTE ER?
ER SAGTE: ÄH-ÄH-ÄH.
UND DU?

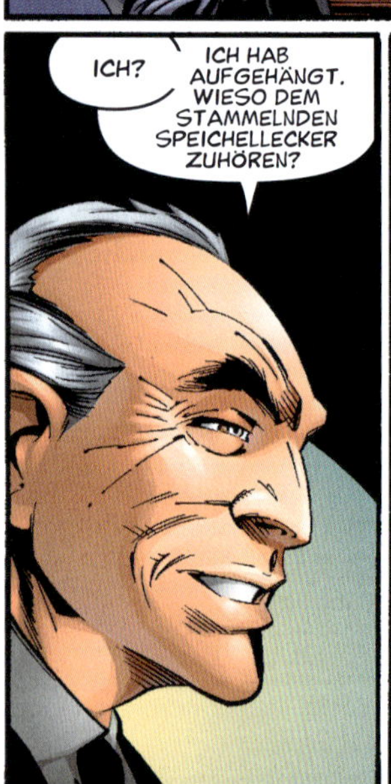

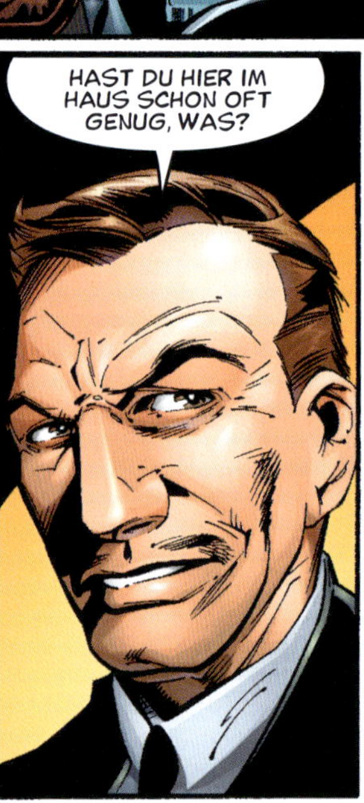

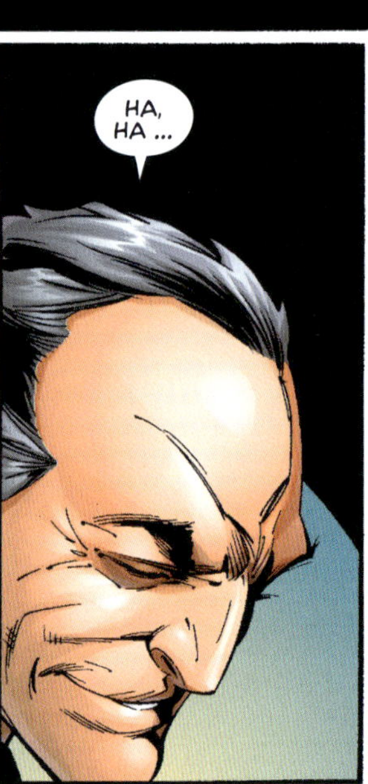

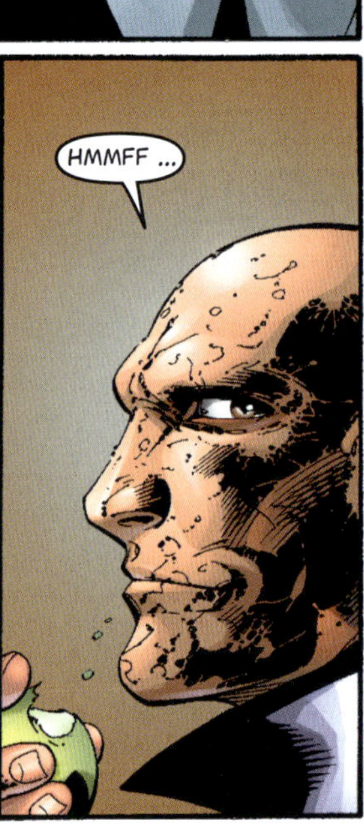

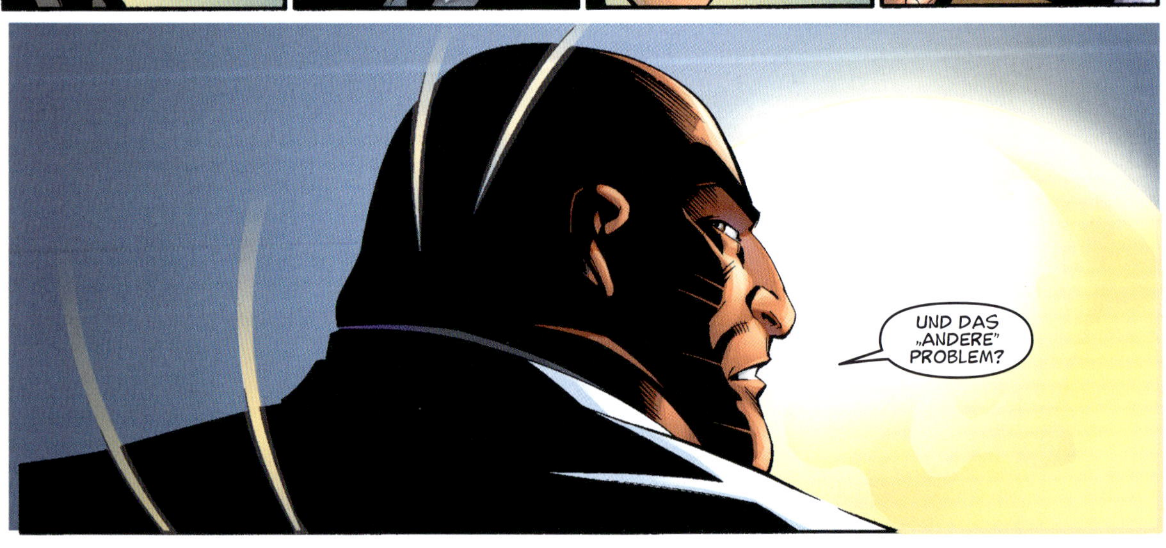

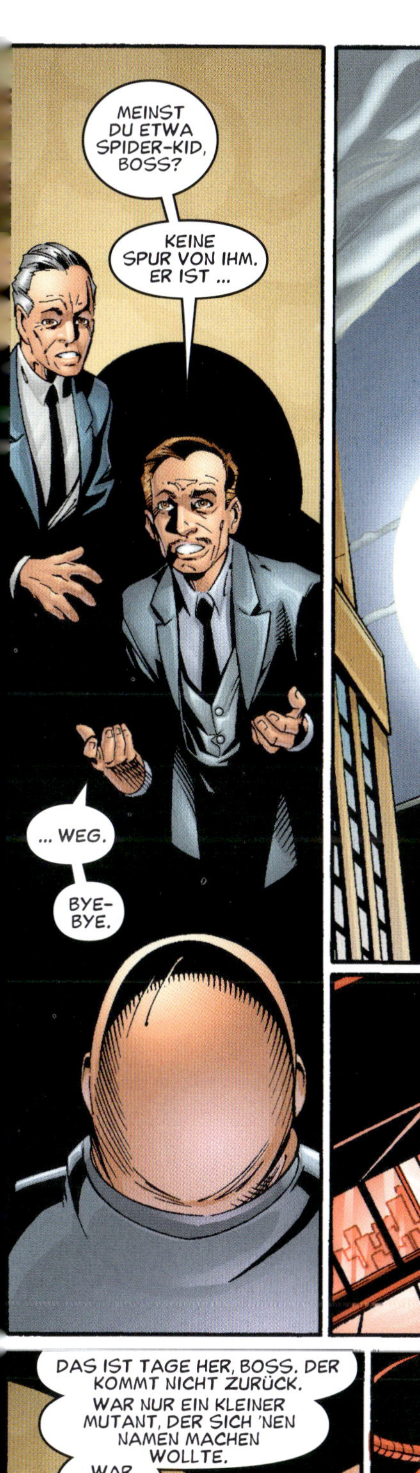
MEINST DU ETWA SPIDER-KID, BOSS?
KEINE SPUR VON IHM. ER IST ...
... WEG.
BYE-BYE.

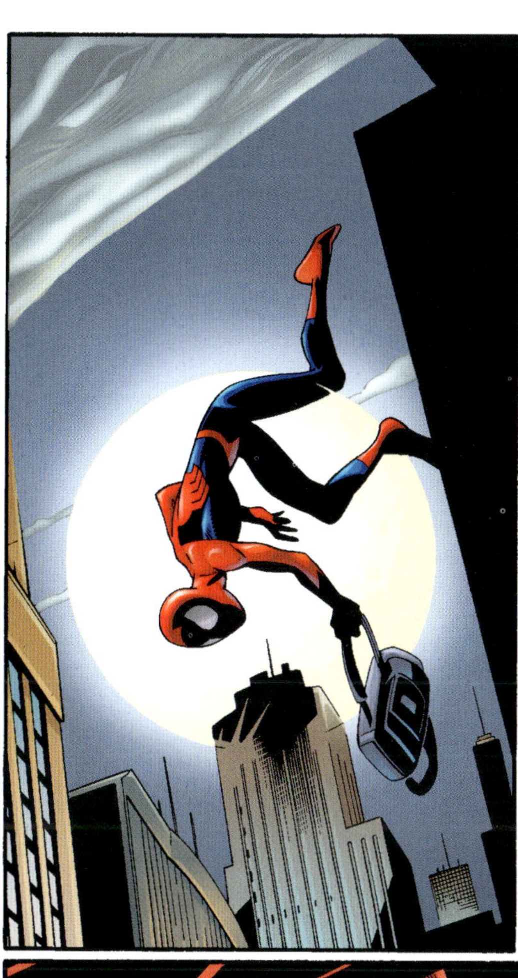

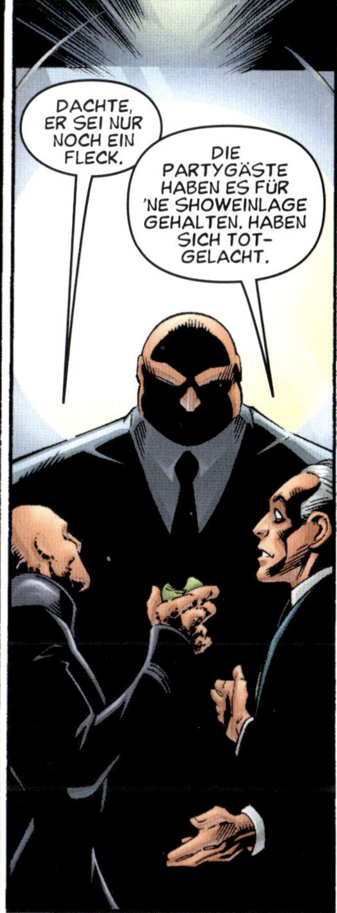
DACHTE, ER SEI NUR NOCH EIN FLECK.
DIE PARTYGÄSTE HABEN ES FÜR 'NE SHOWEINLAGE GEHALTEN. HABEN SICH TOT-GELACHT.

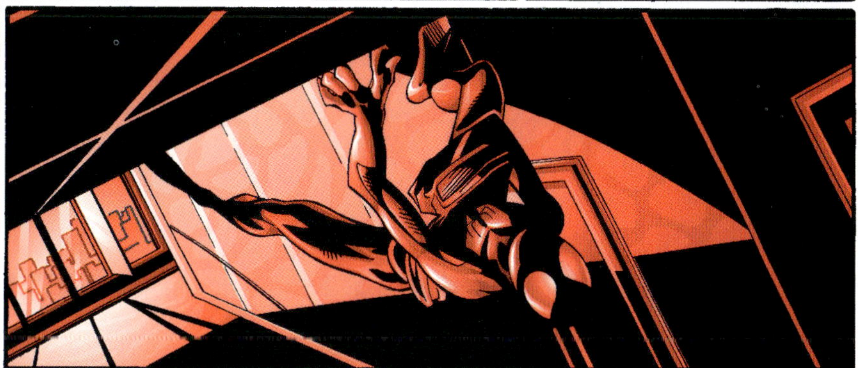

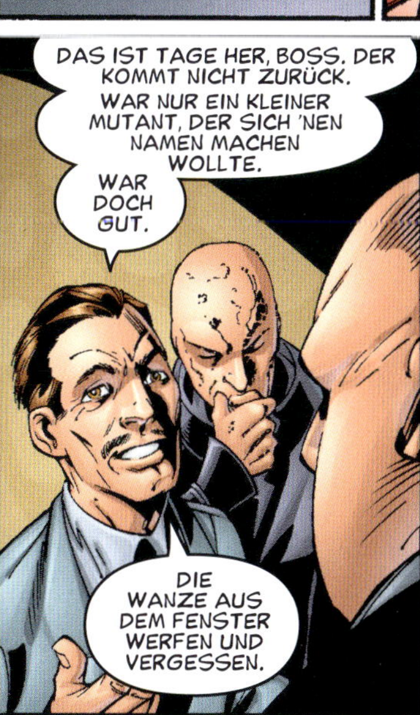
DAS IST TAGE HER, BOSS. DER KOMMT NICHT ZURÜCK.
WAR NUR EIN KLEINER MUTANT, DER SICH 'NEN NAMEN MACHEN WOLLTE.
WAR DOCH GUT.
DIE WANZE AUS DEM FENSTER WERFEN UND VERGESSEN.

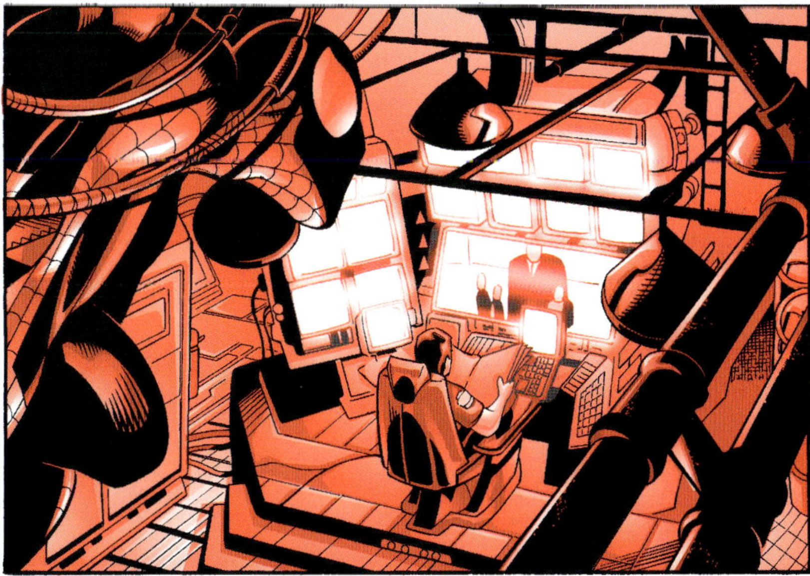

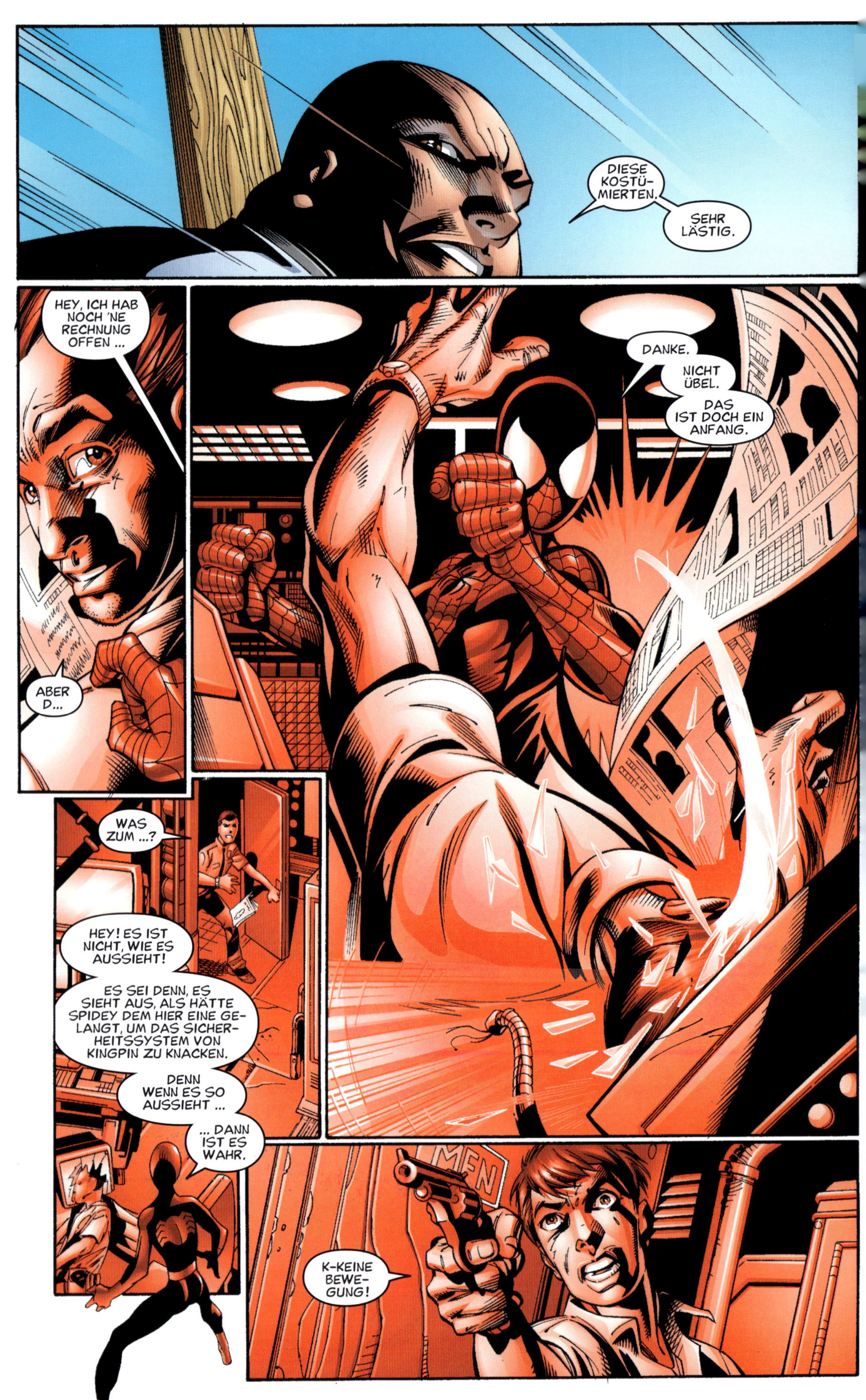
DIESE KOSTÜ-MIERTEN.
SEHR LÄSTIG.
HEY, ICH HAB NOCH 'NE RECHNUNG OFFEN ...
ABER D...
DANKE.
NICHT ÜBEL.
DAS IST DOCH EIN ANFANG.
WAS ZUM ...?
HEY! ES IST NICHT, WIE ES AUSSIEHT!
ES SEI DENN, ES SIEHT AUS, ALS HÄTTE SPIDEY DEM HIER EINE GE-LANGT, UM DAS SICHER-HEITSSYSTEM VON KINGPIN ZU KNACKEN.
DENN WENN ES SO AUSSIEHT ...
... DANN IST ES WAHR.
MEN
K-KEINE BEWE-GUNG!

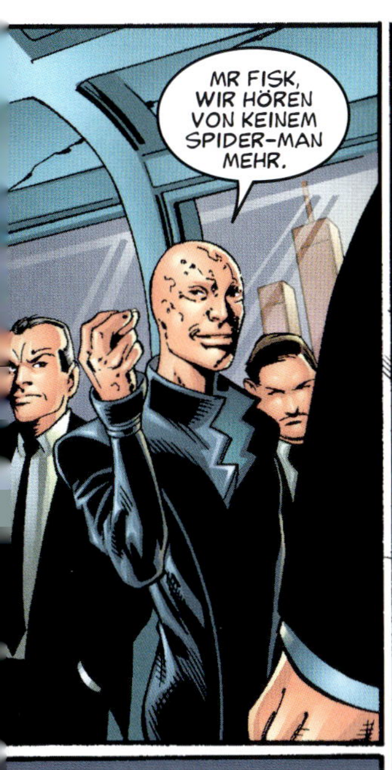
MR FISK, WIR HÖREN VON KEINEM SPIDER-MAN MEHR.

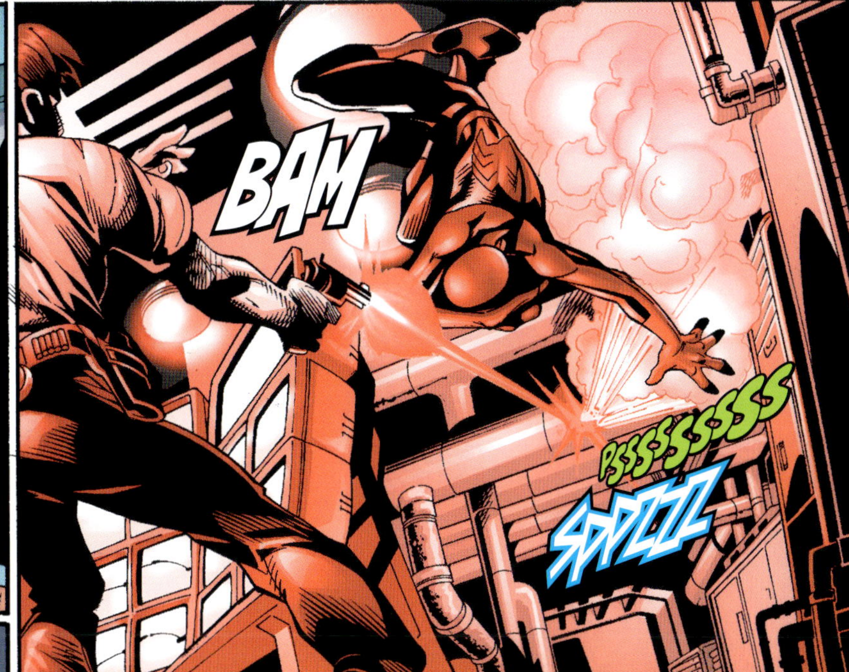
BAM
PSSSSSSSSS
SPDZZZ

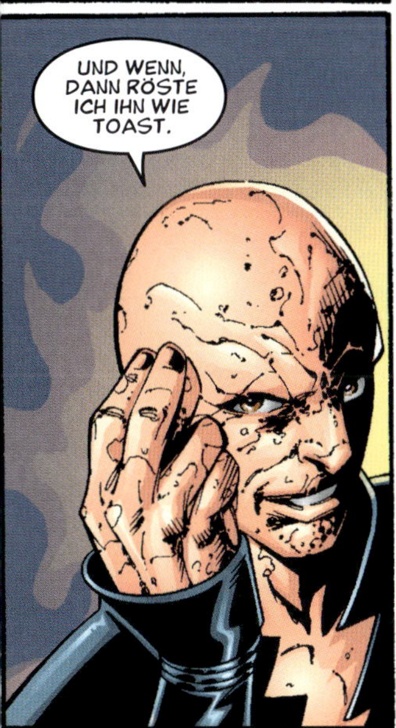
UND WENN, DANN RÖSTE ICH IHN WIE TOAST.

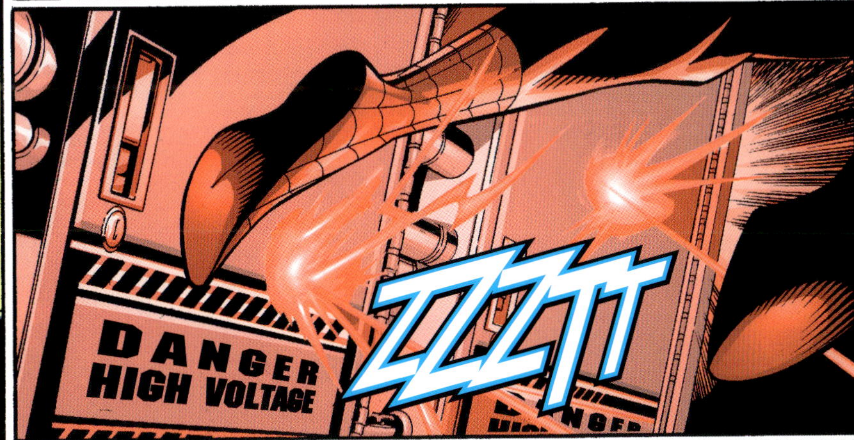
DANGER
HIGH VOLTAGE
ZZZTT

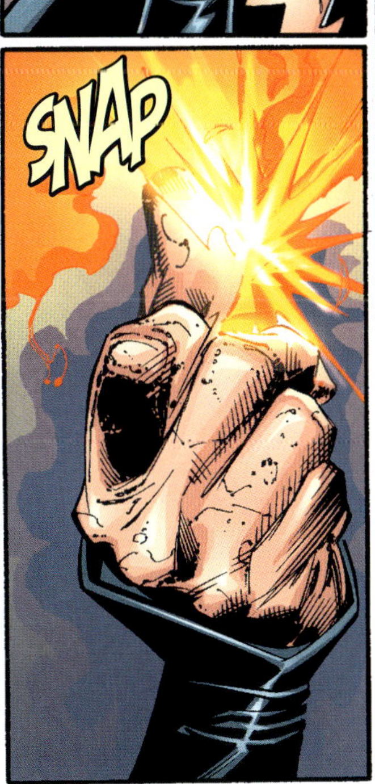
SNAP

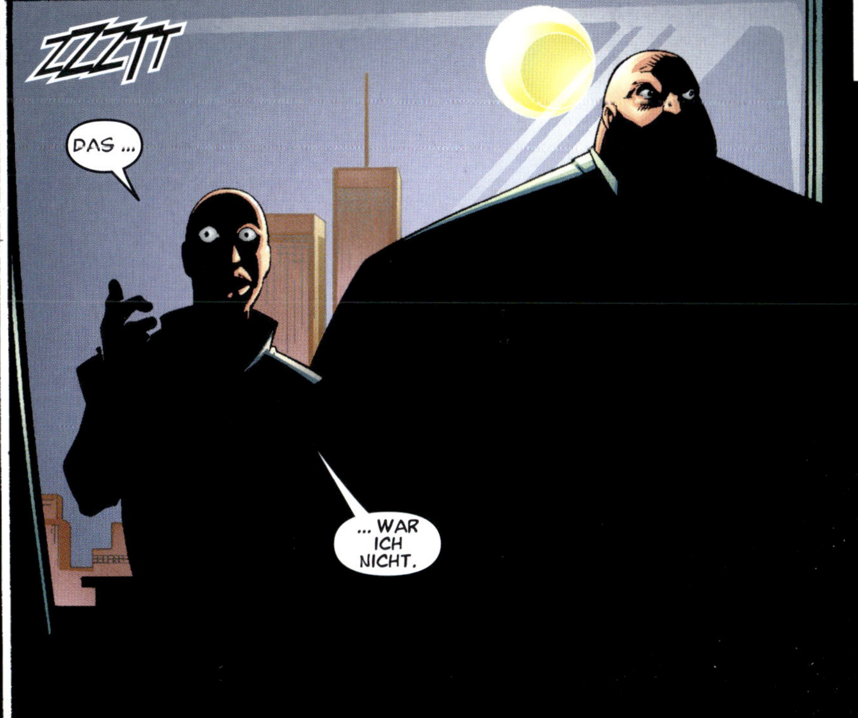
ZZZTT
DAS ...
... WAR ICH NICHT.

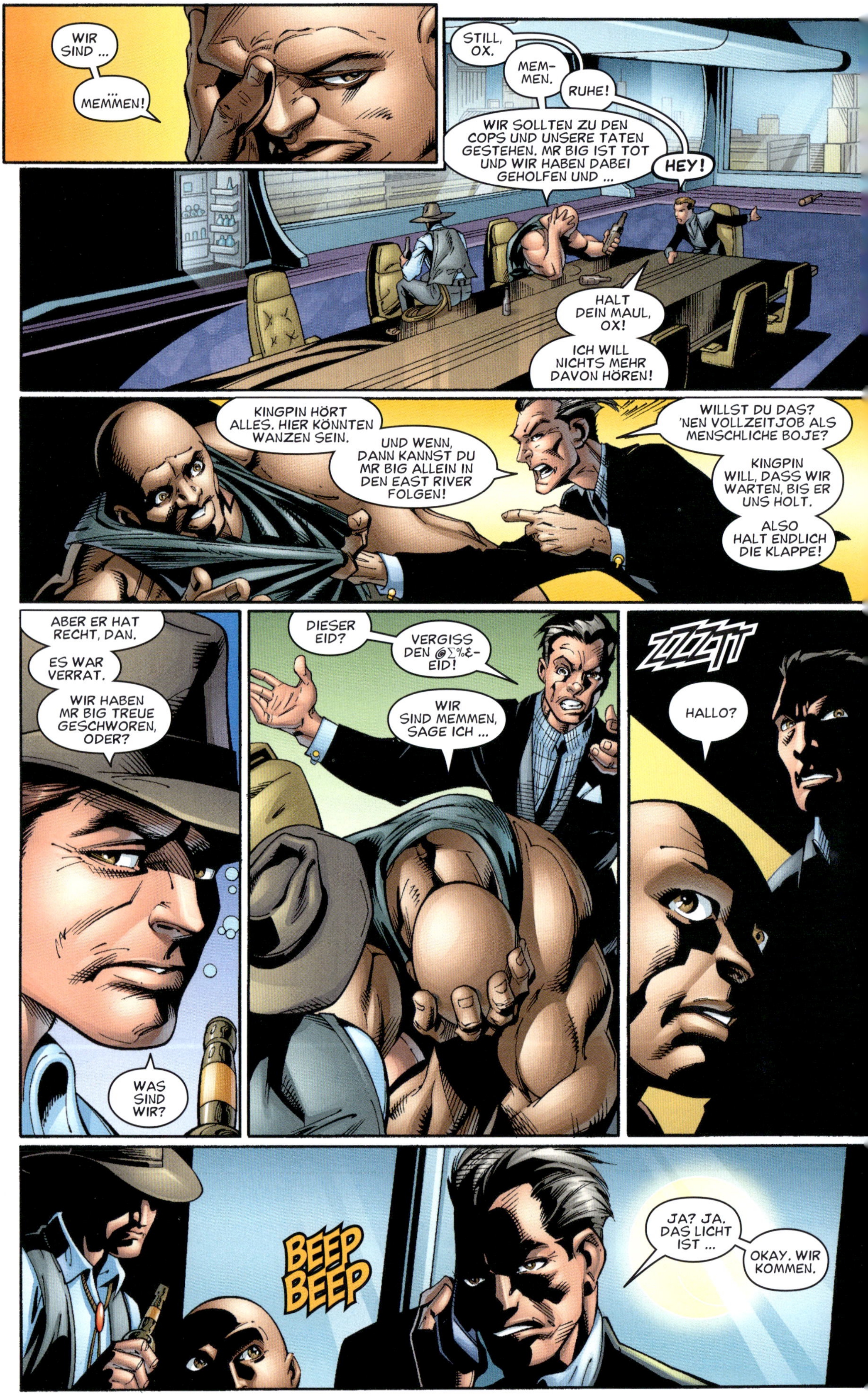

WIR SIND ...
... MEMMEN!

STILL, OX.
MEM-MEN.
RUHE!
WIR SOLLTEN ZU DEN COPS UND UNSERE TATEN GESTEHEN. MR BIG IST TOT UND WIR HABEN DABEI GEHOLFEN UND ...
HEY!
HALT DEIN MAUL, OX!
ICH WILL NICHTS MEHR DAVON HÖREN!

KINGPIN HÖRT ALLES. HIER KÖNNTEN WANZEN SEIN.
UND WENN, DANN KANNST DU MR BIG ALLEIN IN DEN EAST RIVER FOLGEN!
WILLST DU DAS? 'NEN VOLLZEITJOB ALS MENSCHLICHE BOJE?
KINGPIN WILL, DASS WIR WARTEN, BIS ER UNS HOLT.
ALSO HALT ENDLICH DIE KLAPPE!

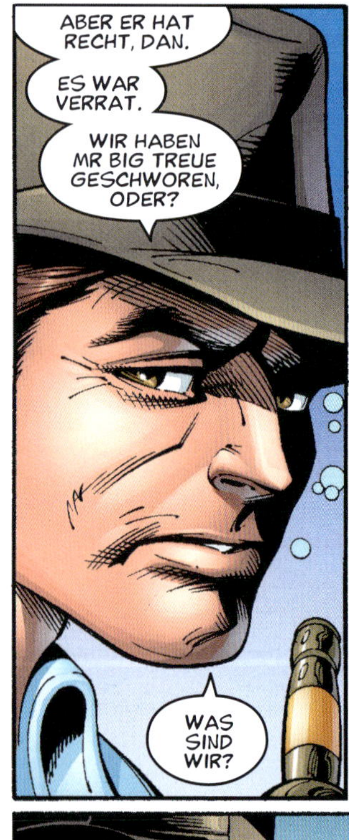

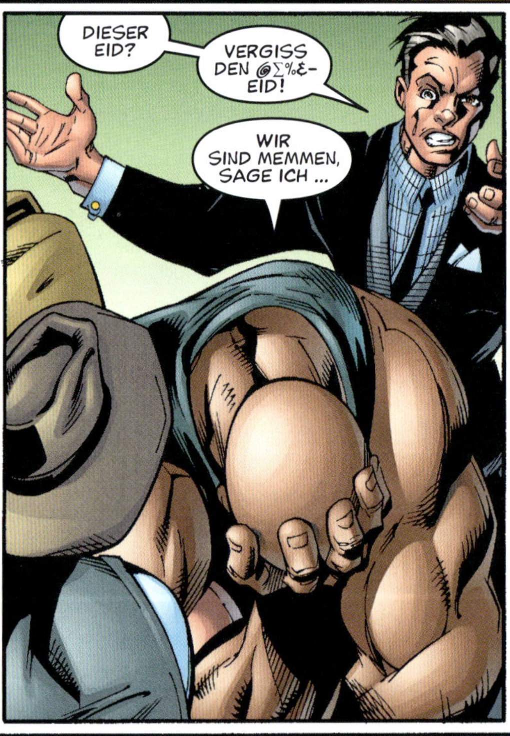

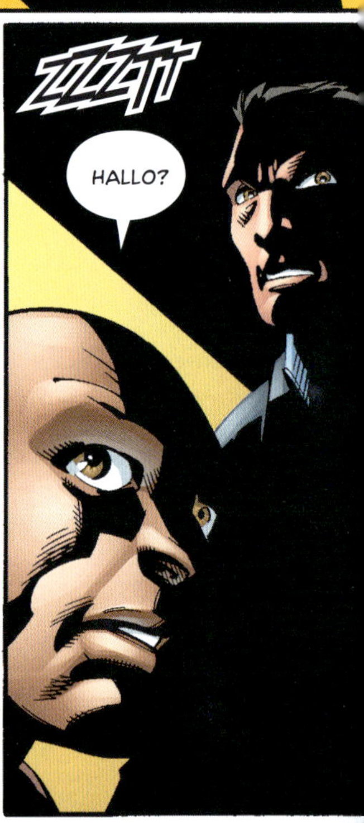

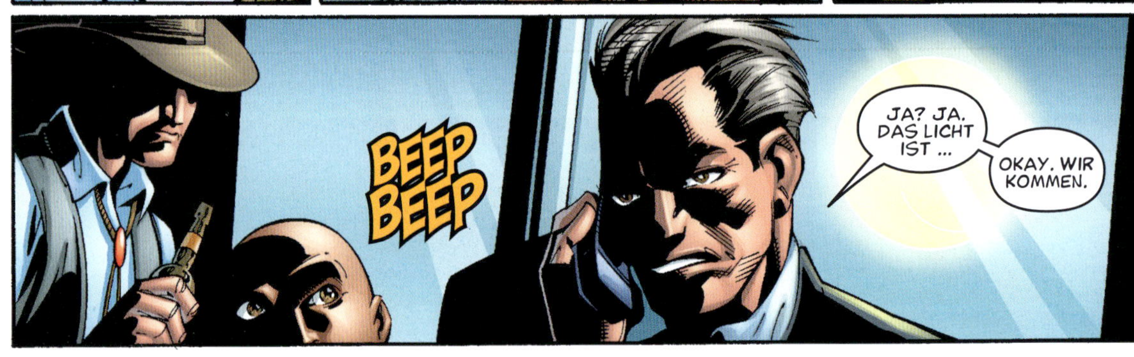

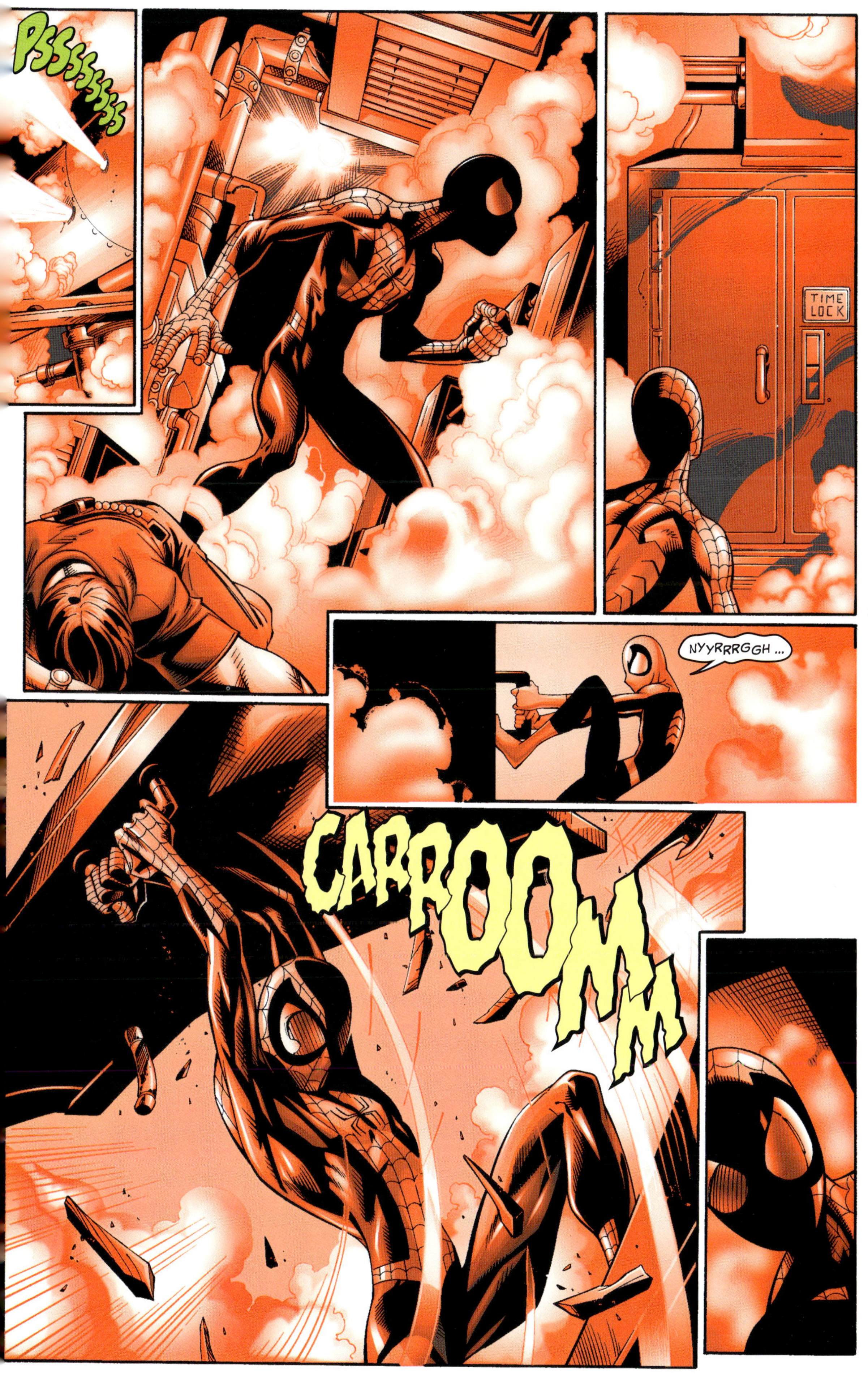
PSSSSSSSSS
TIME LOCK
NYYRRRGGH ...
CARROOMM

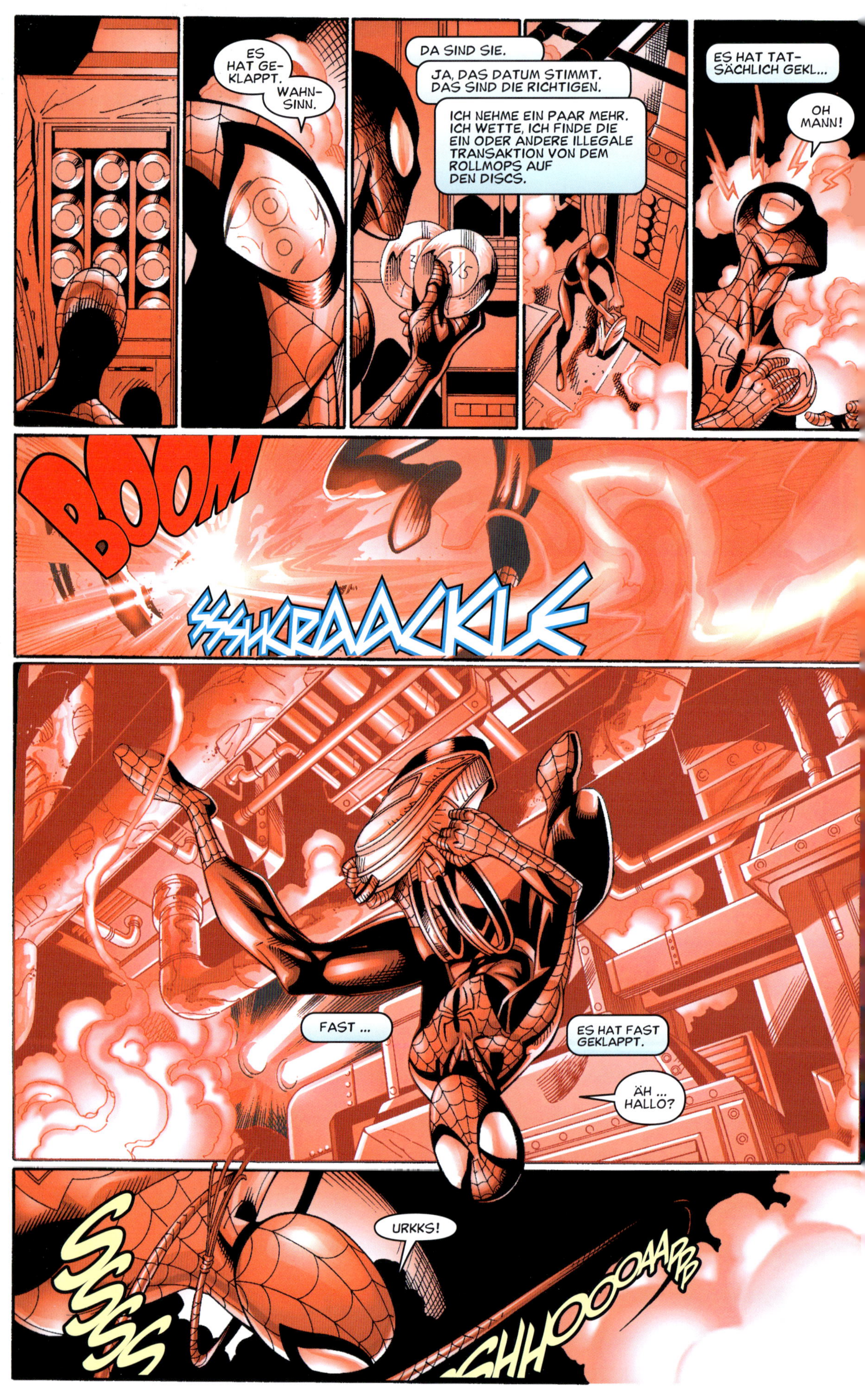

ES HAT GEKLAPPT.
WAHNSINN.
DA SIND SIE.
JA, DAS DATUM STIMMT. DAS SIND DIE RICHTIGEN.
ICH NEHME EIN PAAR MEHR. ICH WETTE, ICH FINDE DIE EIN ODER ANDERE ILLEGALE TRANSAKTION VON DEM ROLLMOPS AUF DEN DISCS.
ES HAT TATSÄCHLICH GEKL...
OH MANN!
BOOM
SSSHKRAACKLE
FAST ...
ES HAT FAST GEKLAPPT.
ÄH ... HALLO?
URKKS!
SSSG
GHHOOOOAARB

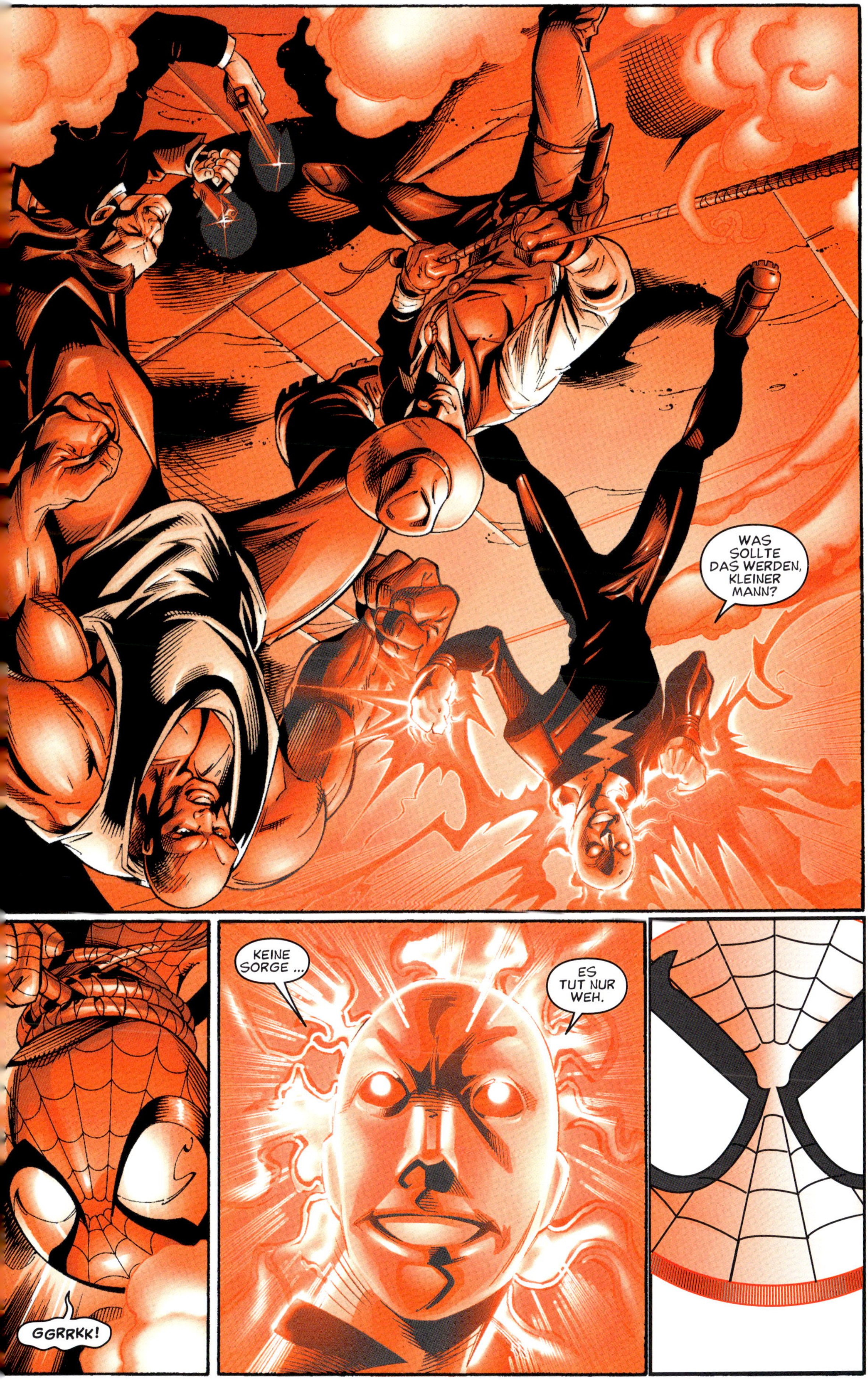

WAS SOLLTE DAS WERDEN, KLEINER MANN?

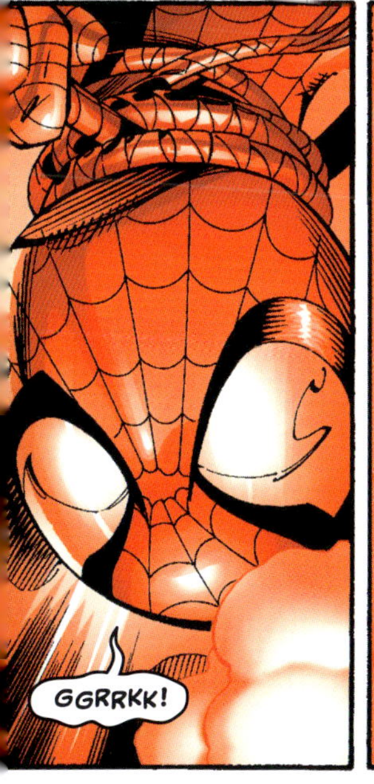

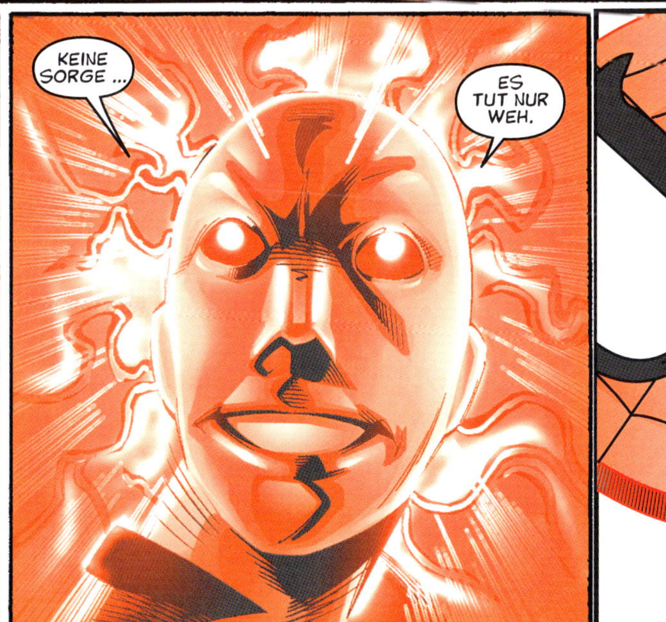

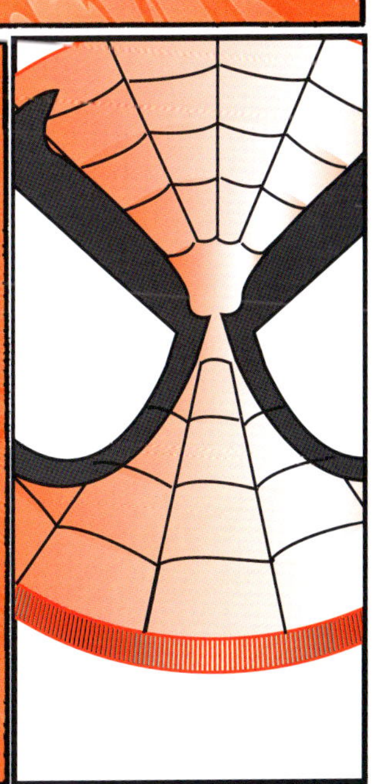

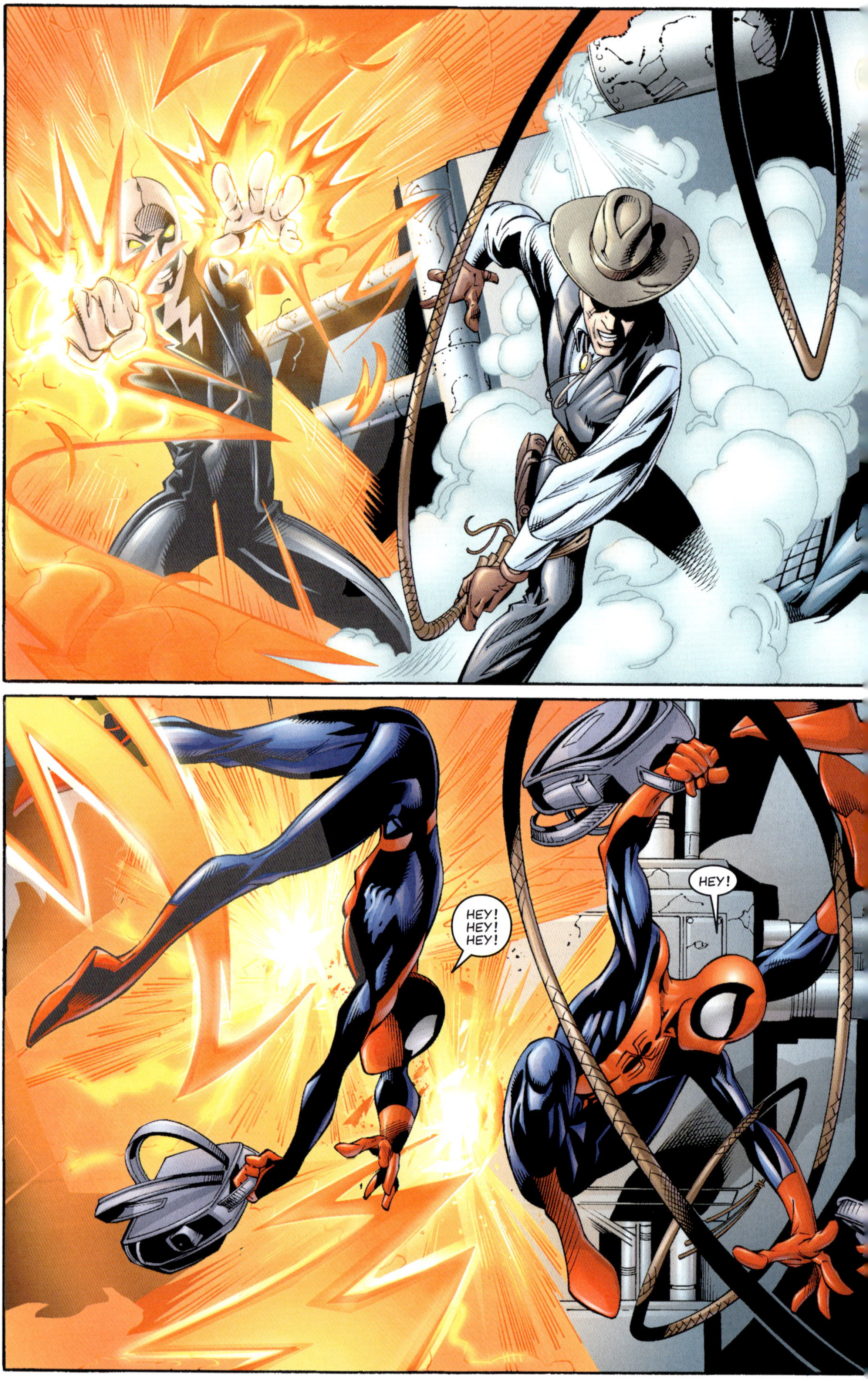

HEY! HEY! HEY!
HEY!

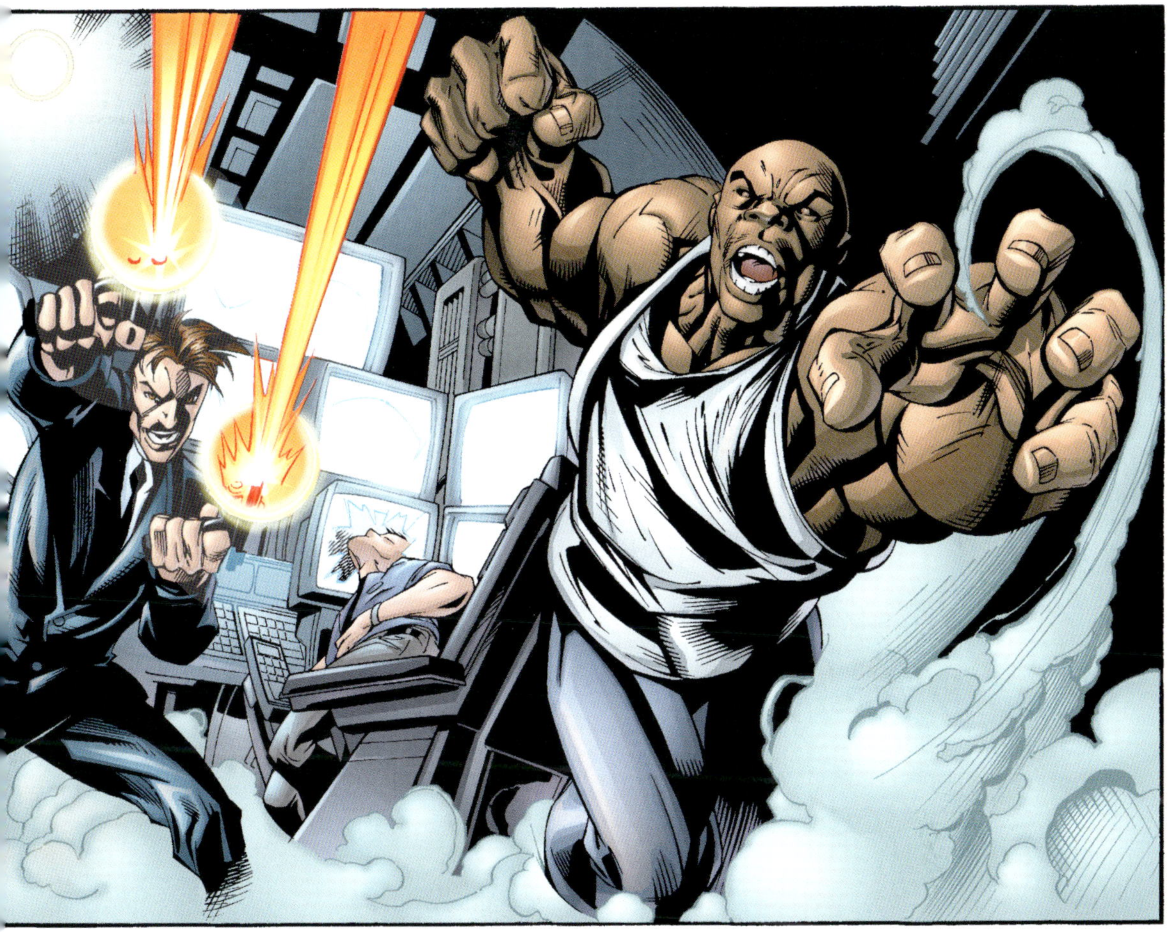

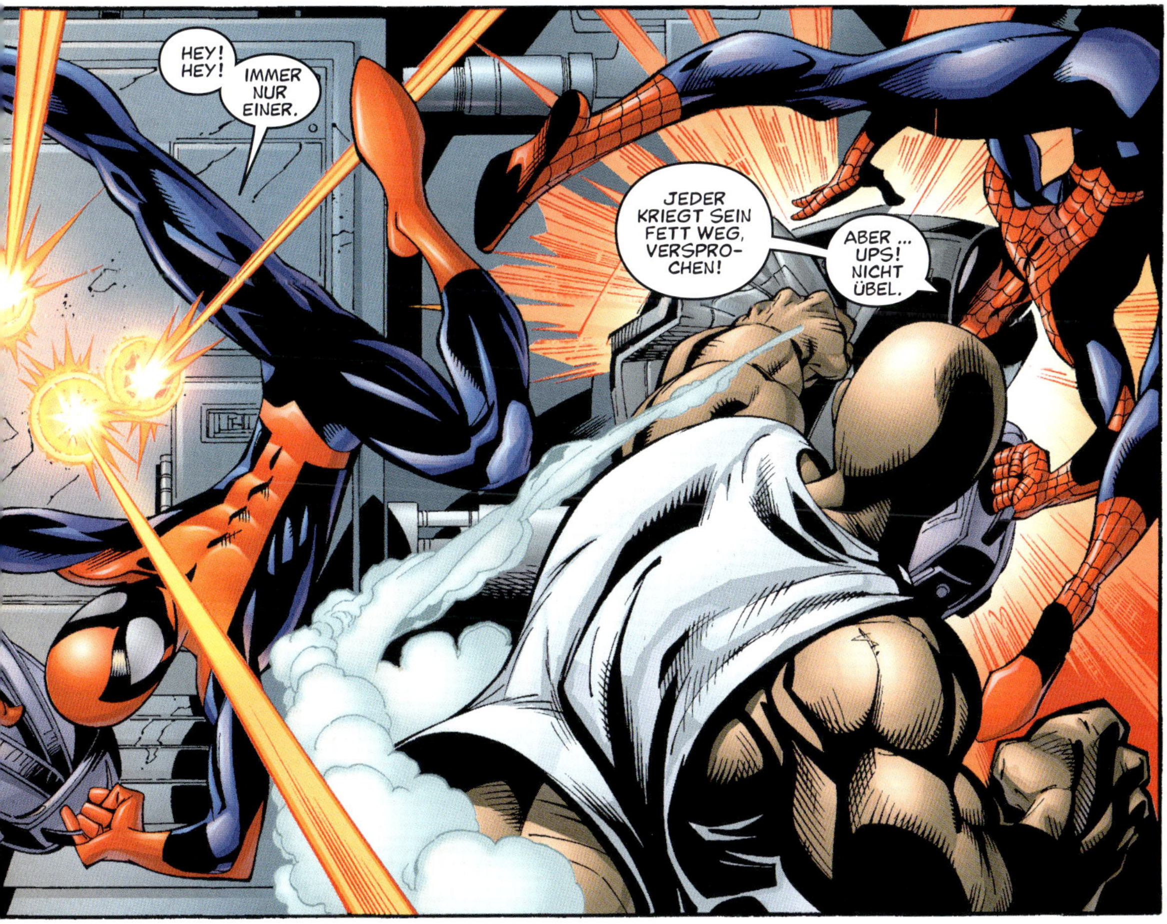

HEY! HEY!
IMMER NUR EINER.
JEDER KRIEGT SEIN FETT WEG, VERSPROCHEN!
ABER ... UPS! NICHT ÜBEL.

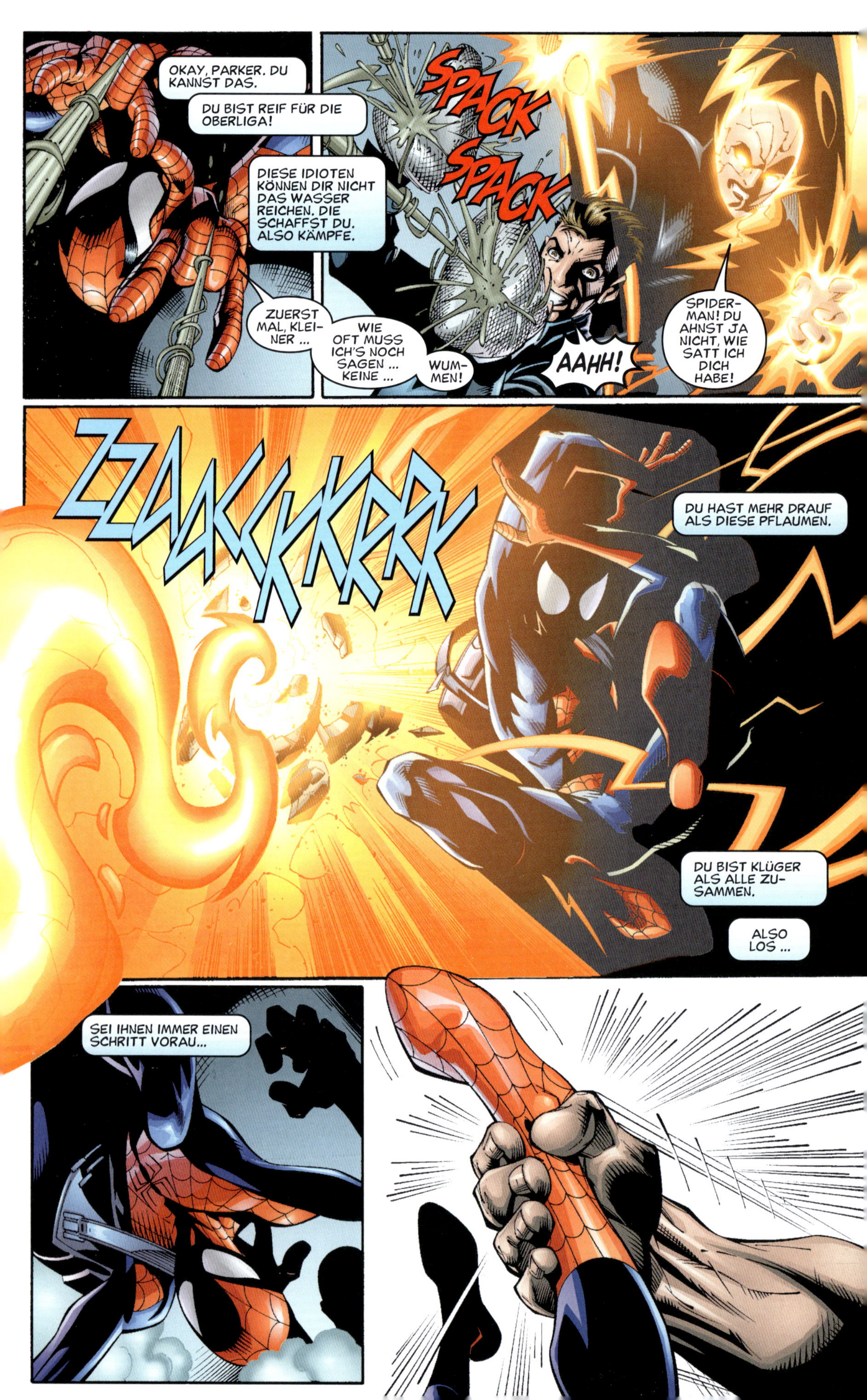
OKAY, PARKER. DU KANNST DAS.
DU BIST REIF FÜR DIE OBERLIGA!
DIESE IDIOTEN KÖNNEN DIR NICHT DAS WASSER REICHEN. DIE SCHAFFST DU. ALSO KÄMPFE.
ZUERST MAL, KLEINER ...
WIE OFT MUSS ICH'S NOCH SAGEN ... KEINE ...
WUMMEN!
SPACK
SPACK
AAHH!
SPIDER-MAN! DU AHNST JA NICHT, WIE SATT ICH DICH HABE!
ZZAACKKRRK
DU HAST MEHR DRAUF ALS DIESE PFLAUMEN.
DU BIST KLÜGER ALS ALLE ZUSAMMEN.
ALSO LOS ...
SEI IHNEN IMMER EINEN SCHRITT VORAU...

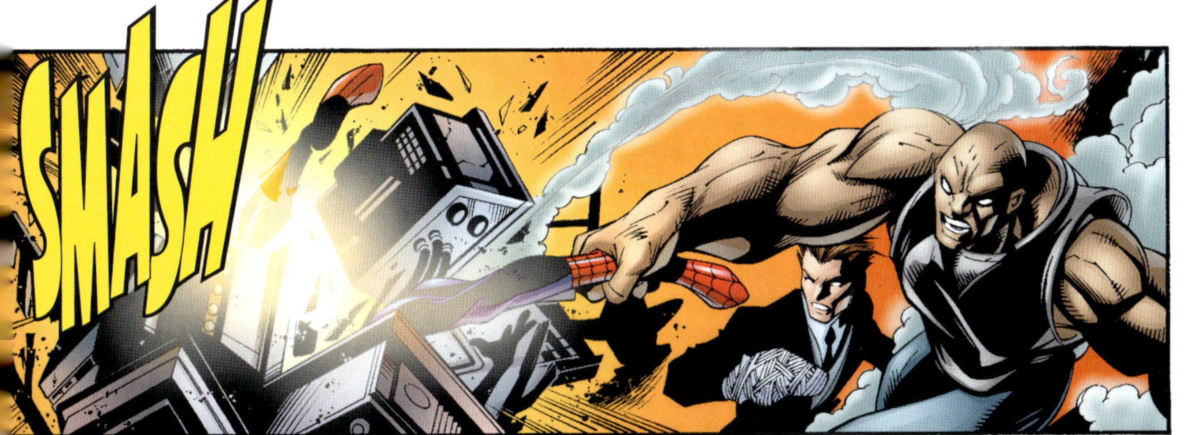
SMASH

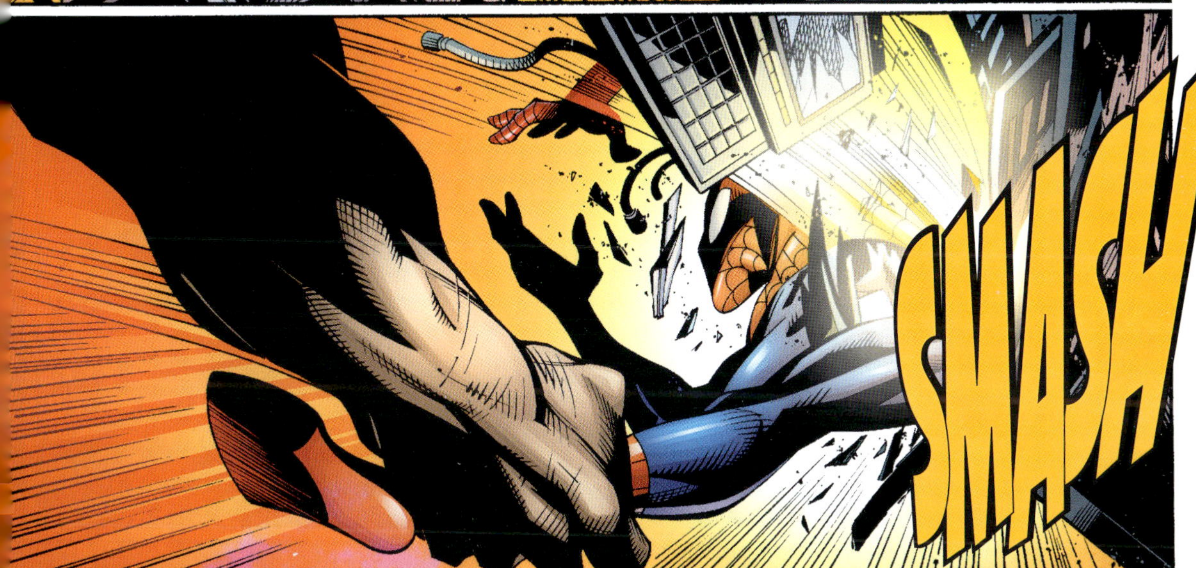
SMASH

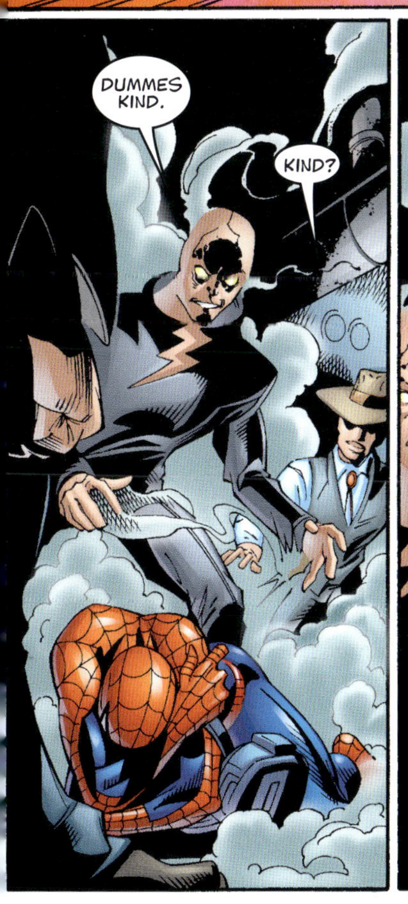
DUMMES KIND.
KIND?

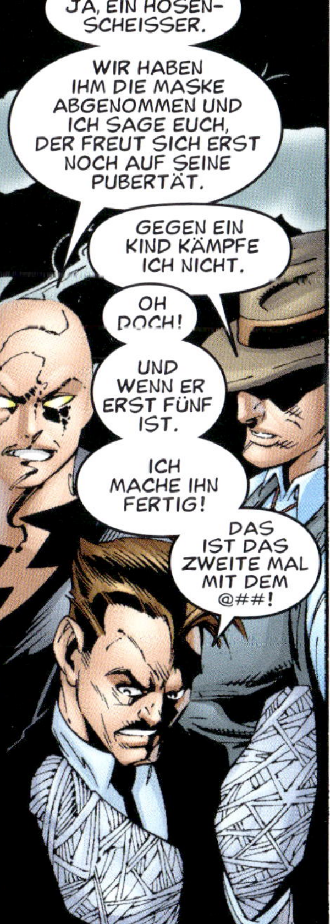
JA, EIN HOSEN-SCHEISSER.
WIR HABEN IHM DIE MASKE ABGENOMMEN UND ICH SAGE EUCH, DER FREUT SICH ERST NOCH AUF SEINE PUBERTÄT.
GEGEN EIN KIND KÄMPFE ICH NICHT.
OH DOCH!
UND WENN ER ERST FÜNF IST.
ICH MACHE IHN FERTIG!
DAS IST DAS ZWEITE MAL MIT DEM @##!

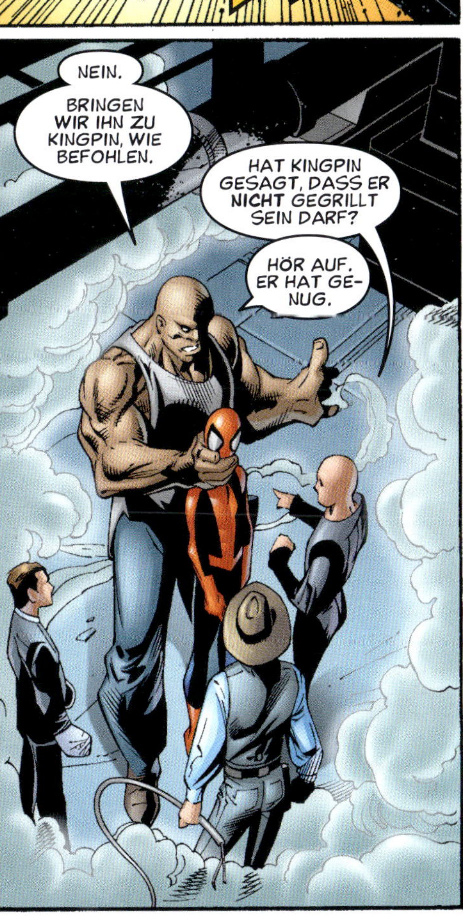
NEIN.
BRINGEN WIR IHN ZU KINGPIN, WIE BEFOHLEN.
HAT KINGPIN GESAGT, DASS ER NICHT GEGRILLT SEIN DARF?
HÖR AUF. ER HAT GE-NUG.

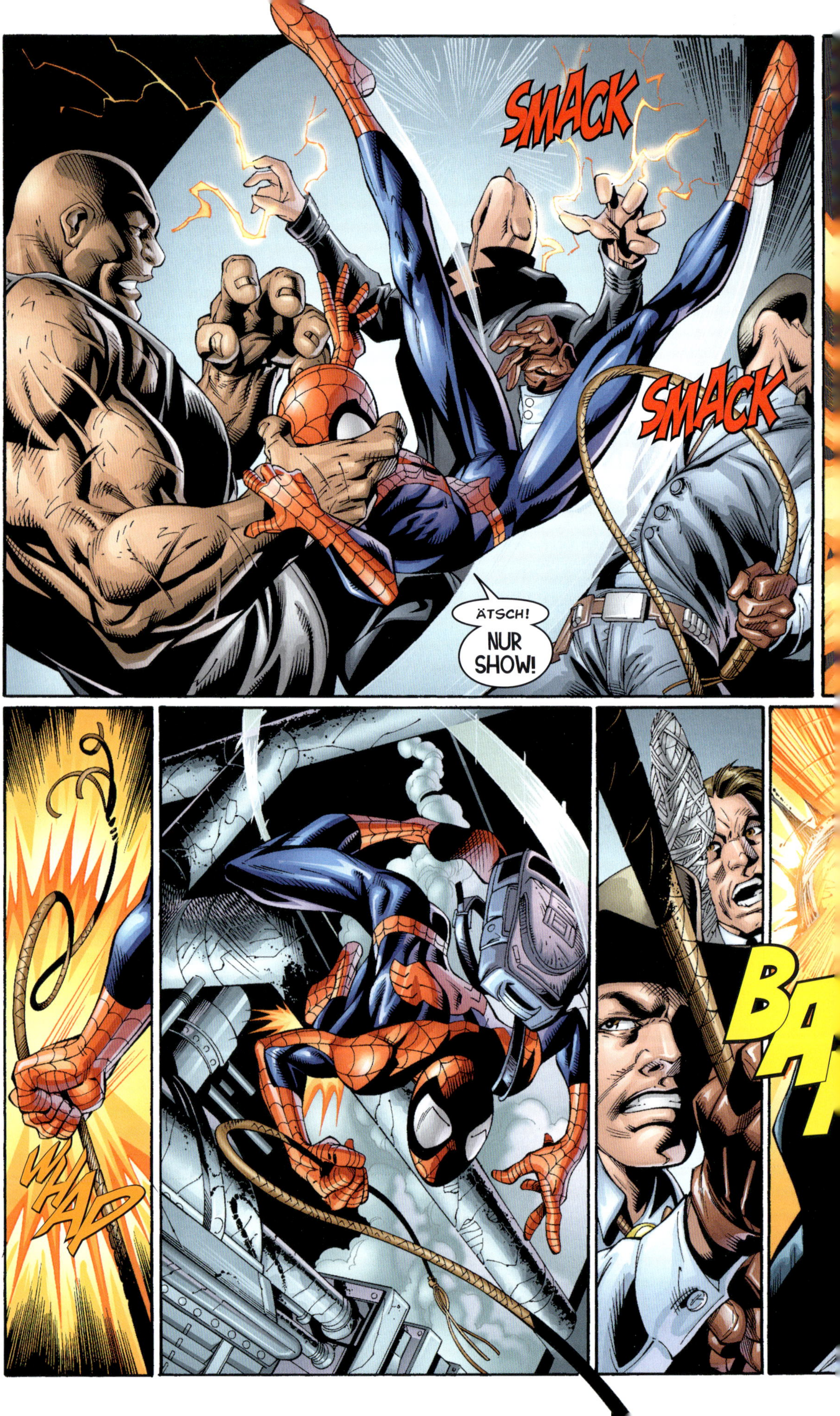

SMACK
SMACK
ÄTSCH!
NUR SHOW!
WHAP
BA

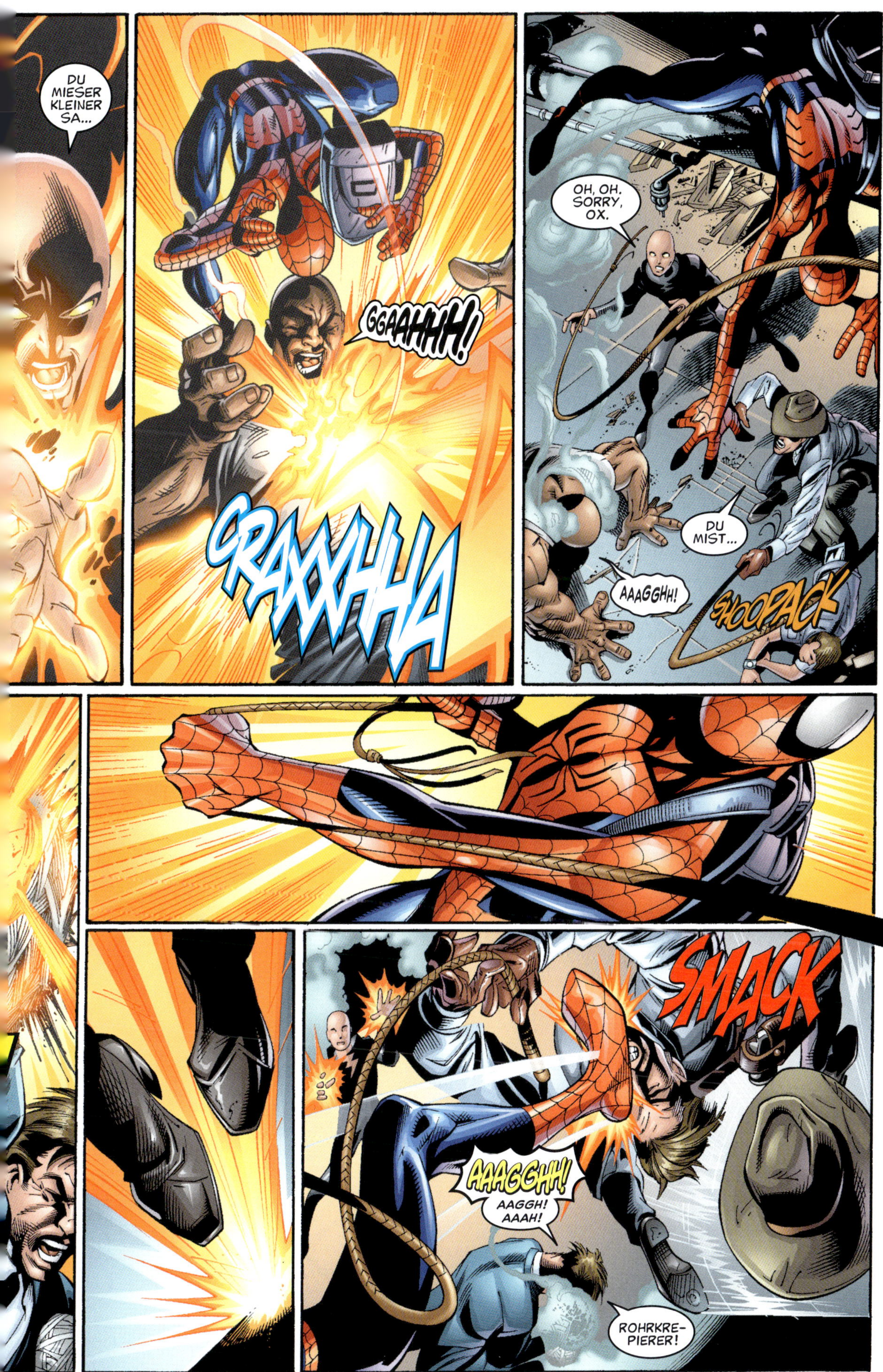
DU MIESER KLEINER SA...
GGAAHHH!
CRAXXHHA
OH, OH, SORRY, OX.
DU MIST...
AAAGGHH!
SHOOPACK
SMACK
AAAGGHH!
AAGGH! AAAH!
ROHRKRE-PIERER!

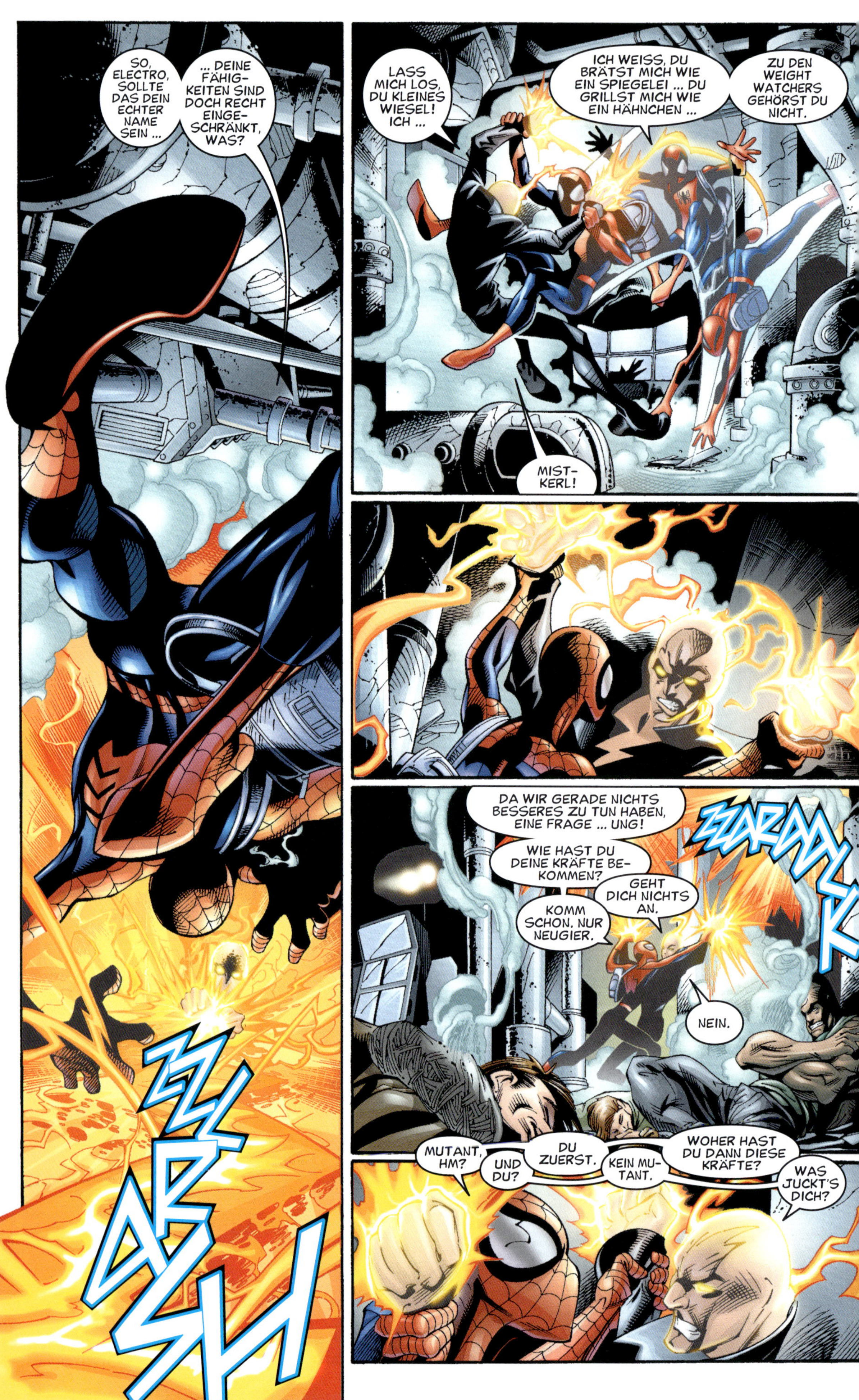
SO, ELECTRO, SOLLTE DAS DEIN ECHTER NAME SEIN ...
... DEINE FÄHIGKEITEN SIND DOCH RECHT EINGESCHRÄNKT, WAS?
ZZZZAKRAKSH
LASS MICH LOS, DU KLEINES WIESEL! ICH ...
ICH WEISS, DU BRÄTST MICH WIE EIN SPIEGELEI ... DU GRILLST MICH WIE EIN HÄHNCHEN ...
ZU DEN WEIGHT WATCHERS GEHÖRST DU NICHT.
MISTKERL!
DA WIR GERADE NICHTS BESSERES ZU TUN HABEN, EINE FRAGE ... UNG!
ZZZARAKK
WIE HAST DU DEINE KRÄFTE BEKOMMEN?
GEHT DICH NICHTS AN.
KOMM SCHON. NUR NEUGIER.
NEIN.
MUTANT, HM?
UND DU?
DU ZUERST.
KEIN MUTANT.
WOHER HAST DU DANN DIESE KRÄFTE?
WAS JUCKT'S DICH?

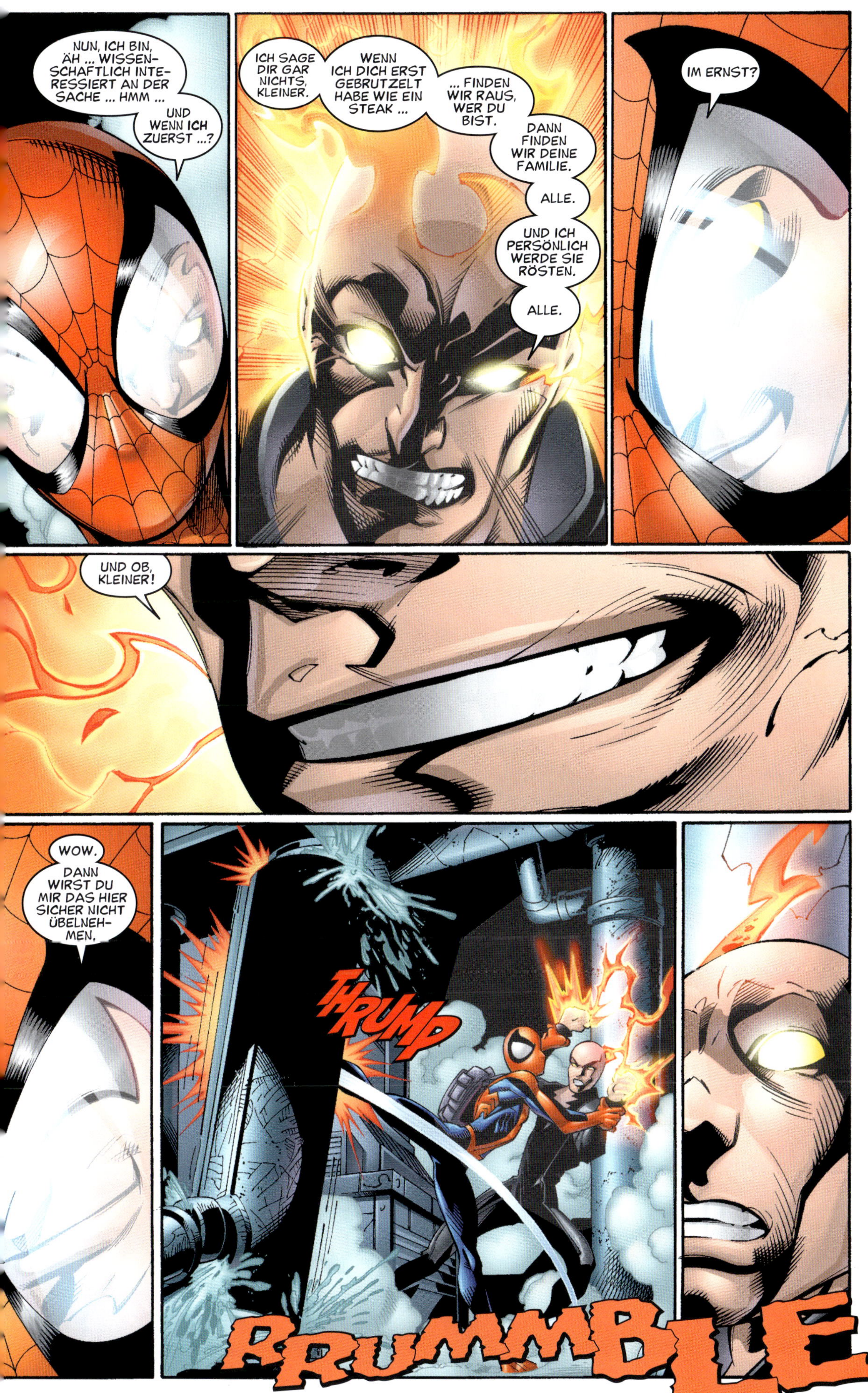
NUN, ICH BIN, ÄH ... WISSEN-SCHAFTLICH INTE-RESSIERT AN DER SACHE ... HMM ...
UND WENN ICH ZUERST ...?
ICH SAGE DIR GAR NICHTS, KLEINER.
WENN ICH DICH ERST GEBRUTZELT HABE WIE EIN STEAK ...
... FINDEN WIR RAUS, WER DU BIST.
DANN FINDEN WIR DEINE FAMILIE.
ALLE.
UND ICH PERSÖNLICH WERDE SIE RÖSTEN.
ALLE.
IM ERNST?
UND OB, KLEINER!
WOW.
DANN WIRST DU MIR DAS HIER SICHER NICHT ÜBELNEH-MEN.
THRUMP
RRUMMBLE

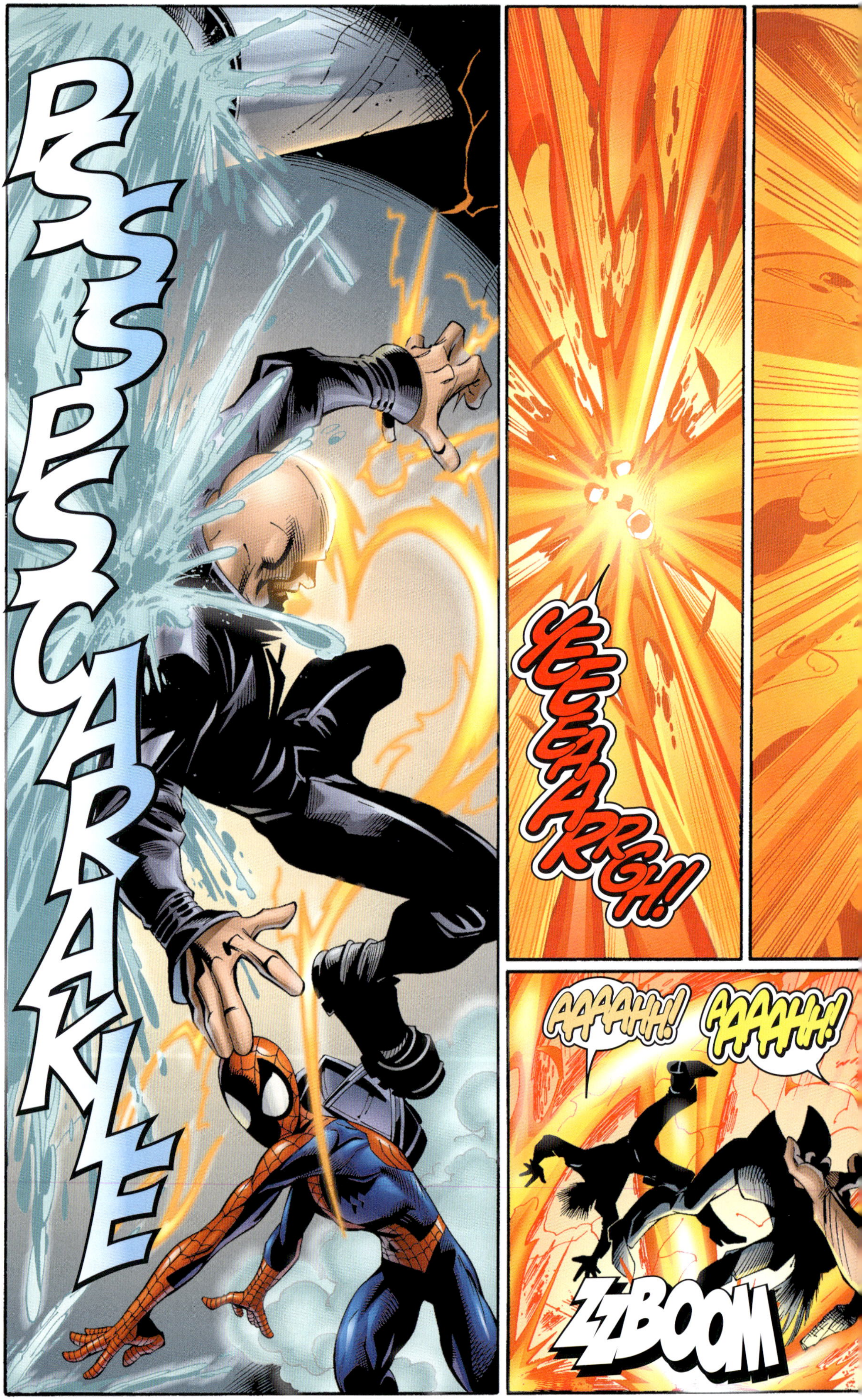

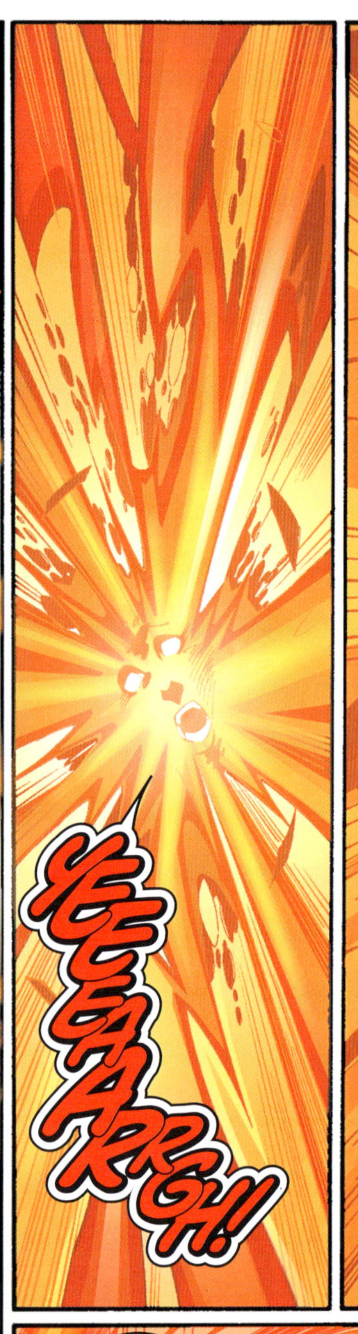
YEEEAARRGH!

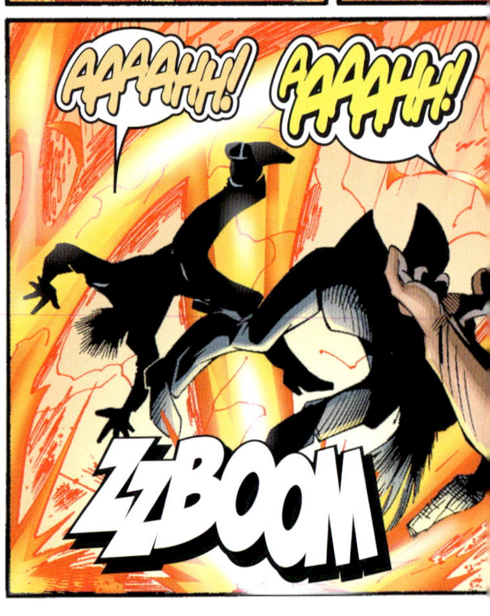
AAAAHH!
AAAAHH!
ZZBOOM

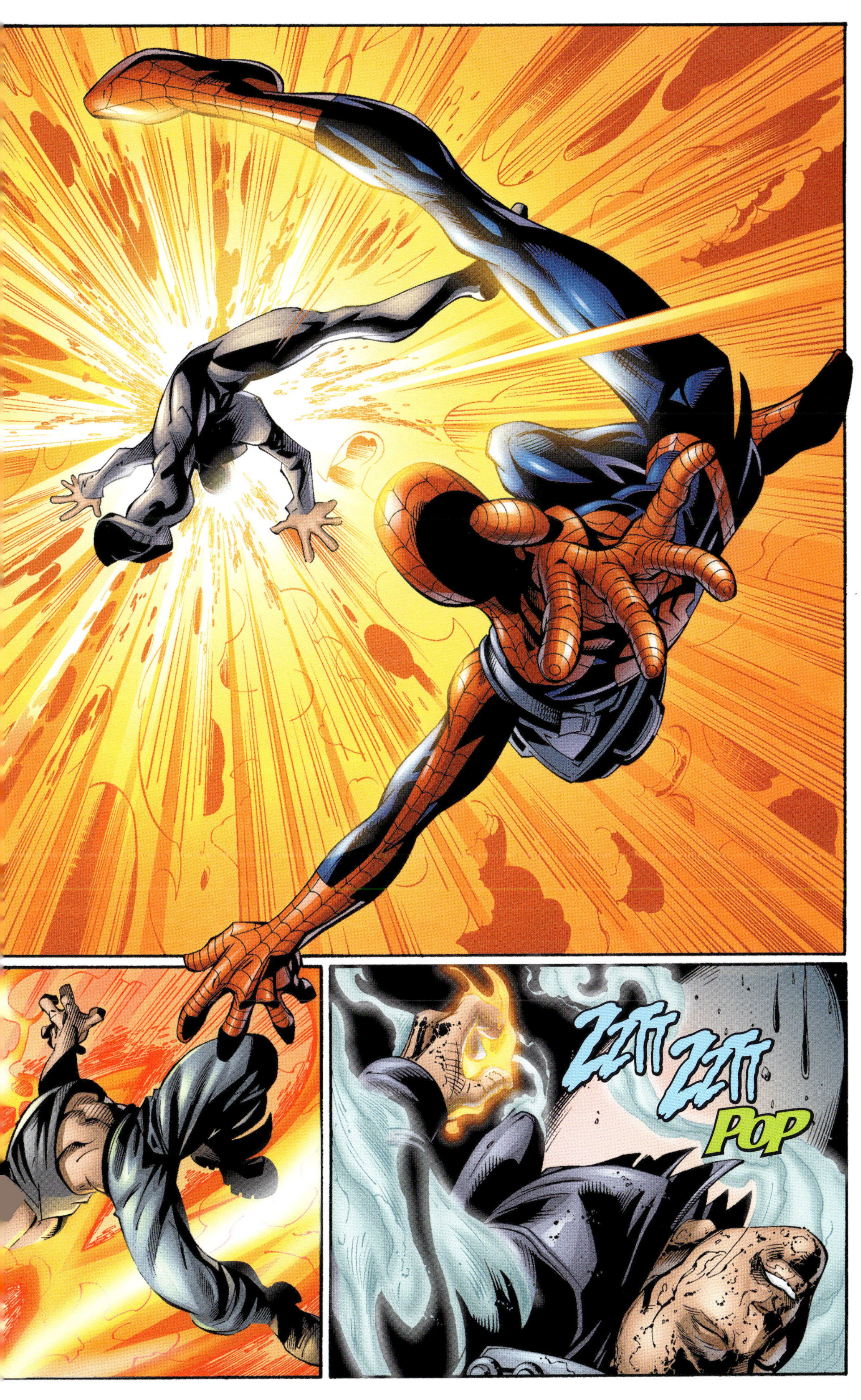

ZZFFT ZZFFT
POP

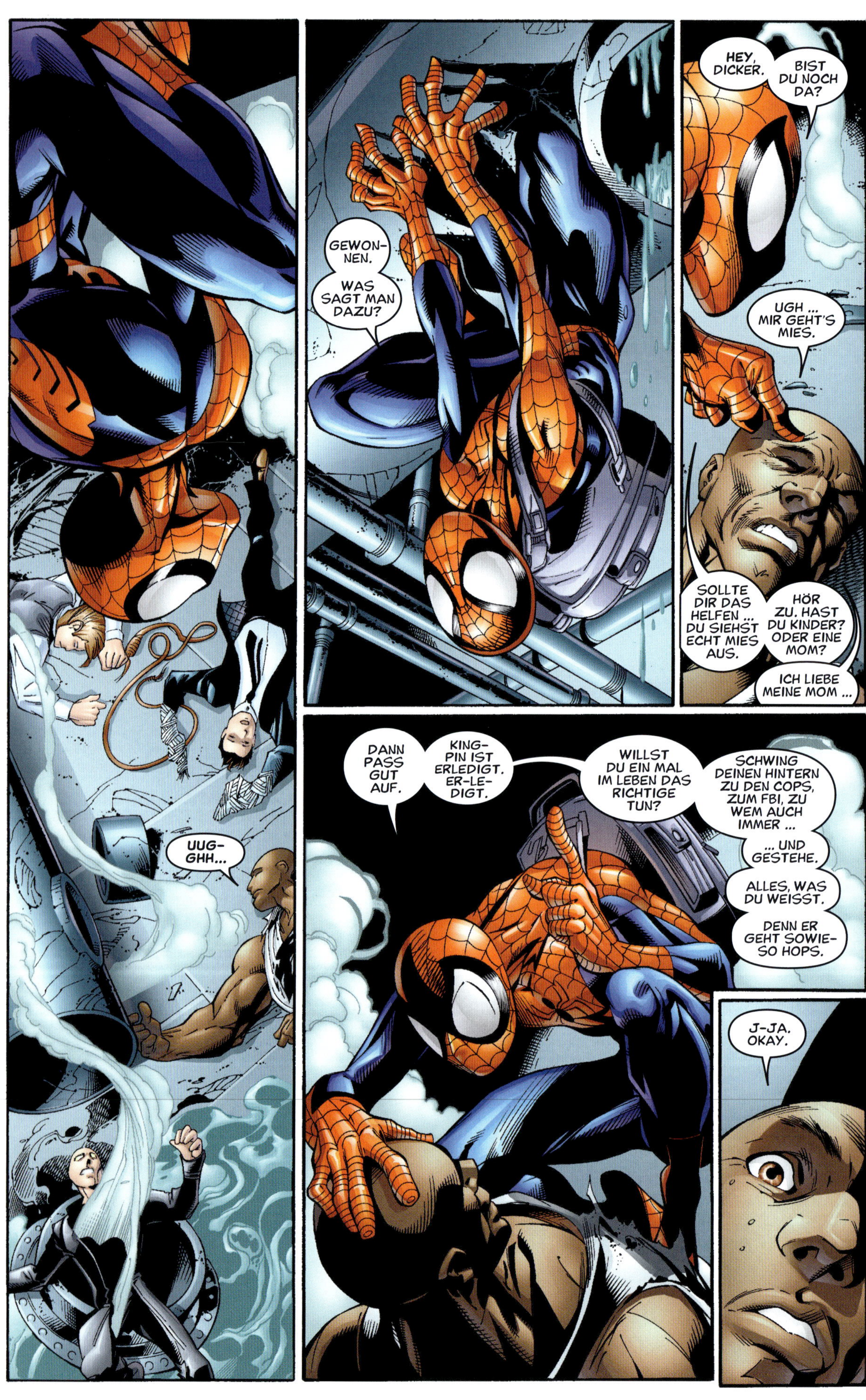
UUG-
GHH...
GEWON-
NEN.
WAS
SAGT MAN
DAZU?
HEY,
DICKER.
BIST
DU NOCH
DA?
UGH ...
MIR GEHT'S
MIES.
SOLLTE
DIR DAS
HELFEN ...
DU SIEHST
ECHT MIES
AUS.
HÖR
ZU. HAST
DU KINDER?
ODER EINE
MOM?
ICH LIEBE
MEINE MOM ...
DANN
PASS
GUT
AUF.
KING-
PIN IST
ERLEDIGT.
ER-LE-
DIGT.
WILLST
DU EIN MAL
IM LEBEN DAS
RICHTIGE
TUN?
SCHWING
DEINEN HINTERN
ZU DEN COPS,
ZUM FBI, ZU
WEM AUCH
IMMER ...
... UND
GESTEHE.
ALLES, WAS
DU WEISST.
DENN ER
GEHT SOWIE-
SO HOPS.
J-JA.
OKAY.

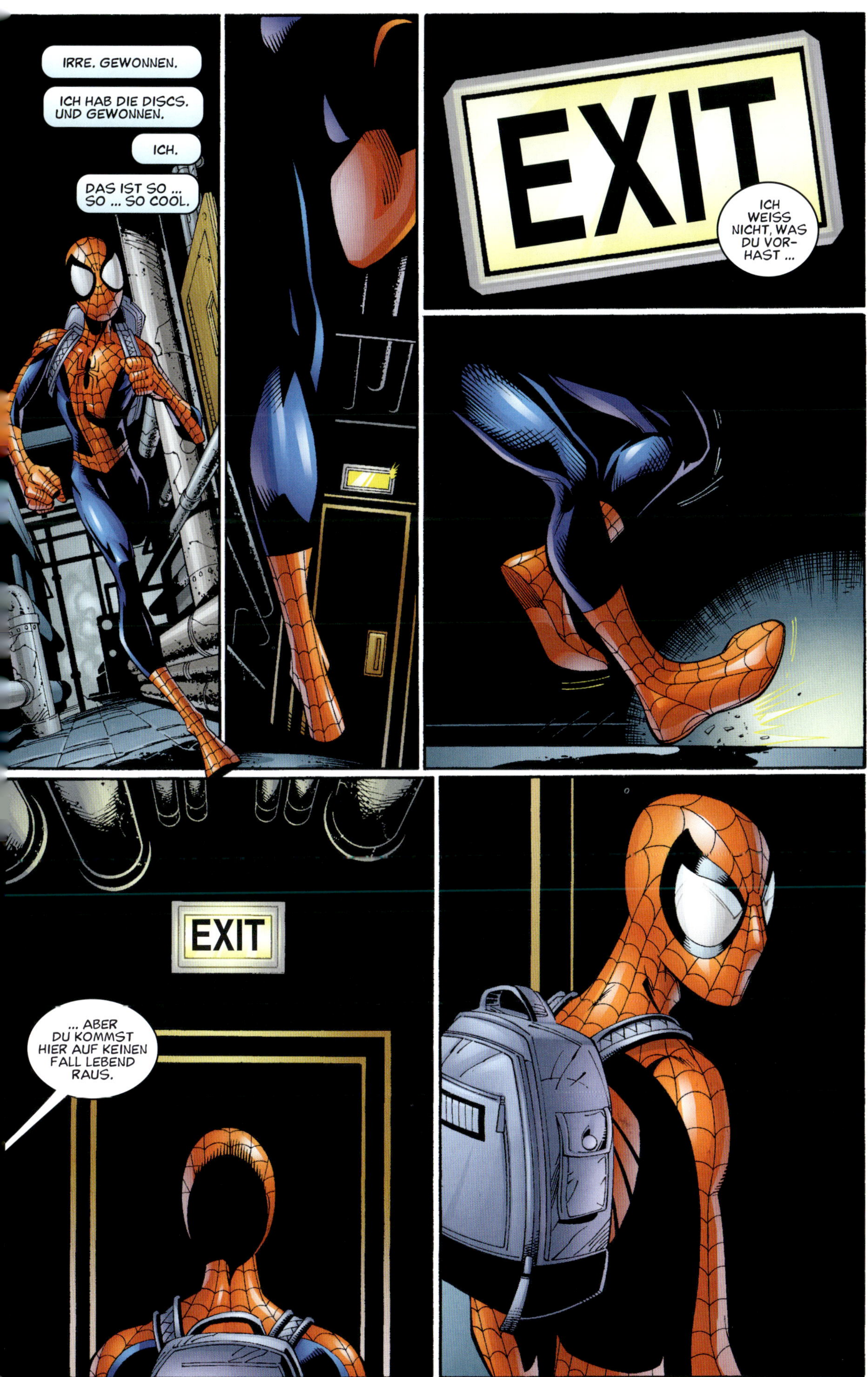
IRRE. GEWONNEN.
ICH HAB DIE DISCS. UND GEWONNEN.
ICH.
DAS IST SO ... SO ... SO COOL.
EXIT
ICH WEISS NICHT, WAS DU VORHAST ...
EXIT
... ABER DU KOMMST HIER AUF KEINEN FALL LEBEND RAUS.

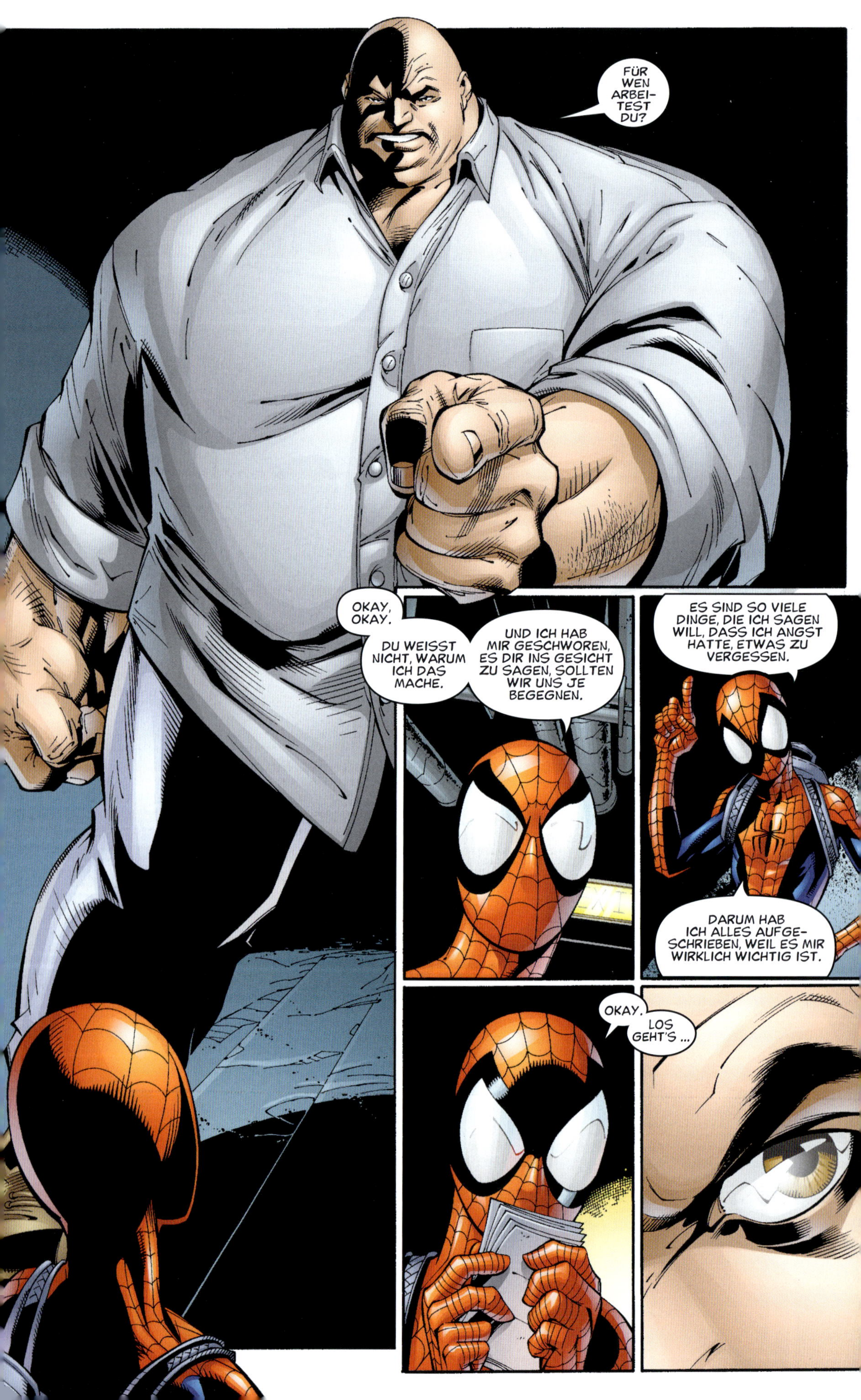
FÜR WEN ARBEI-TEST DU?
OKAY, OKAY.
DU WEISST NICHT, WARUM ICH DAS MACHE.
UND ICH HAB MIR GESCHWOREN, ES DIR INS GESICHT ZU SAGEN, SOLLTEN WIR UNS JE BEGEGNEN.
ES SIND SO VIELE DINGE, DIE ICH SAGEN WILL, DASS ICH ANGST HATTE, ETWAS ZU VERGESSEN.
DARUM HAB ICH ALLES AUFGE-SCHRIEBEN, WEIL ES MIR WIRKLICH WICHTIG IST.
OKAY.
LOS GEHT'S ...

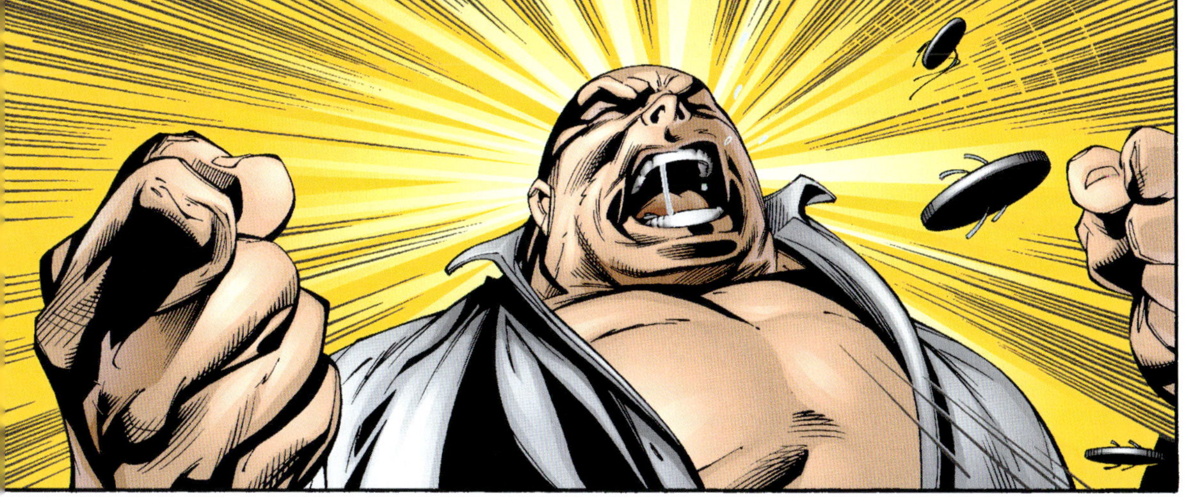
DU BIST SO FETT.
PIEKST MAN DICH IN DEN HINTERN ...
... DRÜCKT ES MARSHMALLOWS RAUS.
NEE?
WIE WÄR'S DAMIT?
DU BIST SO FETT, DASS DEIN HIGH-SCHOOLFOTO VON 'NEM HELIKOPTER AUS GEMACHT WURDE.
AUCH NICHT?
OKAY. DU BIST SO FETT, DASS DEINE WAAGE SAGT: „IMMER NUR EINER!"

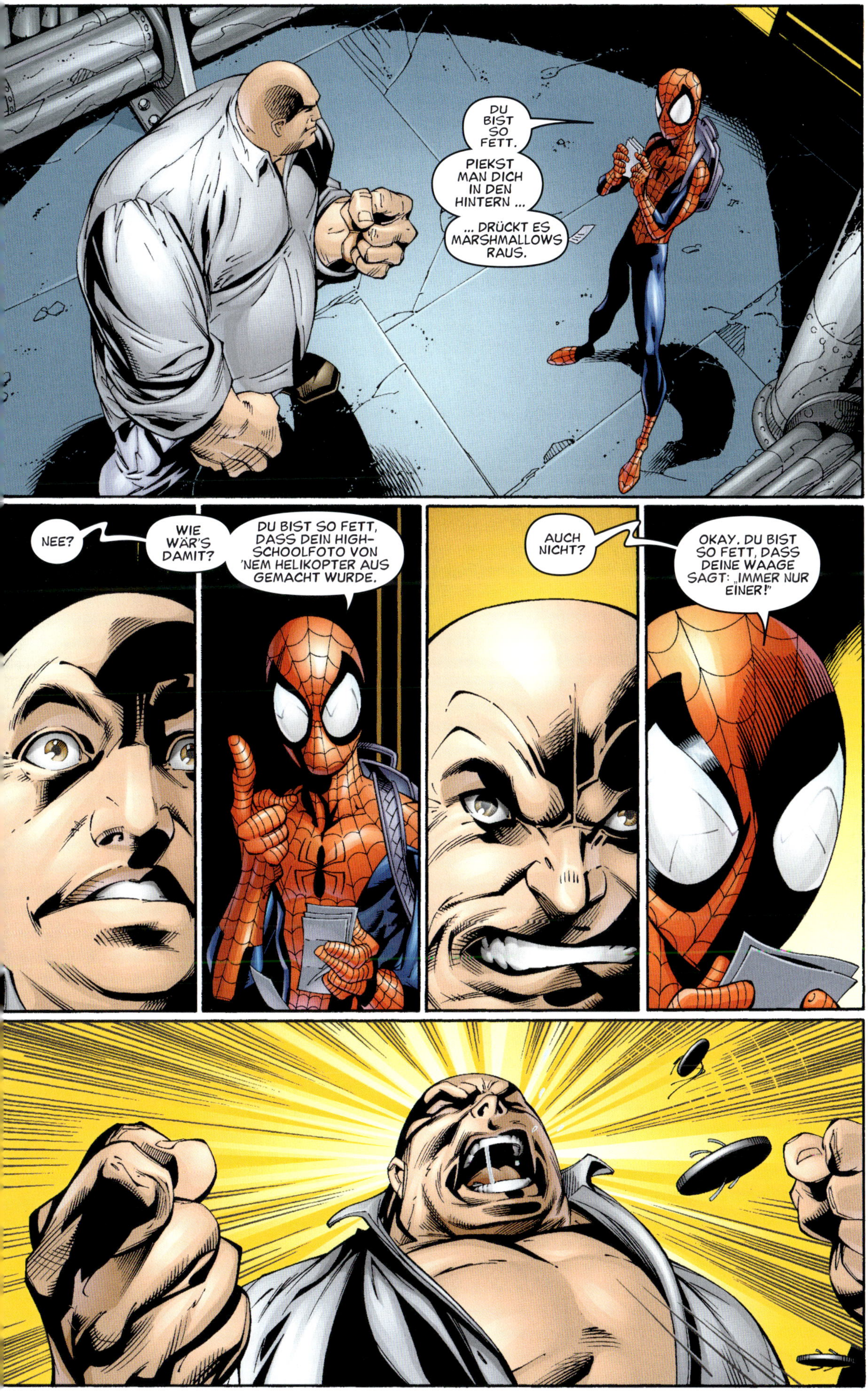

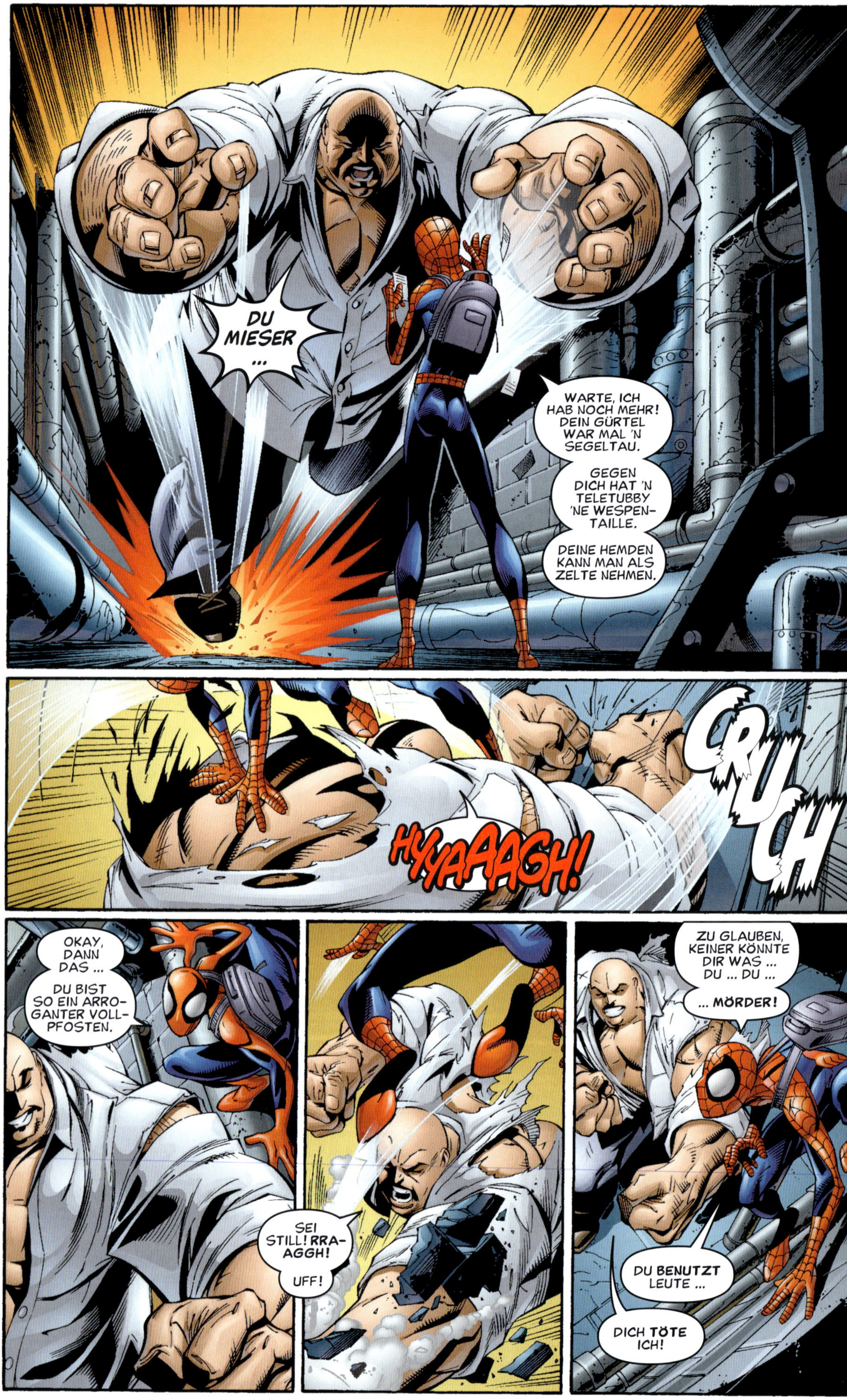

DU MIESER ...
WARTE, ICH HAB NOCH MEHR! DEIN GÜRTEL WAR MAL 'N SEGELTAU.
GEGEN DICH HAT 'N TELETUBBY 'NE WESPENTAILLE.
DEINE HEMDEN KANN MAN ALS ZELTE NEHMEN.

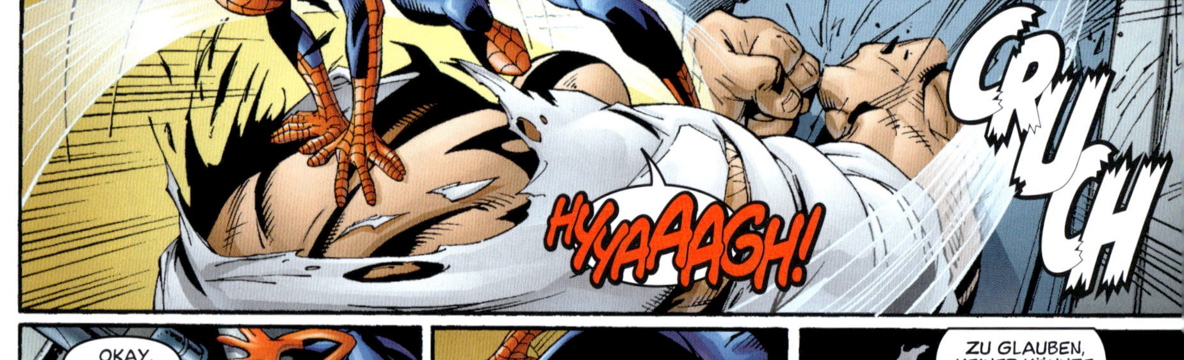

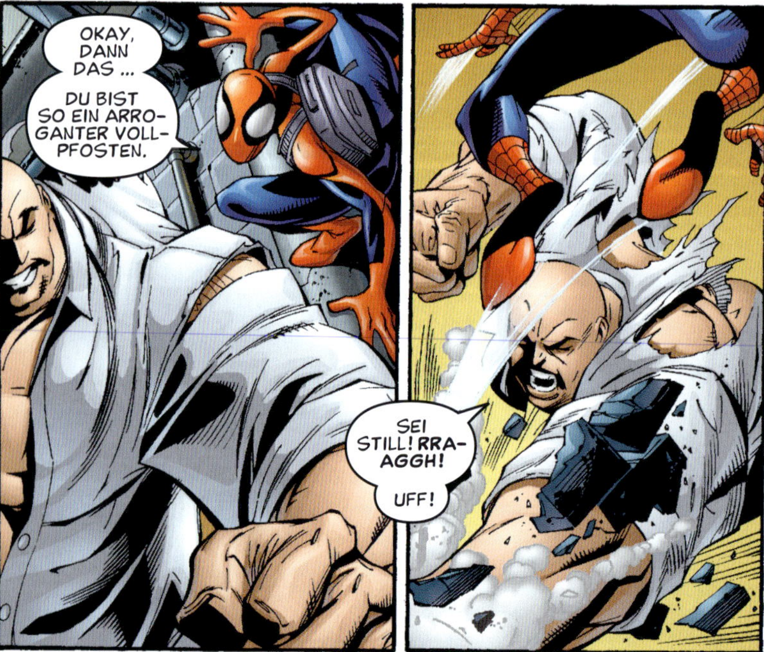

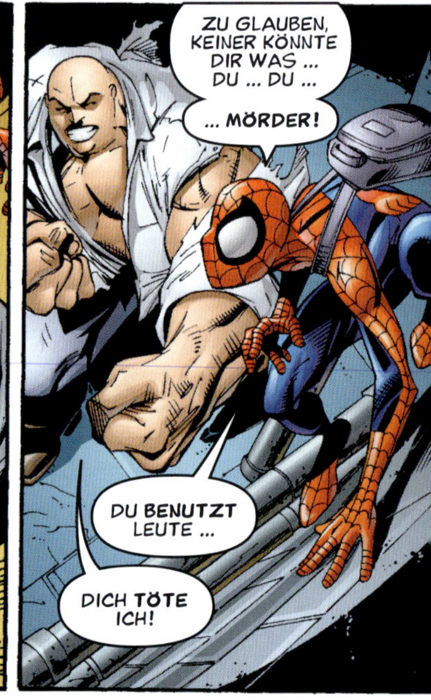

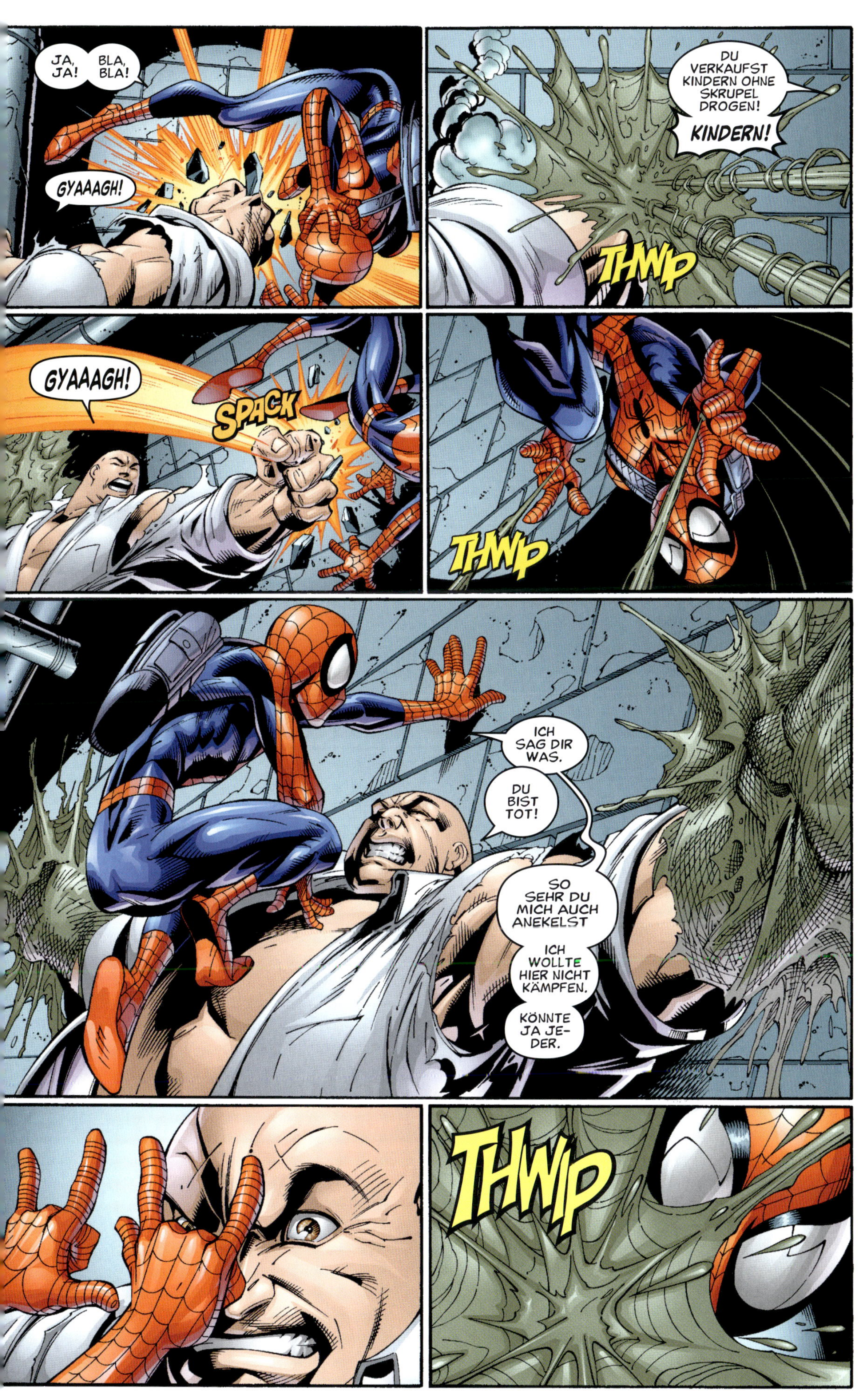
JA, JA!
BLA, BLA!
GYAAAGH!
DU VERKAUFST KINDERN OHNE SKRUPEL DROGEN!
KINDERN!
THWIP
GYAAAGH!
SPACK
THWIP
ICH SAG DIR WAS.
DU BIST TOT!
SO SEHR DU MICH AUCH ANEKELST
ICH WOLLTE HIER NICHT KÄMPFEN.
KÖNNTE JA JE-DER.
THWIP

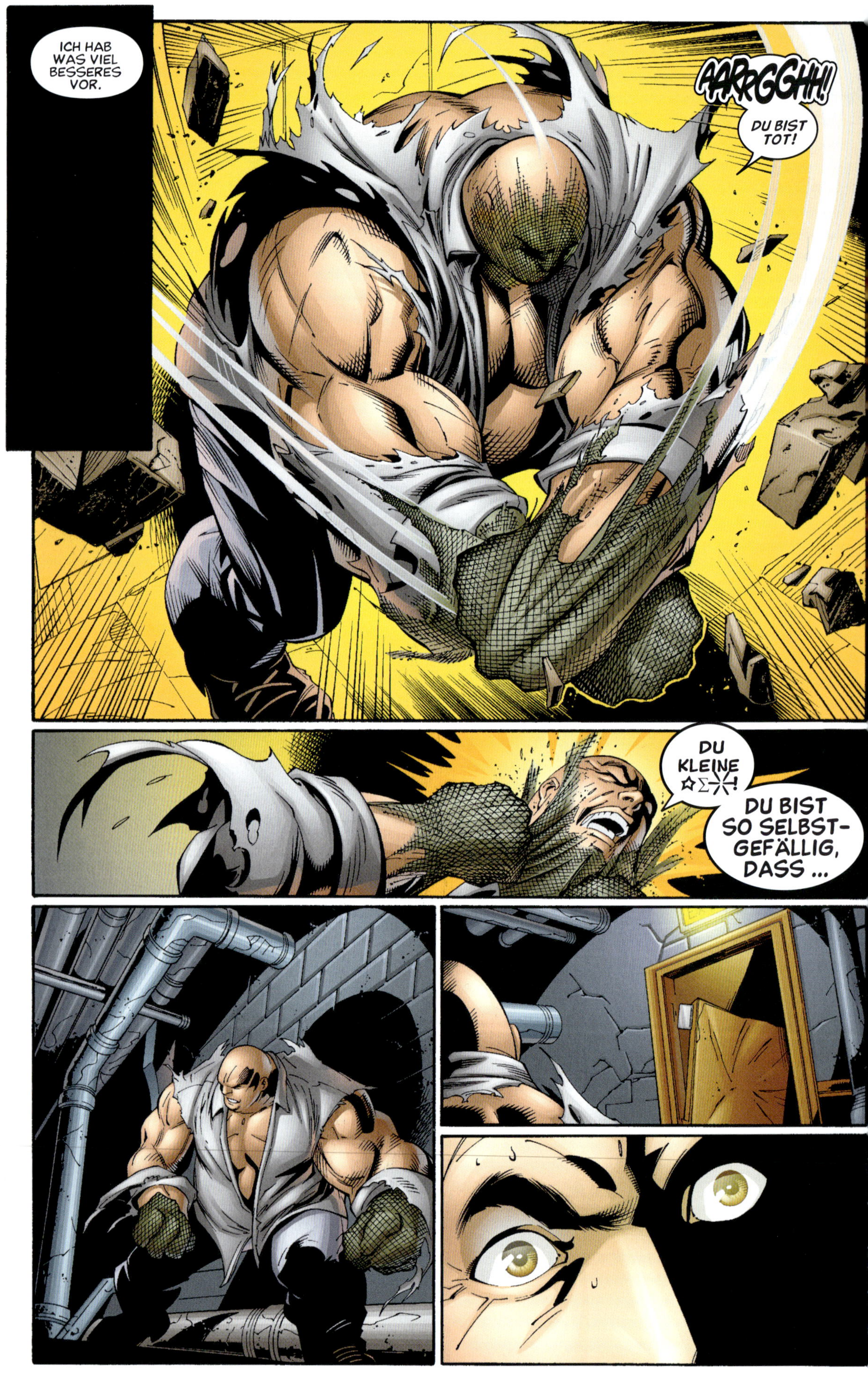
ICH HAB WAS VIEL BESSERES VOR.
AARRGGHH!
DU BIST TOT!
DU KLEINE ☆Σ✳!
DU BIST SO SELBSTGEFÄLLIG, DASS ...

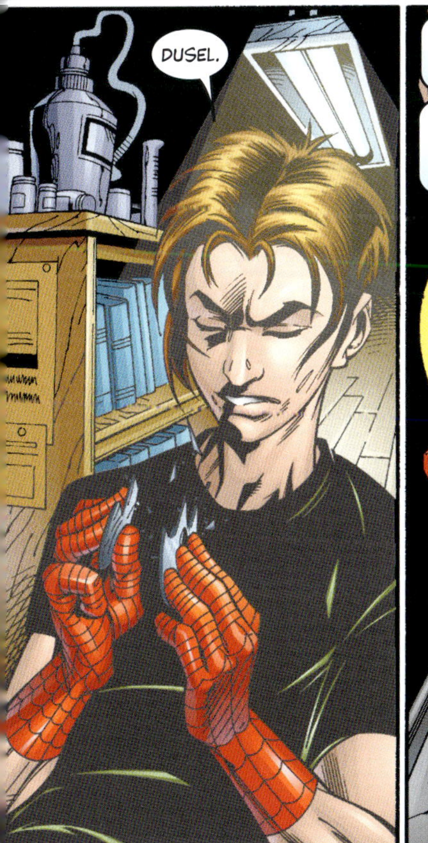
DUSEL.

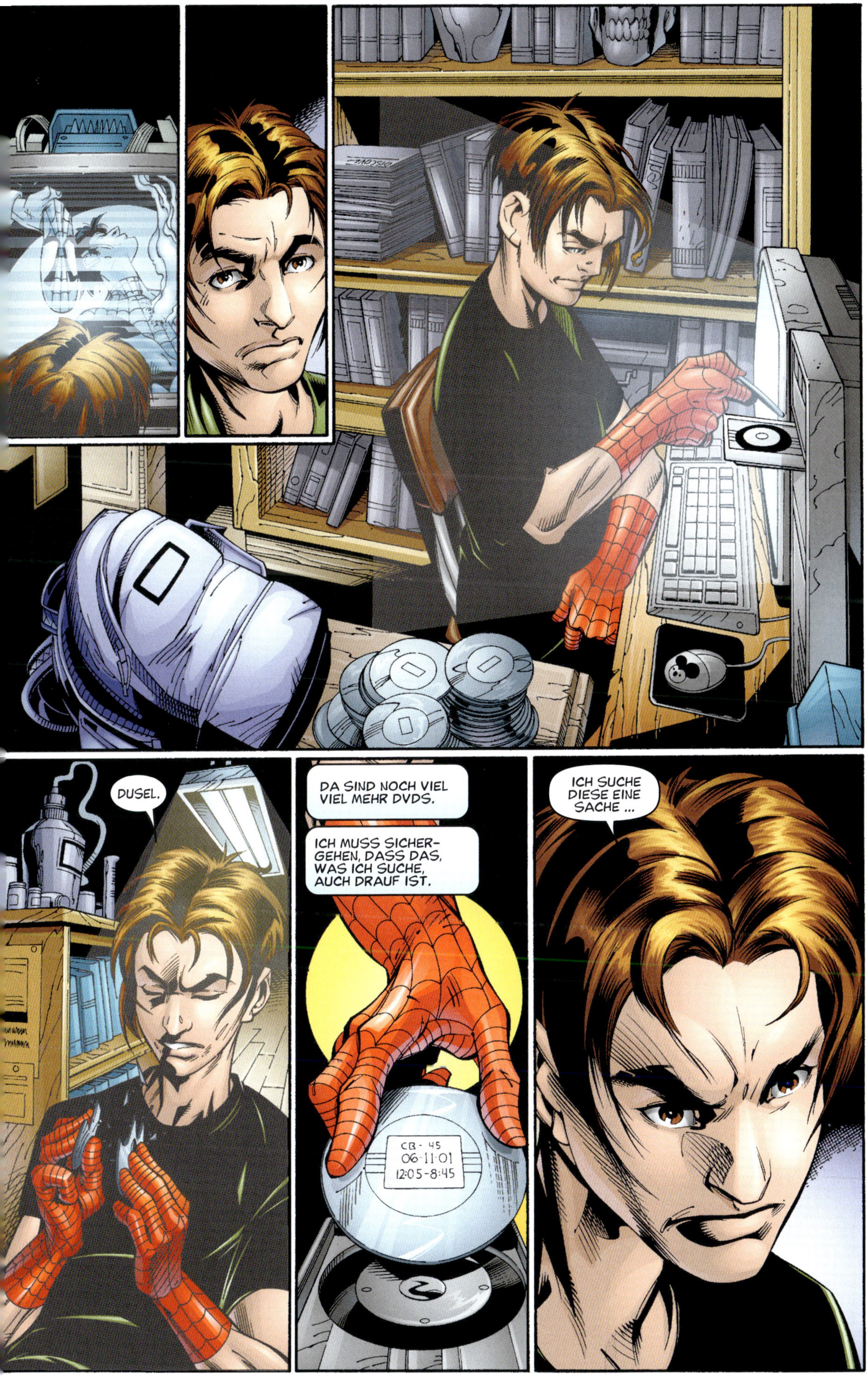

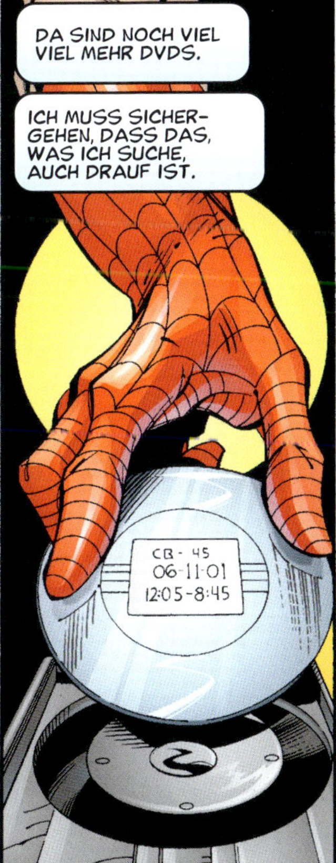
DA SIND NOCH VIEL VIEL MEHR DVDS.
ICH MUSS SICHER-GEHEN, DASS DAS, WAS ICH SUCHE, AUCH DRAUF IST.
CB - 45
06-11-01
12:05-8:45

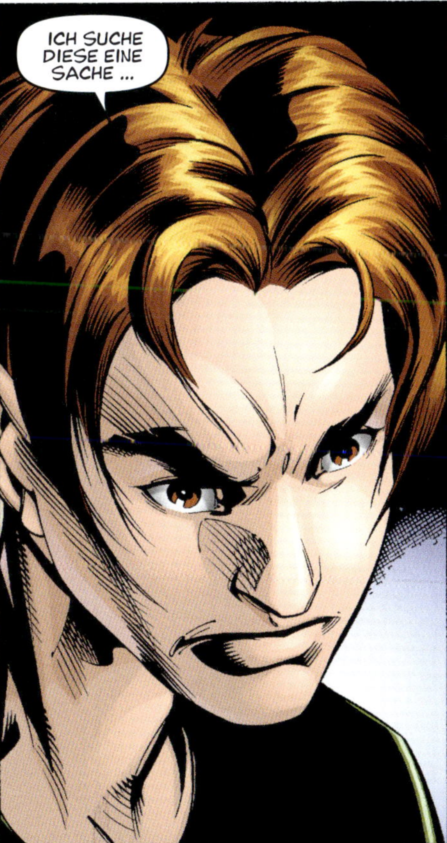
ICH SUCHE DIESE EINE SACHE ...

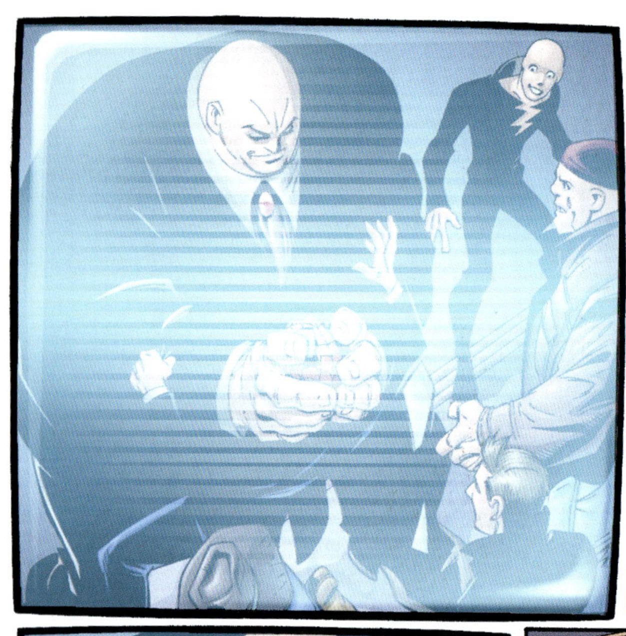

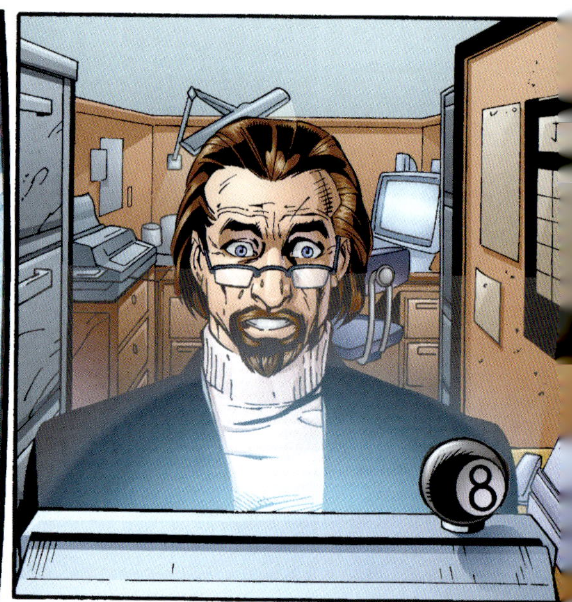

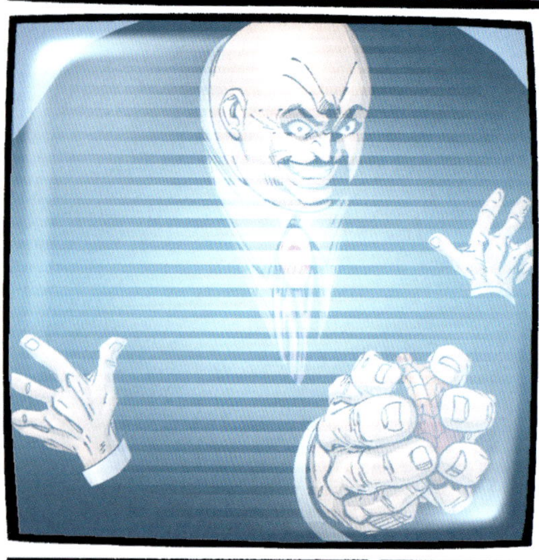

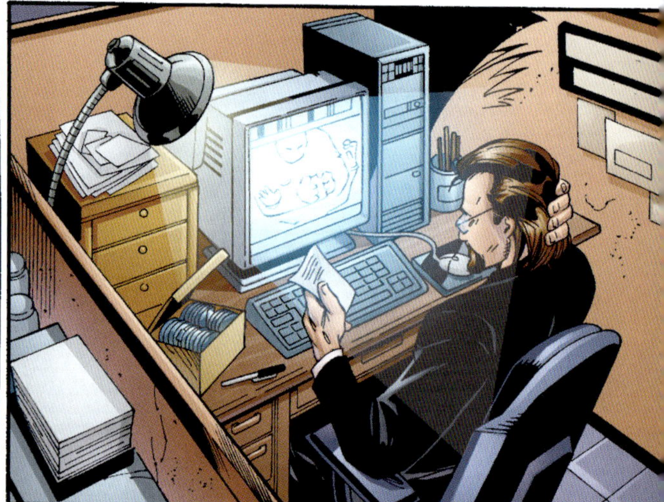

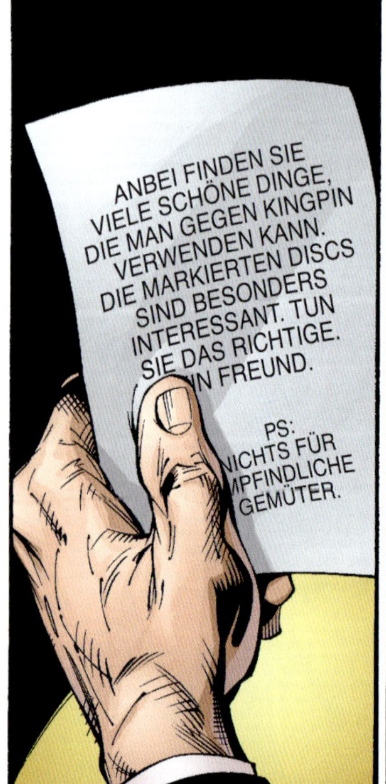
ANBEI FINDEN SIE VIELE SCHÖNE DINGE, DIE MAN GEGEN KINGPIN VERWENDEN KANN. DIE MARKIERTEN DISCS SIND BESONDERS INTERESSANT. TUN SIE DAS RICHTIGE.
IN FREUND.
PS:
NICHTS FÜR
MPFINDLICHE
GEMÜTER.

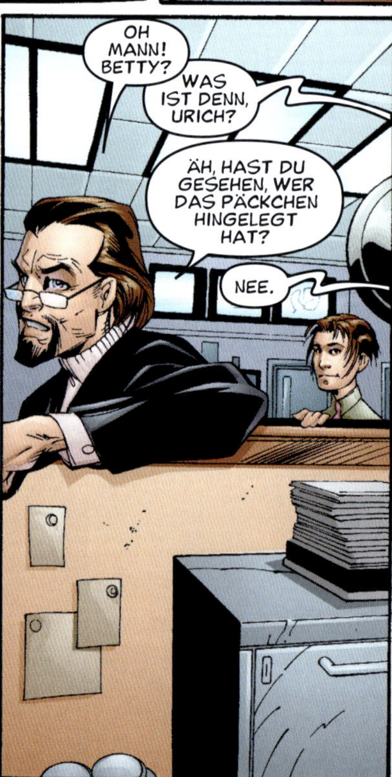
OH MANN! BETTY?
WAS IST DENN, URICH?
ÄH, HAST DU GESEHEN, WER DAS PÄCKCHEN HINGELEGT HAT?
NEE.

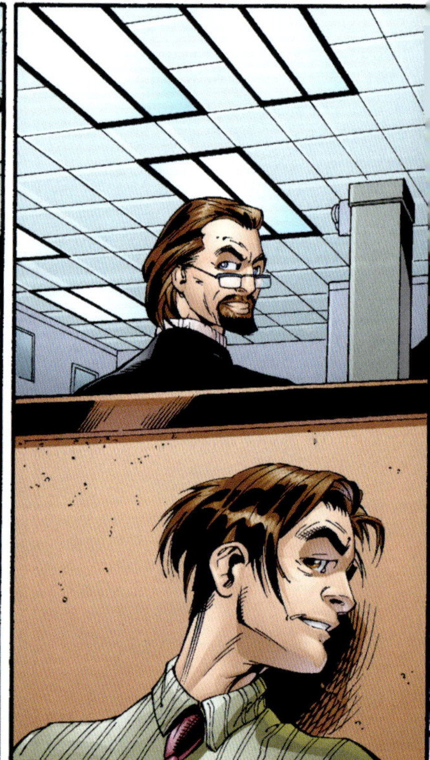

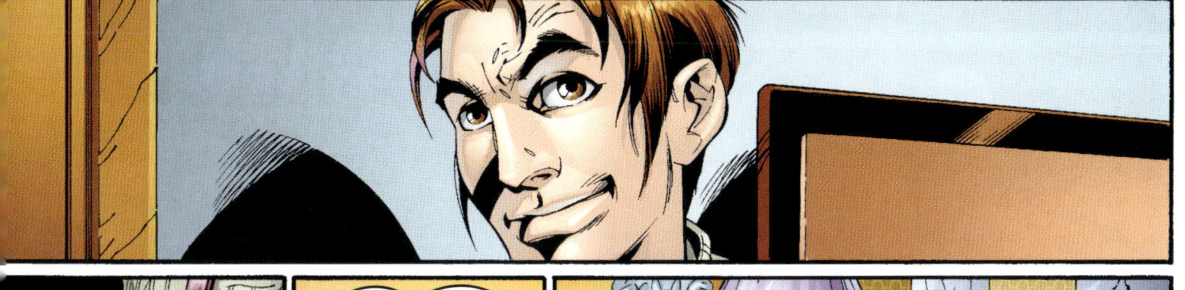

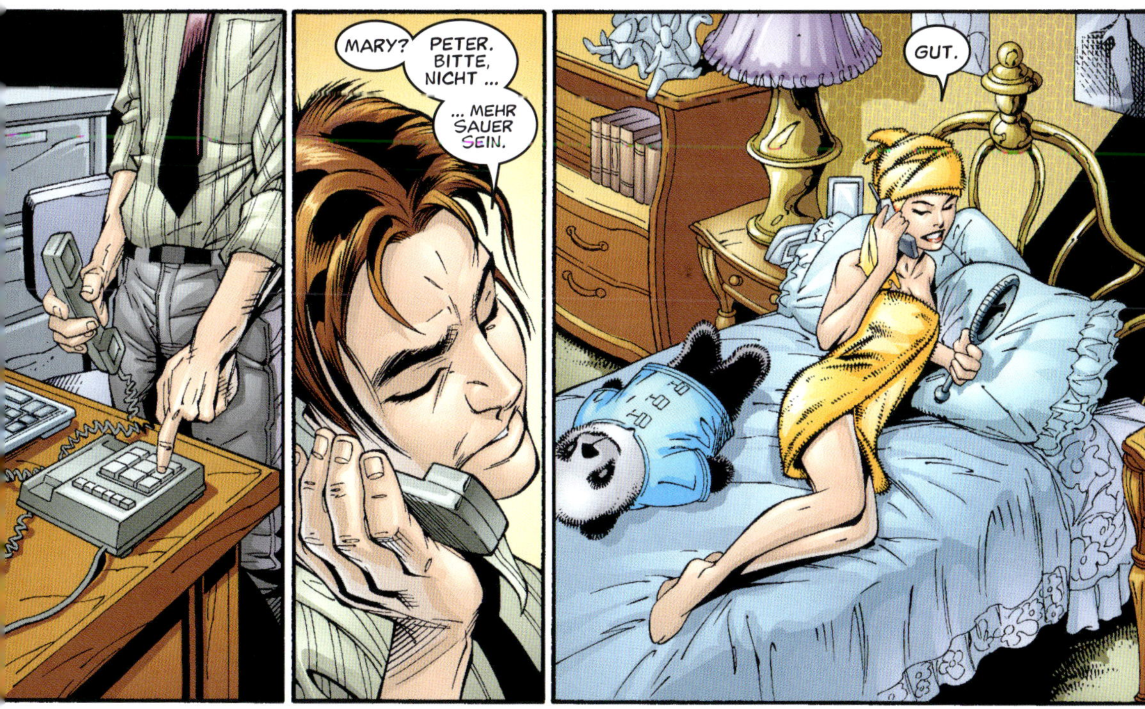
MARY?
PETER. BITTE, NICHT ...
... MEHR SAUER SEIN.
GUT.

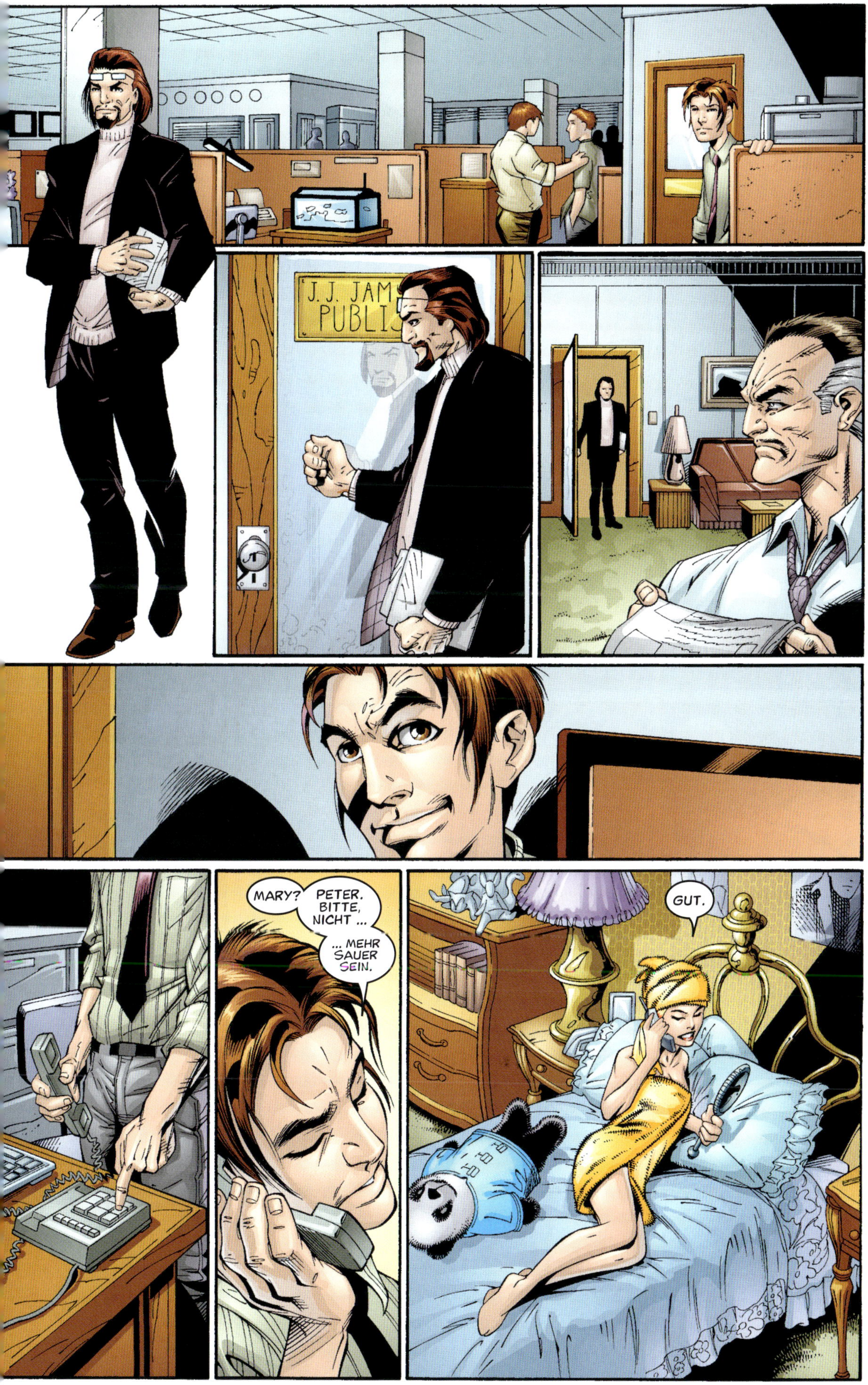

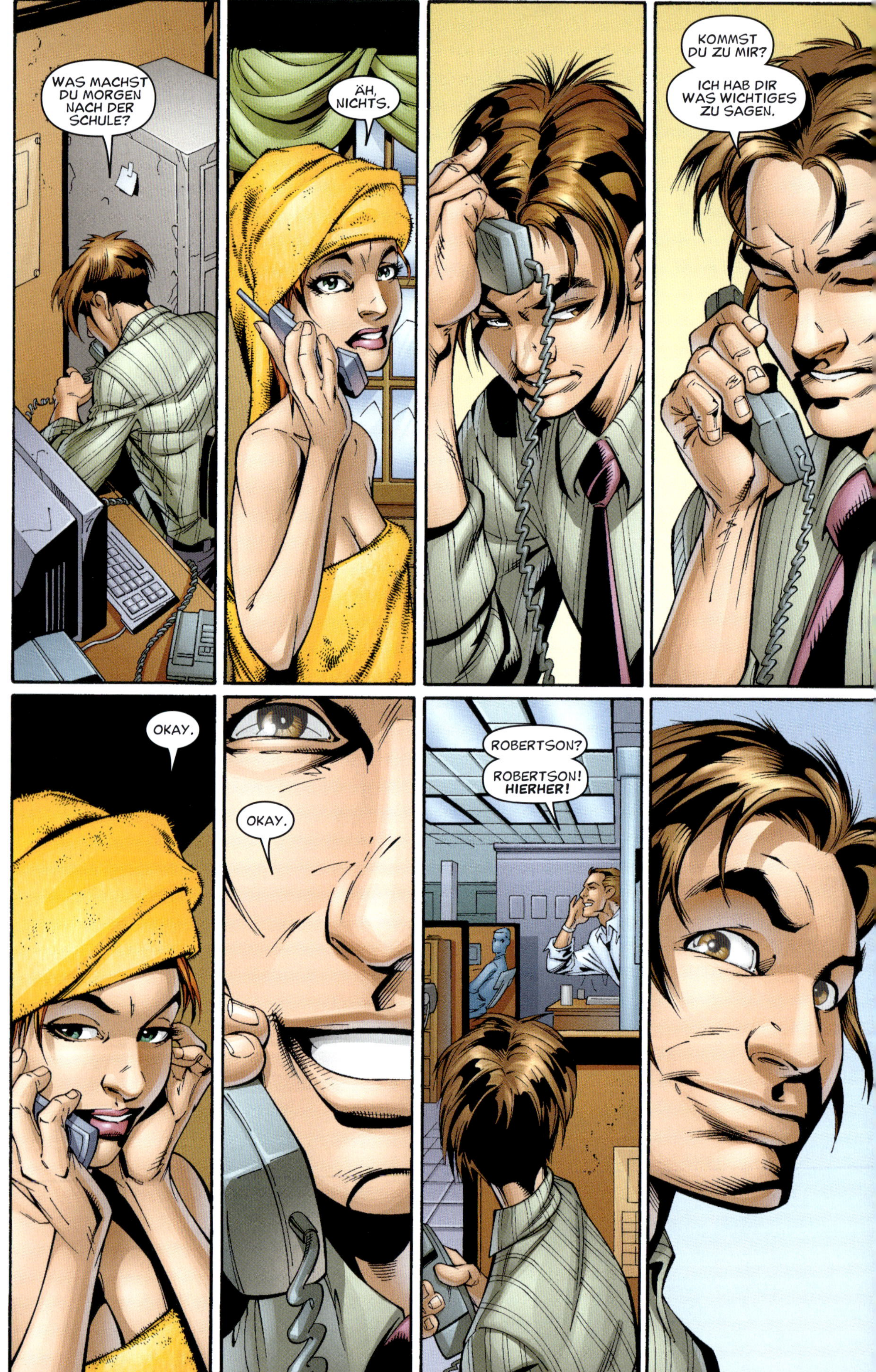
WAS MACHST DU MORGEN NACH DER SCHULE?
ÄH, NICHTS.
KOMMST DU ZU MIR?
ICH HAB DIR WAS WICHTIGES ZU SAGEN.
OKAY.
OKAY.
ROBERTSON?
ROBERTSON! **HIERHER!**

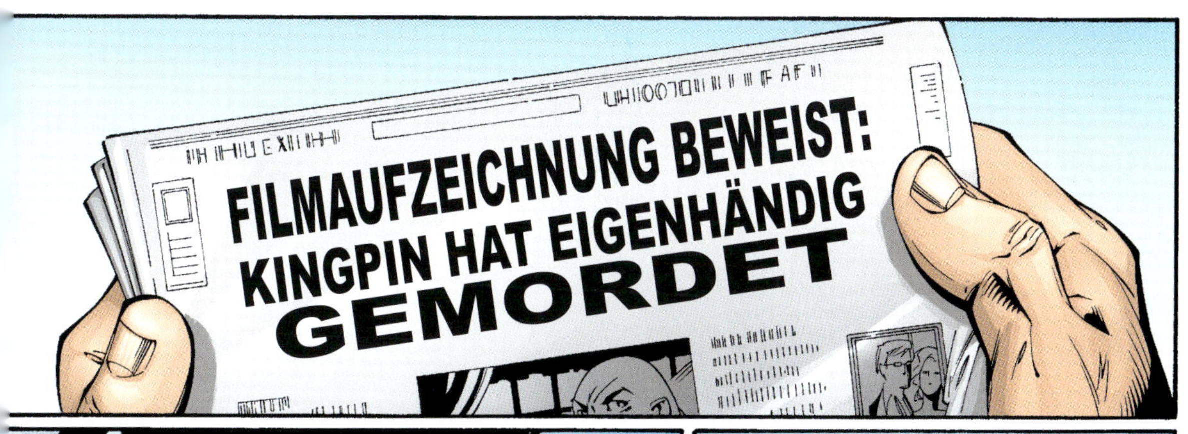
FILMAUFZEICHNUNG BEWEIST:
KINGPIN HAT EIGENHÄNDIG
GEMORDET

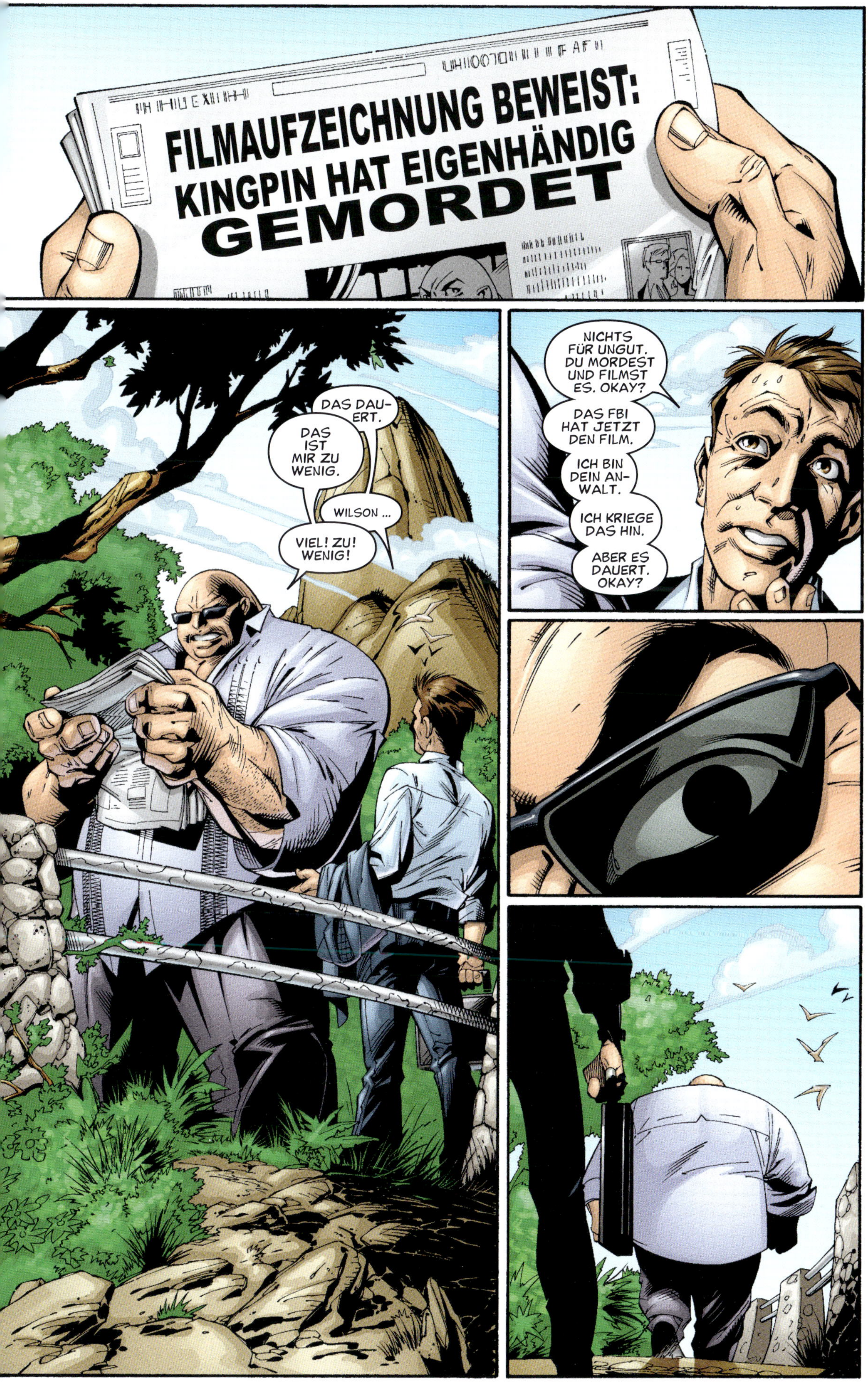

DAS DAUERT.
DAS IST MIR ZU WENIG.
WILSON ...
VIEL! ZU! WENIG!

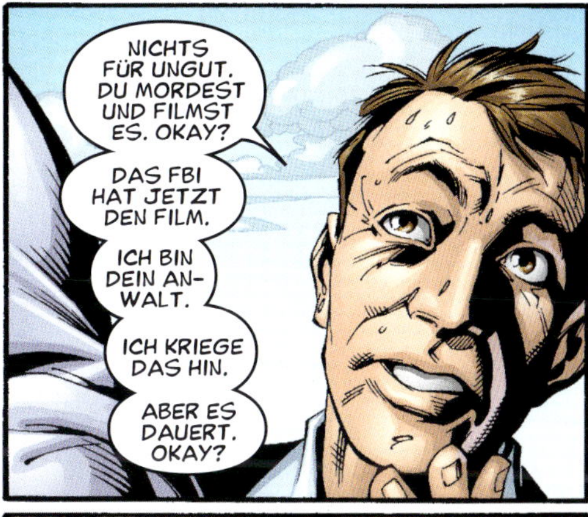
NICHTS FÜR UNGUT. DU MORDEST UND FILMST ES. OKAY?
DAS FBI HAT JETZT DEN FILM.
ICH BIN DEIN ANWALT.
ICH KRIEGE DAS HIN.
ABER ES DAUERT. OKAY?

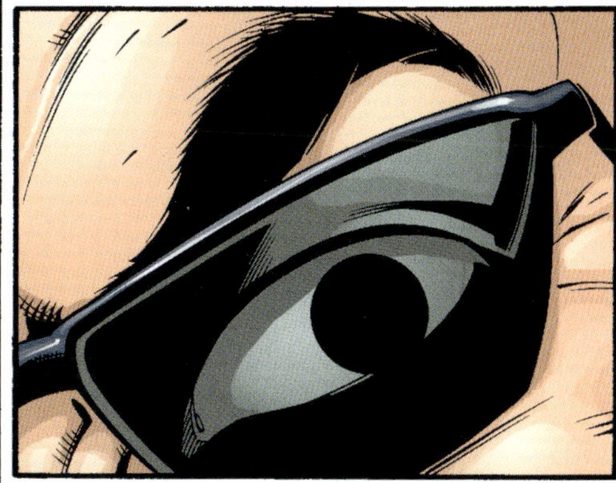

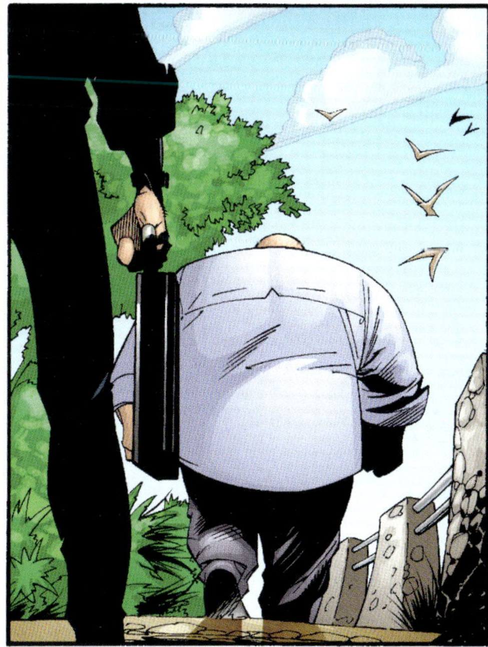

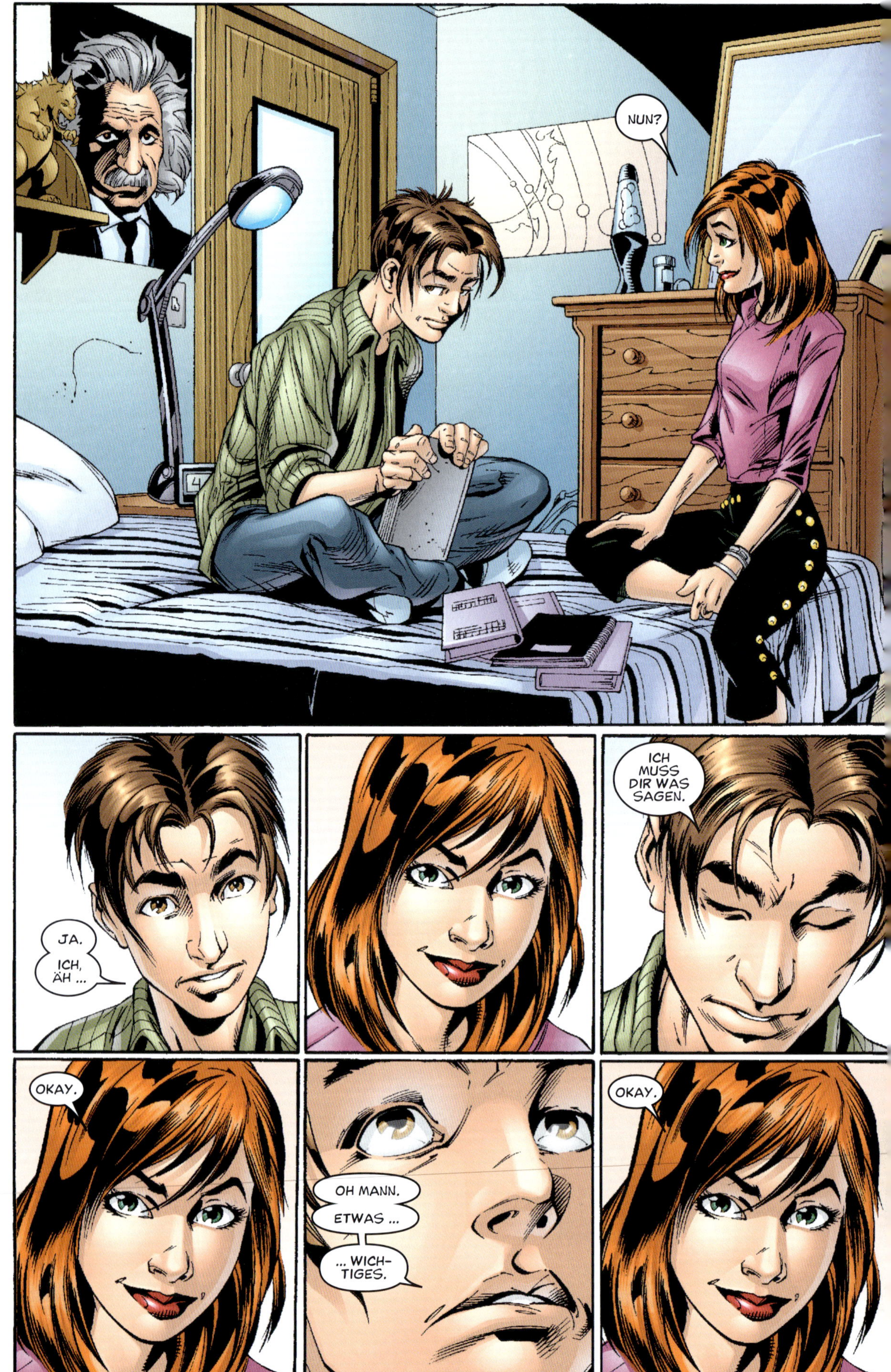
NUN?
JA.
ICH, ÄH ...
ICH MUSS DIR WAS SAGEN.
OKAY.
OH MANN.
ETWAS ...
... WICH-TIGES.
OKAY.

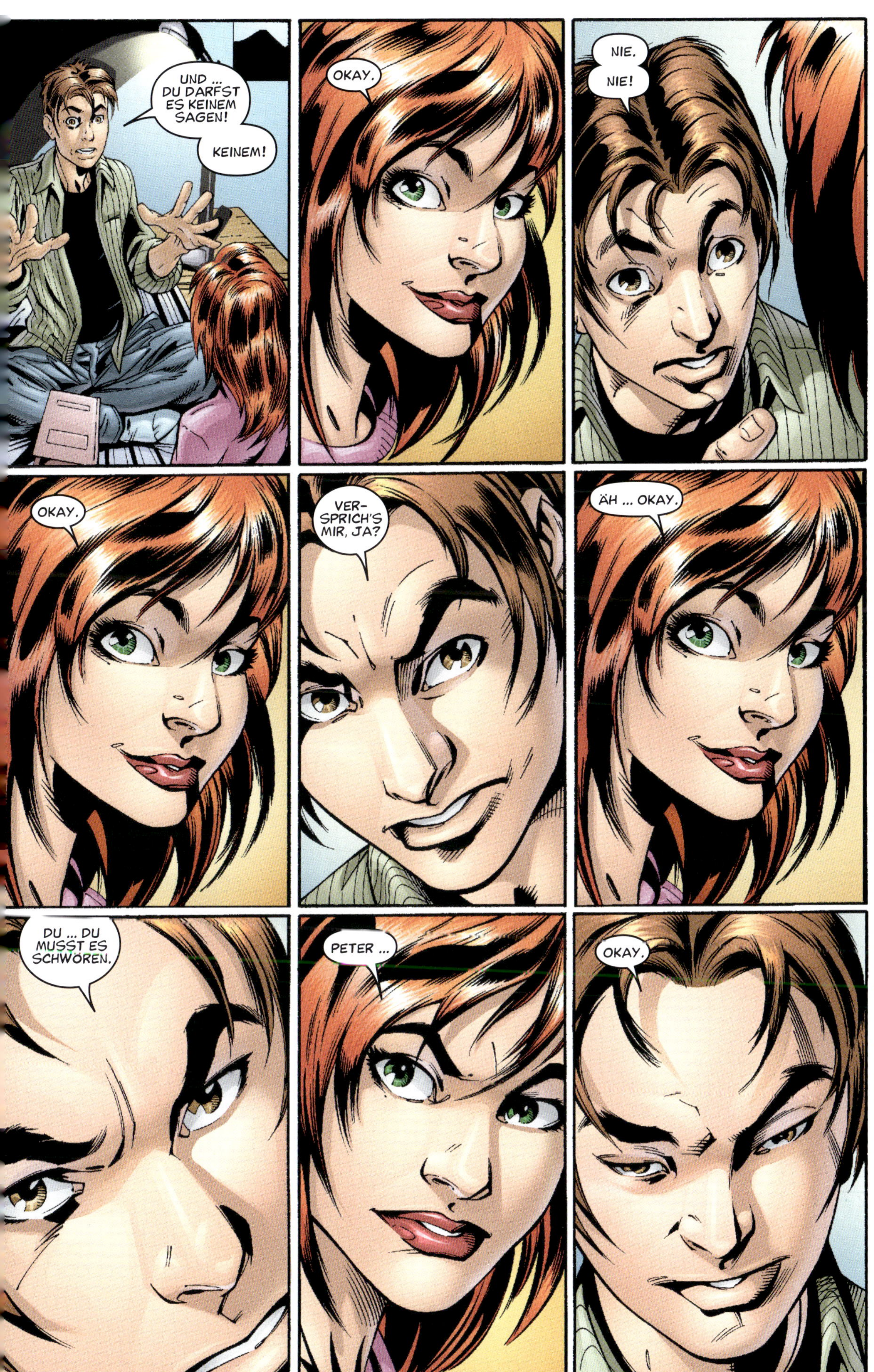
UND ... DU DARFST ES KEINEM SAGEN!
KEINEM!
OKAY.
NIE.
NIE!
OKAY.
VER-SPRICH'S MIR, JA?
ÄH ... OKAY.
DU ... DU MUSST ES SCHWÖREN.
PETER ...
OKAY.

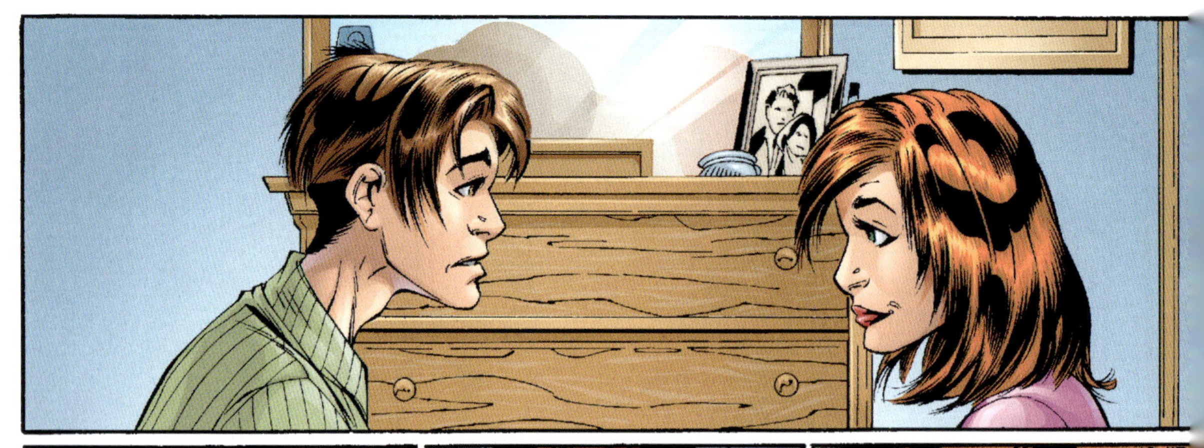

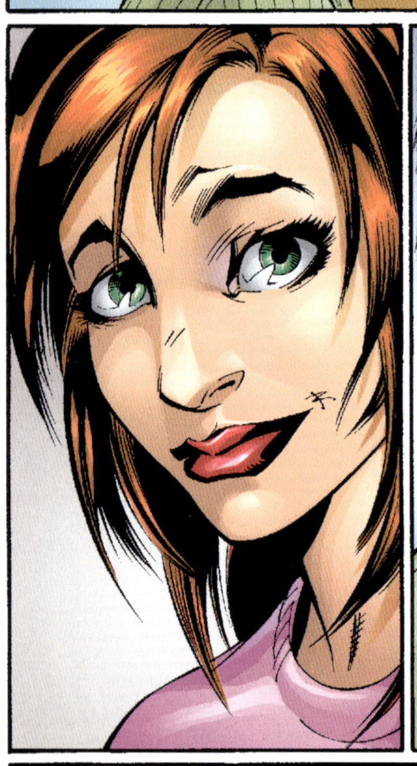

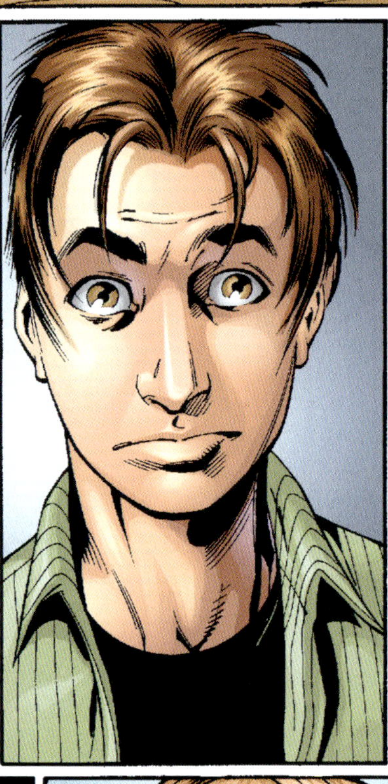

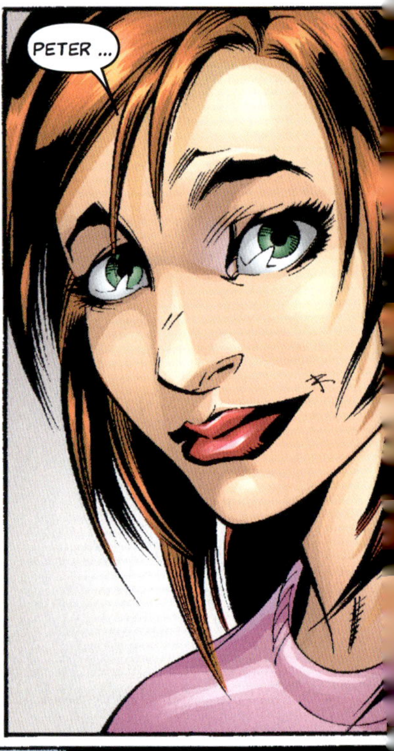
PETER ...

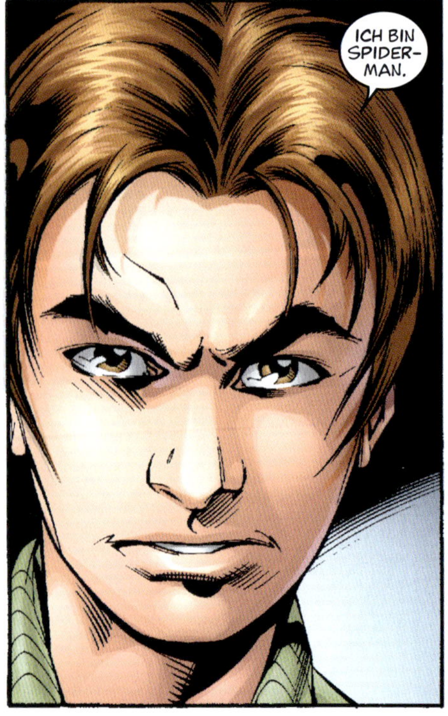
ICH BIN SPIDER-MAN.

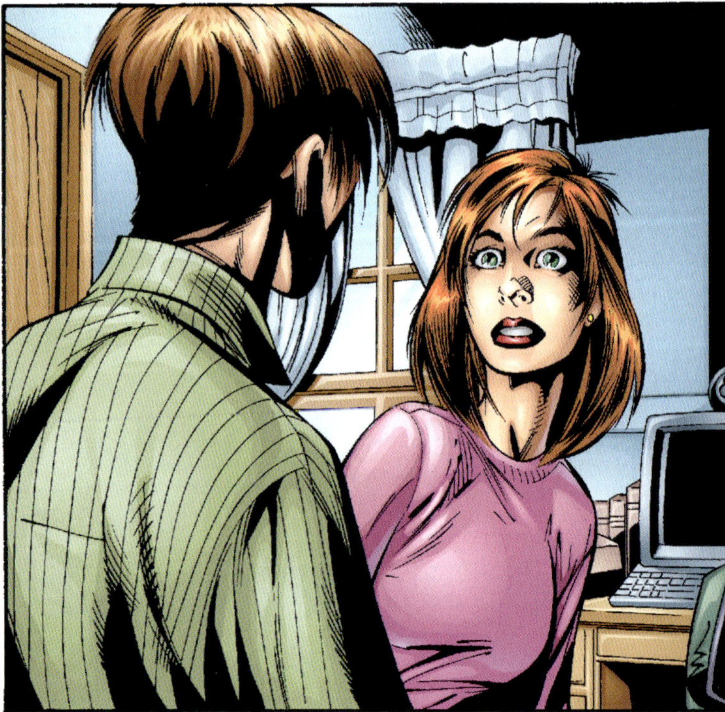

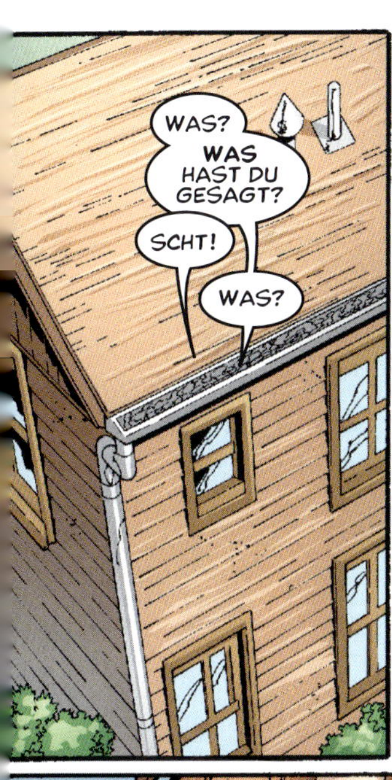
WAS?
WAS HAST DU GESAGT?
SCHT!
WAS?

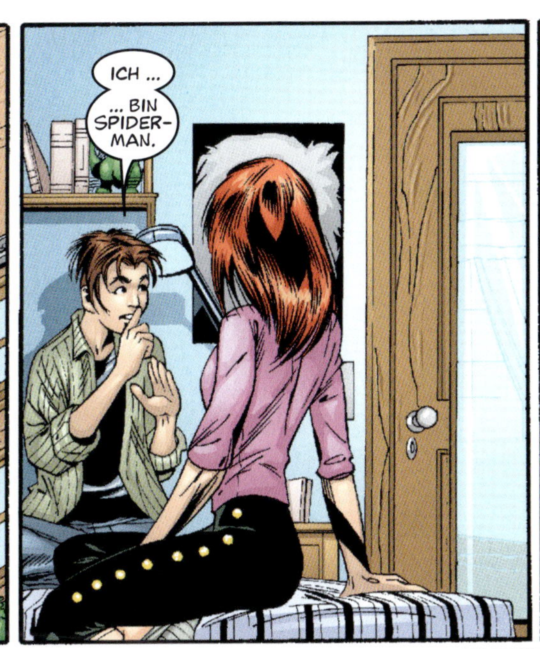
ICH ...
... BIN SPIDER-MAN.

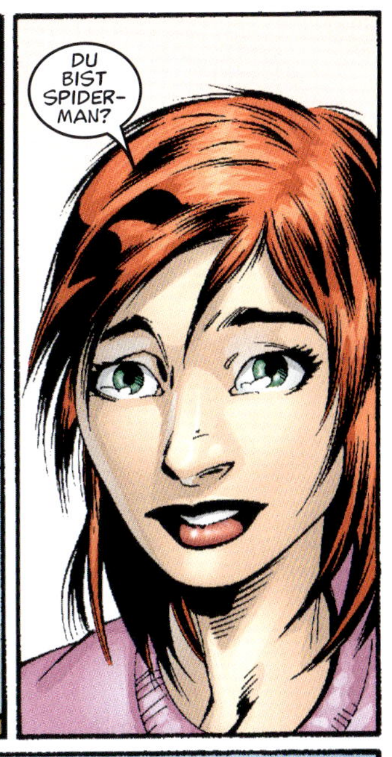
DU BIST SPIDER-MAN?

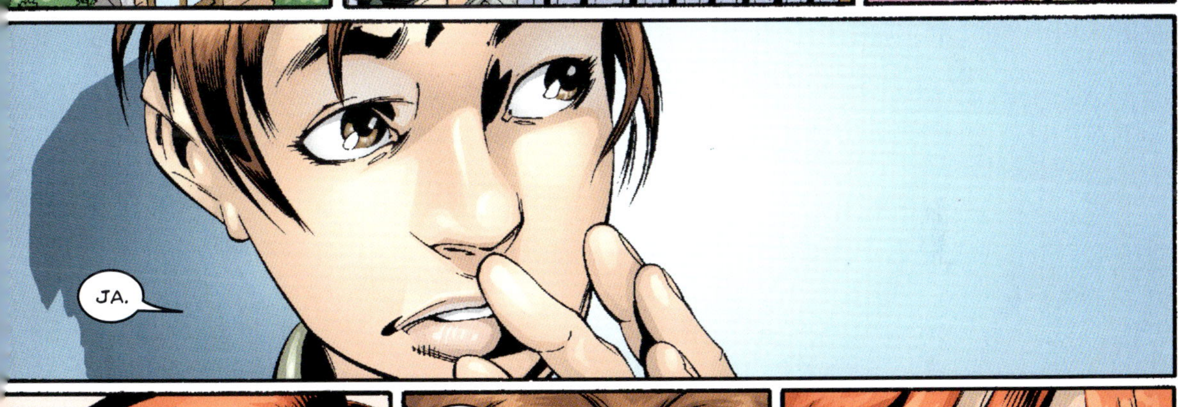
JA.

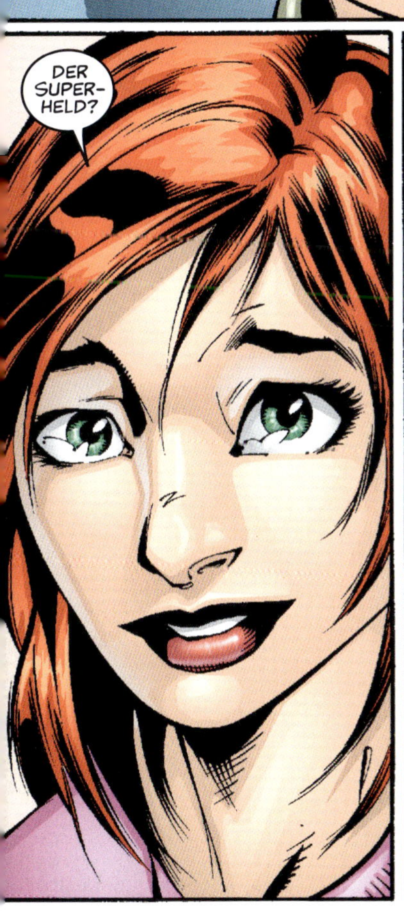
DER SUPER-HELD?

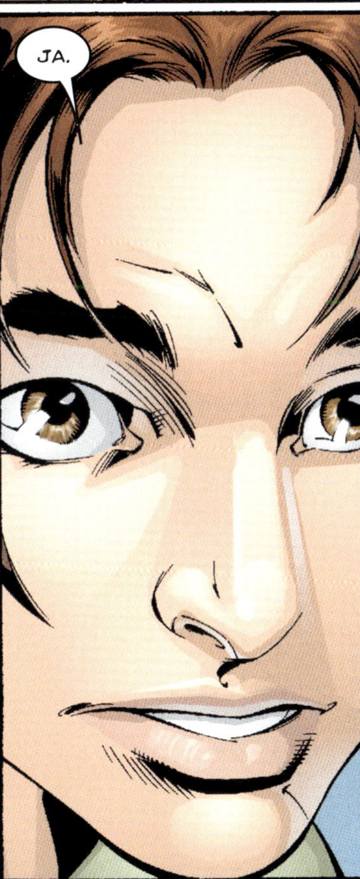
JA.

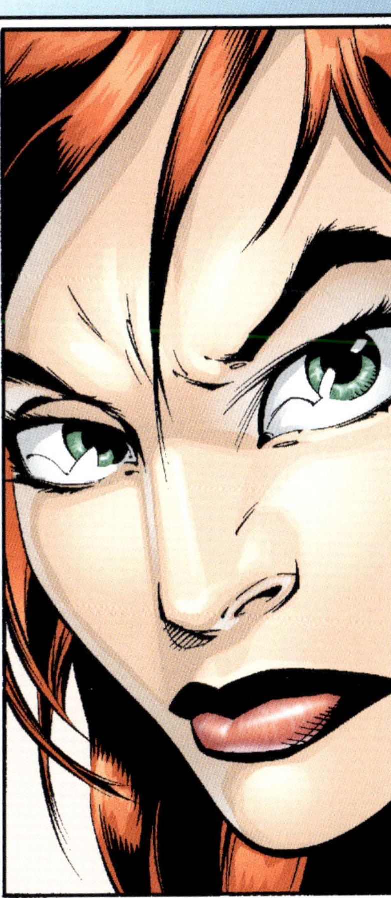

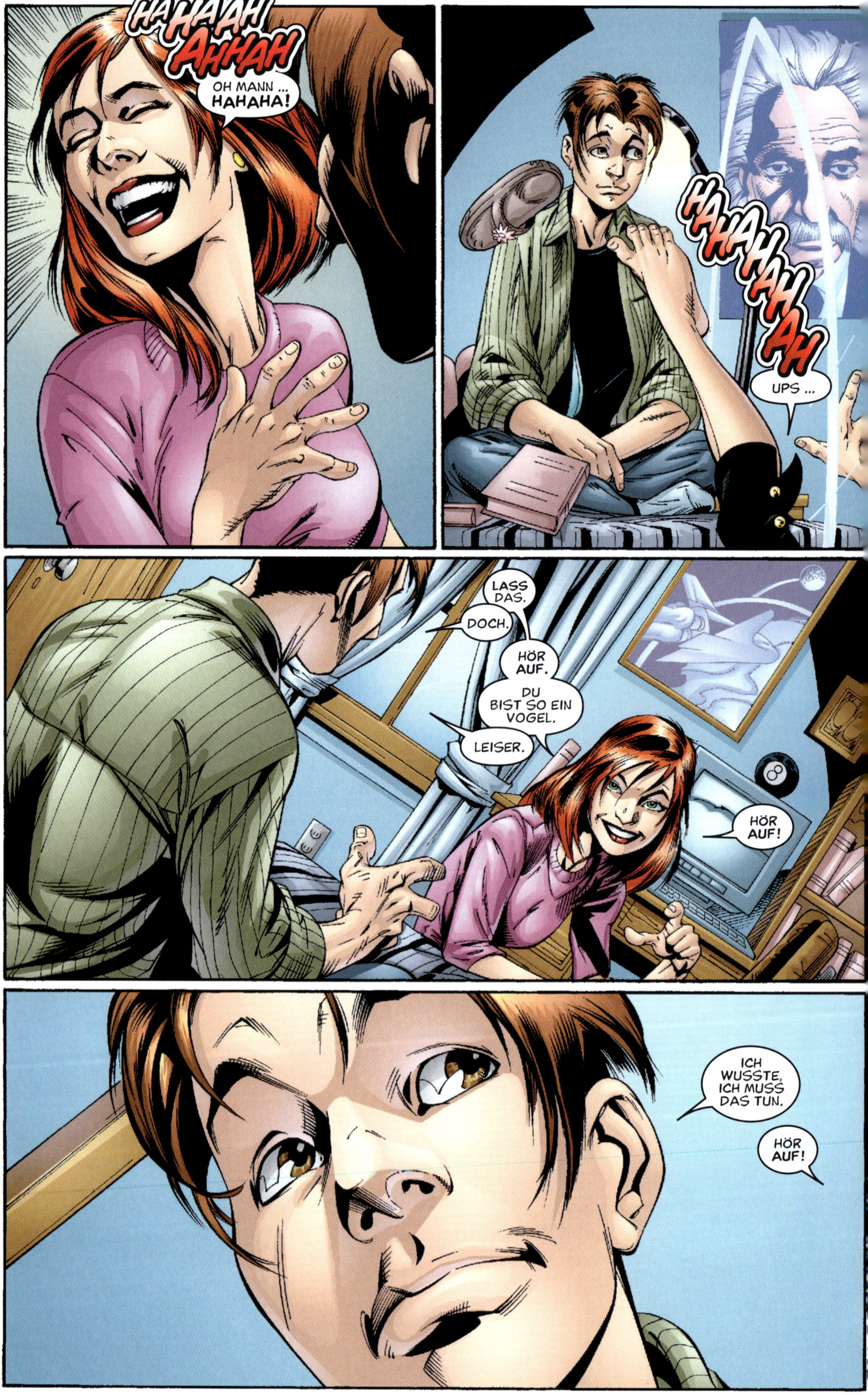

HAHAAAH
AHHAH
OH MANN ... HAHAHA!

HAHAHAHAHAH
UPS ...

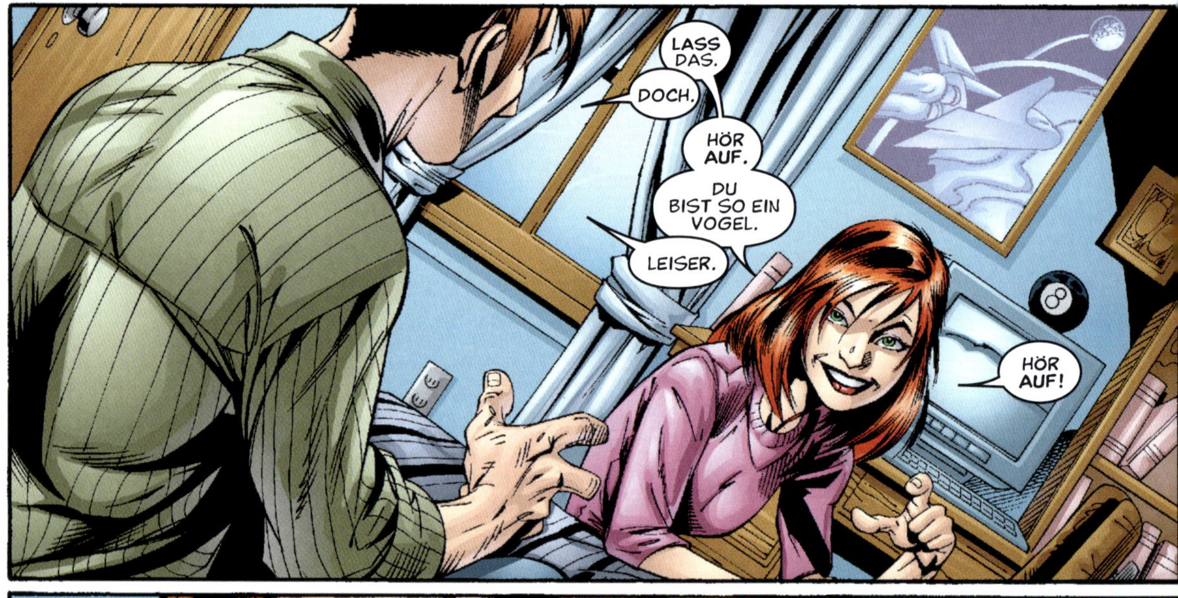

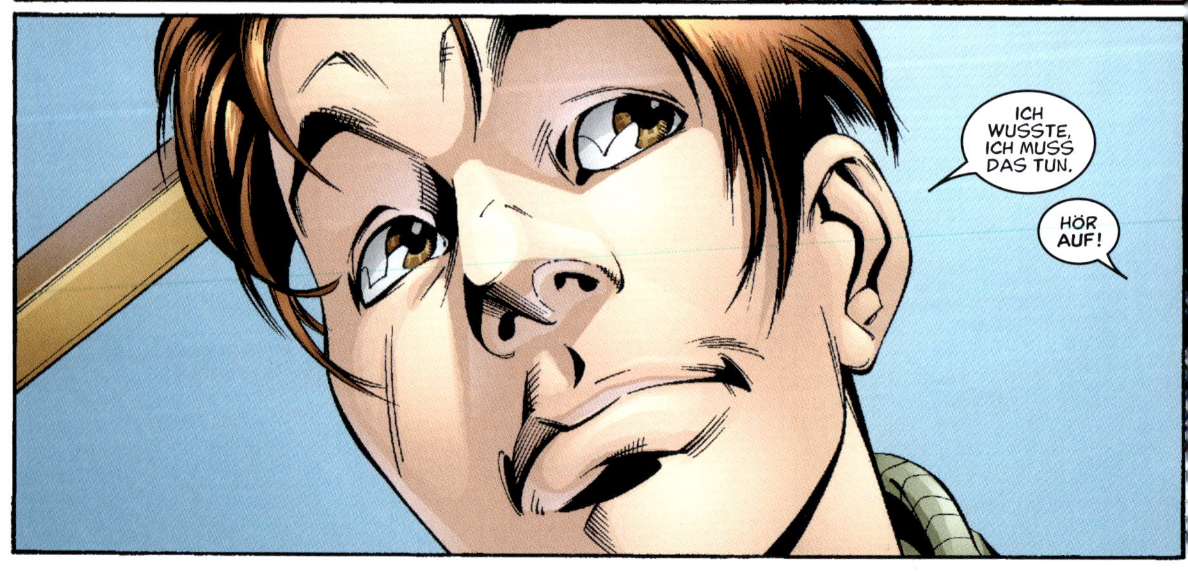

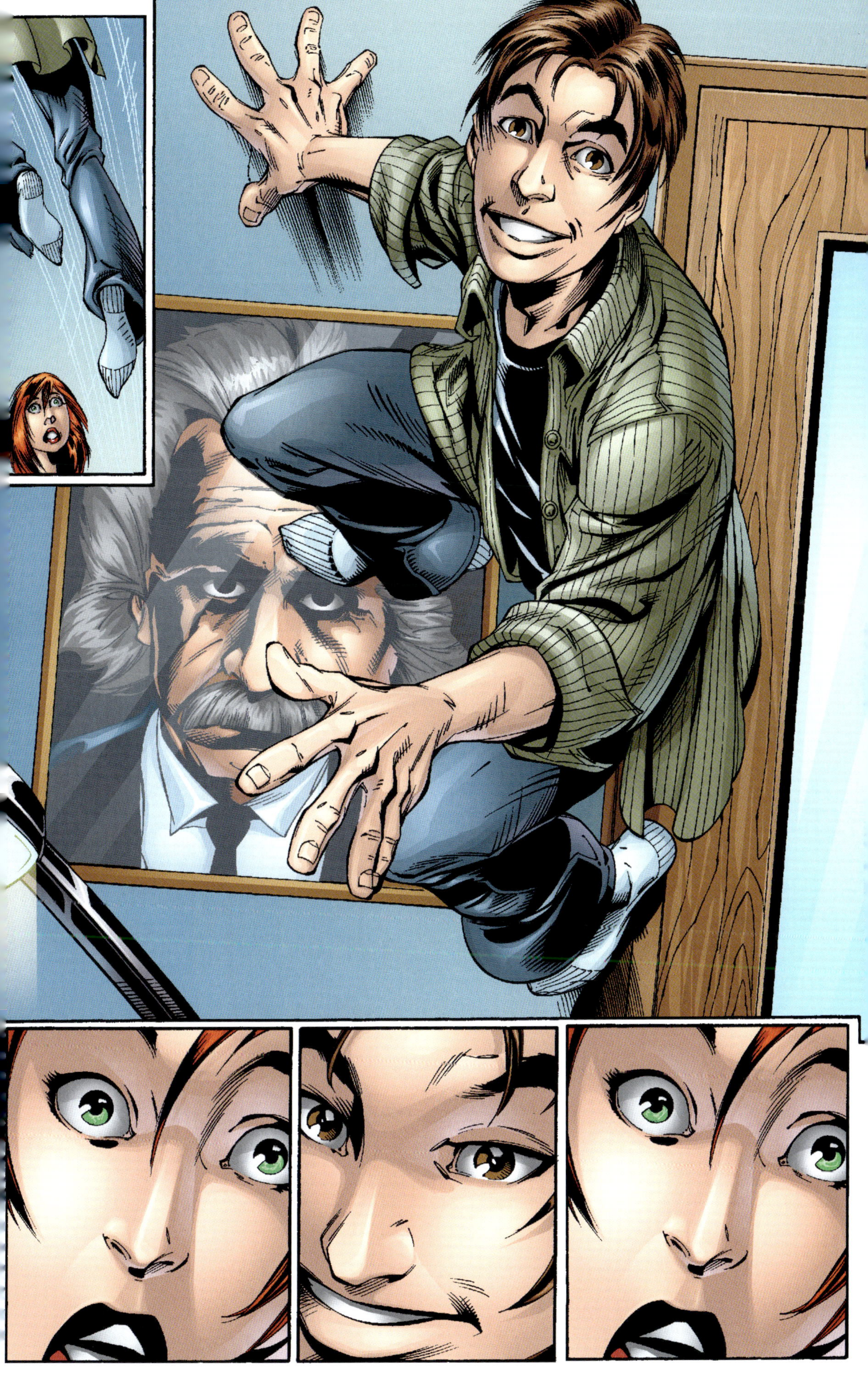

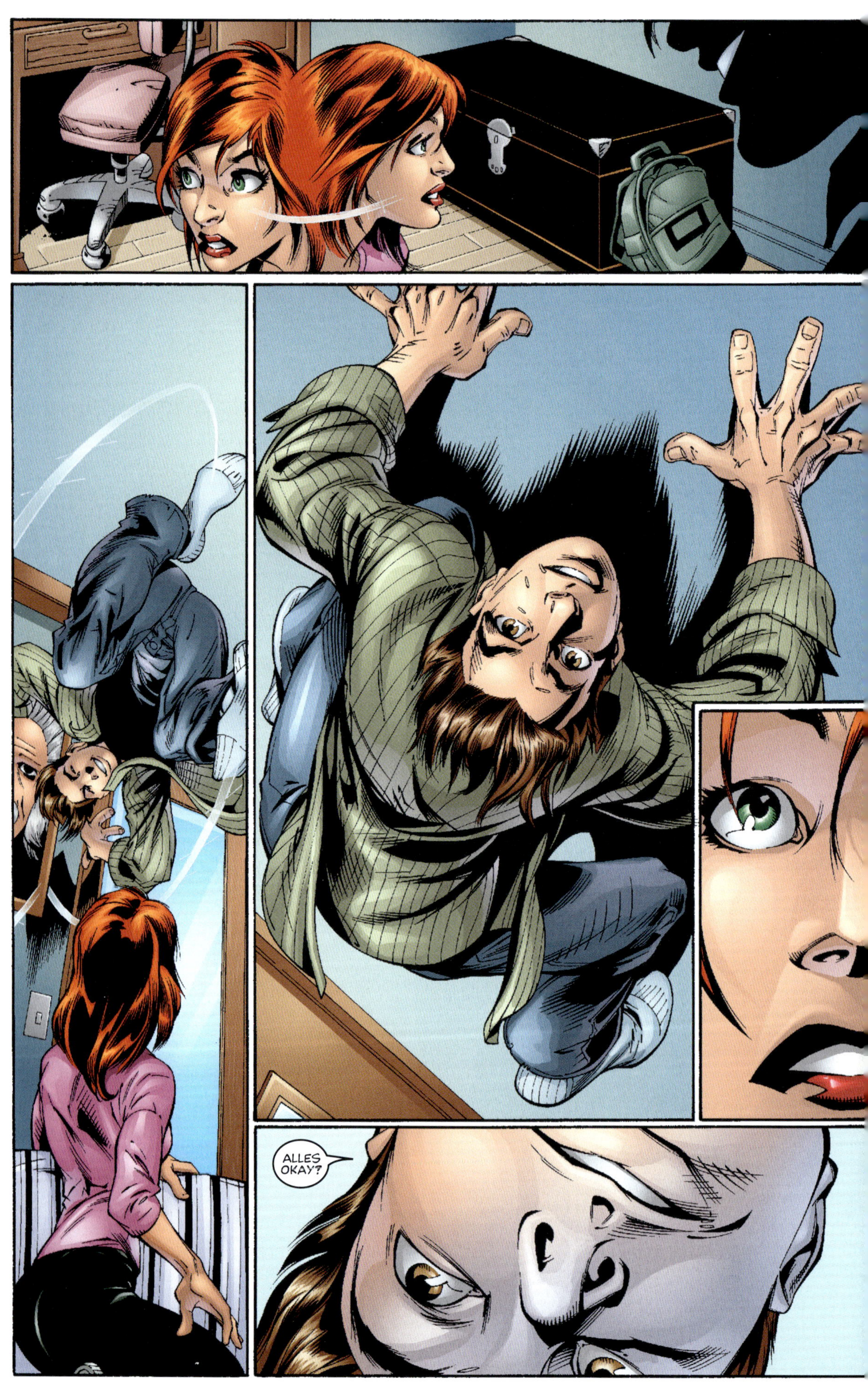
ALLES OKAY?

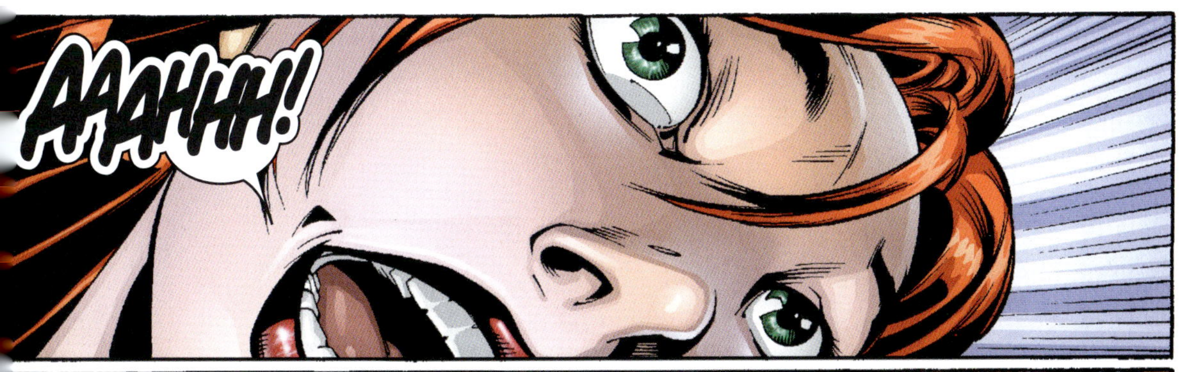
AAAHHH!

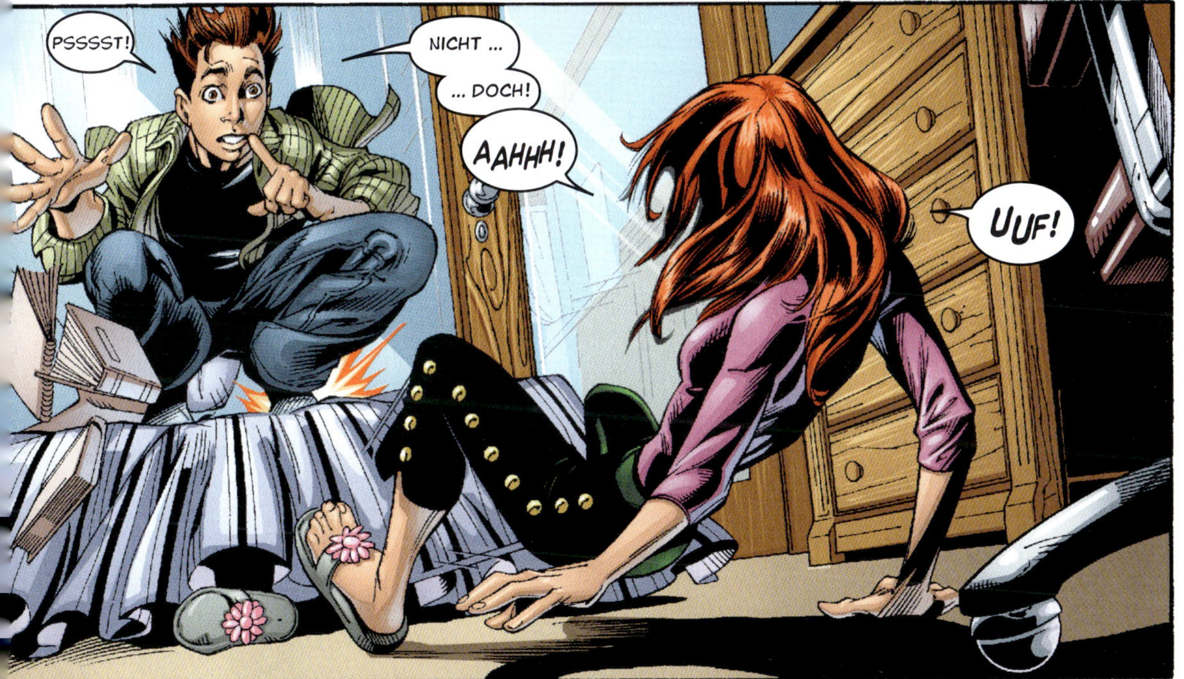
PSSSST!
NICHT ...
... DOCH!
AAHHH!
UUF!

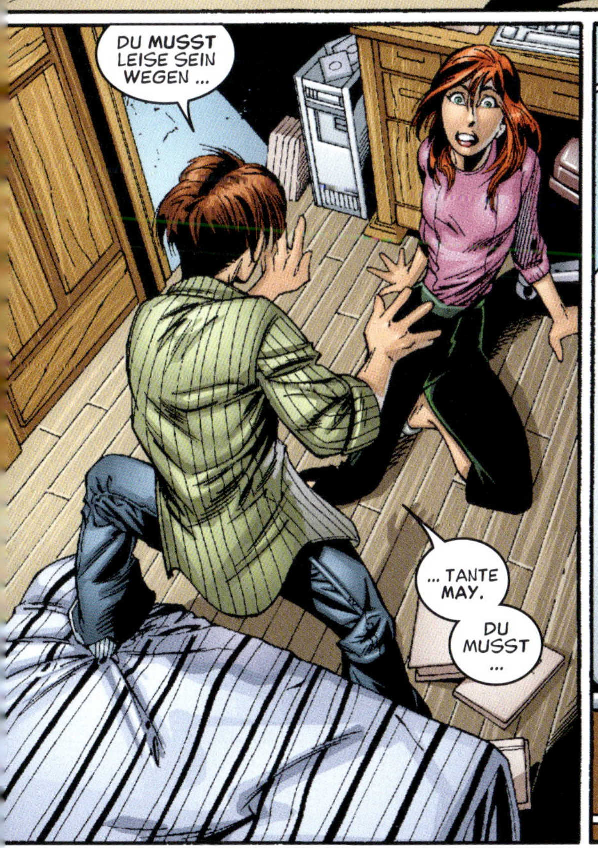
DU **MUSST** LEISE SEIN WEGEN ...
... TANTE **MAY.**
DU MUSST ...

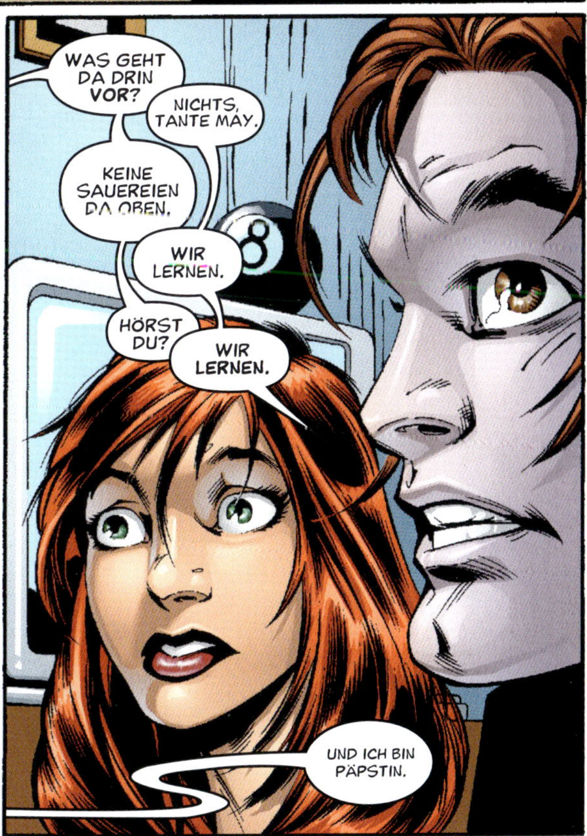
WAS GEHT DA DRIN **VOR?**
NICHTS, TANTE MAY.
KEINE SAUEREIEN DA OBEN.
WIR LERNEN.
HÖRST DU?
WIR LERNEN.
UND ICH BIN PÄPSTIN.

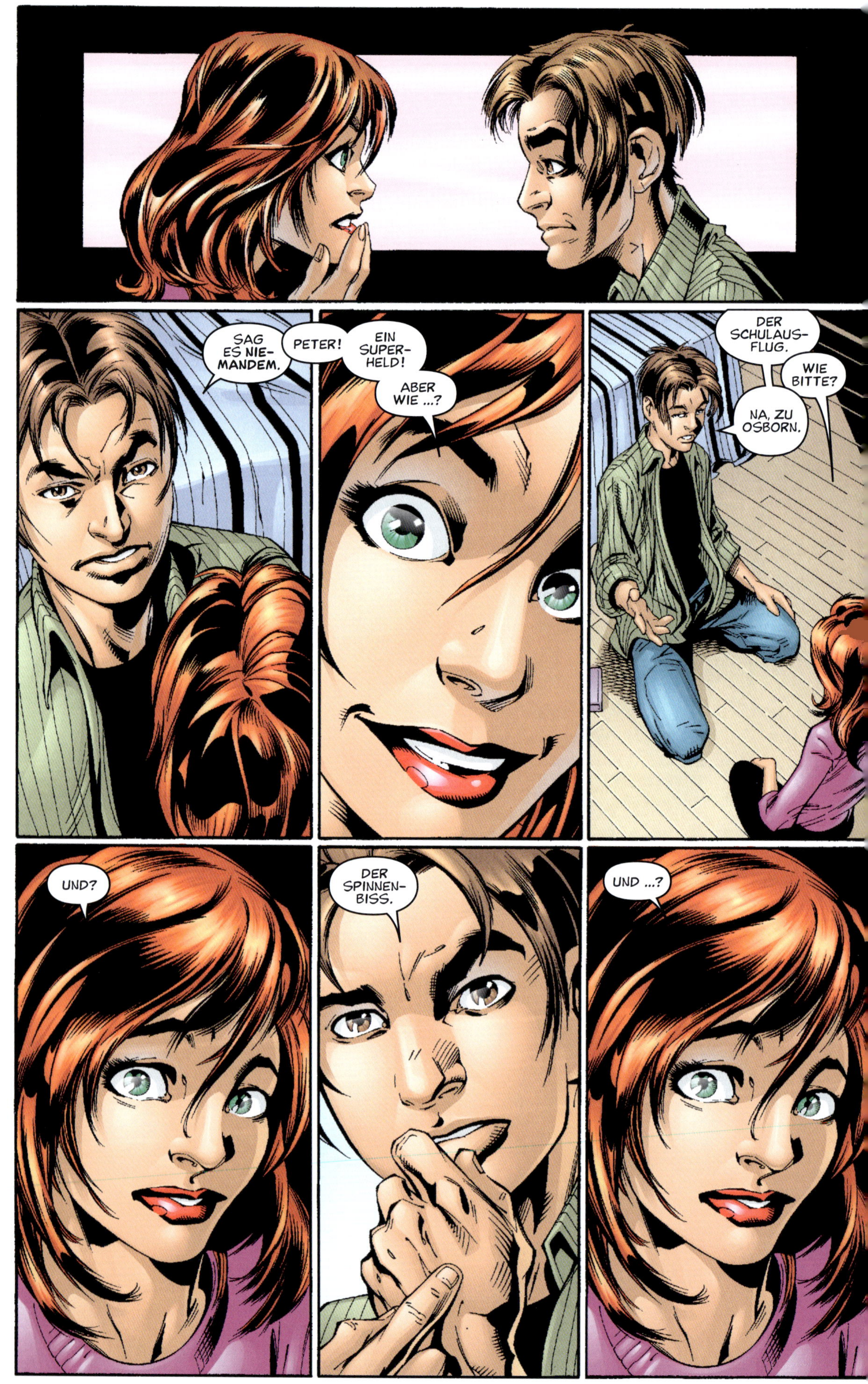
SAG ES NIEMANDEM.
PETER!
EIN SUPERHELD!
ABER WIE ...?
DER SCHULAUSFLUG.
WIE BITTE?
NA, ZU OSBORN.
UND?
DER SPINNENBISS.
UND ...?

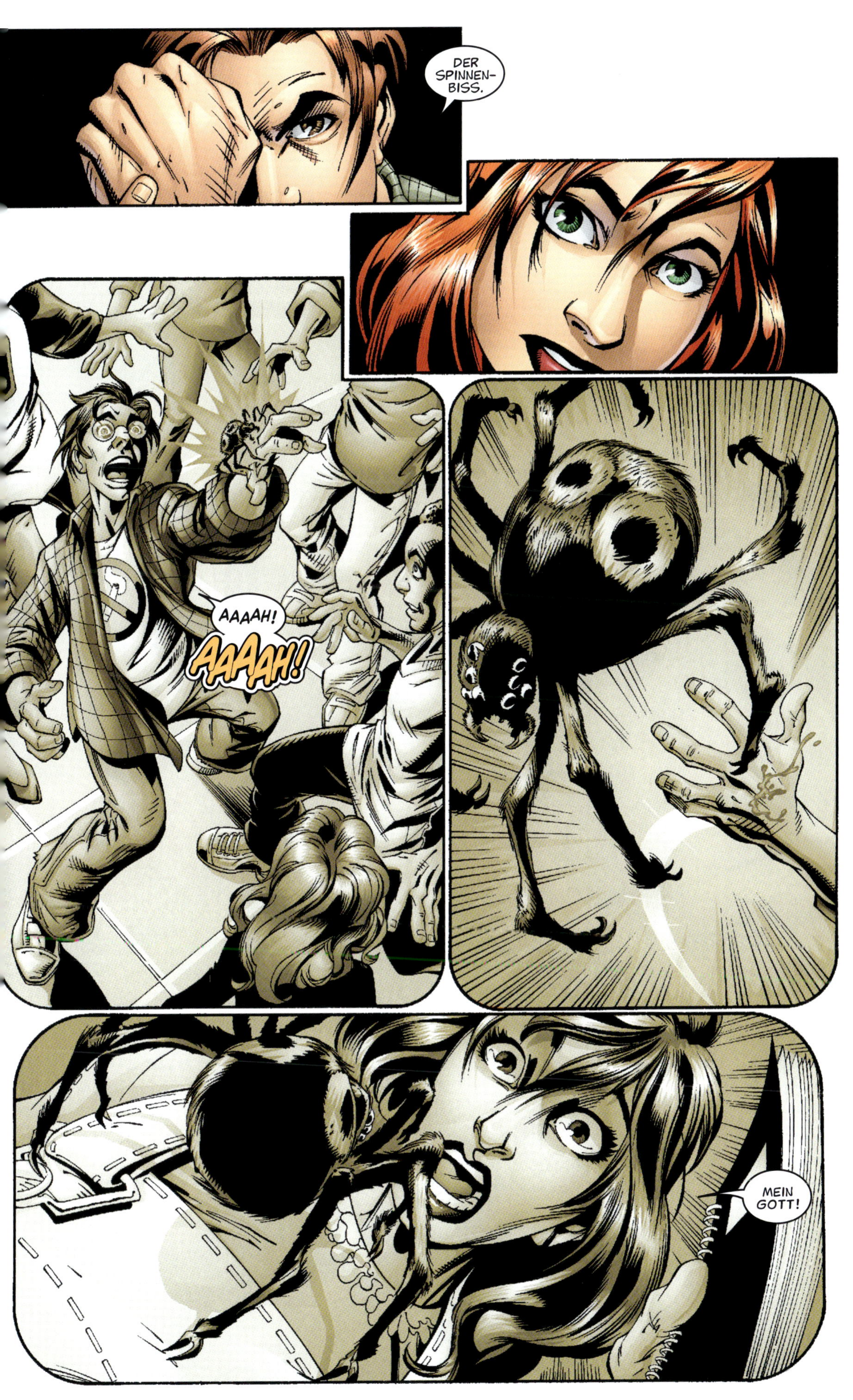
DER SPINNEN-BISS.
AAAAH!
AAAAH!
MEIN GOTT!

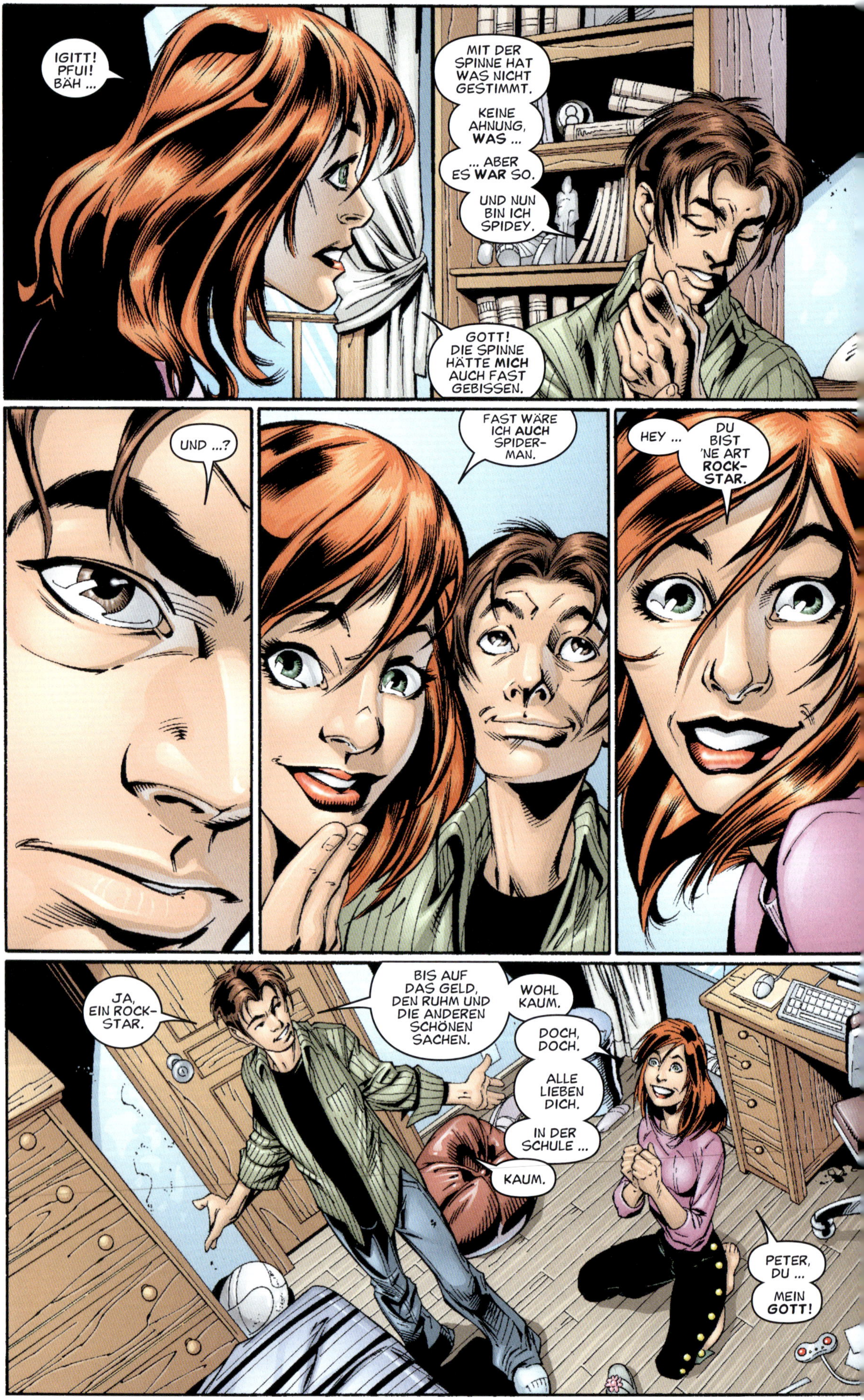

IGITT! PFUI! BÄH ...
MIT DER SPINNE HAT WAS NICHT GESTIMMT.
KEINE AHNUNG, **WAS** ...
... ABER ES **WAR** SO.
UND NUN BIN ICH SPIDEY.
GOTT! DIE SPINNE HÄTTE **MICH** AUCH FAST GEBISSEN.
UND ...?
FAST WÄRE ICH **AUCH** SPIDER-MAN.
HEY ...
DU BIST 'NE ART **ROCK-STAR.**

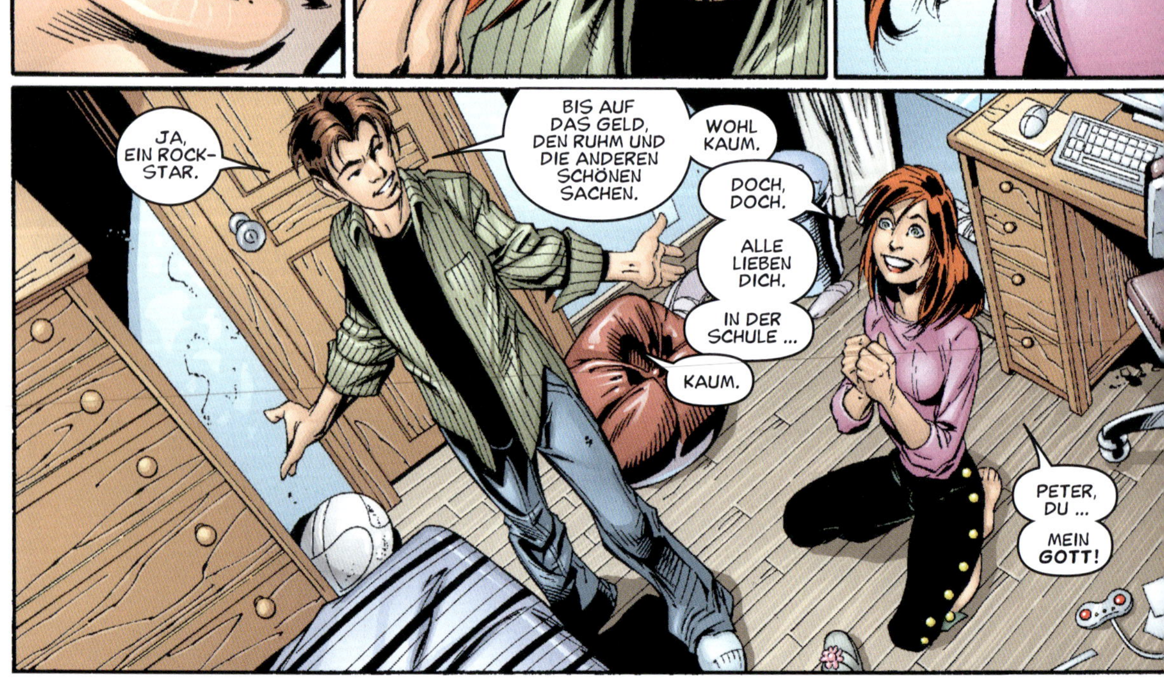

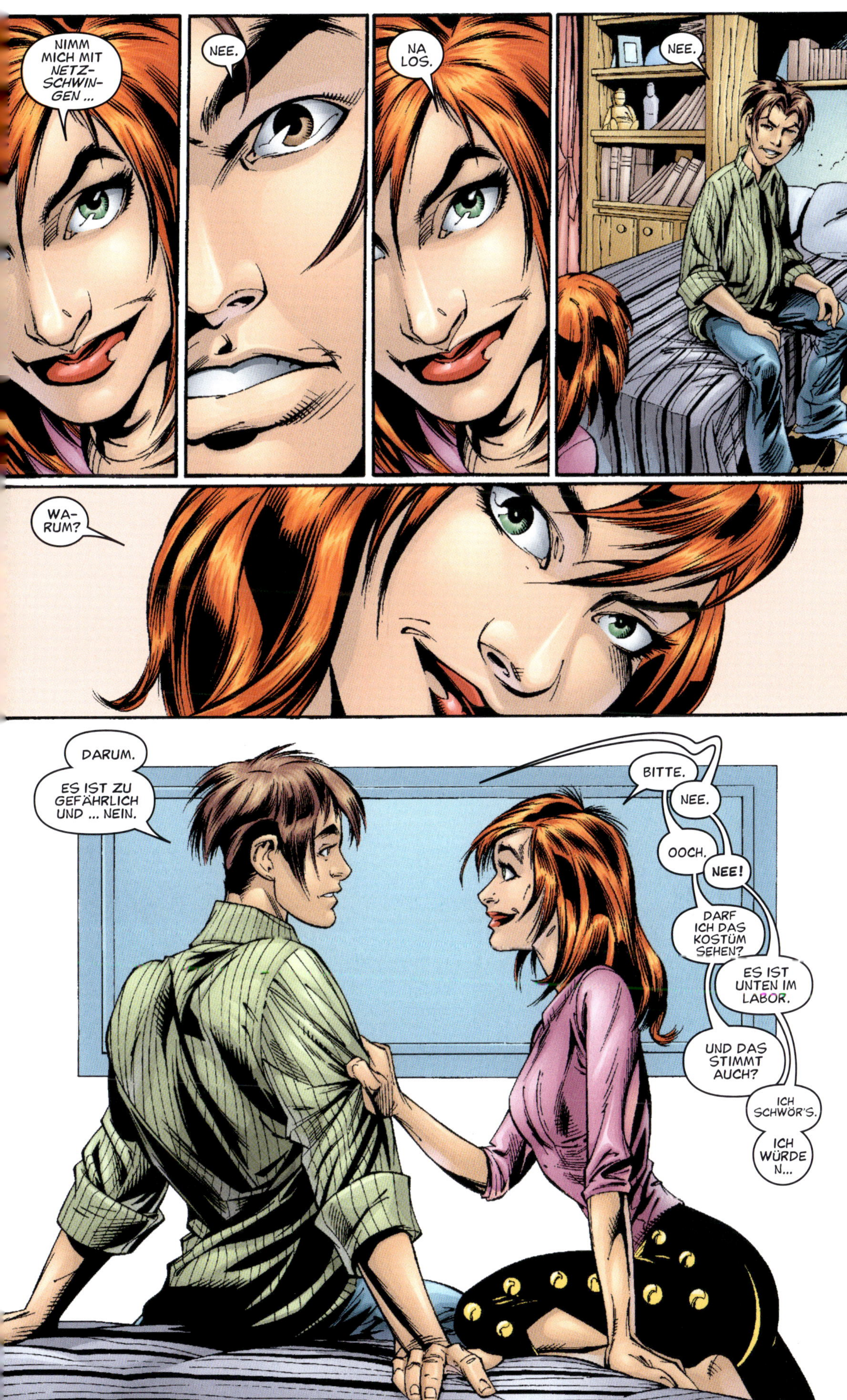
NIMM MICH MIT NETZ-SCHWIN-GEN ...
NEE.
NA LOS.
NEE.
WA-RUM?
DARUM.
ES IST ZU GEFÄHRLICH UND ... NEIN.
BITTE.
NEE.
OOCH.
NEE!
DARF ICH DAS KOSTÜM SEHEN?
ES IST UNTEN IM LABOR.
UND DAS STIMMT AUCH?
ICH SCHWÖR'S.
ICH WÜRDE N...

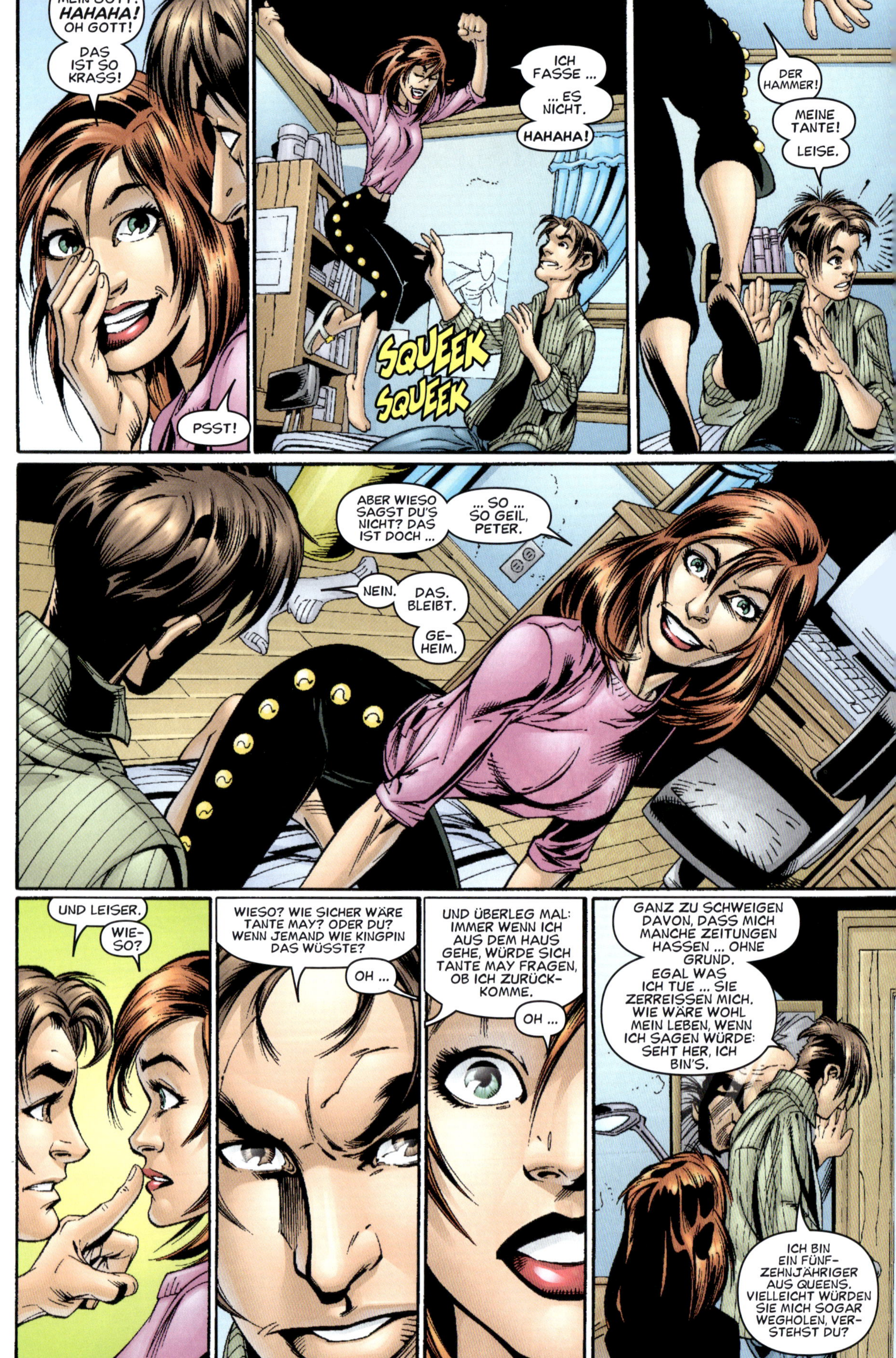

MEIN GOTT! HAHAHA! OH GOTT!
DAS IST SO KRASS!
PSST!
ICH FASSE ...
... ES NICHT.
HAHAHA!
SQUEEK SQUEEK
DER HAMMER!
MEINE TANTE!
LEISE.
ABER WIESO SAGST DU'S NICHT? DAS IST DOCH ...
... SO ... SO GEIL, PETER.
NEIN.
DAS. BLEIBT.
GE-HEIM.
UND LEISER.
WIE-SO?
WIESO? WIE SICHER WÄRE TANTE MAY? ODER DU? WENN JEMAND WIE KINGPIN DAS WÜSSTE?
OH ...
UND ÜBERLEG MAL: IMMER WENN ICH AUS DEM HAUS GEHE, WÜRDE SICH TANTE MAY FRAGEN, OB ICH ZURÜCK-KOMME.
OH ...
GANZ ZU SCHWEIGEN DAVON, DASS MICH MANCHE ZEITUNGEN HASSEN ... OHNE GRUND.
EGAL WAS ICH TUE ... SIE ZERREISSEN MICH. WIE WÄRE WOHL MEIN LEBEN, WENN ICH SAGEN WÜRDE: SEHT HER, ICH BIN'S.
ICH BIN EIN FÜNF-ZEHNJÄHRIGER AUS QUEENS. VIELLEICHT WÜRDEN SIE MICH SOGAR WEGHOLEN, VER-STEHST DU?

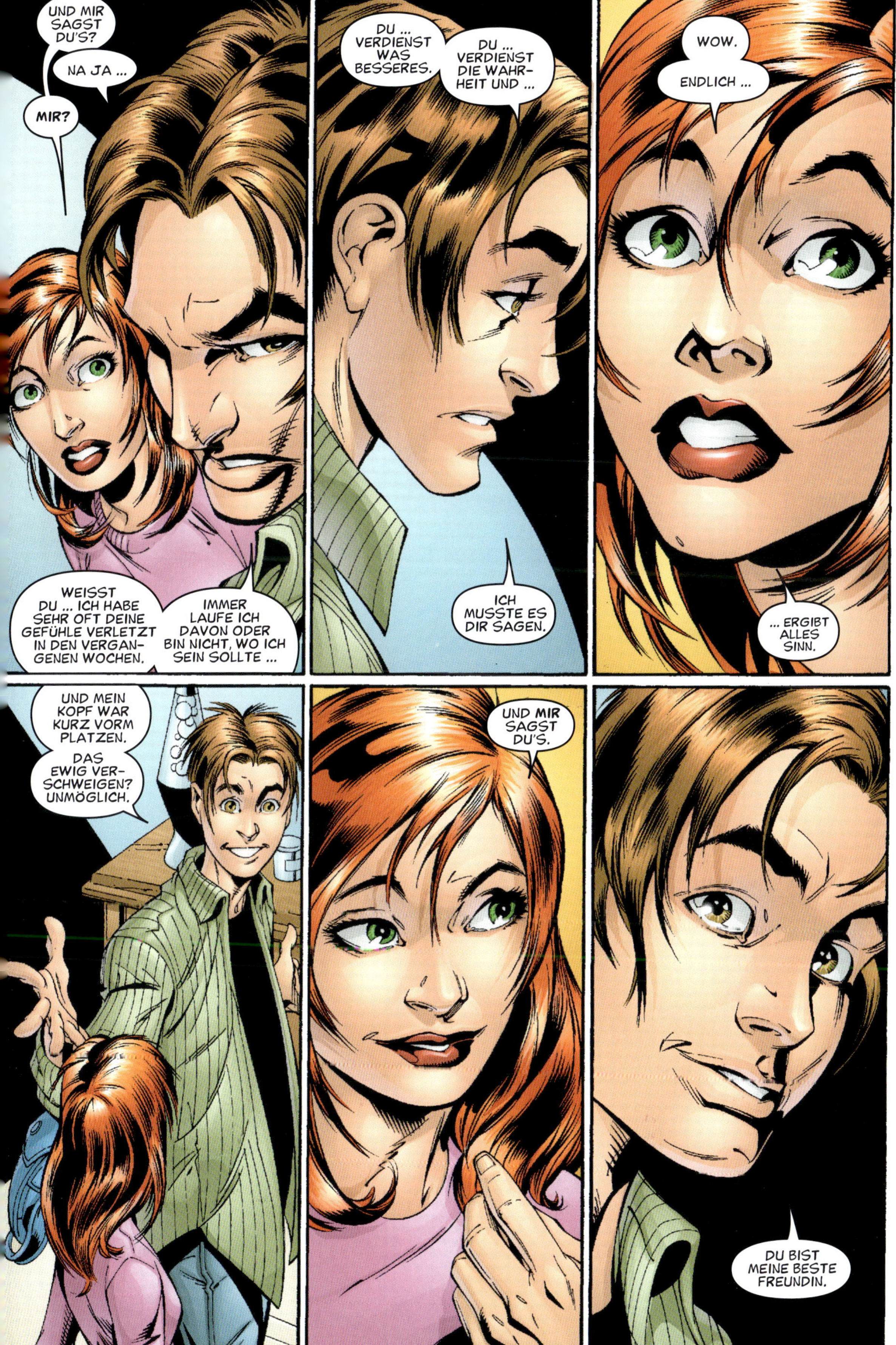
UND MIR SAGST DU'S?
NA JA ...
MIR?
WEISST DU ... ICH HABE SEHR OFT DEINE GEFÜHLE VERLETZT IN DEN VERGANGENEN WOCHEN.
IMMER LAUFE ICH DAVON ODER BIN NICHT, WO ICH SEIN SOLLTE ...
DU ... VERDIENST WAS BESSERES.
DU ... VERDIENST DIE WAHRHEIT UND ...
ICH MUSSTE ES DIR SAGEN.
WOW.
ENDLICH ...
... ERGIBT ALLES SINN.
UND MEIN KOPF WAR KURZ VORM PLATZEN.
DAS EWIG VERSCHWEIGEN? UNMÖGLICH.
UND MIR SAGST DU'S.
DU BIST MEINE BESTE FREUNDIN.

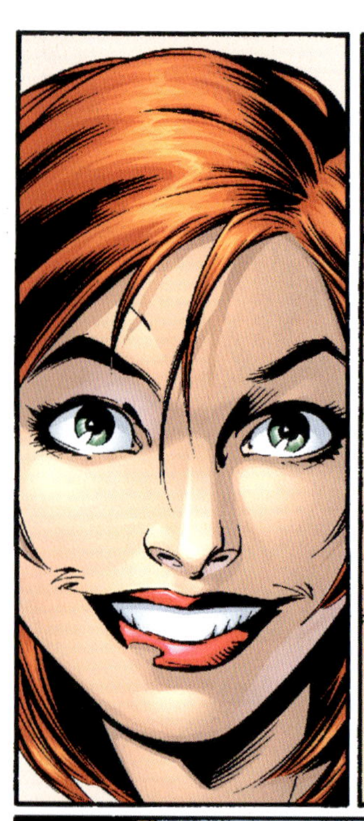
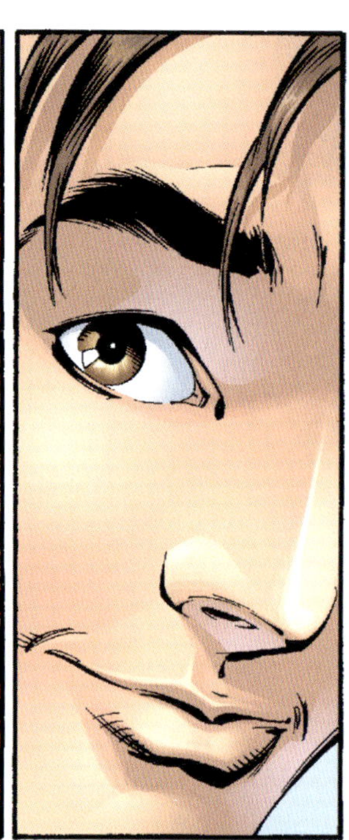
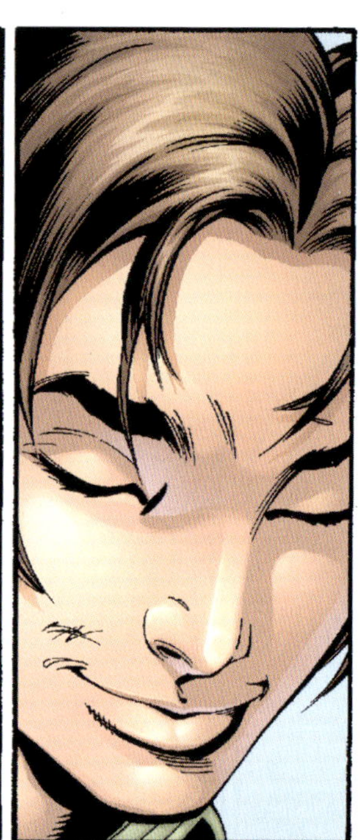
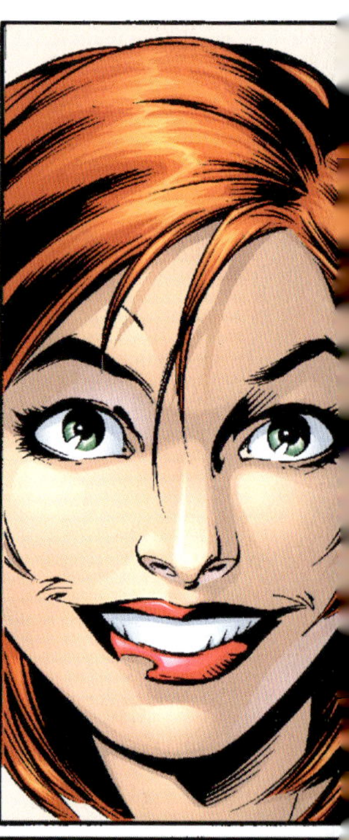
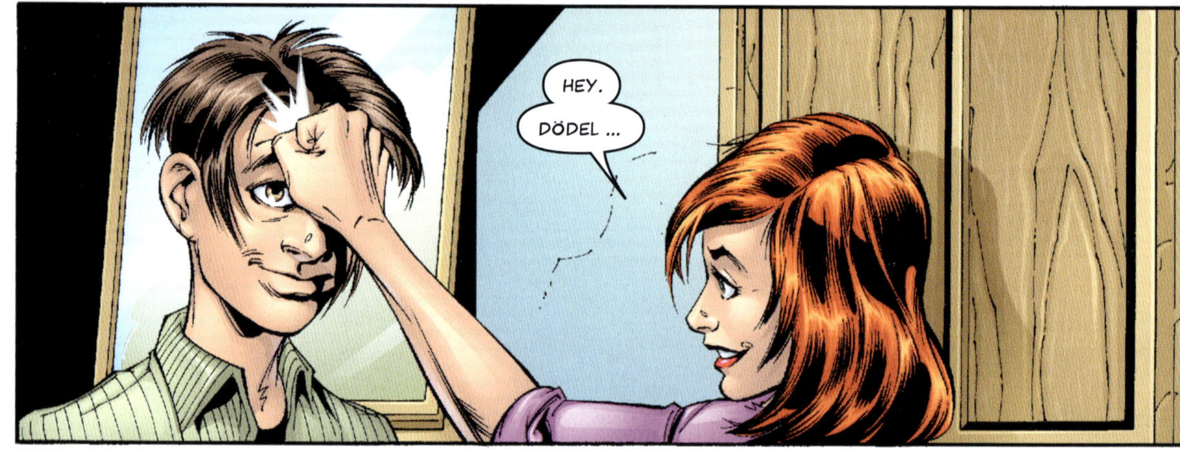
HEY.
DÖDEL ...
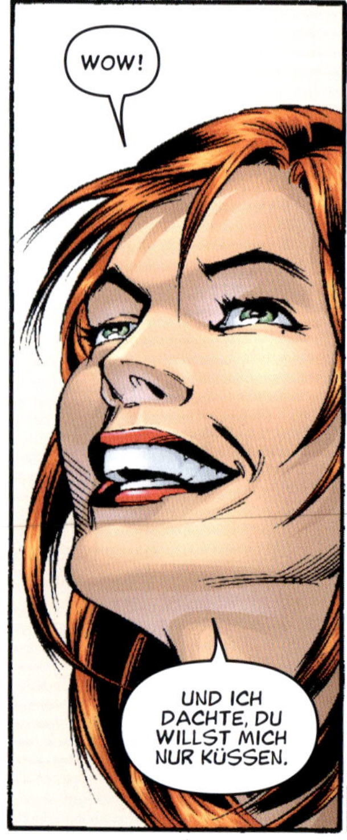
WOW!
UND ICH DACHTE, DU WILLST MICH NUR KÜSSEN.
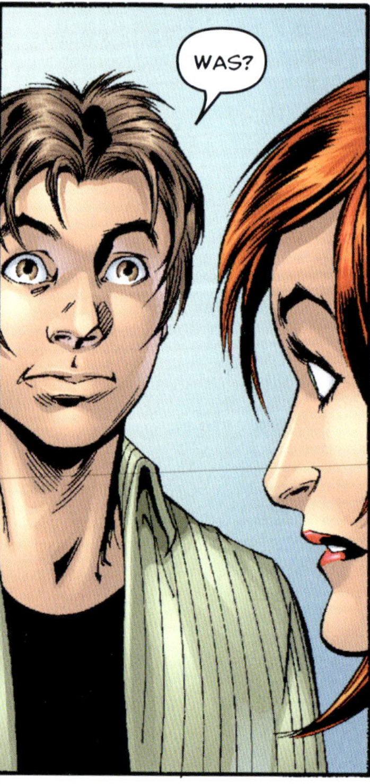
WAS?
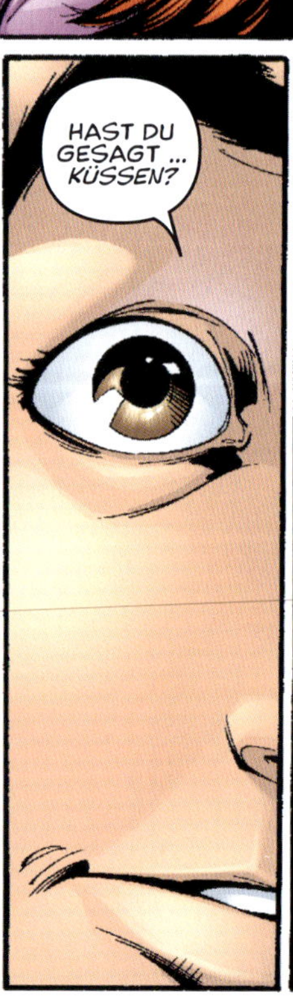
HAST DU GESAGT ... KÜSSEN?
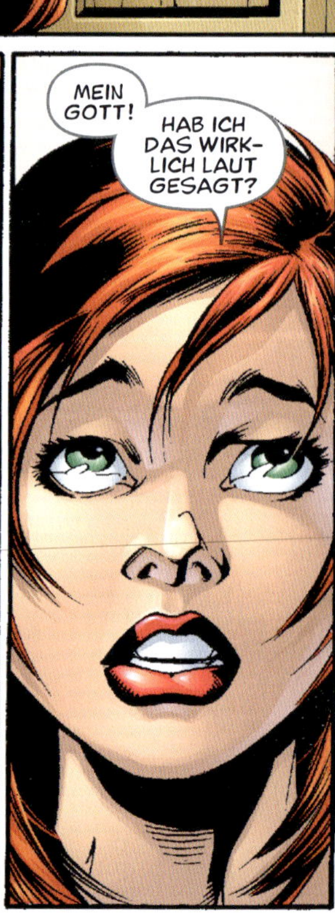
MEIN GOTT!
HAB ICH DAS WIRK-LICH LAUT GESAGT?

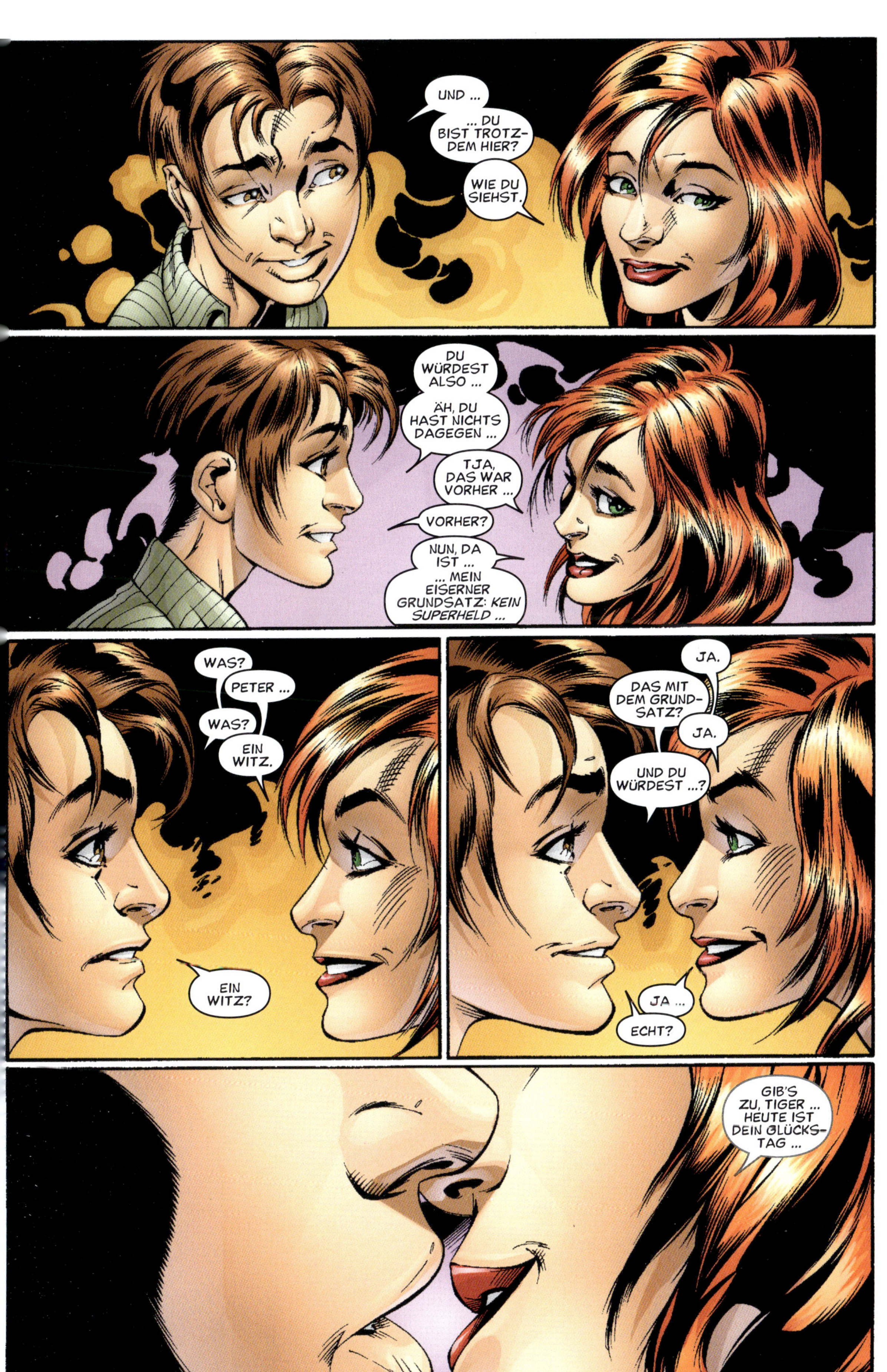

UND ...
... DU BIST TROTZDEM HIER?
WIE DU SIEHST.
DU WÜRDEST ALSO ...
ÄH, DU HAST NICHTS DAGEGEN ...
TJA, DAS WAR VORHER ...
VORHER?
NUN, DA IST ...
... MEIN EISERNER GRUNDSATZ: KEIN SUPERHELD ...
WAS?
PETER ...
WAS?
EIN WITZ.
EIN WITZ?
JA.
DAS MIT DEM GRUNDSATZ?
JA.
UND DU WÜRDEST ...?
JA ...
ECHT?
GIB'S ZU, TIGER ... HEUTE IST DEIN GLÜCKSTAG ...

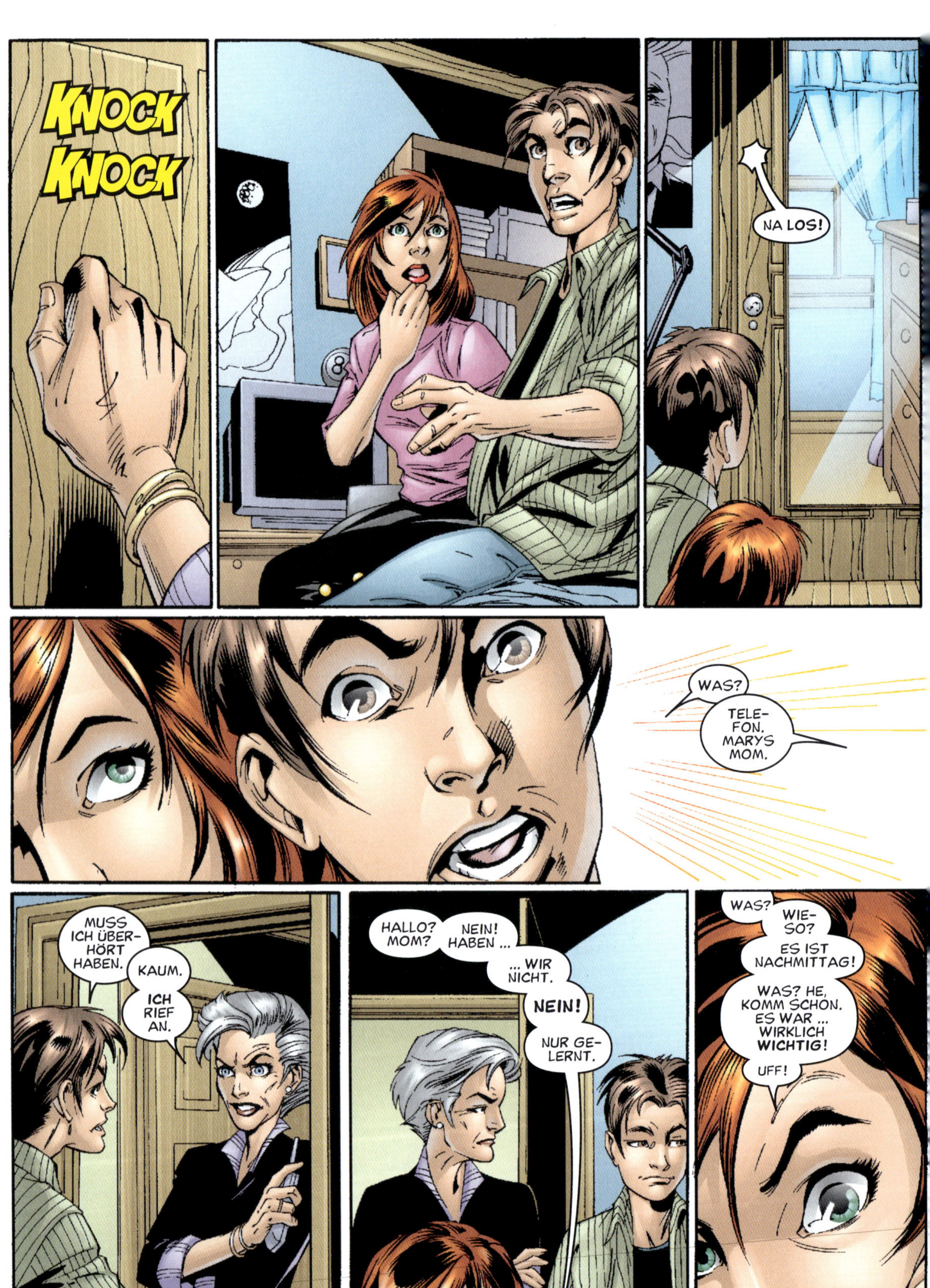
KNOCK KNOCK
NA LOS!
WAS?
TELE-FON. MARYS MOM.
MUSS ICH ÜBER-HÖRT HABEN.
KAUM.
ICH RIEF AN.
HALLO? MOM?
NEIN! HABEN ...
... WIR NICHT.
NEIN!
NUR GE-LERNT.
WAS?
WIE-SO?
ES IST NACHMITTAG!
WAS? HE, KOMM SCHON. ES WAR ... WIRKLICH WICHTIG!
UFF!

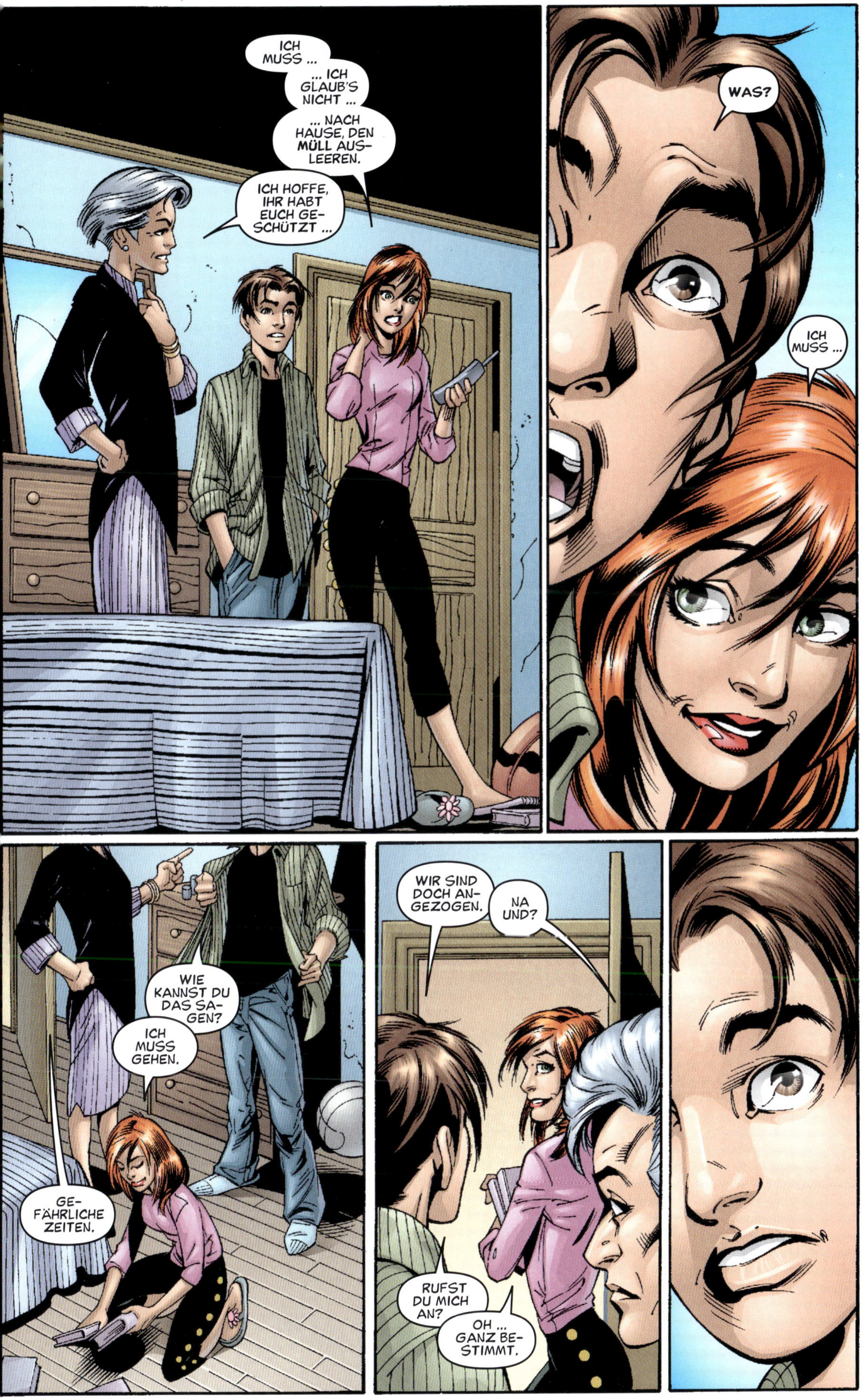

ICH MUSS ...
... ICH GLAUB'S NICHT ...
... NACH HAUSE, DEN MÜLL AUSLEEREN.
ICH HOFFE, IHR HABT EUCH GESCHÜTZT ...
WAS?
ICH MUSS ...

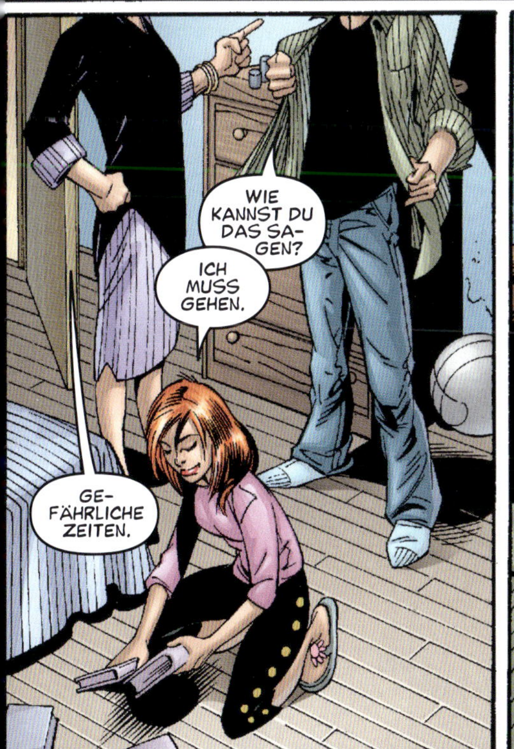

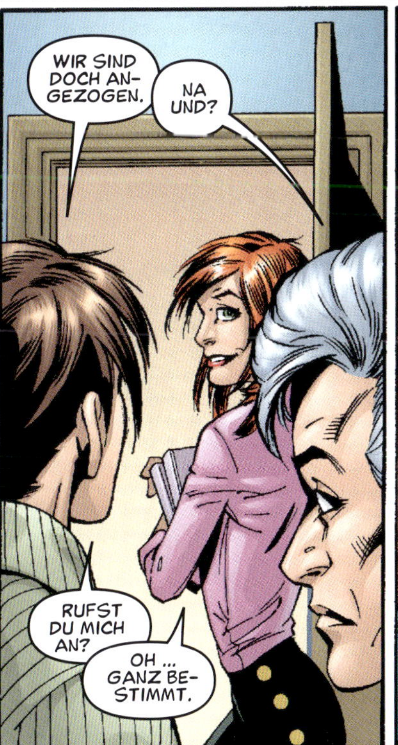

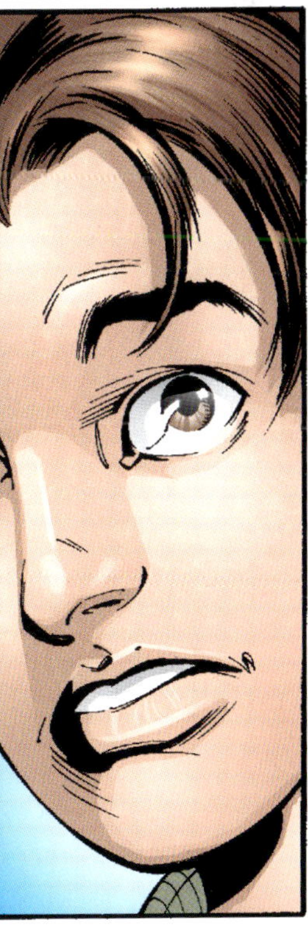

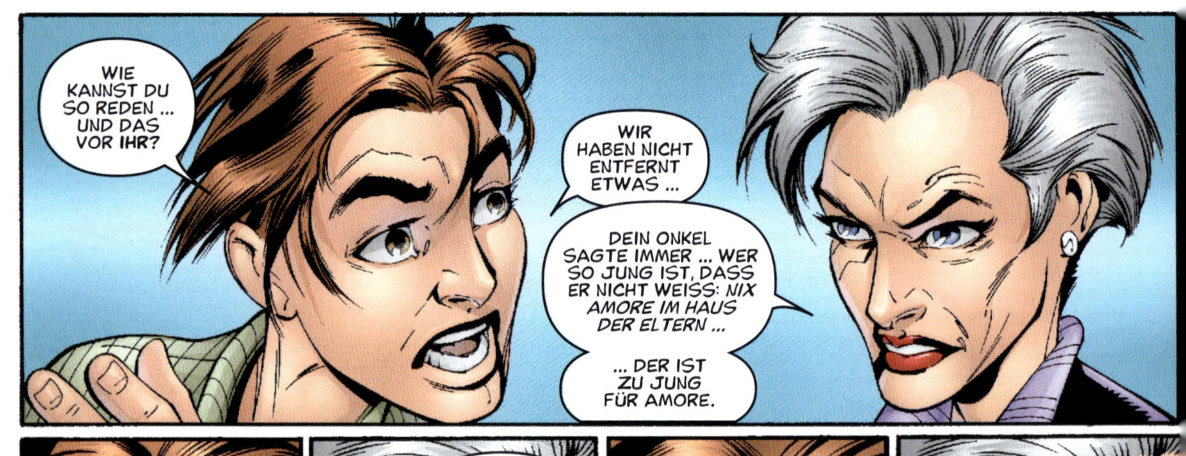
WIE KANNST DU SO REDEN ... UND DAS VOR **IHR**?
WIR HABEN NICHT ENTFERNT ETWAS ...
DEIN ONKEL SAGTE IMMER ... WER SO JUNG IST, DASS ER NICHT WEISS: *NIX AMORE IM HAUS DER ELTERN* ...
... DER IST ZU JUNG FÜR AMORE.

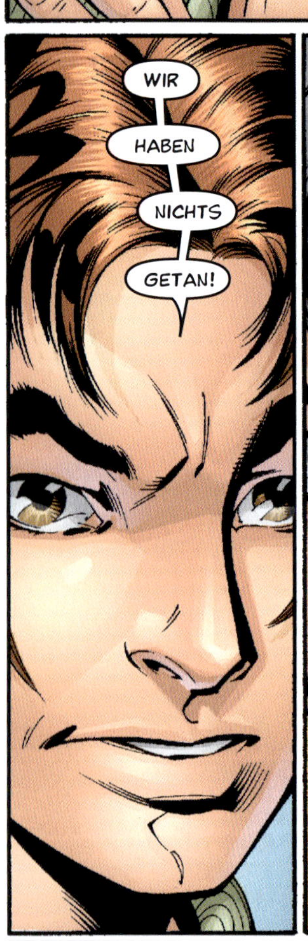
WIR
HABEN
NICHTS
GETAN!

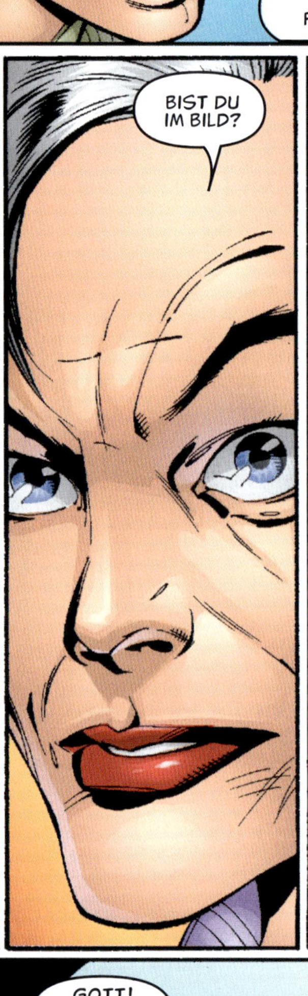
BIST DU IM BILD?

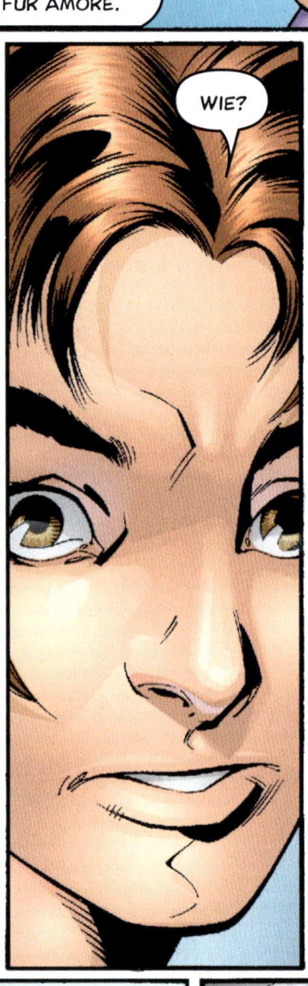
WIE?

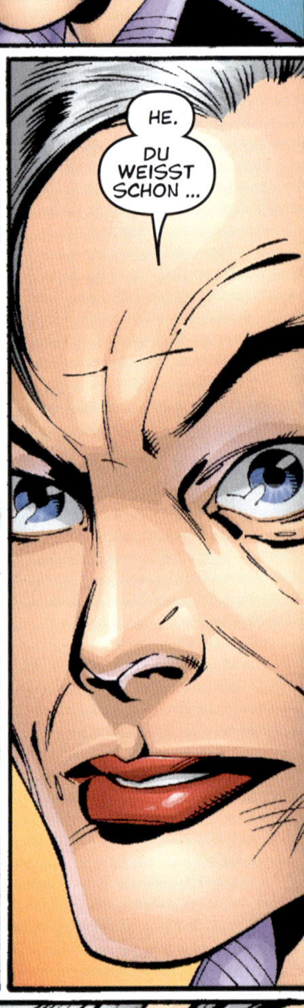
HE.
DU WEISST SCHON ...

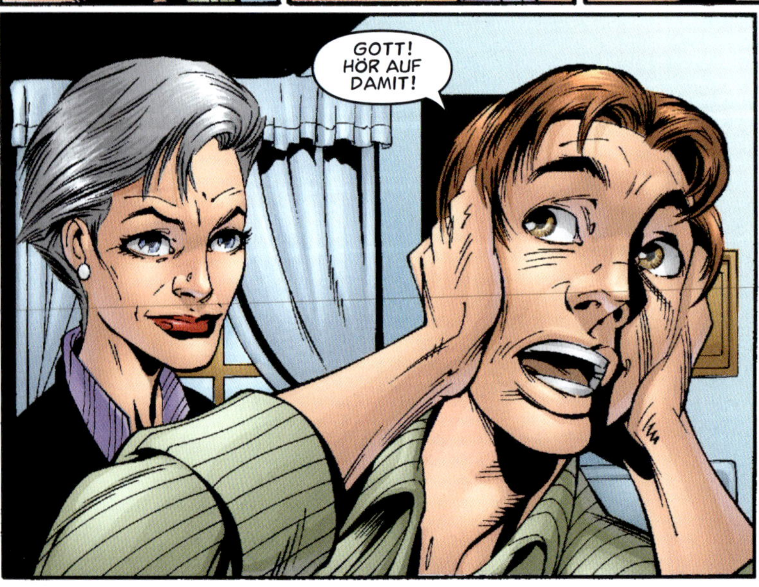
GOTT! HÖR AUF DAMIT!

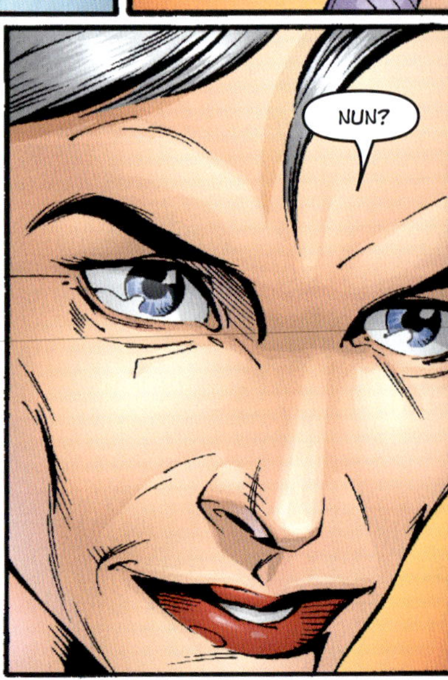
NUN?

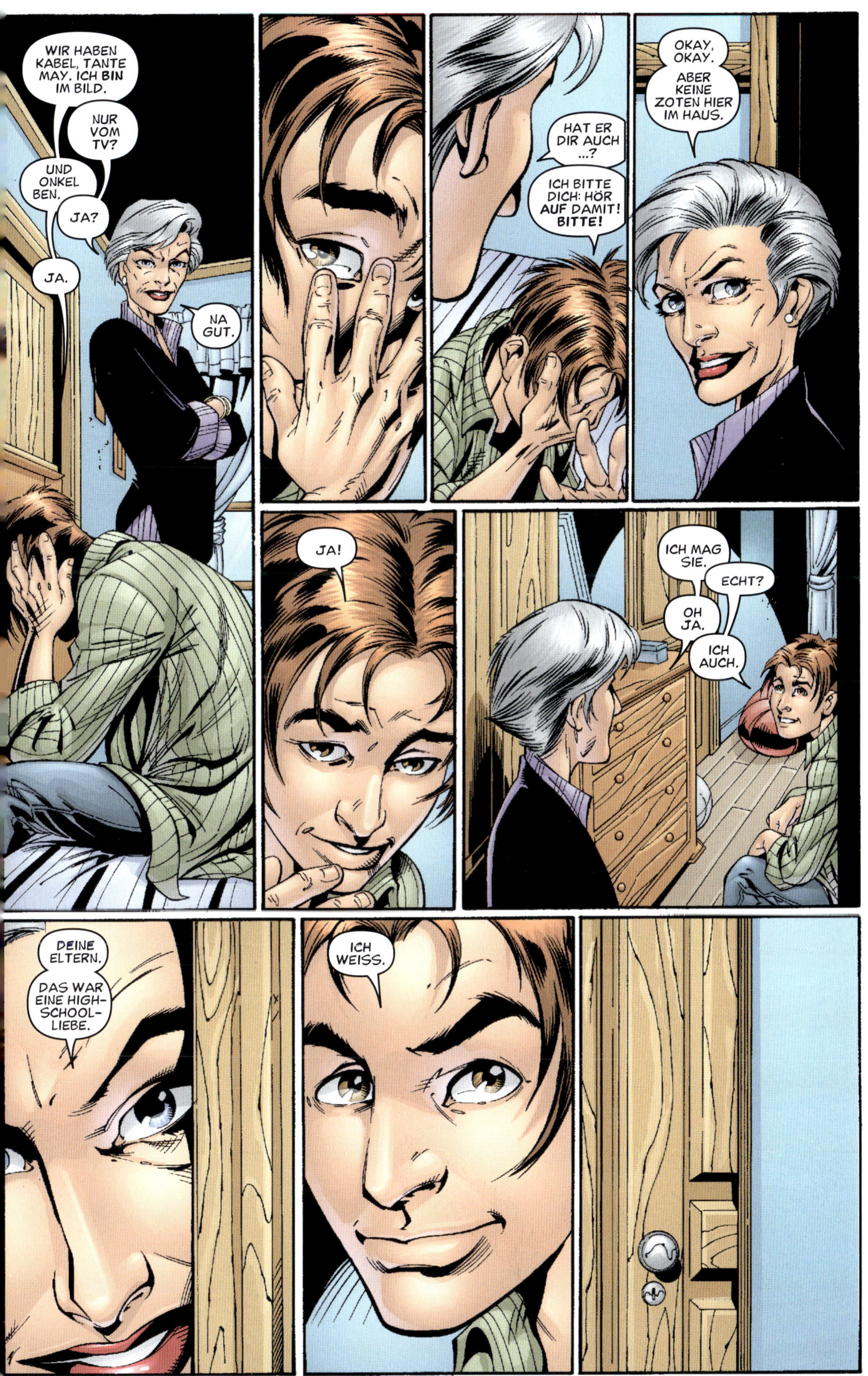
WIR HABEN KABEL, TANTE MAY. ICH BIN IM BILD.
NUR VOM TV?
UND ONKEL BEN.
JA?
JA.
NA GUT.
HAT ER DIR AUCH ...?
ICH BITTE DICH: HÖR AUF DAMIT! BITTE!
OKAY, OKAY.
ABER KEINE ZOTEN HIER IM HAUS.
JA!
ICH MAG SIE.
ECHT?
OH JA.
ICH AUCH.
DEINE ELTERN.
DAS WAR EINE HIGH-SCHOOL-LIEBE.
ICH WEISS.

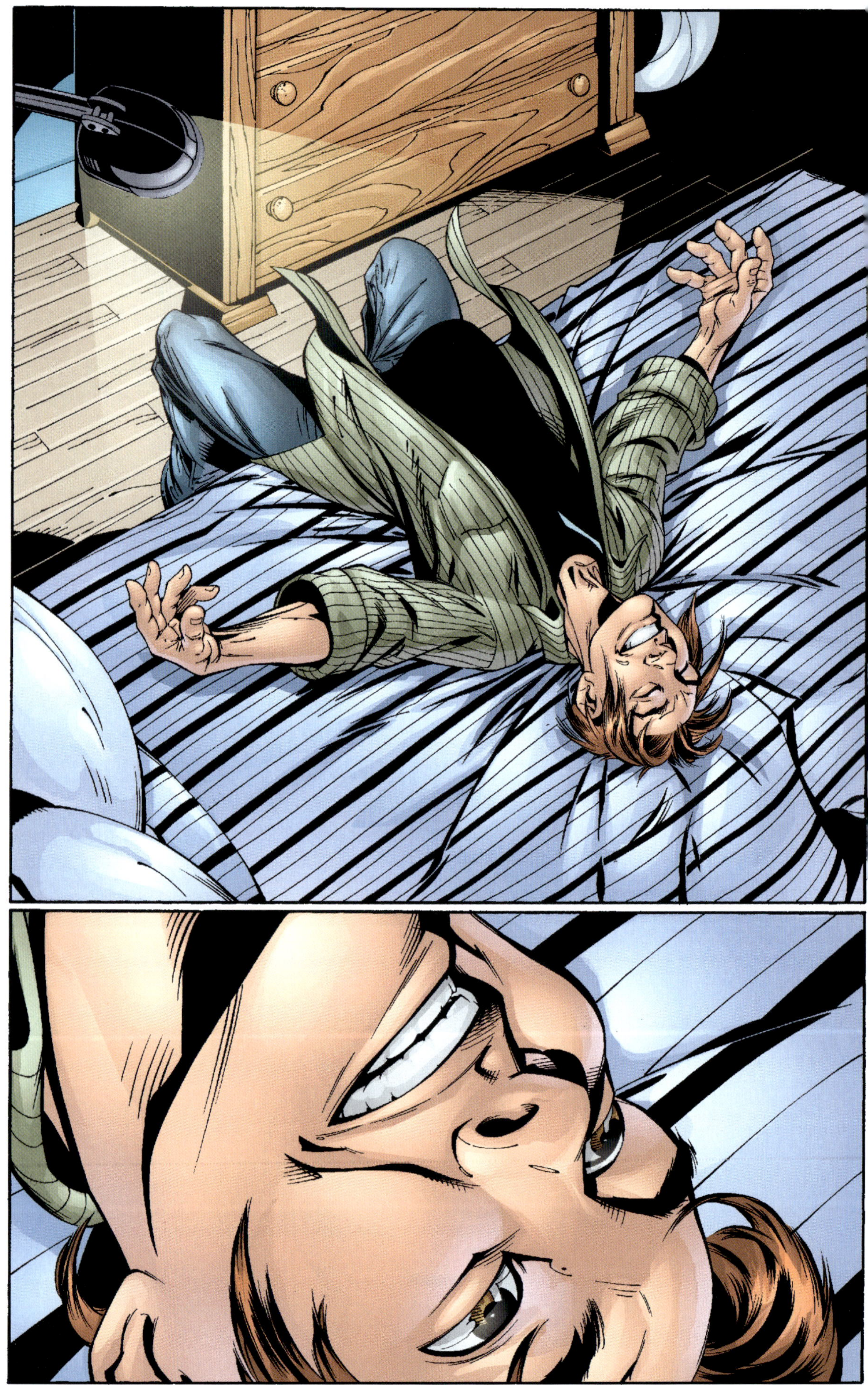

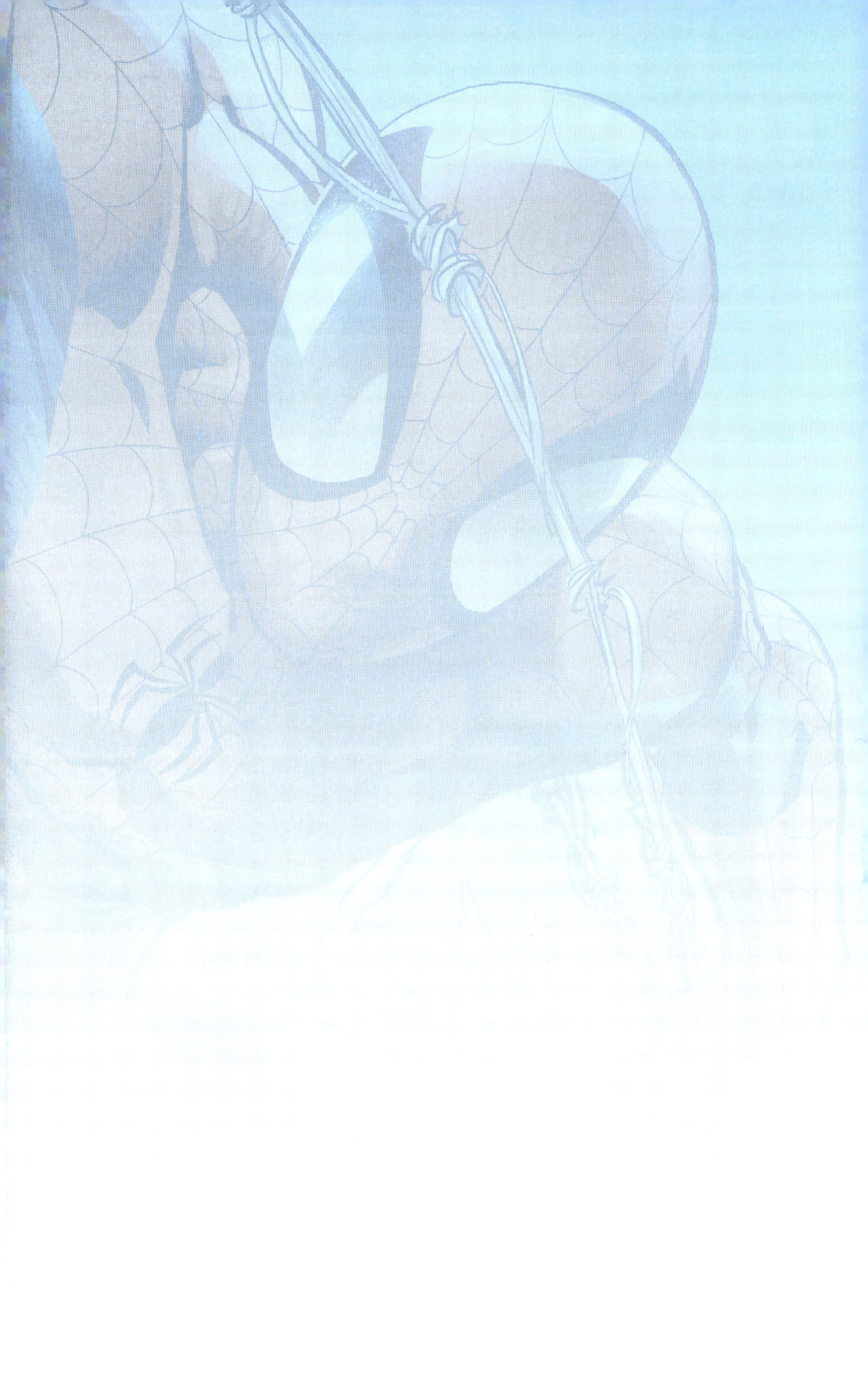

COVER-GALERIE

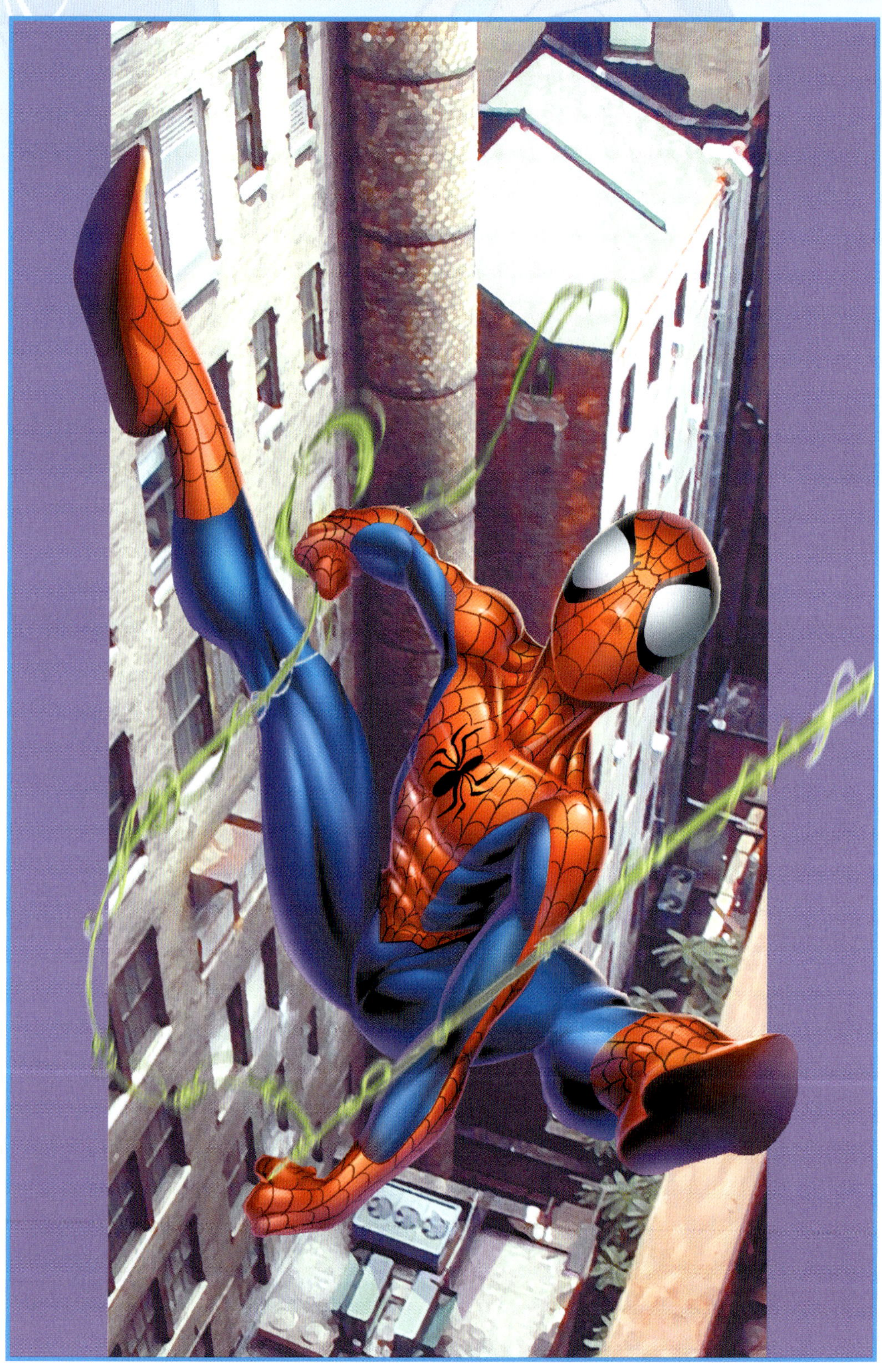

Cover von **Mark Bagley** für *Ultimate Spider-Man* #8

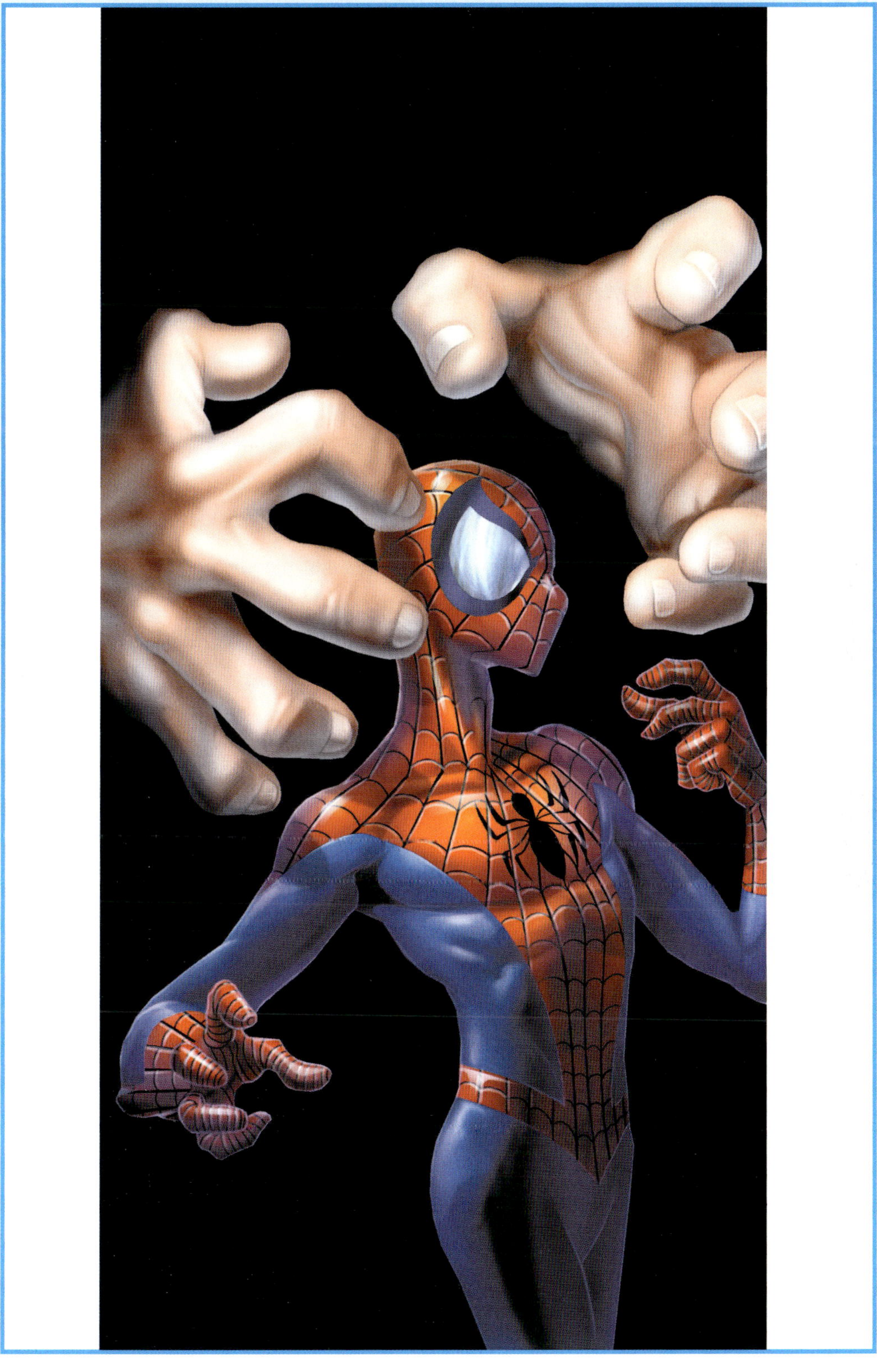

Cover von **Mark Bagley** für *Ultimate Spider-Man* #9

COVER-GALERIE

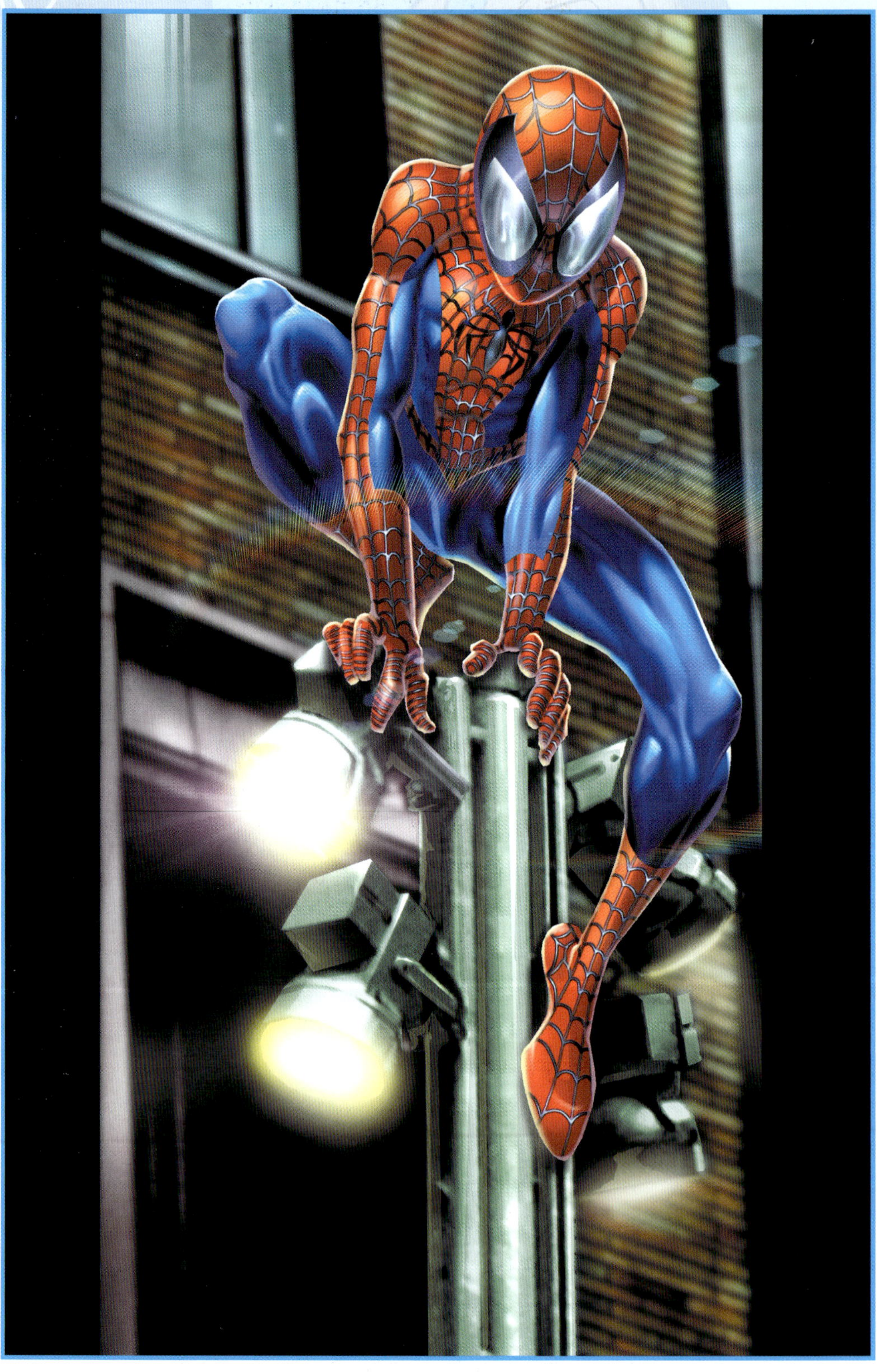

Cover von **Mark Bagley** für *Ultimate Spider-Man* #10

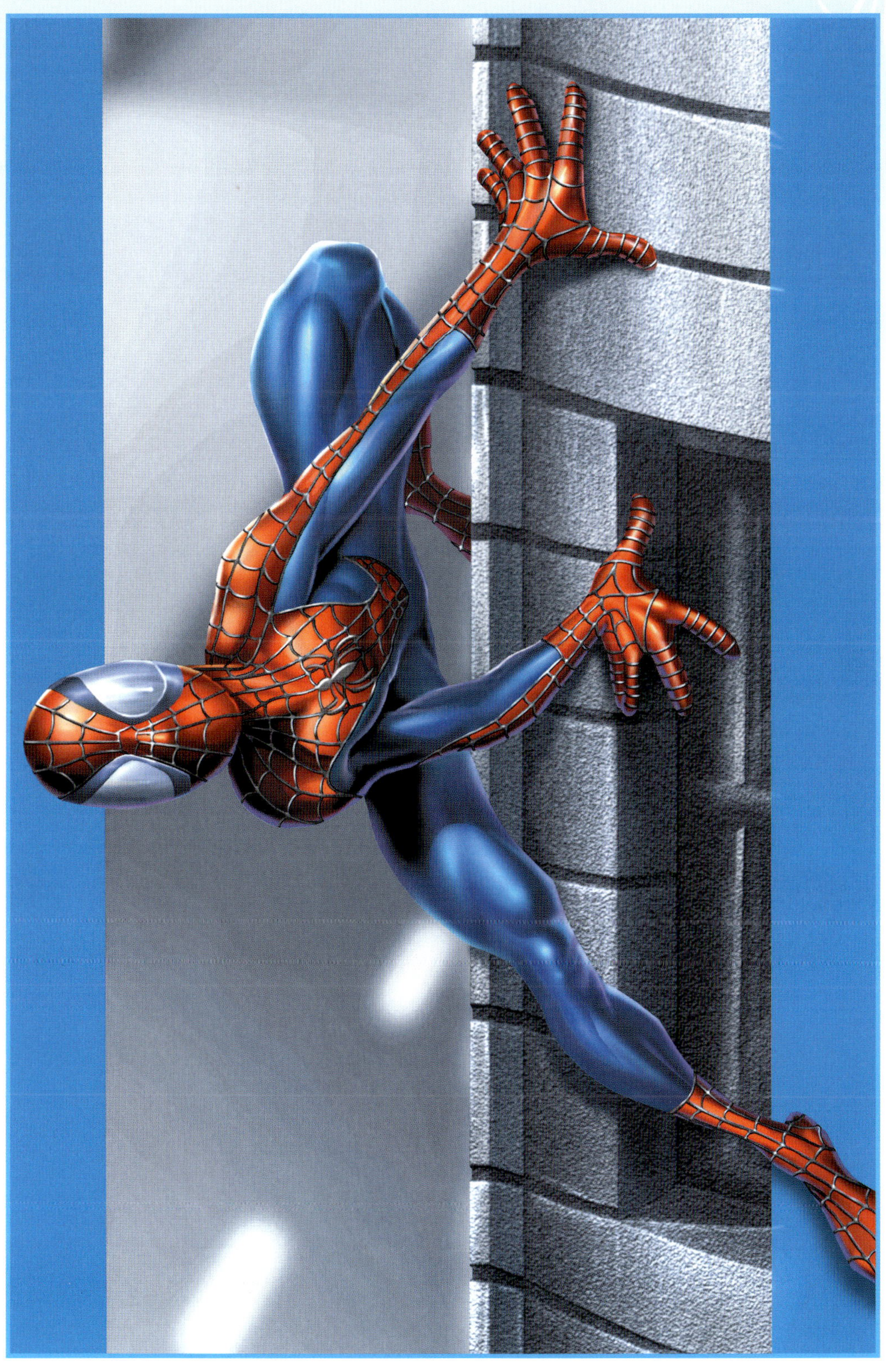

Cover von **Mark Bagley** für *Ultimate Spider-Man* #11

COVER-GALERIE

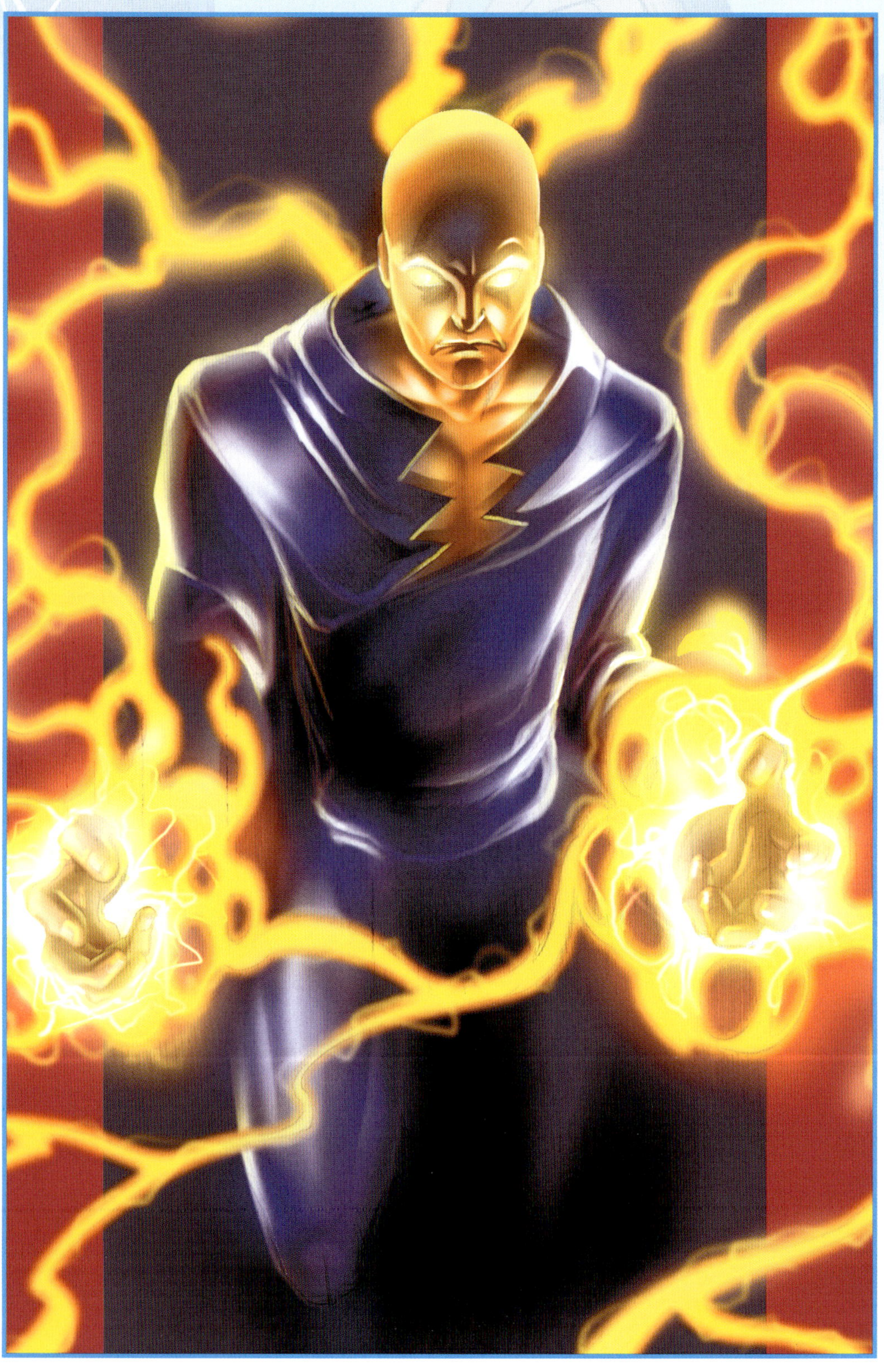

Cover von **Mark Bagley** für *Ultimate Spider-Man* #12

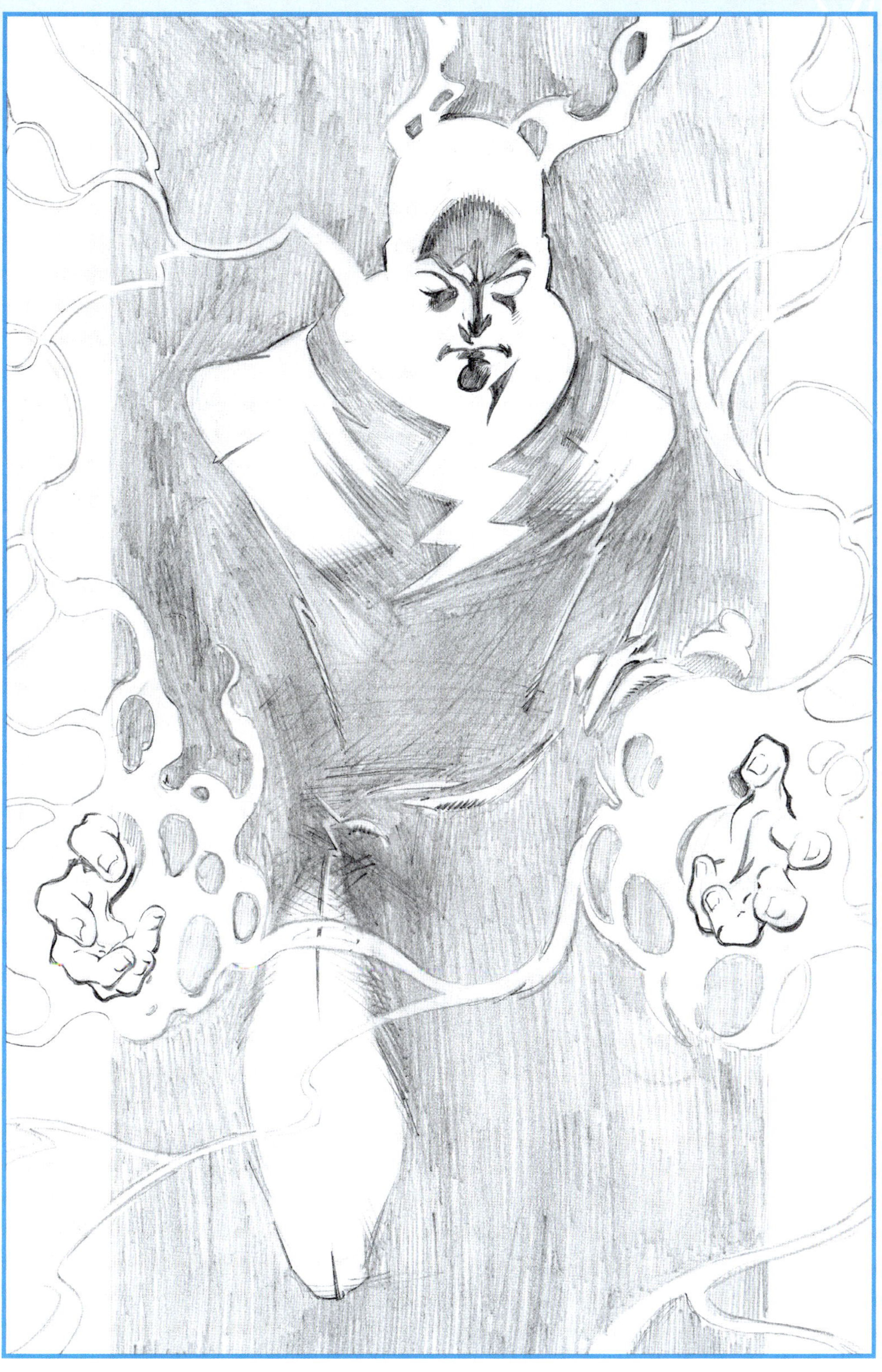

Bleistiftzeichnung von **Mark Bagley** für das Cover von *Ultimate Spider-Man* #12

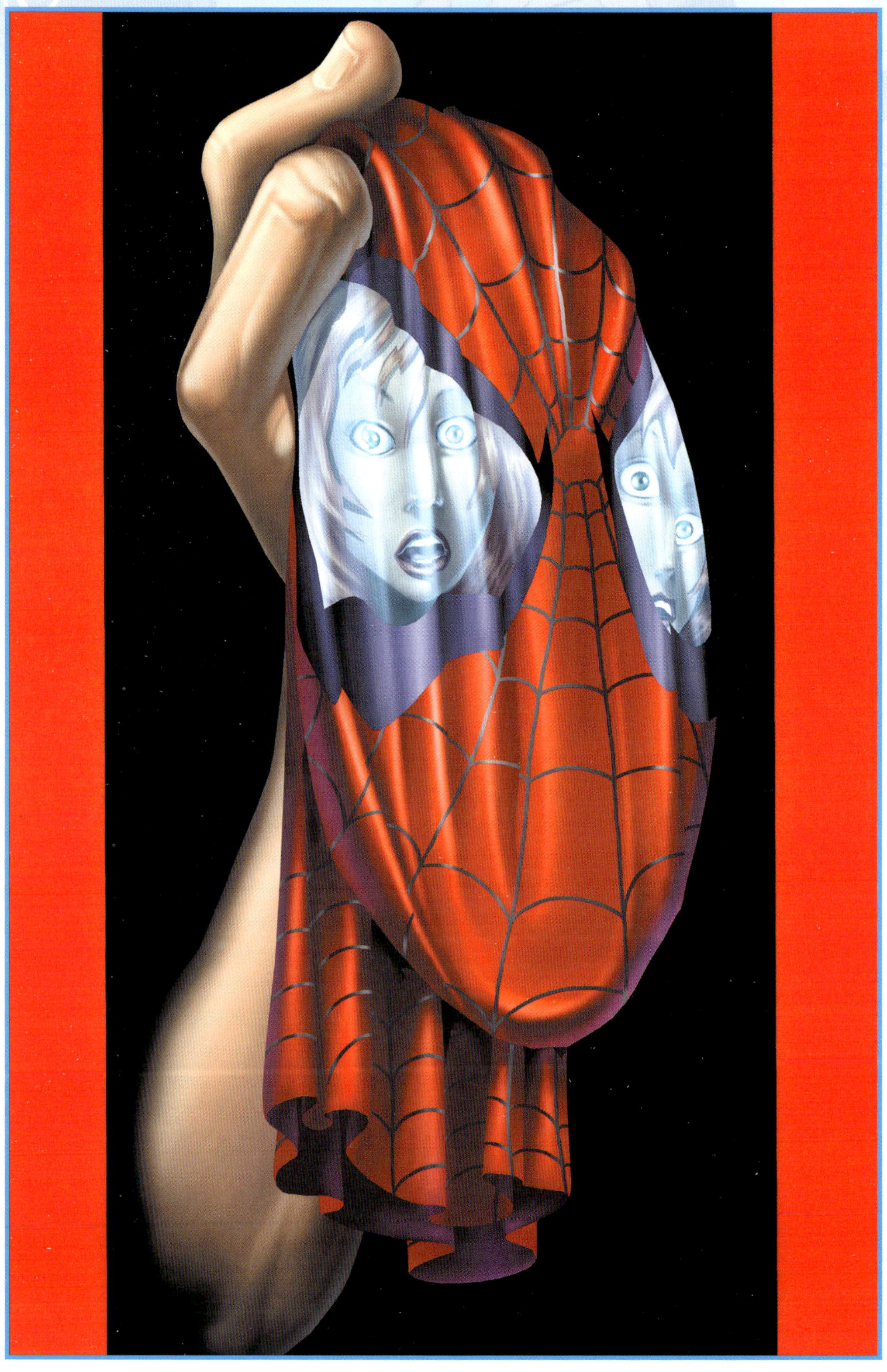

Cover von **Mark Bagley** für *Ultimate Spider-Man* #13

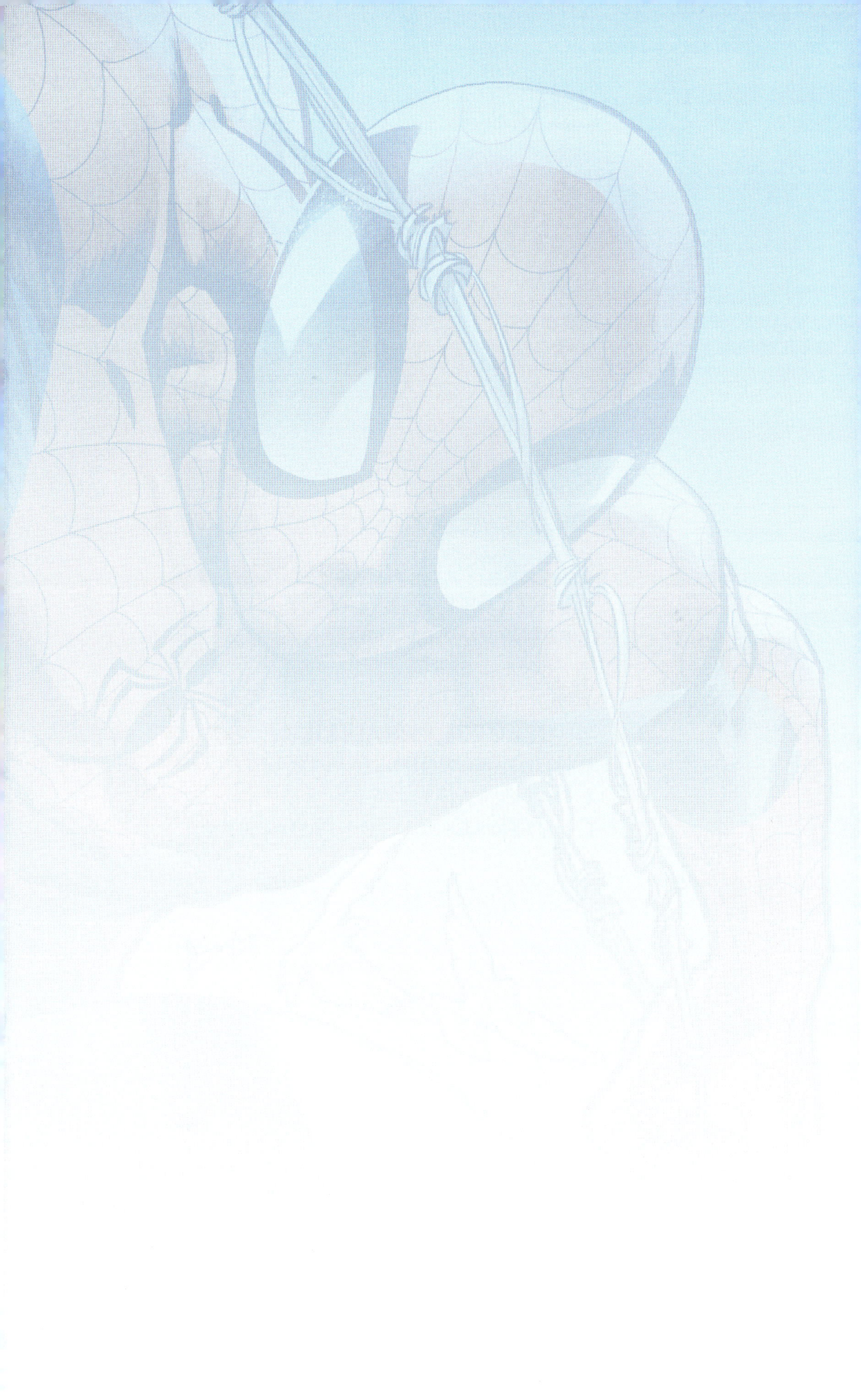

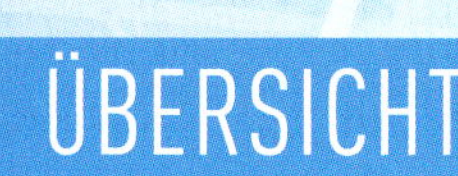

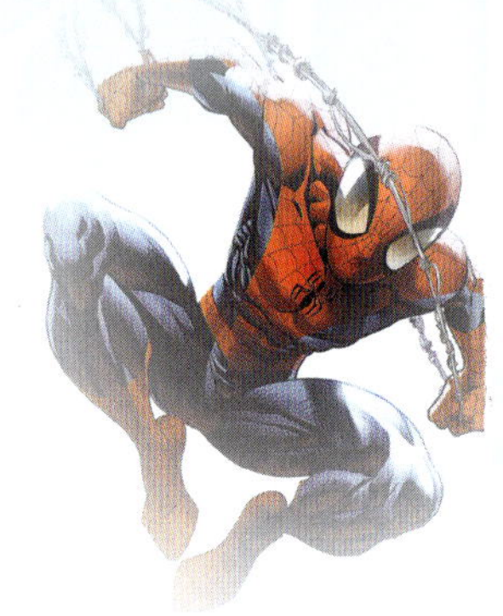

BEREITS ERSCHIENEN:

1. LEKTIONEN FÜRS LEBEN
2. KINGPIN

IN KÜRZE ERHÄLTLICH:

3. DOUBLE TROUBLE
4. DAS VERMÄCHTNIS
5. UNTER FALSCHEM VERDACHT
6. VENOM